한국장애인재활상담사협회 편

직업 평가

정승원
박주영
전미리
정현주
공저

VOCATIONAL EVALUATION

정민사

머리말

최근 장애인을 위한 직업평가의 수요가 많아지고 그 중요성이 부각되고 있다. 취업과 직장적응을 원하는 성인기 장애인 대상 직업재활서비스의 일환으로 제공되던 직업평가는 전환기 장애학생들의 전환계획 수립과 취업을 위해 중요한 필수 과정으로 다루어져 직업평가 서비스를 제공하는 기관이 더 많이 필요해졌다. 이와 더불어 직업평가는 장애인의 개별화 재활계획 수립을 위해 객관적 정보를 제공하는 목적 외에도 서비스 지원을 위한 적격성 결정 기준으로서 중요성이 강화되고 있다. 장애인 등급제 폐지에 따른 종합지원을 위해 소득 및 고용 지원을 위한 평가에도 관심이 확대되고 있으며, 최저임금 적용제외 인가평가, 근로지원인 지원이나 보조공학기기 지원 등을 위한 평가 수요도 꾸준히 증가하고 있다. 이에 따라 직업평가를 수행할 수 있는 전문 인력의 양적 확대와 더불어 전문성이 강화되어야 한다는 요구가 더욱 커지고 있다.

재활상담 분야 중 특히 직업평가 서비스 수행을 위해서는 전문 지식과 기술이 더욱 필요하지만 활용할 수 있는 국내 서적이 매우 적은 실정이다.

이러한 상황에서 직업평가에 필요한 주요 이론과 실제에서 활용할 수 있는 내용을 종합적으로 담아 교재를 집필함으로써 직업평가를 수행하는 현장 전문가들과 재활상담(직업재활)을 공부하는 학생들에게 미약하게나마 도움이 되고자하였다.

이 책은 다음과 같이 크게 세 개의 Part와 7개의 장으로 구성되었다.

Part Ⅰ에서는 직업평가 전문가라면 기초적으로 알아야 하는 직업평가의 정의와 목적, 직업평가의 역사, 직업평가의 특성과 철학, 그리고 직업평가의 영역과 내용을 다루어 직업평가가 무엇인지 개관할 수 있게 하였다. 또한 직업평가를 실시하는 인력의 전문성과 윤리, 평가사로서 숙지해야 하는 도구의 표준화와 신뢰도 및 타당도 등 측정학적 측면의 이해를 돕고자 하였다.

Part Ⅱ에서는 직업평가를 실시하는 과정과 평가 영역별로 대표적으로 사용되는 평가도구 관련 내용을 담아 평가를 수행하면서 참고할 수 있게 구성하였다. 신체평가 도구 11가지, 심리검사 도구 15가지, 작업표본평가 도구 7가지에 관한 목적, 대상, 소요시간, 구성, 실시방법과 결과 제시방법을 간략히 소개하여 평가 목적에 맞는 도구 선택과 활용에 도움을 주고자 하였다. 또한 상황평가나 현장평가에서 활용할 수 있는 양식의 예를 담아 참고할 수 있게 하였으며, 직업평가 보고서 작성과 해석 방법을 제시하고 직업평가 결과 제시에 활용할 수 있는 자원에 대해서도 다루었다. 또한 이용자의 장애유형별 평가 시 유의사항들을 제시하여 장애 특성을 고려한 직업평가의 중요성을 강조하였다.

Part Ⅲ에서는 직무 중심 직업평가를 통해 적합성 높은 직무에 배치를 도울 수 있도록 직무 분석 방법과 그 결과를 활용한 직업평가에 관해 다루었다. 또한 도구 중심의 전통적 직업평가의 문제점을 알고 생태학적 직업평가로 패러다임의 변화를 이해하여 이용자 중심의 직업평가 실천의 필요성을 이해할 수 있도록 하였다.

부디 이 책이 장애인의 재활상담(직업재활)과 특수교육, 사회복지 및 의료재활에 종사하거나 공부하는 많은 사람들에게 직업평가에 관한 이해를 돕는 자료로 활용될 수 있기를 기대하고 바란다. 숙고하여 만든 책이지만, 분명 부족한 부분이 있을 것이기에 독자들의 현실적인 충고와 지적을 반기며 지속적으로 완성도를 높이고자 한다.

우리나라에 직업재활 학문의 씨앗을 뿌리신 든봄 강위영 교수님께 끝없는 존경을 표하며, 타학문 분야와 협력하여 '직업능력평가사' 민간자격증 발급의 기반을 마련해 주신 한국직업재활학회 전 회장이신 나운환 교수님께 깊은 감사의 말씀을 전한다. 또한 직업능력평가사의 발전을 위해 애써주신 전 한국직업재활학회장 최국환 교수님과 현 회장이신 조성열 교수님께도 감사드린다.

이 책이 나오기까지 정말 오랜 시간 인내하고 기다려 준 한국장애인재활상담사협회 박경순 회장님과 최영광 총장님, 오영두 실장님 그리고 마지막 탈고를 위해 힘을 낼 수 있게 격려해 주고 도와주신 황의태 과장님에게도 감사의 마음을 전한다.

끝으로 원고가 사장되지 않고 출간될 수 있도록 도와주신 정민사 박세원 대표님과 직원 여러분, 그리고 장애인 재활 현장에서 직업평가에 헌신하고 있는 동료들에게 감사의 인사를 드린다.

2022년 3월

느리지만 아름다운 재활분야의 혁명을 꿈꾸며

정승원, 박주영, 전미리, 정현주

차 례

차 례

제7장 생태학적 직업평가 · 331

28m 40s
4.35
3.19
31.85

PART

I

직업평가의 기초

CHAPTER

01

직업평가 개관

제1절 직업평가의 정의와 목적

1. 직업평가의 정의

한 사람이 성공적으로 취업을 하고 직장생활을 유지하는 데 영향을 줄 수 있는 요인은 매우 다양하다. 직업적 능력이나 적성, 흥미 등의 개인적 특성뿐만 아니라 그 사람을 둘러싸고 있는 가정환경이나 성장 과정 등이 영향을 줄 수 있고, 개인의 수준을 넘어 노동시장의 속성과 직무요구 수준 관련 법제도와 같은 사회환경적 요인들이 복합적으로 영향을 줄 수 있다. 장애가 있을 경우 관련 요인들이 더욱 복잡하게 상호관련되어 직업성공에 영향을 미치게 된다. 장애인의 직업재활을 성공적으로 수행하기 위해서는 사전에 이러한 요인들에 대해 과학적·체계적으로 정보를 수집·분석하고 이를 조합하는 활동이 필요한데 이것이 직업평가 과정이다(강위영 외, 2019).

직업평가 과정은 장애인이 직업을 준비하고 선택하며 적응하는 과정에 영향을 줄 수 있는 개인적 요인과 환경적 요인들을 다양한 차원에서 검토하는데, 신체적·심리적·사회적·직업적·교육적·문화적·경제적 측면에서 개인이 가진 자원과 제한점을 포괄적으로 확인한다. 또한 직업목표를 이루어가는 과정에서 개인의 욕구에 기반을 두고 필요한 지원을 찾아내는 것도 직업평가의 역할이다. 이렇게 수집된 정보는 개인의 개별화고용계획 기본 자료로 종합된다.

직업평가 과정을 통해 개인은 자신과 직업세계에 대해 이해할 수 있는 기회를 갖게 된다. 직업평가가 개인의 특성뿐만 아니라 개인에게 적합한 직업 및 직무환경에 관한 정보와 필요한 지원 등을 복합적으로 분석하여 제공하는 과정이기 때문이다. 직업평가 결과는 진로방향 결정과 개별화 고용계획(직업재활계획) 수립, 성공적인 직업 선택과 적응을 돕는 데 중요한 정보가 되며, 기관에서 제공하는 재활서비스의 성과 확인이나 적격성 결정의 자료로도 활용될 수 있다.

직업평가란 무엇인가? 여러 학자들과 재활 관련 기관에서 설명하는 문헌적 정의 그리고 국내 법적 정의를 좀 더 살펴보자.

1) 문헌적 정의

강위영 외(2009)에 따르면 직업평가는 장애인의 잠재능력, 흥미 등 개인적 특성과 노동시장 여건, 직무 요구조건 등 환경요인을 파악하여 적절한 직업선택의 대안을 찾고, 그 직업적 대안을 실현하기 위해 필요한 서비스를 찾는 종합적이고 체계적인 과정이라고 할 수 있다. 국제노동기구(ILO, 2003)에서도 직업평가를 직업적 능력, 욕구 및 진로 잠재력을 확인하기 위해 개인의 흥미, 능력 및 적성과 기술 등을 확인하는 직업지도 과정의 일부라고 소개하고 있다.

직업평가는 일반적으로 한 개인에 대해 고용의 필요조건과 취업기회에 관련된 직업상의 중요한 모든 자료, 즉 의학적 · 신체적 · 사회적 · 심리적 자료를 수집하여 해석하고 분석하며 종합하는 과정으로(McGowan, 1979), 표준화된 기술(검사들) 또는 비표준화된 방법들(인터뷰, 관찰)과 같은 다양한 기법과 절차를 적용하여 현재와 미래의 작업행동과 직업적 잠재력을 예측, 평가하고 종합하는 과정이다(Nadolsky, 1971; Roberts, 1973; Rubin & Roessler, 2001; 박석돈, 1993; ILO, 2003). 직업평가는 궁극적으로 개인의 직업개발을 돕기 위한 것으로 평가와 직업탐색에 초점을 두고 현직 과정이나 모의과업을 사용하고(제10회 재활서비스 심포지움, 1972; VEWAA, 1975) 특별한 기술과 환경, 일정 기간 이상의 면밀한 관찰과 판단을 요구하는 특별한 임상 과정이다(VEWAA, 1975; 이달엽, 1998). 이렇게 직업평가는 장애인에게 직업을 준비하는 첫 단계이자 직업재활서비스의 핵심적 과정으로서 종합적이고 전인적인 평가를 위해 포괄적인 다학제적 팀 접근을 필요로 한다(VEWAA, 1983).

직업재활 전문가는 직업평가를 통하여 얻어지는 이용자의 신체적 · 정신적 · 정서적 능력과 제한점 그리고 인내력 등에 대한 포괄적인 정보를 바탕으로(Power, 1991), 서비스 적격성을 결정하거나, 직업목표를 정하고 필요한 서비스를 포함한 개별화 재활계획을 수립할 수 있다. 또한 서비스 과정의 성과를 파악하거나, 개인의 직업적응 잠재능력을 높일 방안을 탐색하면서 서비스 이용자의 능력과 직업에 대한 통찰력을 높이고 직업훈련이나 고용에 대한 추천을 통해 적합한 직업선택을 할 수 있게 된다(강위영, 이상진, 1999; Galazan, 1961; Pruitt, 1986).

재활목표와 고용결과에 관련된 장애인의 직업적 흥미, 적성, 강점, 제한점, 능력 및 기능적 한계 등을 종합적으로 평가하기 위해서는 장애인과 평가사의 협력 관계가 매우 중요하다. 장애인과 평가사가 맺는 개별적이고 시간 제한적이며 체계적인 과정에서 실행 가능한 직업적 대안을 찾고 고용목표를 개발할 수 있다. 직업평가를 통하여 장애인의 직업발달 및 계획에 적극적으로 개입할 수 있고, 장애인은 그러한 지식을 통하여 자신의 직업 결정에 높은 자신감을 얻을 수 있게 된다(Commission on Accreditation of Rehabilitation Facilities, CARF, 2010; Woodrow Wilson Rehabilitation Center; WWRC, 2009).

2) 국내 법적 정의

우리나라 직업재활서비스의 근거가 되는 법률은 「장애인고용촉진 및 직업재활법」과 「장애인복지법」이다. 「장애인고용촉진 및 직업재활법」 제10조(직업지도)에서는 "고용노동부장관과 보건복지부장관은 장애인이 그 능력에 맞는 직업에 취업할 수 있도록 하기 위하여 장애인에 대한 직업상담, 직업적성검사 및 직업능력평가[1) 등을 실시하고 고용정보를 제공하는 등 직업지도를 해야 한다."고 명시하고 있다. 또한 장애인복지법에서 "지방자치단체는 장애인이 적성과 능력에 맞는 직업에 종사할 수 있도록 직업지도, 직업능력평가, 직업적응훈련, 취업알선, 고용 및 취업지도 등을 강구해야 한다."는 조항을 두고 있다.

이러한 법적 기반 위에 한국장애인고용공단, 장애인 직업재활시설, 장애인복지관, 직업평가센터, 직업재활센터 등에서 직업능력평가 서비스를 포함한 직업재활서비스를 제공하고 있다. 또한, 중증장애인을 위한 보다 촘촘한 직업재활서비스를 제공하고자 국가 일반예산이 투입되는 「중증장애인 직업재활지원사업」이 시행되고 있다. 이 사업은 중증장애인 대상 진단·평가, 교육·훈련 및 자립지원, 취업 및 취업 후 적응지도 등의 종합적인 직업재활서비스 제공을 지원하는 것으로 장애인복지관, 직업재활시설 등에 프로그램 담당 전문 인력을 지원하거나 지역별 직업평가센터나 직업재활센터를 설치하고 인력을 배치하여 서비스를 제공하도록 지원하고 있다.

1) 일반적으로 직업적성검사는 직업능력평가에 포함될 수 있는 직업심리검사이다. 이 법령에는 '직업적성검사 및 직업능력평가'로 나열되어 직업적성검사와 직업능력평가가 별개의 것이라는 오해를 불러일으킬 수 있다. 그러나 이 법 조문에서 직업능력평가를 협의의 용어로 사용하여 직업 관련 능력평가로 사용한 것으로 해석된다.

중증장애인 직업재활지원사업 운영규정 제2조 제2항에 따르면 '직업능력평가란 구직 장애인의 신체적, 정신적, 심리적, 직업적 능력을 파악·분석하여 개별재활계획을 수립하기 위해 실시하는 신체능력·의료·심리·작업표본·현장평가 등의 활동'이다. 같은 맥락에서 장애인 취업 지원업무 처리규정 제2조 제2호(고용노동부 고시 제2015-41호, 2015.8.28.)에서도 장애인의 직업능력평가를 "구직장애인의 신체적·심리적·사회적·직업적 능력을 파악·분석하기 위하여 실시하는 신체능력평가, 작업평가, 심리평가, 의료평가 등의 과정"으로 명시하고 있다.

〈표 1-1〉에서는 직업평가의 정의에 대한 국내외 여러 연구자와 관련 기관의 입장을 볼 수 있다.

표 1-1 학자 및 기관에 따른 직업평가의 정의

구분	내용
McGowan(1969)	한 개인에 관하여 수집한 고용에 필요한 조건, 취업기회에 관계된 직업상의 중요한 모든 자료, 즉 의학적·사회적·심리적 정보를 수집하고 해석·분석하여 종합하는 과정
Nadolsky(1971)	다양한 기법과 절차를 적용하여 작업행동과 직업적 잠재력을 평가하고 예언하기 위한 하나의 과정
Tenth Institute on Rehabilitation Services(1972)	평가와 직업탐색에 초점을 두고 개인의 직업개발을 돕기 위한 목적으로 현직 과정이나 모의과업을 사용하는 체계적이고 종합적인 과정
VEWAA(1983)	교육자에게 프로그램 계획 수립의 기초를 제공하고 자신의 직업잠재력에 대한 통찰력을 제공하는 이용자의 개인특성, 교육, 훈련, 직업배치 욕구 판별을 위한 다학제적 팀에 의해 일정기간 이루어지는 종합적 과정
CARF(1987)	개인의 직업목표를 판별하기 위한 체계적이고 조직적인 기초를 제공해주는 프로그램 혹은 서비스로 내담자의 장점, 단점, 작업환경 내 행동을 나타내며 재활 프로그램 수립에 요구되는 특별한 조언
Power(1991)	장애인에게 있어서 최상의 직업적 성과를 거두기 위해 개인의 신체적, 정신적, 정서적 능력과 제한점, 그리고 인내력을 포괄적으로 평가하는 과정
ILO(2003)	직업적 능력, 욕구 및 진로잠재력을 확인하기 위해 개인의 흥미, 능력 및 적성과 기술 등을 확인하는 과정
이달엽(1998)	자연적 혹은 창조된 환경 속에서 내담자 관찰기술들을 활용한 임상적 방법이며 장애인에게 직업생활을 지원하기 위한 출발점인 동시에 직업재활 서비스 전달체계의 핵심적인 과정
강위영, 이상진(1999)	작업을 주된 평가요소로 하여 개인의 직업잠재성을 측정하는 개별화된 과정

구분	내용
강위영 외(2009)	장애인의 잠재능력, 흥미 등 개인적 특성과 노동시장 여건, 직무요구 조건 등 환경요인을 파악하여 적절한 직업선택의 대안을 찾고, 직업적 대안을 실현하기 위해 필요한 서비스를 찾는 종합적이고 체계적인 과정
박희찬 외(2005)	장애인이 원하는 개별재활계획과 고용결과에 관련된 직업적 흥미, 적성, 장점, 단점, 능력 및 기능적 한계를 파악·분석하기 위해 실시하는 신체·심리평가, 작업표본평가, 상황 및 현장평가 등의 활동으로서 장애인 본인의 적합한 직업재활 방향을 결정하고 효과적으로 적용할 수 있게 하는 전문적인 서비스 과정

직업평가에 관한 여러 정의를 종합해 보면, 직업평가는 장애인 직업재활 과정에서 가장 기본적이고도 핵심적인 과정으로 서비스 이용자의 과거와 현재 정보를 바탕으로 현재와 미래의 고용 가능성, 배치 가능성, 적응능력, 직업적 행동 등의 직업 잠재력을 예측하는 서비스다. 직업평가는 장애인 '자신의 능력(자원)과 제한점을 종합적으로 파악'하는 과정이면서 '자신과 직업세계, 그리고 직업을 갖는 데 필요한 능력에 관한 이해'를 돕는 과정이며, 성공적인 재활에 필요한 '정보를 수집·종합하는 방법'인 동시에 이용자에게 필요한 추천 '정보를 제공하는 과정'이기도 하다. 또한 서비스 제공자에게 있어 서비스계획과 제공에 관한 '의사결정을 돕는 과정'이라고 할 수 있다.

직업재활 과정에서 직업평가의 필요성은 날로 증가하는 추세이다. 오늘날 산재장애, 교통장애 등 후천적 장애인을 포함한 장애인구는 꾸준히 증가하고 있고 그들의 욕구를 확인하고 적절한 서비스를 계획하기 위한 근거를 확보하는 것이 더욱 중요해지기 때문이다. 또한 장애인의 고용 형태가 지역사회 통합 고용을 지향하게 되면서 지역사회에서 직무수행에 필요한 지원을 확인하고 제공하기 위해 직업평가가 더욱 필요해지고 있다(Grasso, Jitendra, Browder, & Harp, 2004). 장애인 고용문제 해결을 위해 전통적으로 행해지던 성인 장애인 중심의 직업재활서비스를 넘어 특수교육대상 학생들의 전환교육에 대한 관심이 확대되고 있다. 법적으로도 진로 및 직업교육을 지원하기 위한 직업평가를 실시(장애인 등에 대한 특수교육법 제23조)하도록 명하고 있어 학생 대상 직업평가 수요도 꾸준히 증가하고 있다. 뿐만 아니라 정부는 장애인복지 인프라를 구축하여 장애인의 재활 및 고용서비스에 대한 욕구를 평가하는 체제를 마련하려는 계획을 발표하였다(한국보건사회연구원, 2007). 2019년 7월부터는 장애등급제가 종합판정체계로 전환하게 되어(보건복지부, 2014) 의료적 진단만이 아닌 기초근로능력 요인, 복지욕구 및 사회환경 요인을 종합적으로 사정하게 되었으며, 서비스 지원 종합조사의 단계적 확대에 따라 2022년부터 장애인 소득·고용지원 종합조사가 실시된다. 고용노동부(2018)는 양질의 일자리 확대와 격차해소를 위한 장애인 고용 대책으로 제5차 장애인고용촉진 및 직업재활 기본계획(2018~2022)을 발표하면서 장애등급제 폐지에 따른 '직업적 장애기준' 도입의 필요성을 강조하였다. 이에 따라 고용지원을 위한 종합적인 판정에서 직업평가의 기능이 더욱 중요해지며 직업평가를 담당할 전문인력 확보에 대한 관심과 필요성이 더욱 부각될 것으로 예상된다(정승원, 2015).

2. 직업평가의 목적

직업재활서비스에서 직업평가는 직업적 목표와 그 목표를 달성하는 데 필요한 서비스들을 결정하기 위해 이용자의 직업적 태도, 흥미, 행동 등을 평가한다. 직업평가의 궁극적인 목적은 직업평가를 통해 합리적인 개별화 고용계획(직업재활계획)을 수립하고 서비스를 제공하도록 정보를 파악 · 제공하는데 있다. 직업재활과정에서 구체적인 직업평가의 목적을 살펴보면 다음과 같다(Rubin & Roessler, 2001).

① 직업과 관련한 이용자의 최근 사회 · 교육 · 심리사회 · 생태학적 기능 수준에 대한 정보 파악
② 개인의 행동변화와 기술 습득에 대한 잠재력 평가
③ 이용자의 가장 효과적인 학습유형 결정
④ 이용자가 다른 직업재활서비스를 받지 않고도 할 수 있는 직업 파악
⑤ 직업잠재력을 높이는 교육 프로그램이나 특별한 훈련 프로그램 파악
⑥ 직업재활서비스를 받은 후에 가능한 직업 파악
⑦ 성공적인 직업배치 이후 직업생활을 잘 유지하기 위해 필요한 지역사회 지원 요소 파악

우리나라 중증장애인 직업재활지원사업에서 제시하고 있는 실용적인 측면에서의

직업평가 목표는 다음과 같다(한국장애인개발원, 2010).

① 일반고용, 보호고용 등 향후 직업방향을 탐색하기 위하여 장애인의 직무능력, 직업흥미, 직업적 장단점 등을 파악한다.

② 장애인의 욕구 및 능력을 기반으로 한 직업목표를 설정하고 지원서비스를 계획하는 데 필요한 정보를 제공한다.

③ 직업을 탐색하고 선택하는 데 있어 장애인의 직업의식과 통찰력을 증대시키고 작업수행 및 태도 등에 있어 긍정적인 변화를 유도할 수 있게 한다.

직업평가는 다양한 목적으로 사용되며 각 나라의 문화와 사회적 시스템에 따라 다를 수 있다. 직업평가는 한 사람의 잠재능력과 직업훈련 프로그램 내용, 그 사람의 고용 가능성이나 직업환경의 차이에 적응하는 능력을 확인하는 데 사용된다. 직업평가는 개인의 직업적 잠재력과 진로 결정, 개별 직업재활계획 수립, 직업배치를 위한 자료 제공, 서비스 적격성을 결정하기 위한 내담자의 직업적 성공 여부 예측, 적격성 판정이라는 기본 목표를 갖는다(Lee, Taylor & Rubin,1994).

장애인을 위한 평가도 비장애인들에게 사용되는 일반적인 평가 절차들을 사용한다. 그러나 이러한 절차들은 장애인을 위해 조정해야 할 때도 있으며 고용 또는 재활서비스를 찾고 있는 장애인을 위해 특별한 기술과 전략들이 개발되어야 할 때도 있다. 직업평가는 훈련과 작업상황에서 사용될 수 있는 능력 및 강점들을 확인하는 데 초점을 맞추어야 하며 이것들을 현실적인 직업 요구조건들과 비교하고 추천(권고)해야 한다. 여기에는 그 사람의 미래훈련이나 직업 성공을 촉진할 수 있는 지원 서비스 보조공학기기, 직업 편의 또는 다른 장애 관련 이슈 등이 포함된다(ILO, 2008).

직업평가의 목적을 장애인, 장애인 재활상담사, 고용주 차원에서 살펴볼 수가 있다.

첫째, 서비스를 이용하는 장애인 입장에서 직업평가는 자신의 직업적 장단점과 직업특성을 이해할 수 있는 객관적 정보를 얻음으로써 현실적인 직업목표를 갖고 실질적인 직업 결정을 하는 데 도움이 되는 과정이다. 직업평가는 그들의 흥미, 적성과 능력 그리고 직업시장의 현실성에 기초하여 실질적인 훈련 및 진로선택을 할 수 있도록 돕는다. 또한 고용 장벽을 제거하는 데 필요한 조치(예컨대, 보조공학기기 지원이나 직무수정 또는 조정, 직무지원인 제공 등)를 알고 직업의 세계 등에 대해 배울 수 있게 하는 교육적 의미도 갖는다. 직업평가 담당자는 평가상황을 구조화하여 평가와 학습기회가 동시에 만들어질 수 있도록 해야 한다(Power, 2000).

즉, 장애인 입장에서 직업평가는 ① 장애인 자신의 현재 및 잠재적인 직업기능의 범위를 더 잘 이해하도록 돕고 ② 자신의 능력 및 흥미에 적합한 잠재적 직업기회를 인식하도록 하며, ③ 필요한 지원을 확인하고 직업목표를 결정하는 것을 돕는다.

둘째, 장애인 재활상담사 입장에서 직업평가는 개별화 고용계획 수립의 기초자료를 제공함으로써 체계적인 직업재활을 실시할 수 있도록 돕는 지도와 나침반과 같은 역할을 한다. 직업평가의 목적 중에는 "평가를 받는 장애인이 직업재활의 대상이 되는가? 장애인의 강점과 제한점은 무엇인가? 장애인의 직업재활 방향을 어떻게 설정할 것인가? 이용자를 위한 재활프로그램을 어떻게 제공할 것인가?" 등의 직업재활 관련 질문에 답하는 것이 포함된다. 직업평가는 훈련교사나 재활상담사들이 장애인들의 욕구에 맞는 서비스를 줄 수 있도록 도울 뿐만 아니라 재활행정가들이 좀 더 현명하게 자원을 사용할 수 있게 돕는다.

다시 말해 장애인 재활상담사 입장에서 직업평가활동은 서비스에 대한 이용자의 적격성을 판정하고, 직업생활의 기초가 되는 장애인의 강점과 제한점을 포괄적으로 파악할 수 있게 도와주며, 직업생활과 지역사회 적응을 위해 필요한 프로그램을 계획하는 데 있어 체계적인 정보를 제공해 준다(이달엽, 노임대, 2005).

셋째, 고용주 입장에서 직업평가는 장애인이 가지고 있는 현재 능력과 잠재적 직업능력에 관한 정보를 제공함으로써 장애가 아닌 능력에 초점을 맞추어 장애인을 이해할 수 있도록 도와주며 인력관리를 효율적으로 할 수 있는 근거를 제시해 준다. 따라서 더욱 효과적으로 인력 선별을 할 수 있도록 돕는다. 장애인 구직자 또는 직장복귀를 하려는 장애인을 위해 직업재활기관의 재활상담사가 객관적인 직업평가 보고서를 고용주에게 제공한다면 고용주는 재활상담사와 그 기관에 대해 더 전문적이라고 여기고 신뢰하게 될 것이다.

직업평가의 목적을 달성하기 위해 평가 담당자는 ① 이용자에 대한 종합적 정보와 함께 ② 노동시장에 존재하는 직무의 요구사항, ③ 유용한 직업훈련 프로그램, ④ 공학적 기술과 직무지도원 등의 배려와 가능한 지원의 종류, ⑤ 유용한 복귀서비스, ⑥ 기타 경제적 지원, 이동지원 서비스 등의 유용한 관련 서비스에 대한 지식도 있어야 한다.

앞서 살펴본 여러 학자들과 관련 기관들의 직업평가에 대한 정의와 법적 정의를 바탕으로 직업평가가 무엇을 위해 실시되는지(평가목적), 어떤 방법으로 실시되는지(평가방법), 또 무엇을 평가하는 것인지(평가내용) 요약해 보면 다음 [그림 1-1]과 같이 정리할 수 있다.

직업평가

무엇을 위해?	어떤 방법으로?	무엇을 평가하나?
• 개인의 진로·직업 개발 • 개별화 고용계획 수립 • 직업목표 판별 • 재활 프로그램 수립에 요구되는 특별한 조언 • 적격성 결정 • 재활서비스, 직업준비훈련에 효과적 배치 • 현재·미래의 직업 잠재력 예측(고용잠재력, 적응능력, 직업적 행동)	• 다양한 기법과 절차 • 면접, 관찰기술을 활용한 임상적 방법 • 신체·의료평가 • 심리평가 • 작업표본평가 • 상황평가 • 현장평가	• 직업생활 성공 영향요인 • 의학적(신체적)·사회환경적·심리적·교육적·경제적·직업적 배경정보 • 직업적 강점·제한점 및 잠재력 • 신체·정신·정서적 능력 및 제한점, 인내력 • 흥미, 적성, 특정 직종 관련 능력과 가능성 • 작업환경 내 행동 • 특별한 지원 욕구

그림 1-1 직업평가의 평가목적, 평가방법, 평가내용

제2절 직업평가의 역사

직업평가가 하나의 전문 영역임이 틀림없지만 직업평가의 역사는 인접 학문에 많은 영향을 받아왔다. 직업평가는 심리학, 상담학, 산업심리학, 교육학, 의학, 장애학 등 다양한 학문의 발전과 더불어, 개발된 검사들을 직업재활서비스에 적용하려는 시도와 함께 장애인에게 적합한 평가도구와 기술을 개발하기 위한 노력이 이어져 발전해 온 것이다. 재활이 인간의 전인적인 측면을 다룬다는 것을 생각하면 직업평가가 다학문적 성격을 가지는 것은 어쩌면 당연한 일이다. 직업평가 발전에 영향을 준 다양한 영역의 학문적 기초를 이해하고 그 분야의 역사적 흐름을 읽는 것은 현재를 더 잘 이해하도록 도와주며 직업평가 전문가의 역할 개발에 관한 더욱 큰 통찰을 가져다줄 것이다.

이 절에서는 먼저 인간의 능력을 측정하고 개인차를 확인하기 위한 검사가 어떻게 시작되었는지, 측정운동이 진로상담 분야에서 어떻게 영향을 미쳤는지, 재활 분야에 직업평가가 어떻게 도입되어 정착하고 발전하게 되었는지 그 과정에 대해 설명하고자 한다.

1. 심리검사의 발전

직업평가에서 기본적으로 사용되는 심리검사는 인간의 특성을 측정하는 검사 중 가장 오래된 방법으로 심리학 발전 과정의 산물이다. 현대적인 심리검사의 역사는 그리 길지 않다. 심리학이 철학과 생리학에서 분리된 학문으로 여겨지게 된 것은 19세기 후반에 와서의 일이다.

1879년 독일 라이프치히 대학의 W. Wundt는 실험심리학의 창시자라고 불리는데 자신의 실험실에 심리학 연구소라는 이름을 붙이고 심리학에 물리학적 연구 모델을 적용하여 실험적 조작과 객관적 측정을 바탕으로 연구해야 한다고 주장하였다. 심리학이 과학으로 정착하게 되는 시작점이라고 할 수 있다. Wundt는 통제된 조건에서 피험자를 관찰하는 방법을 사용하였으며 감각, 지각, 반응시간에 관심을 두었다. Wundt는 개인차보다 인간에게 나타나는 일반원리를 발견하는 데 초점을 맞추었다. 그는 실험적 통제에도 불구하고 나타날 수 있는 개인 간 차이를 인정하지 않았고 단지 측정 오류, 관찰자의 실수, 통제의 실패로 간주하였다. Wundt는 절차의 표준화를 중요시하여 측정운동에 직접적으로 공헌을 하였는데 이는 후에 표준화 검사 개발의 모델이 되었다.

실험심리학은 1900년 즈음까지 주류를 이루었다. 이후 심리학의 실용성과 응용에 대한 시대적 요청을 바탕으로 응용심리학이 발달하게 되어 교육, 산업, 의학, 법학 등 다양한 영역에서 활용하게 되었는데 이 과정에서 정신검사(mental test), 즉 심리검사가 발달하게 되었다. 현대의 심리검사를 최초로 개발한 사람은 F. Galton(1822~1911), J. Cattell(1860~1944), A. Binet(1857~1911) 중 한 명으로 여겨지고 있다(최정윤, 2017).

Galton은 진화론의 창시자인 Dawin의 사촌으로 진화론에 기반을 두고 개인차 연구를 진행하였다. 개인차를 측정하는 연구 과정에서 지능을 측정하는 검사도 개발되었다. 그는 인간능력의 기원에 대한 저서를 1874년과 1883년에 출간하였다. 그는 지적 능력의 차이에서 개인차가 발생한다고 보았다. 지적 능력이 유전에 의해 결정된다고 생각하고 우수한 지능을 가진 사람들을 선별하여 출산을 장려할 것을 주장했다. 우생학의 창시자라고도 불리는 Galton은 우수한 유전자를 가진 사람들을 선별할 수 있는 검사들을 창안했다. 이 시기 장애인들에게 우생학은 비극적 차별과 무시를 경험하게 하는 풍토를 만들었다. 이러한 문제점에도 불구하고 Galton의 연구에서 공헌점을 찾는다면 평정척도(rating scale)를 사용하고 통계적 기법을 발달시켜 두 측정치 간 관계의 방향성과 강도를 나타내는 상관계수를 개발하여 이후 심리검사 발달에 영향을 주었다는 점이다. 같은 시기 1883년에 미국에서는 G. Stanley Hall이 아동의 신체적·정신적 특성을 측정하는 연구를 위해 실험실을 설립하였다.

Cattell은 Wundt의 제자였으나 Wundt와 달리 인간의 공통적 원리에만 치우친 연구를 비판하고 개인차가 중요한 연구 대상임을 강조하였다. '반응시간의 개인차'라는 연구로 박사학위를 취득한 그는 미국의 펜실베이니아 대학과 콜롬비아 대학에 심리학 연구소를 설치하고 감각과 운동반응능력 관련 요인으로 구성된 지능검사를 개발하였다. 1890년 Cattell이 쓴 논문에 '지능검사'라는 말이 처음으로 사용되었다.

Binet는 소르본 대학의 심리학 실험실 주임교수로서 아동의 기억, 상상력, 지능에 대해 연구하였다. 그는 V. Henri와 함께 1896년에 정신측정 개념에 관한 연구를 발표하였다. Binet는 Cattell의 검사가 너무 단순하고 감각능력에 한정되어 있음을 비판하는 입장을 취하였다. 1904년 프랑스는 공교육(의무교육)의 시작으로 공교육을 받을 수 있는 아동과 정규반에서 수학할 능력이 부족한 아동들을 변별할 방법을 논의하며 특별위원회를 구성하였다. 이 특별위원회에 참여했던 Binet는 T. Simon과 함께 객관적인 진단도구 개발을 시작하여 1905년에 **Binet-Simon 검사**(이하 Binet 지능검사)를 개발하였다. 학습능력이 떨어지는 지적장애(정신지체) 아동과 공교육 정규반에 포함될 아동을 구분하기 위한 이 검사는 최초의 체계화된 지능검사로 임상심리학의 기초를 마련했다는 인정받고 있다. Binet는 당시 지능을 '지적활동의 기본적인 능력으로서 판단과 이해, 추리능력'이라고 규정하였다. Binet 지능검사는 1908년에 발표된 재표준화 척도에서 최초로 연령 수준(3~13세)이 포함되었고 1911년 개정판에서 연령수준 범위가 확대되어 성인을 위한 문항이 포함되었다. Binet 지능검사는 개정판 이후 지적으로 지체된 아동의 선별, 아동발달, 교육, 의료 그리고 아동의 인지적 잠재력을 측정하는 데 다양하게 사용되었다. Binet 지능검사는 여러 차례 개정되면서 1940년대까지 응용심리학자들의 주된 도구로 사용되었다. 정신연령(mental age)이라는 용어도 이 검사에서 처음 사용되었다. Binet 지능검사는 미국으로 유입되어 스탠퍼드 대학의 L. Terman에 의해 개정되었으며 1916년 Stanford-Binet 검사로 발표되었다. Terman(1916)은 지능검사가 아동의 지적인 지체 또는 우월성을 알아내고 성인의 지적 능력의 정도를 확인하는 데 사용될 뿐 아니라 비행 청소년과 성인기의 사회적 부적응을 평가하고 직업적 적합성을 확인하는 데도 사용될 수 있다고 하였다. Binet 지능검사는 1939년에 개발된 Wechsler-Bellevue 지능검사가 나오기 전까지 유일한 표준 지능검사로 사용되었다(최정윤, 2017). 우리나라에서는 Stanford-Binet 검사(1960년판)를 고려대학교 전용신이 번안하여 1970년에 「한국판 고대-비네 검사」로 표준화하여 소개하였다. 이 검사는 지능이 연령에 따라 발달한다는 이론에 따라 만 4세부터 14세 아동을 대상으로 어휘, 기억, 추상 추리, 수개념, 시지각기능, 사회능력과 같은 다양한 능력을 평가하였다. 우리나라에서도 Wechsler 지능검사 소개 이전에 많이 사용되던 검사라 할 수 있다.

검사도구들은 제1차 세계대전의 영향으로 더욱 발전하였는데 빠른 시간 안에 군사들을 효율적으로 배치할 수 있는 능력 측정 검사도구들이 필요하게 되었기 때문이다. 그러나 개인검사였던 Binet 지능검사는 이러한 목적에 부합하기 어려웠다. 이에 따라 미육군성은 R. Yerkes(당시 미국 심리학회 회장)와 A. Otis(스탠퍼드 대학 교수)에게 요청하여 집단용 지필 지능검사인 Army Alpha를 개발하였다. Army Alpha는 Binet의 지능검사를 바탕으로 만들어졌으며 군인들을 대상으로 수리능력, 언어능력, 지시를 따르는 능력, 정보에 대한 지식을 측정하는 표준화된 집단검사이다. 이후에는 영어를 모르는 사람이나 외국인들에게도 사용할 수 있는 비언어성 검사인 Army Beta도 개발되었다.

현대에 많이 사용되고 있는 Wechsler 지능검사는 1939년 D. Wechsler에 의해 처음 개발되었다. 초기 검사는 아동용 검사로 고안되었다가 이후 성인 규준을 첨가하였다. 초기 검사에서 사용된 정신연령이라는 개념은 성인 지능을 표현하기에 부적합하다는 비판이 있었고 비언어적 측면보다 언어적인 측면을 지나치게 강조하고 있다는 문제점도 지적되었다. 이후 1939년 Wechsler-Bellevue Intelligence Scale (Form I)을 개발하면서 초기 검사의 단점을 보완하였다. 이 검사에서는 IQ(표준점수)를 사용하였는데 이 방식은 Terman이 사용한 IQ 산출 비율방식(정신연령을 생활학적 연령으로 나누는 것)에 비해 우수하다고 평가받고 있다. 1946년에 아동용 Wechsler 검사(Form II)가 개발되었고 1955년에 WAIS, 1981년에 WAIS-R, 1997년에 WAIS-Ⅲ, 2008년에 WAIS-Ⅳ가 발표되었다. Wechsler 지능검사 성인용 검사와 아동용 검사의 지속적인 개정작업을 통하여 현재까지도 가장 많이 사용되는 지능검사로 알려져 있다. 우리나라에서도 지능검사 가운데 가장 보편적으로 사용되고 있는 검사로 최초 한국판 Wechsler 성인용 지능검사인 KWAIS(전용신, 서용연, 이창우, 1963)는 WAIS(1955)를 표준화한 것이며, K-WAIS(염태오, 박영숙, 오경자, 김정규, 이영호, 1992)는 WAIS-R(1981)을 표준화한 한국판 검사이다. WAIS-Ⅲ는 한국판으로 제작되지 못하였으며 WAIS-Ⅳ를 한국형으로 표준화하여 K-WAIS-Ⅳ(황순택, 김지혜, 박광배, 최진영, 홍상황, 2012)가 최근까지 사용되고 있다. 아동용 검사는 웩슬러 아동용 지능검사 WISC-Ⅲ을 표준화한 K-WISC-4가 널리 사용되고 있다.

Wechsler 지능검사 개발 이후 정신분석학자들이 면담, 연상검사, 투사검사 등의 다양한 방법으로 심리적 기능을 측정하려고 노력하면서 인간의 사고와 감정뿐만 아니라 의식 밖의 영역에 대해서도 포괄적으로 이해할 수 있게 해 주었다. 특히 투사적 검사인 로르샤흐(Rorschach) 검사의 개발은 임상심리학 발달에 크게 기여하였다. 잉크반점 카드놀이에서 정신과 환자들이 보이는 반응이 질환이 없는 사람들의 반응과 다르다는 것을 주시했던 H. Rorschach는 1917~1918년 사이에 연구에 착수하여 1921년에 『Psychodiagnostik』을 출판하면서 10개의 카드로 구성된 로르샤흐 검사도구를 세상에 내 놓았다. Rorschach는 1922년에 사망했지만 그 이후에도 동료와 여러 학자들이 그의 연구를 꾸준히 이어갔으며 1974년 이후 J. Exner는 로르샤흐 종합체계를 발표하였는데, 그동안 여러 학자들의 다양한 채점 체계를 종합한 것으로 현재 이 체계가 가장 많이 사용되고 있다.

1920년 이후 Harvard Psychological Clinic에서 학문 및 임상적 심리학 연구가

활발하게 이루어졌고, H. Murray와 Morgan은 1935년에 투사검사인 주제통각검사(Thematic Apperception Test, TAT)를 만들어 발표하였다. 1938년에 『Exploration in Personality』에 주제통각검사(TAT)의 결과와 일반적 성격이론을 통합하여 발표하였다(최정윤, 2017).

주제통각검사(TAT)는 애매한 상황이나 불완전한 인물을 표현한 그림 카드를 제시하고 이에 대해 피검자가 자신만의 이야기를 만들어 내게 하여 내적인 욕구나 동기, 환경에 대한 통각을 살피고, 방어기제를 확인할 수 있도록 돕는 그림 제시형 심리검사이다.

제1차 세계대전을 거치면서 객관적 성격검사는 더욱 발달하였다. 예를 들어, 폭격 충격에 약한 사람들을 선별하기 위해 1920년 Personal Data Sheet가 개발되었는데 자기보고식이면서, 비교적 구조화된 지필검사로 이후 개발된 객관적 검사의 모델이 되었다. 이후 1943년 MMPI(Minnesota Multiphasic Personality Inventory)가 Hathaway와 Mckinley에 의해 개발되었다. MMPI는 다양한 정신병리 진단과 성격 및 행동에 대한 평가에 유용하다고 평가되며 임상심리학 영역에서 아직도 많이 사용되는 검사이다.

직업평가에서는 이러한 심리검사들을 꾸준히 활용하고 있으며 장애인에게 적합한 검사도구를 개발하는 과정에서도 검사절차의 표준화, 대표 규준집단의 개발, 신뢰도 및 타당도 검증과 같이 심리학에서 개발된 여러 가지 원칙들을 따르고 있다.

2. 진로 · 직업검사의 발전

1800년대 말 산업주의의 시작은 직업세계에 큰 변화를 가져왔다. 산업의 중심지로 변화되었던 도시 지역은 풍부한 자원과 노동, 이민 등을 바탕으로 성장하여 경제성장을 이끌었다. 이러한 변화는 교육에서의 변화까지 이끌어 내었는데 공교육과 중등교육이 확대되고 학생들의 적성, 능력, 흥미가 다양해짐에 따라 이를 충족시킬 교육적 욕구도 다양해졌다. 또한 미래를 위한 진로선택에 관심을 기울이게 되었으며 학교 역시 새로운 산업기술 발달에 따라 진로 · 직업교육을 실시해야 하는 시대가 열리게 되었다.

진로 · 직업지도 운동은 국가발전과 인권에 바탕을 둔 노력의 산물이며 개인들의 직업선택과 직업생활에 큰 영향을 끼쳐왔다. 진로·직업지도 운동의 시작은 산업주의의 시작과 연관성이 깊다. 1800년대 말 영국을 중심으로 시작되어 유럽과 미국으로 확산된 1차 산업혁명은 증기기관 기반의 기계화로 직업세계에 크나큰 변화를 가져오게 되었다. 일자리를 찾아 많은 이주민들이 도시지역으로 몰려들어 생활 여건도 많이 변화하였다. 이 시기 산업시설에서는 일손이 필요했고 일자리를 원하는 사람들을 인원수에 맞춰 배치시키는 형태의 직업소개가 한창이었다. 이런 상황에서 사람들은 비인간적인 작업환경과 산업시스템, 복잡한 생활환경에 대해 불만족스러워하였고 개인의 정체감 상실이라는 문제를 경험하게 되었다. 이러한 사회분위기는 미국과 유럽에서 개혁정신을 일으키는 바탕이 되었다. 반면 산업현장의 입장에서 인력배치의 문제는 생산성에 직결되는 중요한 사안이었다. 단순한 인력 배치로 인해 개인차에 따른 능률의 차이는 고용주 입장에서 고민되는 문제이기도 했다.

이 시기 Frank Parsons는 사회개혁과 개인의 직업선택에 대한 관심을 가졌다. 그는 1905년 1월 보스턴 시민서비스 센터(Civic Service House)에서 직업을 구하는 젊은이들과 이주민을 위한 교육 프로그램이 운영되는 Breadwinner 연구소장을 맡아 일했다. 그의 노력으로 1908년 1월 13일에 보스턴 직업국이 만들어지게 되었다. 그는 인간이 저마다 다른 특성을 지니고 있고, 모든 직업은 직업의 특성들 간 특정 조합을 필요로 한다고 가정하면서 개인의 특성과 직업 또는 직무를 구성하는 요인에 관심을 가졌다. 그는 올바른 직업선택을 위해 중요한 것은 개인의 특성(적성, 능력, 흥미, 자원, 제한점, 기타 특성)에 대한 명확한 이해와 직업세계(직업의 장점, 단점, 보상, 기회, 전망, 성공조건 및 요구되는 지식)에 대한 이해가 바탕이 되어야 하며, 개인과 직업세계를 과학적 조언과 진실한 추론을 통해 매칭해야 한다고 강조하였다. 그의 이론을 도식화하면 [그림 1-2]와 같다.

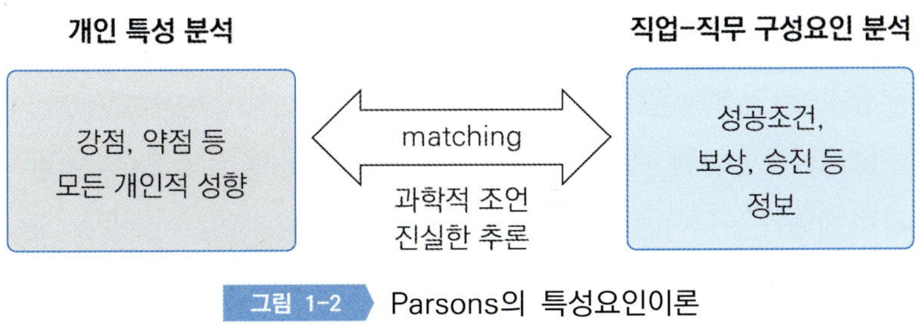

그림 1-2 Parsons의 특성요인이론

1908년 9월 26일 Parsons가 세상을 떠난 후 1909년 5월에 그의 유고작 『직업의 선택(Choosing a Vocation)』이 출간되었다. 이 책에 그의 모든 주장들이 이론화되어 소개되었고 진로 · 직업선택의 개념적 틀을 마련하였다. '특성요인이론'으로 불리는 그의 이론은 미네소타 대학의 Williamson(1930)에 의해 보완되어 진로 · 직업상담의 첫 번째 이론으로 자리 잡게 되었으며 향후 개인의 특성을 분석할 수 있는 다양한 측정도구들과 직업과 직무 구성요인을 자세히 알 수 있는 직업사전이 개발되는 계기가 되었다고 평가받고 있다. 이 이론은 직업평가에서 매우 중요한 구성요소인 개인특성 분석, 직무분석이 왜 필요한지를 설명해 주고 있다.

1900년대 초 측정운동과 진로 · 직업지도 운동으로 인해 흥미검사와 직업적성검사가 개발되었다. 1927년에 스탠퍼드 대학의 E. K. Strong에 의해 최초의 흥미검사인 스트롱 직업흥미검사(The Strong Vocational Interest Blank) 초판이 출간되었다. 이 흥미검사는 어떤 직업에 대한 개인의 반응을 알아보는 흥미측정 결과와 특정 직업을 연계하는 중요한 도구로 사용되기 시작하였다. 1928년에는 C. L. Hull이 적성검사(Aptitude Testing)를 출간하였다. 그는 직업지도를 할 때 적성종합검사를 활용할 것을 제안하고 인간이 가진 특성과 직업이 요구하는 사항을 연결시킨다는 개념을 강조하였다.

심리검사의 발전에 비해 작업표본검사의 발달은 상대적으로 늦게 이루어졌다. 작업표본평가의 과학적이고 공식적인 평가방법은 사실 20세기 이후에서야 실현화되었다. 작업표본 분야의 개척자로 알려진 독일의 심리학자 H. Munsterberg는 1887년 하버드 대학의 교수가 되면서 직업선택과 근로자의 수행에 대한 연구에 관심을 가졌다. 1912년 그의 저서 『심리학과 산업의 능률성(Psychology and Industrial Efficiency)』에서 직업선택과 근로자의 성취에 관한 연구들을 제시하였다. 그는 전동차 관련 직군에서 산업재해가 일어나는 원인을 밝히고자 연구하는 과정에서 모의전동차 제어장치를 개발하게 되었다. 이것이 최초 작업표본이라고 할 수 있다.

이 모의전동차 제어장치 작업표본은 보스턴 전동차 회사(Boston Railway Company)에서 전동차 기사를 선발하는 데 사용되었는데 전동차를 움직이게 하는 레버 같은 도구들을 유사하게 만들어 사용하였으며 전동차 앞에 움직이는 사람들, 동물들 그리고 자동차를 표현하는 피규어들도 만들어 배치했다. 이 도구를 활용하여 잠재적인 사고 발생 경향을 미리 확인할 수 있었으며 실험상황에서의 능률과 실제 상황에서의 능률에 높은 상관이 있음을 확인했다. 그는 응용심리학의 한 유관 분야로서 산업심리학의 초석을 만들었다고 평가받고 있다.

측정운동은 1900년대에서 1940년대까지 지속되었다. 진로상담자들은 측정결과에 대한 지나친 의존으로 인간발달과 경험의 다양한 측면들을 고려할 기회를 놓칠 수 있다는 것을 우려하기도 하였지만 이 시기 개발된 측정도구들이 진로·직업지도 운동에 기여한 바가 크다.

산업계와 산업심리학 역시 직업평가에 많은 영향을 주었다. 직업평가에 직무분석 기법, 행동평가척도 개발, 모의작업 활용, 상황평가 개발 및 job try-out을 활용하는 것 등이 그 결과이다. 또한 산업계에서 근로자 선발에 작업표본을 개발하여 사용한 것도 직업평가의 발전에 기여했다고 볼 수 있다.

3. 재활기관 및 민간에서의 직업평가

미국을 중심으로 일반 의료기관과 재활기관에서 이루어진 직업평가의 기록들을 살펴보면 다음과 같다.

매사추세츠 종합병원 재활 장면에서 직업 전 평가에 팀접근이 이루어졌었다는 기록이 있는데 병원의 다양한 부서 직무에 환자를 배치시키는 평가에서 상황평가 접근 방법을 사용하였다(Watkins, 1959). 1930년대 미국 미니애폴리스 재향군인 관리병원에서는 다양한 재활상담 과정을 시도하였으며 또 다른 예로 클리블랜드의 Highland View 병원은 장기 병원으로 보호작업장을 만들어 환자들의 흥미와 재능에 적합한 외부 고용의 적합성을 알아보고자 직업평가를 하였다. 뉴욕시 신체의학 및 재활연구소(the institute of Physical Medicine and Rehabilitation in New York City)는 직업평가를 가장 먼저 사용한 기관 중 하나이다. 이 기관은 장애인을 위하여 표준화된 검사들과 직업 전 평가 및 치료를 사용하였다. 심리측정검사 및 직업평가 접근의 종합적인 결과가 재차 연구되기도 했다(Hursh & Kern, 1988).

미국 고용서비스(the United State Employment Service, USES)는 구직자들을 위한 광범위한 서비스를 제공하는데 거의 모든 서비스들이 직업평가와 직업계획에 관련된 것들이다. 평가는 적절한 직업을 갖도록 연결시키는 데 필수적인 것이다. 미국 고용서비스는 일반 적성검사배터리(General Aptitude Test Battery, GATB)나 비언어성 적성검사배터리(Non-Verbal Aptitude Test Battery, NATB)와 같은 다양한 적성검사와 흥미검사들을 활용하며 직업사전과 직업 분류를 활용하여 상담하고 있으며 컴퓨터화된 직업 연결시스템을 활용해오고 있다. 노동시장 정보와 직무분석서비스는 상담사와 평가사가 노동시장 트렌드를 파악할 수 있도록 만드는데 이것이 실제적인 직업평가 도구라고 할 수 있다. 직업사전, 표준산업 분류, 표준직업 분류매뉴얼은 이러한 과정에 사용되고 있다.

직업평가는 고용서비스의 직업훈련 및 재훈련활동에도 지속적으로 연관된다. 미국 고용서비스는 고용과 재활이라는 주된 목적을 달성하기 위하여 직업평가를 중요하게 다루어 왔다. 미국에서 직업평가의 성장 발전에 기여한 몇 가지 요소는 재활시설에서의 직업평가, 법률의 발전, 특수교육에서의 직업평가라는 측면에서 찾아볼 수 있다.

미국에서 공식적으로 첫 번째 체계화된 직업평가 시스템을 선보인 곳은 뉴욕에 있는 신체장애인연구소(Institute for the Crippled and Disabled, ICD)이다. 이곳은 당시 중증의 개념이 생소했던 시기에 중증장애인을 위한 프로그램을 강조하는 종합재활서비스센터였으며 현재 International Center for the Disabled(ICD)로 불린다. 이곳에서는 직업평가기술과 절차를 모의적용했는데 단순히 직업사전(DOT)만을 활용하는 것이 아니라 직업 사회 특정 직업도 연계하여 이후 1937년 TOWER(Testing, Orientation, and Work Evaluation in Rehabilitation) System으로 알려진 직업평가 시스템이 개발되는 배경이 되었다. TOWER System은 장애인을 대상으로 목공, 선반, 렌즈연마 등 14가지 직업영역 내에서 100가지가 넘는 직무를 훈련하는데 여러 가지 작업표본(work sample)을 활용하여 2~3주 동안 훈련하고 평가한다. TOWER System은 표준화되어 규준이 마련된 최초의 작업표본이다. 이후 미국의 많은 직업재활현장에서 작업표본이 사용되기 시작했다.

작업표본이란 실제 직무나 모의된 직무를 대상으로 실제 작업에 쓰이고 있거나 유사한 재료, 기계, 도구, 공정 등을 사용하여 평가실에서 과제 수행을 평가하는 것을 말한다.

작업표본의 개발에 산업 공학을 사용한 곳은 캘리포니아 주 샌프란시스코의 May T. Morrison Center였다. 작업표본 개발의 또 다른 개척자는 미국 오하이오주 클리블랜드의 직업지도 및 재활서비스(Vocational Guidance and Rehabilitation Service, VGRS)로 많은 양의 작업표본을 개발하였고 표준화 작업과 규준 개발에 공헌하였다.

역사적으로 미국의 Goodwill Industry는 생산작업장에서 직업평가를 모의적으로 접근했던 대표적인 곳이다. Goodwill Industry는 모의작업평가의 이점을 확인하고 여러 가지 표준화된 작업표본평가도구를 개발하였다. 시카고와 쿡 카운티(Cook County)에서는 다면적 목적의 직업평가(Multidimensional Objective Vocational Evaluation, MOVE) 시스템을 개발하였는데 직무검사 및 지필검사를 직업사전에 나온 근로자의 특성과 연관지어 만들었다.

1960년대에 Goodwill Industry에서 실시한 유대인 직업서비스(Jewish Vocational Service, JVS)는 초기 직업평가의 선구자 역할을 했다. 이것을 통해 평가 및 적응서비스뿐만 아니라 JEVS(Jewish Employment and Vocational Service) 작업표본배터리가 개발되었다. 이 작업표본은 펜실베이니아주 고용서비스와 협력 하에 만들어진 것이다. JVS 기관 중 세인트루이스 JVS는 지적장애인을 위한 서비스에 작업표본, 표준화된 검사 및 현장평가를 포함시켰다. 또한 캐머릴로(Camarillo) 주립 병원과 로스앤젤레스 JVS 그리고 뉴아크주, 뉴저지 JVS가 함께 연계한 프로그램에서 정신적 질병과 행동적 문제를 가진 사람들을 대상으로 직업평가서비스가 실시되었다. 시카고의 JVS는 '장애인 고용 가능성척도(Scale of Employability for Handicapped Persons)'를 개발하였다. 이 외에도 많은 재활기관들이 직업평가를 서비스에 포함했으며 효과적인 직업평가 모델을 제공하기 위해 노력하였다.

4. 미국 주요 연방법의 공헌

직업평가 분야는 재향군인들을 돕는 것에서부터 다른 많은 장애인들을 돕는 부문으로 확대되었다. 미국은 1917년 「스미스 휴즈법(Smith-Hughes Act)」을 제정하여 제1차 세계대전에서 돌아오는 군인을 위해 직업서비스를 지원하기 시작했다. 1920년의 「스미스 페스법(Smith-Fess Act)」은 산업재해 또는 전쟁 부상과 관련 없는 기타 부상 또는 장애로 인한 신체장애인에게 직업재활서비스를 제공한 최초의 직업재활법이었다. 이 법률을 통해 전문 직업으로서의 직업평가 분야가 탄생했다.

1943년 「직업재활법(Vocational Rehabilitation Act)」이 개정되면서 정신장애인에게 서비스를 확대하였으며, 프로그램 비용의 연방 비율을 증가시킴으로써 재활 프로그램에 대한 재정적 지원을 대폭 확대하였다. 이 법은 직업잠재력 평가를 위한 새로운 모델과 기법의 개발과 시험을 더욱 촉진하였다. 직업평가(Vocational Evaluation)라는 용어는 1947년에 전문용어로 처음 등장했다(Thomas, 1996).

미국은 1945년 재활사무소 설치를 제도화함으로써 장애인의 직업지도를 전담하게 하였다. 각 재활시설에 직업 전 서비스를 장려함으로써 작업표본평가가 많이 활용되는 환경이 마련되었다. 작업표본평가 기술 개발을 위한 비용을 지원하는 법률은 1950년대 이후에 제정되었다. 1950~1960년대는 직업재활의 성장과 직업재활시설의 확대에 힘입어 평가방법도 발전하였고 직업 전 활동, 군대와 산업현장에서도 직업평가 방법이 활용되기 시작하였다.

1954년 「직업재활법」 개정안(PL 565)은 장애인을 위한 새로운 프로그램을 개발하고 서비스 확대를 위한 보조금을 규정하였다. 직업재활 프로그램에 연방정부 대 주정부의 예산 비율을 60:40으로 확대하고 재활전문가들의 훈련 관련 사항을 규정하여 직업재활시설 확충과 인력양성을 위한 기금을 조성하게 하였다. 이것은 중증장애인들의 직업적 잠재력을 확인하기 위한 개선된 평가 기술 개발을 장려하도록 하였다. 또한 데이비스-베이컨법(의료시설 및 건설법)도 1954년에 통과되었는데 직업재활시설에서 실시하는 고유한 서비스로서 직업평가를 인정하였다. 동법은 종합재활센터에 필요한 서비스로서 사전평가를 도입하였다.

1960년대에 이르러서야 직업능력평가 방법이 미국 공공 직업재활 프로그램에 활용되기 시작했다. 직업평가는 직업상담 과정에 대한 통찰력을 제공하여 궁극적으로 개인에 대한 유익한 고용을 성취하는 것이다. 1960~1970년대 초반은 직업배치의 새로운 모델인 선 배치-후 훈련 접근방식이 소개되기 시작하였으며 이에 따른 직업평가의 새로운 접근방식의 개발이 일어난 시기이다. 1965년 「직업재활법」 개정안(PL 333)은 중증장애인을 위한 새로운 서비스 제공방법을 개발하고 서비스 제공을 위한 보조금을 지급하였다. 동법은 6~18개월간의 확대평가서비스 제공을 규정하여 중증장애인의 직업적 잠재력, 고용 가능성을 평가하고 적격성 결정을 하게 함으로써 직업평가를 직업재활과정에 좀 더 본질적이고 중요한 과정으로 포함시켰다. 1968년의 「직업재활법」 개정안(PL 90-391)은 직업평가 및 직업적응서비스를 위하여 별도 기금을 제공하고 이 서비스를 받을 수 있는 대상을 확대하였다. 연령, 교육정도, 인종, 기타 요인으로 불이익을 당하고 있는 사람들에게 의료 및 심리평가뿐만 아니라 직업평가와 직업적응서비스를 제공할 수 있도록 하였다. 여기서의 직업평가 서비스는 개인의 직업행동 패턴과 직업기술 획득능력, 성공적인 직무수행에 적합한 작업태도, 작업습관, 작업인내력 및 사회적 행동 패턴을 개발하는 능력을 평가하는 것이다. 또한 모의작업 또는 실제 작업 현장에서 직업환경에 적합한 수행능력을 사정하고 개발하도록 하였다. 1968년 직업교육법은 장애학생들의 욕구를 충족시키기 위한 프로그램 접근을 향상시키기 위하여 지원금을 허용하였다.

미국에서 1970년대부터 1990년까지 직업평가 분야는 현대적이고 다각적인 서비스 적용시기라고 할 수 있다. 지원고용의 지속적인 발전, 비영리 직업재활 부문의 성장, 직업평가의 소비자 참여, 평가기간 단축, 평가접근방식의 다양화, 컴퓨터의 다각적 활용, 통합 데이터의 광범위한 사용으로 직업평가의 성장과 변화를 가져오게 되었다. 또한 이 시기 상업용 작업표본평가 시스템이 다수 개발되어 미국 내 직업평가의 상업화 시대라고도 부를 수 있다(30th IRI, 2003).

1970년대는 사회적인 장애인 권리운동과 「재활법」 제정으로 장애인 직업재활서비스가 더욱 확대된 시기이다. 1973년에 「직업재활법」의 명칭을 「재활법」으로 개정하고 중증장애인에게 우선적 서비스를 제공하도록 규정하였다. 성문화된 개별재활계획서(Individualized Written Rehabilitation Plan: IWRP)를 작성하도록 의무화함으로써 재활서비스의 개별화 및 체계화를 강조하였다. 이에 직업평가서비스의 중요성도 더욱 강화되었으며 직업평가사의 전통적인 역할과 관련된 기능들이 확장되거나 재정립되었다. 1978년 개정 재활법은 직업적 잠재능력이 없는 장애인들이 재활서비스를 통해 독립생활에 이를 수 있도록 독립생활 프로그램의 설치를 의무화하였다. 「전장애아교육법(P.L. 95-602)」은 장애를 가진 모든 학생들에게 적절한 무상 공교육을 제공하도록 했으며 시민권법으로서 서비스를 제공함과 동시에 적격성을 결정하기 위한 평가도 실시하도록 하였다.

1980년대는 독립생활 운동가들과 지역사회 중심 시설의 지지자들이 전통적인 평가방법에 대한 재검토를 주장하였다. 중증장애인 또는 지역사회 중심 시설에서 서비스를 받고 있는 사람들은 전통적인 접근방식이 그들의 진로 욕구를 충족시키는데 크게 도움이 되지 않는다고 생각하였다. 이러한 인식은 소비자들의 고용 가능성을 탐색하는 가장 좋은 방식, 더욱 현실적인 접근방법을 찾는 노력을 자극했다. 이 기간 동안 GATB(General Aptitude Test Battery) 같은 지필검사들은 소수집단의 사용에 제한이 있고 일부 차별적 측정을 하게 된다는 이유에서 직업재활기관에서 사용이 줄어들고, 반면 상황평가 방법의 사용이 다소 증가하였다.

1984년부터 미국 각 지역 재활서비스국마다 직업평가 및 훈련 프로그램에 예산을 지원하도록 재활서비스국 행정 결정이 내려졌다. 이러한 결정은 이후 10년 동안 직업평가 현장에 큰 영향을 미쳤다. 또한 1984년 「직업교육법」은 직업교육 프로그램의 접근성과 성과를 향상시키기 위하여 장애학생의 직업평가를 의무화했다. 1986년 개정 「재활법」은 국가 직업재활기관들에서 경쟁고용이 어려운 중증장애인을 위한 지원고용서비스를 제공하도록 승인하였다. 지원고용의 확대와 국가적 직업평가 및 직업적응사업의 실행으로 소비자가 평가-훈련-직업기회를 조화롭게 이용하기 위해 직업평가사는 재활상담사와 더욱 긴밀한 협업을 하게 되었으며 직업평가사의 교육과 숙련, 경쟁력을 요구하게 되었다(30th IRI, 2003).

1973년, 1978년, 1986년 「재활법」의 개정과 새로운 지식 영역의 개발로 직업평가 과정의 수정과 방향성 변화를 자극하였다. 이 법률은 1주 이하의 단기 평가 실행을 유도하고 책임을 강조하여 평가사들이 더 빨리 결과를 얻을 수 있는 작업표본검사나 심리검사를 선호하게 하는 반면 시설 또는 지역사회 기반 실제 작업 평가를 실시하기 어렵게 만들었다. 이 법률을 통해 직업평가사의 역량 수준이 강조되었는데, 직업평가사가 사회보장 행정법률 심사위원의 자격으로 직업 잠재력, 기능 제한, 신체 손상 등으로 인한 소득 손실의 경제적 측면을 명확히 예측하도록 법률에서 요구했기 때문이다(McDaniel, 1986).

전반적으로 1973~1990년까지는 직업재활에서 직업평가서비스 사용 증가를 촉진시키는 많은 요소들이 있었다. 평가를 실시할 수 있는 장면이 많아지고 평가 과정에 적용할 수 있는 기술들이 개발되었다. 컴퓨터 기술이 직업을 지속해서 재설계하고 재구성함에 따라 일반적인 직업재활서비스 전달과정과 특히 직업평가도 불가피하게 영향을 받게 되었다. 이 시기 중증신체장애인과 감각장애가 있는 사람들에게 제공될 수 있는 특별한 편의시설 마련이 가능해졌다. 보조공학과 적응 지원기기가 제공될 수 있게 됨에 따라, 장애인들이 좀 더 독립적으로 고용될 수 있게 만들었다. 기술 개발로 재활공학서비스가 부각되었다. 기술의 성장과 함께 학교에서 직장으로의 전환(transition)이 특수교육 및 재활서비스 사무국(Office of Special Education and Rehabilitation Service)의 주요사업이 되었다. 이 서비스 전달 접근은 부처 간의 협력, 계획 및 직업평가 정보의 개발 및 공유를 필요로 했으며 다양한 법률이 만들어졌다(30th IRI, 2003).

1990년대 이후 미국 경제는 산업 시대에서 정보화 시대로 변화되었다. 한때 수요가 많았던 직업들이 필요 없게 되었으며 컴퓨터 사용능력은 많은 일자리의 필수 요건이 되었다. 엄청난 체력이 필요했던 일부 직무는 도구와 기계의 도움으로 수행되었으며 조립라인 작업 등 반복적인 작업이 주를 이루는 일자리는 크게 줄었다. 노동계는 경쟁력을 갖춘 노동자들의 보다 높은 수준의 기술을 요구하게 되었다. 정보통신 기술이 지정 작업장으로 통근할 필요가 없이 어디서든 일할 수 있는 환경을 만들었다는 점은 반가운 일이었다. 그러나 고용의 특성이 변화하고 있기 때문에 고용안정성이 대폭 감소하고 개인의 성취가 낮기 때문에 젊은 노동자들은 이전 세대들이 동기부여되었던 일에 대해 적합하지 않거나 그러한 직업에 대해 선호하지 않을 수도 있게 되었다.

1990년대 이후 직업평가 분야의 지배적인 주제는 "이용자 친화적 평가환경 만들기 노력"을 강조하는 것이었다. 1990년 「미국 장애인법」(ADA)의 큰 영향을 받았으며 진정한 우리의 근본으로 돌아가자는 움직임에 의해 지역사회 기반, 인간중심 평가가 강조되었다. 직업평가는 전문 평가사와 이용자 간의 협력관계 속에서 이루어지는 것이다.

「미국 장애인법」은 검사를 할 때 합리적인 편의를 제공하도록 강조하였다. 동법은 보조공학 기술의 성장과 직업평가에 보조공학기술을 접목하도록 촉진하였다. 「미국 장애인법」은 장애인들이 자신의 능력을 향상하는데 일차적인 책임이 있음을 강조하였다. 작업표본평가, 상황평가, 현장평가 방법에서도 차별 없는 방법이 더욱 중요하게 여겨졌다.

1992년과 1998년의 「재활법」 개정안은 공공부문 직업재활서비스 현장에 "정보에 근거한 고객 선택(informed customer choice)"을 강조하였다. 장애인 대상 서비스에서 중요한 철학은 장애인이 가장 자연스러운 환경 속에서 서비스를 제공받고, 지역사회에 통합되어야 하며, 적절한 지원서비스를 제공하는 지역사회에 고용될 수 있어야 하며, 개인의 필요에 맞게 제도가 바뀌어야 하며, 개인은 자신의 삶을 이끌고 지시할 권리가 있다는 것이다. 이러한 철학은 직업평가 과정에도 영향을 미치게 되었다. 1997년 개정 「장애인교육법」에서는 장애를 가진 학생들을 위한 "전환서비스에 직업평가를 포함"시키도록 규정하였다.

1998년 「인력투자법(Workforce Development Investment Act)」은 직업평가를 원스톱으로 이루어지는 서비스의 핵심 서비스로 정의함으로써 직업평가가 직업재활에서 중요하게 자리매김하는 계기가 되었다. 원스톱 커리어 센터(One-Stop Career Centers)는 취업, 훈련 및 교육서비스를 포함한 모든 서비스를 제공하기 위해 1998년 「인력투자법」에 따라 설립된 시설로 직업평가를 주요 서비스로 다루고 있다.

5. 역사로부터의 교훈

살펴본 직업평가의 역사를 통해 해외에서 어떻게 직업평가 분야가 생성·발전되어 왔는가를 알 수 있다. 역사의 흐름 속에 직업재활 분야에서 직업평가의 중요성이 점차 커지고 있으며 직업능력평가사의 역할은 확대되고 있으며 성공적인 장애인 고용을 위한 정확한 나침반이 되기 위해 기술 진보에 따른 새로운 직업평가 방법들을 고민하게 만든다.

직업평가는 사회적으로 변화하는 장애집단의 특성, 재활공학과의 연계, 복지에서 직장으로 또는 학교에서 직장으로 나아가는 집단에 대한 관심이 증가함에 따라 평가의 과정과 방법에 지속적인 변화가 요구되고 있다. 또한 이용자의 가족상황, 고용주와 동료들의 태도, 접근성 및 지역사회 이슈(이동수단, 지역 경제, 주거, 훈련기회 및 지원 네트워크 등)와 같은 환경적·상황적 요소들에 대한 관심의 증가 역시 직업평가 범위를 확대시키고 있다. 직업평가에서 한 개인을 '전인격체'로 접근하여 고용 및 진로선택에 상호영향을 줄 수 있는 사회-심리-신체적 요소들을 종합적으로 평가하여 활용해야 한다는 점은 직업평가의 근간이 되는 개념이다. 직업평가에서 작업표본평가 시스템 사용을 넘어 지원고용, 소비자 선택의 요구에 맞는 보다 실제적인 평가, 일(work)과 지역사회 중심의 평가, 그에 따른 직업평가사의 전문성이 더욱 강조되고 있다.

직업평가의 발전과 적용에는 해결해야 하는 몇 가지 문제들이 있다. 간혹 직업평가 도구의 규준이나 표준화 과정이 다소 엄격하지 못한 점이 타 전문가집단으로부터 과학적이지 않다는 비판을 듣게 만들었고 일부 기관이나 프로그램에서 제한적이고 편향적인 도구의 사용이 문제시되기도 했다. 재활현장에서 개별 이용자들과의 시간을 줄이고 서비스 실적을 늘려야 하는 경우 평가사들은 프로그램 관리자들과 가치 충돌을 일으킬 수도 있다. 이러한 문제는 국내외에서 지속적으로 고려되는 사안이다.

직업의 가치와 고용 성격의 변화는 직업평가사 역할의 발전과 확대에 지속적인 영향을 미친다. 과학과 정보처리서비스 분야의 일자리는 지속해서 증가할 것이고 읽기, 쓰기, 셈하기와 같은 기본 능력은 반숙련직 · 숙련직의 중요한 기초가 될 것이다. 변화의 실행이 특히 중요한 직업에서는 추론, 문제해결능력, 분석능력에 대한평가가 필수적일 것이다. 향후에는 소비자의 제한점을 최소화할 수 있도록 평가과정의 초반에 보조공학기기 등 적응을 돕는 기기를 이용하는 경우가 늘어날 것이다. 기술의 발전은 가상 작업표본의 가용성, 현실적인 사이버 작업환경, 컴퓨터 기반 검사, 그리고 보조기술도구로서 컴퓨터의 사용을 장려하면서 계속 발전할 것이다. 실시간 자문을 할 수 있는 통신기능을 갖춘 자율형 이동통신을 통해 직업평가는 점점 더 많이 제공될 것이다. 이러한 변화 속에서 직업평가 전문 영역이 다음 세대로 나아가기 위해 고려해야 할 점들은 다음과 같다(30th IRI, 2003).

- 현장에서 특정 검사 또는 평가도구만으로 평가를 실시해서는 안 된다. 심리측정학적 접근이 오랜 기간 동안 직업평가 패러다임에 포함되고 오늘날에도 심리측정도구들이 지속적으로 사용되고 있지만 중증의 장애를 가지거나 소수의 특성을 가진 장애인들에게는 적합하지 않을 수 있다. 다양한 이용자들의 욕구에 맞는 평가를 개발하기 위해서는 평가사들의 역할과 평가방법 모두 융통성이 필요하다. 평가결과 규준에 근거한 해석도 중요하지만 이용자에게 영향을 줄 수 있

는 상황이나 환경을 간과해서는 안 된다.

- 직업평가 과정은 기술 발전에 자극을 받아 지속적으로 진화·발전해야 한다. 따라서 평가 전문가들을 위한 전문화된 기술훈련으로 전문적인 정체성을 갖추도록 해야 한다. 윤리강령의 확립과 관련 협회의 활동을 통해 전문적 성장을 주도해야 한다. 재활 과정에서 평가사의 중요성을 인식하고 이에 따른 직업평가 전문가 수를 지속적으로 확대해 가야 한다.
- 직업평가 과정에서 사용되는 용어가 직업평가사들의 전문적 역할을 결정한다. 역사적으로 직업평가는 도움을 주는 다른 전문 영역(심리학, 작업치료, 공학 등)으로부터 사용된 용어를 활용하고 있다. 평가 관련 문서에는 종합적, 작업 시뮬레이션 또는 작업표본, 규준, 신뢰도 및 타당도 등의 용어들이 섞여 있다. 이러한 용어들의 사용은 직업평가가 다른 휴먼서비스와 연관성이 있음을 보여주고 평가의 신뢰도를 향상시킨다. 그러나 동시에 평가사들의 독특한 직업 정체성을 억제할 수도 있다. 향후 직업평가 영역에서는 '이용자 중심 고용결과', '지역사회 기반 장면', '장애 전문가', '직업평가 전문가', '보조공학 전문가'와 같은 용어들이 강조되어야 한다. 이러한 용어들은 직업평가사의 역할을 독특하게 만들고 그 직업의 고유성을 높일 것이다.
- 직업평가 분야의 성장을 위해 관련 법률과 예산이 강화되어야 한다. 이용자들에게 역동적인 기회를 제공하는 새로운 직업평가의 패러다임을 지지할 수 있도록 그리고 향후 예산을 마련하기 위한 의사소통이 촉진되어야 한다. 미국의 경우 교육부에 있는 재활서비스국이 직업평가 담당자가 필요로 하는 기술과 역량 개발에 필요한 단기 워크숍이나 대학 기반 프로그램에 교육자금을 지원하고 있다. 그러나 미국의 경우도 직업평가사의 가치를 높이는 것이 쉬운 여정은 아니었다. 외부 자금의 제한, 국가 기관 내 고용상태, 다른 전문가집단과의 경쟁, 특정 서비스를 찾는 옹호집단 등의 영향 때문이었다. 자금의 증가는 직업재활기관 안의 직업평가팀의 성장을 도우며 직업평가사들의 평가기술 향상을 장려할 수 있다. 가용한 재원이 있어야 평가 실시를 위한 새로운 방향을 만들고 장애인들에게 적용 가능한 이론적 기초를 형성할 수 있으며 직업재활 관련 시설 안에 별도의 서비스로서 직업평가가 구축될 수 있다.

• 재활은 정보에 근거한 선택과 역량강화, 이용자 참여, 고용성과 향상, 성과 지표를 강조하는 방향으로 움직이고 있다. 이용자 중심의 고용성과를 내기 위하여 직업평가 과정에 이용자를 맞추는 것이 아니라 이용자에게 맞는 직업평가 과정을 만들어 가야 한다. 또한 이용자의 역량강화, 자기 결정, 정보에 근거한 선택 및 이용자 만족도를 기초로 한 이용자 참여와 자기 결정은 새로운 재활 패러다임에서 매우 강조되는 부분이다. 직업평가는 이용자의 고용성과를 확인할 수 있는 방법으로서 직업재활 과정 속에 중요한 요소가 된다. 직업평가 과정은 이용자가 실제 기술, 능력, 잠재력을 반영하는 고용성과를 달성하도록 돕기 위한 것이므로, 결국 직업재활기관은 성공적인 결과들을 평가로부터 얻어진 데이터로 구체적이고 자세하게 기록한다.

시대의 흐름과 서비스 패러다임의 변화에 따라 〈표 1-2〉와 같이 직업평가 접근방법에서 변화가 필요함을 인식하고 실천해야 한다.

표 1-2 직업평가에서 영역별 패러다임의 변화

옛 패러다임	현재/새로운 패러다임	영역
적격성 결정을 위한 문지기 역할로서 직업평가 사용	소비자가 중심이 되는 고용성과 및 장기 진로발달을 최적화하기 위해 직업평가 사용	기능
재활서비스의 내·외부 내담자 선별	장애 정도에 상관없이 희망하는 직업을 효과적으로 선택하고 유지하는데 소비자의 성공 촉진	기능
내담자를 직업평가 과정에 맞춤	직업평가 과정을 소비자에게 맞도록 수정	기능
장기적인 평가 제공	구체적인 정보 욕구 및 성과에 민감한 다양한 기간의 개별화된 평가 제공	기간
직업평가 과정에 초점	소비자의 고용성과에 초점	과정
평가자는 직업평가 제공자 혼자	직업평가는 평가자에 의해 주도되는 팀 접근	역할
직업평가 과정을 통제하는 평가자	평가자는 평가 참가자의 개입과 의사결정을 강조하는(역량강화, 자기 결정, 정보에 근거한 선택에 기초한) 소비자 주도 과정을 촉진	기능
우선적으로 임상적 장소에서 직업평가 제공	지역사회가 직업평가 장소 중 하나가 됨	장소

옛 패러다임	현재/새로운 패러다임	영역
직업평가를 한 번만 제공	직업평가는 변화 및 편의 제공을 평가하기 위한 역동적인 과정으로서 한 번 이상 제공	과정
독립된 서비스로 분리되어 제공	다른 학문들을 통합(보조공학, 진로발달, 전환, 소비자 참여를 위한 프로파일 및 포트폴리오를 사용하는 역량강화, 주도성)하여 제공	과정
직업재활을 위해 우선적으로 보호작업장에서 처음으로 제공	많은 대상들을 위해 다양한 지역사회 중심 장면들에서 제공	장소

출처: 30th IRI(2003). The Old and Current and New Paradigm. pp. 22-23.

제3절 직업평가의 특성과 철학

직업평가는 매우 목적지향적인 활동이며 종합적이고 체계적이며 전문적이나 이용자 중심적이라는 특성이 있다.

첫째, 직업평가는 목적지향적인 것이다. 평가 과정은 가능한 이용자의 개인적 욕구와 구체적인 재활목표에 맞추어 설계되어야 한다. 평가사는 "어떤 정보가 필요한가? 평가는 다른 방법을 통해 얻을 수 없는 중요한 정보를 제공할 수 있는가? 평가를 통해 어떤 질문들에 대한 답을 얻을 수 있는가? 이용자는 검사에 어떻게 반응할 것인가? 이용자는 검사를 통해 어떤 영향을 받을 것인가?"하는 질문에 대한 답을 지속적으로 고려해야 한다(Cohen, Swerdlik, & Pillips, 1996).

둘째, 종합적이라는 것은 평가정보의 시간적·내용적 포괄성을 말하는 것이다. 현재 시점뿐만 아니라 개인의 잠재적인 강점과 제한점을 파악하고 전인적인 측면에서 개인에 대한 정보를 포괄적으로 파악해야 한다. 의료적·교육적·심리적·직업적·사회경제적·행동적 특성과 지원이 필요한 특별한 요구 등 다양한 영역에서 정보를 수집하고 분석한다. 이를 통해 종합적인 개별화 고용계획을 수립할 수 있다. 구체적으로 직업평가 과정 동안 재활전문가는 일반적인 고용 가능성 요인뿐만 아니라 이용자의 사회·정서적 능력, 가족 네트워크, 장애 적응방식, 사회적 관계 등의 요인도 함께 평가해야 한다. 재활은 문제 중심적일 뿐만 아니라 적응에 초점을 둔다.

셋째, 체계적이라는 것은 직업평가의 과정과 방법에 관한 것이다. 직업평가는 평가목적에 적합한 방법과 도구를 선택하여야 하며, 정보의 종합적 수집 및 분석 과정이 적절한 순서와 절차, 간격에 맞게 이루어져야 함을 말한다. 평가는 상담 과정 그리고 전문가와 이용자 사이의 재활 과정에서 일어나는 지속적인 상호작용 속에 통합되어야 한다. 즉, 직업평가서비스는 더 큰 직업재활서비스 전달체계의 일부가 되어야 한다.

넷째, 전문적이라 함은 평가를 실시하는 인력의 지식과 경험, 그리고 역량, 윤리적 측면에 대한 것이다. 개인의 전인적 측면의 정보를 수집하고 분석하여 직업재활계획을 수립하는 데 필요한 개인의 강점과 제한점을 파악하고, 필요한 서비스 내용을 추천하기 위해 직업능력평가사는 전반적인 인간에 대한 이해, 직업재활에 대한 이해, 장애에 대한 이해, 직업세계에 대한 이해 등 다양한 지식을 갖추어야 한다. 또한 직업평가도구를 적절히 선택하고 사용하며 해석할 수 있는 지식과 기술을 보유하고 있어야 한다. 또한 서비스 이용자의 강점을 중심으로 분석하고 잠재적 능력을 발휘할 수 있는 환경적 지원을 계획하고 제안할 수 있는 통찰력이 필요하다.

다섯째, 이용자 중심적이라는 것은 직업평가 과정 전반에 이용자가 주도적으로 참여와 결정을 하도록 돕고, 직업평가 과정 자체가 이용자 역량강화의 기회가 되도록 해야 한다는 것을 뜻한다. 직업평가 도구와 방법을 결정할 때도 개인의 상황과 목표, 욕구에 맞게 설계되어야 하며 평가를 실시하는 과정과 결과 해석의 모든 과정이 이용자의 강점에 초점에 맞추어 진행되어야 한다. 장애를 가진 사람은 흔히 부분적으로 불충분한 것을 확대 해석하여 자기 자신 전체를 부정적으로 인식한다. 따라서 평가기간 동안 특히 초기면접 과정에서 의식적으로 이용자의 자기존중감을 강화하는 방법들을 활용한다. 긍정적인 피드백을 제공할 수 있는 기회를 만드는 것이 중요하므로 자신에 대한 새로운 이해를 할 수 있도록 도움을 준다. 이외에도 직업평가는 현실성, 타당성, 적절성을 가져야 할 뿐만 아니라 지속적이며 발달적인 과정이어야 한다.

직업평가는 상담 과정 그리고 전문가와 이용자 사이의 재활 과정에서 일어나는 지속적인 상호작용 속에 통합되어야 한다. 직업평가 과정 동안 재활전문가는 일반적인 고용 가능성 요인(즉, 작업습관, 신체지구력, 지적 능력, 성취 수준 및 학습능력)뿐만 아니라 이용자의 사회·정서적 능력을 평가하여야 한다. 실직하는 사람들의 주된 이유는 기술 부족보다 작업행동상의 문제에 관련된 경우가 더 많다.

평가는 이용자들의 특성을 광범위하게 조사할 수 있도록 다차원적 접근이 되어야 한다. 교육적 혹은 작업수행과 같은 단 한 가지 특성을 파악하는 것에 국한되어서는 안 된다. 개인이 작업 혹은 이와 유사한 생산적 상황에 어떻게 적응하는지를 알고자 한다면 가족 네트워크, 장애에 대한 적응유형, 사회적 관계 등의 요인도 함께 파악해야 한다. 행동관찰, 자기보고 혹은 표현된 말 활용, 다양한 유형의 조사, 설문, 구조화된 면접 혹은 검사 등이 있다.

기관에 유익한 것이 항상 이용자에게 유용한 것은 아니다. 이용자가 할 수 있는 일에 대해 폭넓은 기대를 가지는 것은 평가기간 동안 평가에 대해 더욱 유용한 태도를 취할 수 있게 한다.

제4절 직업평가의 영역과 내용

1. 직업능력의 개념

'가장 좁은 의미에서 직업평가'는 개인의 직업능력, 기술과 직업적 요구 간의 상관관계를 다룬다. 직업능력은 직업생활에서 주어진 일을 수행하는 데 필요한 능력이다. Hyland(1994)는 직업능력을 competence라는 용어로 사용하면서 다음과 같이 개념들을 정리하고 있다(정철영 외, 2000에서 재인용).

① 일자리에서의 수행과 관련된 능력(NCVQ, 1988)
② 특정한 직업 영역에서 노동자에게 요구되는 수행능력(FEU/PICKUP, 1987)
③ 하나의 직업 안에서 여러 활동을 수행할 수 있는 능력(Fletcher, 1991)
④ 무엇을 알고 있는가보다 무엇을 할 수 있는가와 관련된 능력(UDACE, 1989)
⑤ 삶에서의 역할을 성공적으로 수행하기 위해 충분한 기술, 지식, 적절한 태도 그리고 경험의 소유와 개발을 포함(FEU, 1984)

⑥ "실질적인 작업환경에 .... 고용되는 데 기대되는 기준에 맞도록 ... '전반적인' 작업 역할을 수행할 수 있음"과 같이 일반적인 용어(Mansfield, 1989)

⑦ '일련의 특성 과업을 수행할 수 있는 능력', '전반적인 직무기능을 달성하기 위해 적절한 방법으로 과업기술을 사용할 수 있는 능력', '기계 고장이나 응급 상황 등에 대처할 수 있는 능력', 그리고 '특정한 작업환경에 의해 부과되는 자연적인 강제에 작업 수행을 적응시킬 수 있는 능력' 등과 같이 네 가지의 상호 연관된 요소로 정의될 수 있음(Bartram, 1990)

⑧ 기술적인 면 이상의 의미를 지니고 있는 competence의 양상은 '과업관리', '뜻밖의 사고 관리' 그리고 '역할 · 환경기술'로 구분됨. 하나의 직업에서 충분한 능력을 갖추기 위해서는 이 모든 것이 필요함(Jeesup, 1991)

Hyland(1994)는 이와 같이 직업능력의 개념을 정리하면서 직업능력의 개념이 확장되고 있음을 지적하였다. 즉 초기에는 실제 산업현장에서 측정 가능하고 관찰 가능한 직무수행, 즉 무엇을 알고 있는가보다는 '무엇을 할 수 있는가'에 국한되었으나, 최근에는 더 넓은 개념으로 직업능력을 평가할 때 지식, 이해, 상황의 역할을 강조하게 되며 개인이 기대되는 직무수행을 하기 위해 이와 직접적으로 관련된 지식과 이해가 있어야 함을 설명하였다(정철영 외, 2000).

보다 구체적으로 직업능력은 직무수행능력과 직무기초능력으로 구분해볼 수 있다(정철영 외, 2000). '직무수행능력'은 직종이나 직무에 따라 특별히 요구되는 직업능력으로 보다 전문성을 필요로 하는 능력을 말한다. 반면, '직업기초능력'이란 거의 모든 직종이나 직무에서 공통적이며 기본적으로 요구하는 능력으로 정의할 수 있다.

직업기초능력에 관해서도 key competence, core competence, core skill, common skill, basic skill, generic skill, workplace know-how, workplace basics 등 다양한 용어가 사용되고 있으나 아직 이들 용어의 개념적인 차이에 관해 깊은 논의가 이루어지고 있지 않다. 그러나 직업기초능력은 기초적인 수준의 직업능력이 아니라 기본이 되고 공통적인 개념이라는 점에 주의해야 한다. 따라서 직업기초능력은 '직업 종사자가 민주사회의 시민으로서 경제적 보상이 따르는 대부분의 일을 성공적으로 수행하는 데 공통으로 요구되는 일정 수준 이상의 지식, 기술, 태도 등의 총체'로 정의된다(정철영 외, 2000).

이무근 외(1997)에 따르면 직업기초능력의 하위요소에 의사소통능력, 외국어 의사소통능력, 수리능력, 문제해결능력, 정보소양능력, 대인관계능력, 문화이해능력 등이 포함되며 경제 · 경영능력, 기술활용능력, 개인적인 자질 등이 추가될 수 있다. 정철영 외(1998)는 직업기초능력 시안을 개발하면서 이를 22개로 분류된 산업 분야 중 다른 직종에 비해 고도의 전문성을 요구한다고 판단되는 전문직(변호사, 판사, 검사, 의사 등), 군인 등을 제외한 산업 분야의 근로자와 고용주를 대상으로 현장조사를 실시하였다. 그 결과 9개의 직업기초능력 영역을 밝혔는데 〈표 1-3〉과 같다.

표 1-3 직업기초능력의 영역

영역	하위요소	
의사소통능력	• 읽기능력 • 듣기능력 • 비언어적 표현능력	• 쓰기능력 • 말하기능력 • 외국어(영어) 읽기능력
수리능력	• 사칙연산 이해능력 • 통계와 확률에 대한 이해능력	• 도표해석 및 표현능력
문제해결능력	• 사고력 • 대안선택능력 • 대안평가능력	• 문제인식능력 • 대안적용능력
자기관리 및 개발능력	• 자기관리능력 • 진로개발능력	• 직업에 대한 건전한 가치관과 태도
자원활용능력	• 자원확인능력 • 자원계획능력	• 자원조직능력 • 자원할당능력
대인관계능력	• 협동능력 • 갈등관리능력 • 고객서비스능력	• 리더십능력 • 협상능력
정보능력	• 정보수집능력 • 정보조직능력 • 정보활용능력	• 정보분석능력 • 정보관리능력 • 컴퓨터 사용능력
기술능력	• 기술이해능력 • 기술적용능력	• 기술선택능력
조직이해능력	• 국제감각 • 경영이해능력	• 체제이해능력 • 업무이해능력

출처: 정철영 외(1998). 직업기초능력에 관한 국민공통 기본교육과정 분석. 한국직업능력개발원. p.184.

이러한 개념을 바탕으로 우리나라에서는 국가직무능력표준(National Competency Standards, NCS)을 설정하고 있는데 NCS란 산업현장에서 직무를 수행하기 위해 요구되는 지식·기술·태도 등의 내용을 국가가 산업 부문별, 수준별로 체계화한 표준이다. 고용과 교육, 자격을 체계화한 시스템으로 수요자 중심의 교육과 자격제도를 운영하는 것을 목표로 하고 있다. 우리나라는 2002년부터 일-교육·훈련-자격을 연계하기 위해 국가직무능력표준제도를 도입하였으며 2010년 국가직무능력표준의 효율화 추진을 위해 국가정책조정회의에서 NCS 명칭을 통일하고 개발 주체를 고용노동부, 한국산업인력공단으로 일원화하였으며 NCS 연구 및 교육 과정 지원은 교육부, 한국직업능력 개발원에서 하기로 조정되었다. 2013년에 능력중심사회를 위한 여건 조성이 핵심 국정과제로 확정되었으며 대부분의 공기업에서는 NCS 직업기초능력을 채용의 기준으로 삼고 있다.

직무수행에 필요한 지식·기술·태도를 기본적으로 갖추고 있느냐가 고용 가능성을 예측할 수 있는 척도인 것이다.

NCS 직업기초능력은 단순히 글을 읽거나 셈을 하는 기초능력의 범위를 넘어, 직업인들이 업무 수행을 위해 반드시 필요한 핵심적이고 공통적인 능력을 말하는 것으로 전문적인 수준의 능력을 의미하는 것은 아니다. 한국직업능력개발원에서는 직업기초능력을 대부분의 산업 분야에서 공통으로 요구되는 10개 능력과 34개의 하위 영역으로 개발하여 제시하고 있다.

표 1-4 NCS 직업기초능력 내용 및 하위요소

영역	내용 및 하위요소
의사소통 능력	업무를 수행함에 있어 글과 말을 읽고 들음으로써 다른 사람이 뜻한 바를 파악하고 자기가 뜻한 바를 글과 말을 통해 정확하게 쓰거나 말하는 능력
	문서이해능력, 문서작성능력, 경청능력, 언어구사력, 기초외국어능력
자원관리 능력	업무를 수행하는데 시간, 자본, 재료 및 시설, 인적자원 등의 자원 가운데 무엇이 얼마나 필요한지를 확인하고, 이용 가능한 자원을 최대한 수집하여 실제 업무에 어떻게 활용할 것인지를 계획하고, 계획대로 업무 수행에 이를 할당하는 능력
	시간자원관리능력, 예산관리능력, 물적자원관리능력, 인적자원관리능력
문제해결 능력	업무를 수행함에 있어 문제상황이 발생하였을 경우, 창조적이고 논리적인 사고를 통하여 이를 올바르게 인식하고 적절히 해결하는 능력
	사고력, 문제처리능력

영역	내용 및 하위요소
정보능력	업무와 관련 정보를 수집하고, 이를 분석하여 의미 있는 정보를 찾아내며, 의미 있는 정보를 업무수행에 적절하도록 조직하고, 조직된 정보를 관리하며, 업무 수행에 이러한 정보를 활용하고, 이러한 제 과정에 컴퓨터를 사용하는 능력
	컴퓨터 활용능력, 정보처리능력
조직이해 능력	업무를 원활하게 수행하기 위해 국제적인 추세를 포함하여 조직의 체계와 경영에 대해 이해하는 능력
	국제감각능력, 조직체제이해능력, 경영이해능력, 업무이해능력
수리능력	업무를 수행함에 있어 사칙연산, 통계, 확률의 의미를 이해하고 이를 업무에 적용하는 능력
	기초연산능력, 기초통계능력, 도표분석능력, 도표작성능력
자기개발 능력	업무를 추진하는 데 스스로를 관리하고 개발하는 능력
	자아인식능력, 자기관리능력, 경력개발능력
대인관계 능력	업무를 수행함에 있어 접촉하게 되는 사람들과 문제를 일으키지 않고 원만하게 지내는 능력
	팀워크능력, 리더십능력, 갈등관리능력, 협상능력, 고객서비스능력
기술능력	업무를 수행함에 있어 도구, 장치 등을 포함하여 필요한 기술에는 어떠한 것들이 있는지 이해하고 실제로 업무를 수행함에 있어 적절한 기술을 선택하여 적용하는 능력
	기술이해능력, 기술선택능력, 기술적용능력
직업윤리	업무를 수행함에 있어 원만한 직업생활을 위해 필요한 태도, 매너, 올바른 직업관
	근로윤리, 공동체윤리

2. 직업평가의 내용

직업성공에 영향을 주는 요인 가운데 직업능력은 핵심적 요인이다. 앞에서 기술했듯이 직업기초능력과 직무수행능력을 직업능력이라고 보았다. 특히 고용과 직무수행에 필요한 지식·기술·태도 등을 말하는 직업기초능력을 평가해 보고 교육·훈련하여 산업현장에서 필요한 인력으로 준비하는 것이 필요하다. 그러나 이러한 직업능력 이외에 직업 성공에 영향을 주는 다른 많은 요소들이 있다. 특히 장애를 가진 사람의 경우 비장애인보다 취업과 직업 성공에 직·간접적으로 영향을 주는 다양한 개인적·환경적 요인들이 있다. 따라서 장애인을 대상으로 한 직업평가는 직업능력에만 초점을 맞추지 않고 전인적인 접근을 사용해야 한다. 직업평가의 중요한 초점은 이용자의 직업준비 정도를 파악하는 데 있지만, 이용자의 특성, 고용 가능성, 배치 가능성 그리고 궁극적인 직업 배치에 도움이 되거나 방해될 수 있는 이용자와 이용자의 환경적인 요인들에 대한 이해를 전제로 한다. 이러한 모든 지표들에 대해 충분히 인지하는 것은 평가과정에 필요한 정보를 선택하는 데 중요한 바탕이 된다(Power, 2005).

장애인 대상 직업평가는 재활의 주요 과정이며 재활은 문제해결중심적일 뿐만 아니라 적응에 초점을 둔다. 재활은 활동을 제한하거나 장애를 일으키는 상황을 축소시키는 것뿐만 아니라, 가족 · 사회적 · 직업적 영역에서 적절한 역할을 수행할 수 있도록 필요한 능력을 개발하고 지역사회의 삶에 참여할 수 있도록 돕는 데 목표가 있다. 또한 직업생활에 필요한 신체적 · 정서적 · 지적인 기술들을 가질 수 있도록 보장해 주는 것에 초점을 둔다(Power, 2005; Anthony, 1980). 재활이 추구하는 바는 단순히 노동생산성에 얽매여 있지 않으며, 생산적인 산출과 생산적인 삶 양자 모두에 초점을 둔다(Power, 2008)는 점을 기억해야 한다. 따라서 직업평가는 전인적 측면에서 직업기초능력과 함께 개인의 생산적 삶에 영향을 줄 수 있는 다양한 요인들을 고려하고 평가해야 하는 것이다.

장애인 대상 직업평가는 의료평가, 심리평가가 미리 이루어졌다는 전제에서 직업평가는 아래와 같은 부분을 종합적으로 평가한다(ILO, 2008).

- 역사, 교육, 고용, 배경정보 등
- 심리사회적 강점 및 발달
- 독립적 생활기술
- 읽고 쓰는 능력
- 직업세계에 대한 지식
- 능력 · 적성
- 기능 · 직업기술
- 사회적행동, 의사소통 등의 일반적 직업행동
- 구직기술
- 직업준비도
- 특별한 욕구

표 1-5 평가 영역별 평가요인

평가 영역	요인	평가방법
심리사회적 요인	동기, 자존감, 사회적 기술 및 의사소통기술, 가족관계, 사회생활, 개인의 안정성 및 강점, 성격특성, 문제해결기술, 삶의 목표, 경제적 형편 등	면접, 상용 또는 별도 제작된 체크리스트, 성격검사, 심리 및 적성검사, 배경정보 검토
독립생활기술	신변처리, 복장(외모 가꾸기), 시간개념 및 시간관리능력, 금전관리, 이동수단 사용, 가정관리능력 등	면접, 체크리스트, 지필검사, 특별히 고안된 실제 활동 수행, 관찰
읽고 쓰는 능력	국어 · 수학 · 컴퓨터 관련 언어 읽고 쓰기, 경우에 따라 외국어도 포함	각종 검사
직업흥미	직업흥미(선호도)	면접, 흥미검사, 다양한 직업탐색활동, 작업표본, 상황평가, 현장평가
능력 및 적성	지능, 적성, 손기능, 협응, 조작능력, 신체능력 또는 신체기능, 인내력 및 지구력 등	지능검사, 적성검사 등 각종 심리검사, 퍼듀 펙보드(Purdue PegBoard) 등 작업표본, 상황평가, 현장평가
직업기술	구체적인 직업기술, 응용능력 등	면접, 체크리스, 지필검사, 작업표본, 직무수행평가, 상황평가, 현장평가
구직기술	구직에 필요한 모든 기술	면접, 지필검사, 관찰, 실제 구직활동
직업준비도	직업목표의 현실성. 이동수단 확보, 재정관리, 직업행동 및 기술의 적절성, 직업세계에 대한 이해 등	면접, 체크리스트, 현장평가 및 관찰
특별한 욕구	보조공학기기, 직무수정, 기타 지원서비스 필요성	평가 전 또는 과정 중에 판단 및 조정

출처: International Labour Organization(2008), pp.5-11.

ILO(2008)는 각 평가영역에 따른 평가방법을 다음과 같이 설명하고 있다. **심리사회적 요인**은 훈련이나 직장에서 개인의 성공에 영향을 줄 수 있는 행동, 태도, 삶의 양식조건들을 말한다. 동기, 자존감, 사회적 기술 및 의사소통기술, 가족상황, 사회생활, 개인적 안정성 및 강점, 성격 특성, 문제해결능력, 삶의 목표, 경제 및 금융적 상황 등이 포함될 수 있다. 이러한 요인들의 중요도는 문화적 특성에 따라 달라질 수 있다. 심리사회적 요인들은 면접, 체크리스트, 성격검사와 도구, 심리검사 및 적성검사, 배경정보 등의 검토를 통해 평가될 수 있다. 심리사회적 요인을 평가하는 심리검사들은 문화적 배경에 따라 특성을 가지며 훈련된 심리 분야 전문가에 의해 평가되어야 한다.

독립생활기술은 신변처리, 외모 가꾸기, 시간개념 및 시간관리능력, 금전관리, 이동수단 사용, 가정관리능력 등을 포함하는 영역이다. 이는 면접, 체크리스트, 지필검사 또는 특별히 준비된 실제 활동의 수행을 통해 또는 관찰을 통해 평가될 수 있다.

읽고 쓰는 능력에 대한 평가는 국어, 수학, 컴퓨터와 관련된 언어 읽기·쓰기능력, 필요한 경우 외국어도 포함하여 평가될 수 있다. 이는 읽기 쓰기 능력 측정 지필검사에 의해 평가될 수 있다.

직업흥미는 개인이 직업영역에 대해 가지는 선호도를 말하는 것으로 면접, 흥미검사, 다양한 직업탐색활동, 작업표본, 상황평가, 현장평가를 통해 평가될 수 있다. 직업경험이 없거나 직업기회를 접해보지 않은 많은 사람들은 그들이 무엇을 좋아하는지 알 수 있는 직업세계에 대한 탐색이 부족하다. 면접 과정에서 개인의 흥미가 무엇인지 알아내기 위해 과거 일과 학업, 취미, 공식적·비공식적 직업 경험을 질문해야 한다.

개인의 능력(abilities)과 적성(aptitude)은 타고난 재능(talents) 또는 역량(capacities)으로 불리는 반면 기술(skill)은 그 사람이 무엇을 배워 왔는가를 말한다. 기술 습득의 성공은 적성과 능력에 좌우될 수 있다. 적성의 예로 지능이나 인지적 능력, 언어, 수리, 공간, 형태 및 사무지각, 운동 협응, 손가락 기민성, 손재능, 눈-손-발 협응, 색깔변별 등이 있다(ILO, 2008).

- 지능은 전형적으로 지능지수 또는 IQ 테스트를 통해 측정된다. 학습능력, 기억력, 집중력 및 추리력 등의 기능 영역에서 주요한 부족함이 나타날 경우 심리학자들이나 신경심리학자들이 적절한 사정을 하게 된다.
- 적성은 보통 지필검사 배터리에 의해 측정되나, 어떤 적성의 경우 작업표본 등의 다른 방법을 통해 측정될 수도 있다.
- 기민성, 협응력 및 손기능은 기계기구, 수공예 등의 사용 같은 직무에 필요한 신체 사용이 요구되는 다양한 적성들이다. 이것들은 퍼듀 펙보드(Purdue Pegboard)와 같은 검사를 통해 개인 수작업의 완성 시간과 집단 규준 간 비교를 할 수 있다. 많은 기민성검사와 작업표본검사들은 구매 가능하거나 지역적으로 만들어질 수도 있다.
- 신체능력 또는 기능은 앉기, 서기, 굽히기, 들기, 관절의 가동 범위 등과 같은 신체적 기능 범위의 수행 가능성을 말한다. 신체능력에 대한 평가는 특정 장애

유형을 가진 사람들에게 특히 더 필요하며 의료재활 전문인력 또는 훈련된 직업 평가사가 작업표본도구를 활용하여 수행할 수 있다.

- 작업 인내력은 한 사람이 얼마나 오래 그리고 어떤 수준의 신체적 강도에서 일할 수 있는 능력을 말한다. 예를 들어 8시간 근무가 가능한가? 이러한 유형의 사정은 보호작업장 같은 곳에서 일하는 동안 능력 발휘 정도와 유지 정도를 측정할 수 있는 상황평가 과정을 통해 측정될 수 있다.

특정 직업기술들은 한 사람이 무엇을 배워 왔는가를 말한다. 성공적인 기술은 특정 능력이 있거나 성공적인 훈련이나 인생 경험에 의해 개발되는 경우가 많다. 특정 전문적 기술 또는 작업수행기술과 일반적인 일의 기술, 삶의 기술들은 직업에서의 성공에 필요한 것들이다. 측정되는 작업수행기술의 유형은 보통 개인의 능력과 지금까지의 사정결과와 그들이 흥미 있어 하는 직업 또는 진로유형에 의해 결정된다. 기술과 기술 적용방법의 과정에 대한 지식(예; 어떻게 고장 난 엔진을 고칠 것인지 설명하시오)은 면접, 체크리스트, 지필검사, 전문직업시험, 작업표본, 직무수행평가, 상황평가, 현장평가 같은 다양한 방법으로 측정될 수 있다. 많은 업체들은 한 사람이 맡는 임무에서 기술을 가졌는지 확인하기 위한 기술검사를 가지고 있다. 타이핑 테스트는 단순기술 테스트의 한 예이다. 전문직업시험은 협회, 도제 프로그램, 고용주 또는 기타 특정 전문직업에서의 능력평가를 통해 실시될 수 있다. 작업표본도 한 직무에서 근로자 평균과 한 사람의 수행 정도를 비교하도록 고안될 수 있다. 쉬운 예로 직물 생산상황에서 능률을 측정하는 것이 있다. 장애인의 수행 정도는 평균 근로자들의 것과 비교되어 그 사람의 기술 개발 정도를 확인할 수 있다. 재봉사, 컴퓨터 기사 같은 지역사회의 특정 직업과 일반적인 직업에 관련된 작업표본이나 검사를 개발할 수도 있다. 한 사람의 구체적인 직무능력을 평가하기 위해서는 직무분석을 실시할 필요가 있다. 고용주와 함께하는 현장평가는 평가하기 어려운 기술들을 평가할 때 매우 유용하며 평가 대상자가 그 일을 할 수 있는지 여부를 확인하는데 여러 가지 면에서 최상의 방법이다(ILO, 2008).

구직기술은 직업을 찾고 응시하기 위해 필요한 기술들을 말하는데, 일자리 찾기, 고용주 접촉, 이력서 작성, 면접기술 등이 포함된다. 이러한 기술이 있는지 평가하는 방법은 면접, 지필검사, 관찰, 실제 직업 찾기 결과를 통해 확인할 수 있다. 이러한 기술들이 적합하며 충분한지는 상황평가와 role-play와 실제 경험에서의 관찰 및 구직기술을 위한 인터뷰를 통해 알 수 있다.

직업 준비도(job readiness)란 한 개인이 고용될 준비가 되어있는가를 말한다. 직업세계에서 개인이 가진 조건이 특정 직무의 기술적 요구에 어느 정도 부합하는지를 말한다(Bitter, 1982). 직업준비도는 문화적으로 결정되거나 직업 지원서비스의 유용성에 따라 달라질 수 있는 일련의 준거이다. 이러한 준거는 다음과 같은 것을 포함할 수 있다.

- 현실적인 직업목표를 가졌는가?
- 이동능력이 있는가?
- 금전관리능력이 있는가?
- 좋은 작업습관과 포괄적인 작업기술을 가졌는가?
- 일의 작업을 이해하고 있는가?
- 포괄적인 작업습관과 기술이 적절한 것인가?
- 기타

Farley 등(1993)은 직업준비를 개인이 지니고 있는 자신에 대한 지식 수준(흥미, 적성, 능력, 강점, 제한, 직업가치, 욕구 등)과 직업세계에 대한 지식 혹은 직업정보의 양(특정 직무에 포함된 작업의 특성, 임무와 요구조건, 필요한 교육과 훈련, 일자리, 임금 수준, 전망 등)으로 정의하였다.

직업준비를 확인하는 데 사용될 수 있는 방법은 직업력 분석, 교육적·사회적 자료분석, 이용자와 가족과의 면접, 의료적·정신과적 상담, 심리검사, 작업표본평가, 파트타임이나 단기직업 경험분석, 현장훈련 경험분석이다. 많은 기관에서 직업준비도를 확인하기 위한 체크리스트를 활용하기도 한다. 이러한 방법은 직업준비도를 구성하는 요소인 고용 가능성이나 배치 가능성을 확인할 때도 사용된다.

고용 가능성이란 한 개인이 필수적인 기술과 작업 인성(work personality)을 가졌는가를 말하며, 배치 가능성이란 고용주에게 인식되는 매력을 말한다. 이러한 요소들은 노동시장의 요구에 대응하기 위해 이용자의 필요 특성을 탐색하는 데 유용한 관점을 제공한다.

평가 전과 평가 중에 이용자의 독립생활, 훈련 및 고용에 필요한 보조공학기기나 기술의 종류에는 어떤 것이 있는지 특별한 욕구를 확인하는 과정이 필요하다. 구체적인 직업이나 직종이 결정되었다면 그 장애인을 만나고 있는 평가사 또는 직업배치 담당자들은 구체적인 직무 조정, 지원서비스 또는 보조공학기기를 확인해야 하며 고용주는 필요한 결정과 조정을 해 주어야 한다. 특별한 욕구를 확인하는 방법으로 지적 능력이나 언어기술에 제한이 있는 사람들에게는 지필검사나 면접을 통해 충분한 정보를 얻지 못할 수 있다. 작업표본, 상황평가, 직무과제 및 현장평가가 가장 적합할 것이다.

장애인들은 훈련 및 작업상황에서처럼 평가상황에서도 다양한 적응을 해야 할 것이다. 시각에 장애가 있는 사람들이 검사지나 체크리스트 등에 응답하려면 확대 자료, 확대경 또는 점자 자료가 필요할 수 있다. 청각장애인들은 수어를 할 수 있는 평가사가 필요할 수 있다. 특정 장애를 가진 경우 시간제한이 있는 심리검사 또는 다른 특정 검사를 수행하는 데 불리한 경우도 있다. 그러나 표준화된 검사도구의 시간을 조정하는 것은 결과의 타당도에 영향을 줄 수 있다. 몇몇 경험 있는 평가사들이 필요한 정보를 제공해 주기 위해 표준화된 검사의 조정방법을 찾고 있는데 많은 전문가들은 이것에 대해 우려를 표한다. 특정 장애집단에 대한 직업평가는 특화된 분야이다. 오늘날 우려스러운 점은 적절한 지원이 있을 경우 장애인들이 직장에 적응하고 생산성을 발휘할 수 있음에도 불구하고 필요한 지원을 고려하지 않은 채 검사를 통해 장애인을 훈련, 직장 그리고 프로그램에서 선별(screening)하고 있다는 것이다. 따라서 직업평가의 실행이 특정 장애인에게 도움이 되는 것인지, 오히려 잘못된 사용으로 고용에 제한성을 높이는 것은 아닌지 깊이 고려해야 한다.

위에서 기술한 특성들 외에도 조합 및 경제적 보장 기술들, 즉 임금, 초과근로, 노동조합기능, 보험 및 수당과 같은 회사 방침을 이해하고 수용하는 기술들이 있는지, 직업기회들에 대해 적절한 선택을 하고 직업적 계획을 수행할 수 있는 의사결정 기술이 있는지도 확인할 필요가 있다(Bolton, 1982).

한편, 임금근로를 희망하지 않고 자영업 창업을 원하여 적합성을 확인하고자 하는 경우의 직업평가 영역은 다르며 이 또한 문화적으로 달라질 수 있다. 농촌 지역의 경우 자영업과 농사일이 우선적인 대안이 될 수 있다. 자신의 사업을 성공적으로 경영하기 위해서는 임금 근로에서 필요한 능력과 달리 강한 동기, 독립성, 낙천성, 위기를 감내하는 능력 등이 더욱 필요하고, 사업의 규모나 본질에 따라 서로 다른 인성적 특질과 기술이 필요하다. 사업운영에 필요한 기술이 파악되어야 하고, 시장성이 평가되어야 하며, 손익계산, 신용, 마케팅 등에 대한 지식도 확인되어야 한다. 평가를 통해 나온 추천은 직업훈련뿐만 아니라 비즈니스 개발서비스센터, 신용기관에 의뢰하는 것도 포함될 수 있다(ILO, 2008).

국제노동기구(ILO)에서는 직업평가에 관한 기준을 제시하고 있다. 1983년 직업재활 및 장애인 고용에 관한 ILO 규정 159와 개정 168에서 모든 정부가 직업지도를 제공해야 한다고 하였으며 장애인 직업재활 관련 권고 99에서는 다음의 10단계에 따른 직업지도 과정을 제시하였다. 이 안에 직업평가 과정이 설명되고 있다.

① 직업지도 담당자에 의한 인터뷰
② 직업 경험에 대한 기록 조사
③ 교육 또는 훈련 경험 관련 학업 또는 기타 기록 조사
④ 직업지도 목적을 위한 의학적 조사
⑤ 능력 및 적성에 대한 적절한 검사, 그리고 원하는 경우 기타 심리검사
⑥ 개인 및 가족환경에 대한 확인
⑦ 적절한 직업 경험 및 경력과 기타 유사한 기회에 의한 능력 개발과 적성에 대한 확인
⑧ 필요하다고 보이는 경우 언어성 또는 비언어성 기술검사(non-venal technical trade tests) 모두 실시
⑨ 직업에서의 요구사항에 관련된 신체적 능력과 그 능력을 향상시킬 수 있는 가능성에 대한 분석
⑩ 고용시장의 욕구와 그 사람이 고려하고 있는 자격요건, 신체적 능력, 적성, 선호도 및 경험에 관련된 고용 및 훈련기회에 대한 정도 제공

또한 미국 재활시설인가위원회(CARF, 2001)는 종합적인 직업평가서비스를 통해 다음과 같은 영역의 정보를 사정하거나 얻을 수 있어야 한다고 하였다.

① 평가경험을 통해 얻은 결과를 보고 자신에 대해 학습할 수 있는 능력
② 필요한 보조공학과 적절한 배려
③ 필요한 환경조건
④ 업무와 업무 이외 욕구

⑤ 지적 능력

⑥ 이해, 기억 및 다양한 지도방법에 반응하는 능력 등 학습스타일

⑦ 흥미, 적성 및 진로희망

⑧ 개인적 · 사회적 · 직업적 관련 행동

⑨ 의사소통 유형

⑩ 신체 및 신체운동능력

⑪ 작업기술과 인내력

⑫ 구직 및 직업유지기술

⑬ 직업 정보 지식

⑭ 자영업 등 가능한 고용목표

표 1-6 Levinson(1994)의 종합적 직업평가 요소

직업평가 영역	직업평가 요소
심리적 기능	지능 · 인지능력, 욕구, 가치, 성격, 행동성향
교육 · 학습적 기능	언어기술, 읽기기술, 계산기술, 일반지식
사회적 기능	사회 · 대인관계기술, 독립생활기술, 적응행동
직업적 기능	흥미, 적성, 진로성숙, 작업습관
신체적 기능	시력, 청력, 힘, 인내력, 손재능, 건강

출처: Levinson(1994). Current Vocational Assessment Models for Students with Disability. *Journal of Counseling and development, 73*, 94-101.

Levinson(1994)은 〈표 1-6〉과 같이 장애학생들을 위한 직업능력평가 영역으로 심리적 기능, 교육 · 학습적 기능, 사회적 기능, 직업적 기능, 신체적 기능 등 5개 영역을 제시하였다.

다음 〈표 1-7〉은 평가에서 확인되어야 할 영역들을 자세히 설명하고 있다. 이 영역들은 Power(2005)가 그의 저서에서 자신의 폭넓은 전문적 경험과 더불어 Hoppock(1976), Knefelkamp와 Slepitza(1976), Lofquist와 Dawes(1969), Super(1957), Hershenson(1990), Farleym Little, Bolton, Chunn(1993) 등의 다양한 이론들을 정리하여 직업기능을 설명하기 위한 모델로 개발한 것이다. 이 모델은 대부분 초기면접 시점에서 이용자의 직업기능과 이와 관련된 직업생활 및 독립생활을 위한 과제와 요구들을

설명하고 있다. 직업평가에서는 이용자의 신체적 특성, 지적 특성, 정서적 특성, 환경적 특성, 보상기술, 특별한 고려사항 등을 포함하는 현재 직업기능을 확인해야 한다.

표 1-7 직업평가에서 확인해야 하는 직업기능

직업기능		직업 및 독립생활 과제와 요구들
신체적 특성들	일반적 외모	• 작업에 적절성 • 취업을 위한 면접
	지구력 및 인내력	• 작업 인내력 - 풀타임 - 파트타임 - 가벼운 육체적 활동 - 좌식 작업 • 작업 속도
	일반적인 건강상태	• 작업환경
	시각 및 청각	• 작업에 적절성과 작업조건
	운동협응력 - 눈 · 손 · 발 협응력 - 손가락 기민성 - 이동성	• 작업 요구 - 이동수단 - 작업공간에서의 이동 - 자기관리(self-care)
	개인위생	• 작업에 적절성
	신체적 제한성	• 작업 요구를 충족시킬 수 있는 능력 • 필요한 직무조정
지적 특성들	일반적 지식 수준	• 자기자신에 대한 지식 • 작업요구에 대한 지식 • 취업요건에 대한 인식
	교육적 발달	• 가능한 훈련 수준 • 수학과 계산기술 • 언어발달 및 기술 • 추론능력
	적성 - 언어와 말하기 - 수리 - 공간인지 - 형태지각 - 개념화능력	• 의사소통 • 입사서류 작성 • 취업면접 수행 • 추론과 계산능력 • 측정능력
	작업경험 - 가사 - 여가시간 - 취미활동	• 기술과 능력발달 • 안전의식 • 이전 직업으로 복귀할 수 있는 능력 • 작업상황으로 전이 가능한 능력과 기술들
	의사결정기술	• 작업 영역에서의 자발성 • 직무와 직업 개발의 기회 포착력

직업기능		직업 및 독립생활 과제와 요구들
	기억	• 지시들을 기억할 수 있는 능력 • 훈련능력
	주의집중 기간	• 작업지시를 이행할 수 있는 능력 • 훈련능력
	작업능력	• 출근 • 생산속도 • 신속성 • 시간활용
	흥미들	• 선호하는 직무유형들 • 특정한 작업활동에 대한 선호도
	가치	• 생활기능으로서의 작업에 대한 인식 • 작업습관 • 직무상황에서 자기 기대
	장애 관련 지식	• 작업과 관련된 강점 및 장애로 인한 제한성 이해
	적응행동	• 직무요구에 적응할 수 있는 능력
정서적 특성들	정서와 기질 - 무관심한 - 냉담한 - 협조적 - 열정적 - 자기 확신에 찬 - 흥미있는	• 슈퍼바이저 및 다른 사람들과의 관계 • 좌절에 대한 인내력 • 작업환경의 긴장과 압박감에 대한 적응력
	욕구(직업가치) - 책임 - 안전 - 사회적 지위 - 다양성 - 슈퍼비전과 권위 - 인정 - 창조성 - 독립 - 성취 - 좋은 작업환경 - 승진 - 자율성	• 변화지향성 • 적응성 • 위험을 감수할 수 있는 능력 • 대안에 대한 개방성
	태도	• 책임감 • 성공적인 직무수행 • 다른 사람과의 관계 • 작업상황에서의 자기 신뢰
	작업동기	• 재활목표 추구 • 직무에 대한 에너지 • 성취 수준

직업기능		직업 및 독립생활 과제와 요구들
	장애에 대한 적응	• 작업자로서의 자신감 • 제한성에 대한 수용 • 의존적 혹은 독립적 역할
	개인 · 환경적 극복기술들	• 작업환경에 대한 적응
환경적 요인들	가족상황	• 재활목표에 대한 가족 구성원의 지지 • 직업선택에 대한 가족의 수용 • 이용자 능력에 대한 가족의 인정
	활용 가능한 경제적 자원 - 근로자보상연금 - 소득보장제(SSI) - 사회보장장애보험(SSDI) 1차적 지원 자원	• 현재 재정상태는 이용자 욕구를 충족시키는 데 충분한가? • 직업이 이용자의 경제적 욕구를 충족시켜 줄 수 있는가?
	태도 - 고용주 - 동료	• 직무에 대한 수용
	접근성 - 작업장 - 지역사회	• 직무기회의 유용성
	지역사회 요인들 - 교통사정 - 지역경제 - 훈련기회 - 지원망 - 주택	• 직무기회에 대한 유용성과 접근성
특별 고려 사항	약물치료	• 직무에 대한 주의, 집중, 스태미나 및 안전
	필요지원	• 통근 • 자가운전 • 대중교통 이용 • 통근을 위한 지원의 필요성
	자격증, 면허 혹은 노동조합 가입	• 직무기회
	예방책	• 직무 및 작업 유연성 • 직무 또는 작업조정
	사회기술들	• 작업요구들 • 다른 사람들과의 관계

초기면접부터 이루어지는 직업준비 정도에 대한 평가에서 직업과 직무에 필요한 다양한 조건들을 충족시킬 수 있는 능력이 있는지 확인하기 위해서는 구체적인 질문을 해야 한다. 개발될 수 있는 질문은 다음 〈표 1-8〉과 같다(Power, 2005).

표 1-8 직업기능 확인을 위한 질문의 예

영역	질문
신체적 질문들	• 신체능력은 최상의 수준에 있는가? • 출퇴근이 자유로운가? 대중교통을 이용하는가? • 종일 근무, 주 5일 근무가 가능한가? • 자신이 희망하는 직업의 신체적 요구들을 충족시킬 수 있는가?(근력, 오르기, 굽히기, 뻗기, 말하기 및 보기 등에서의 현재 수행 수준) • 본인이 가진 장애의 특성을 이해하고 있는가? • 자신이 장애를 악화시키거나 건강을 해칠 수 있는 활동과 상황(추위, 더위, 작업위치, 습기, 소음, 위험 및 대기조건)을 인식하고 있는가? • 휴식 혹은 치료가 필요할 수 있음을 알려주는 피로 혹은 감기와 같은 위험신호를 인식할 수 있는가? • 정기검진 혹은 치료의 필요성을 인식하고 있는가? • 독립적으로 살아갈 수 있는 능력을 갖추고 있는가? • 외모는 고용주와 동료들에게 호의적으로 수용될 수 있는가?(차림새가 단정하지 못하거나 옷이 더럽거나 옷차림이 부적절한가?) • 안면경련, 시선접촉 회피 등 좋지 않은 버릇들을 가지고 있는가?
심리적 질문들	• 가족들은 이용자의 제한성을 수용하는가? • 가족들은 이용자의 능력을 알고 있는가? • 취업하고자 하는 진정한 동기를 가지고 있는가? • 작업환경이 주는 긴장과 압박감을 견딜 수 있는가? • 관리 · 감독에 적절하게 반응할 수 있는가? • 다른 사람들, 즉 동료와 관리자와 잘 지낼 수 있는가? • 출근, 신속함 및 적절한 시간활용 측면에서 신뢰감을 주는가? • 성격특성은 일상의 직무를 수행하는 데 적합한가? • 직무수행에 영향을 줄 수 있는 개인적 · 사회적 문제가 있는가? • 규칙적으로 어떤 반사회적 행동 또는 심각하게 부적응적 행동을 하는가?
직업적 질문들	• 적성 · 기술 · 지식 · 경험이 현재와 미래의 직무요구와 일치하는가? • 직무를 수행할 수 있는가? 즉, 생산성과 학습속도 및 일을 정확하고 효율적으로 할 수 있는 능력은 어떠한가? • 임금과 근로시간을 알고 있는가? • 일에 대한 비금전적, 심리적 보상이 이용자의 욕구, 가치 및 장기적 목표를 보충해 주는가? • 이용자는 직업목표를 가지고 있는가? 고용에 대한 목표지향성을 가지고 있는가? • 이용자는 일에 대해 어떻게 느끼는가?

영역	질문
	• 어떤 직업 경험을 얼마나 가졌으며 퇴사이유는 무엇인가? • 일의 어떤 측면이 이용자를 가장 만족시키며 그 이유는 무엇인가?
사회환경적 질문들	• 이용자에게 중요한 사람들이 이용자를 일할 수 있는 사람으로 받아들이는가? • 이용자 가족은 이용자가 직장을 갖는 것을 지지하는가? • 이용자는 현재 장애수당을 받고 있는가?

Roessler와 Bolton(1987)은 고용 가능성 성숙도 인터뷰(Employability Maturity Interview: EMI)를 개발하였는데 직업재활계획 과정에서 직업준비를 평가할 때 사용할 수 있는 구조화된 면접 질문 10가지를 담고 있다.

① 당신이 좀 더 다른 종류의 직업이나 직무에 대해 시도해 보고 알아본 것이 있다면 어떤 것이 있습니까?(무엇을 좋아하고 그것에서 성공하기 위해 필요한 것은 무엇이며 어떤 종류의 것인지?),

② 직업선택 전에 자신에 대해 아는 것이 중요하다고 느끼는 부분은 무엇입니까?

③ 고용주에게 가치 있을 것이라 생각하는 능력들, 당신이 잘하는 것은 무엇이 있습니까?

④ 당신의 관심사와 능력에 대해 알아내려고 시도한 일들은 무엇이 있습니까?(예를 들어 시험을 보았나요? 상담사나 강사와 이야기를 했나요? 다른 직업을 시도했나요?)

⑤ 미래에 얻을 직업을 생각할 때 과거에 가졌던 직업과 어떻게 달라지기를 바라십니까?

⑥ 앞으로 어떤 일을 하고 싶다고 생각하십니까?

⑦ 당신은 (1차 선택 직업에서) 무엇을 잘할 필요가 있다고 생각하십니까? 그 직업이 당신에게 요구하는 능력은 무엇이라고 생각하십니까?

⑧ 왜 (1차 선택 직업에서) 일하고 싶은지 말해줄 수 있습니까?

⑨ 당신의 성격에 맞고 잘할 수 있는 다른 직업이 있습니까?

⑩ (1차 선택 직업) 이외에 고려하고 있는 직업이 있습니까?

CHAPTER

02

직업능력평가전문가

제1절 직업능력평가사

1. 미국 직업능력평가사

직업평가의 발전으로 직업평가 전문가 양성과 배치의 필요성도 높아졌다. 미국의 경우 1966년 위스콘신 스타우트 대학(University of Wisconsin Stout)에서는 석사과정에 직업평가 전공이 처음으로 개설되었다. 당시 상담 센터장이었던 Paul Hoffman 박사가 직업재활국으로부터 직업평가 석사 과정을 개설할 수 있는 지원금을 받아내었고 직업평가 분야의 많은 관계자의 자문을 받고 교육 과정 개발 워크숍도 열렸다. 1967년 14명의 학생들이 입학, 1968년에 13명의 졸업생이 배출되었다. 교육과정이 개선되고 매년 30~40명의 학생들이 입학하였다. 이후 어반 대학, 애리조나 대학, 서던일리노이 대학, 노스 텍사스 주립대학, 이스트 캘리포니아 대학 등에서 직업평가 석사 과정을 개설하였다. 조지아 대학, 미주리 컬럼비아 대학, 시라쿠스 대학과 미시시피 주립대학 등 재활상담 석사 과정이 있는 다른 대학에서도 직업평가사를 훈련하기 위한 프로그램을 개설하고 있다.

많은 직업평가사를 양성하고 연합하기 위해 전문자격을 만들기 위한 노력으로 1966년 콜로라도주 덴버에서 열린 전국 재활협회 연차회의의 특별위원회에서 직업평가 및 직업적응협회(the Vocational Evaluation and Work Adjustment Association, VEWAA)가 발족되어 1967년에 비영리 단체로 정식 설립되었다. 직업평가 및 직업적응협회(VEWAA)는 공인직업평가사(Certified Vocational Evaluator, CVE)와 공인직업적응 전문가(Certified Work Adjustment Specialist, CWA)들을 위한 자격기준과 윤리기준을 만들었다. 1967년에는 대학에 직업평가교육 과정을 설치하였으며 이 협회(VEWAA) 직업평가사위원회가 임시위원회로 구성되었다. 임시위원회는 직업적응 및 직업평가 전문가를 위한 자격증제도를 수립하는 기초작업을 진행하였고, 이후 1981년 직업적응 및 직업평가 전문가 인가 위원회(Commission on Certification of Work Adjustment and Vocational Evaluation Specialists, CCWAVES) 설립에 영향을 주었다.

2003년에 직업평가 및 직업적응협회(VEWAA)는 조직의 초점을 더 잘 반영하고 독립적 지위를 강조하기 위해 직업평가 및 진로사정전문가협회(The Vocational Evaluation and Career Assessment Professionals Association, VECAP)로 명칭을 변경하였다.

1983년부터 2008년까지는 직업적응 및 직업평가 전문가 인가위원회(CCWAVES)에서 공인직업평가사(CVE)의 자격을 관리해 왔다. 이 위원회는 1982년 7월 1일부터 자격증 신청을 받기 시작하였으며, 같은 해 8월 20일, 처음으로 공인직업평가사(Certified Vocational Evaluator)라는 자격증을 발급하기 시작하였다(Rubin & Roessler, 2001). 그러나 2008년 9월 CCWAVES의 운영이 중지됨에 따라 재활상담사자격위원회(Commission on Rehabilitation Counselor Certification, CRCC)에서 공인직업평가사의 자격유지 및 갱신을 관리하였다.

CCWAVES이 운영 중지되자 새로운 직업평가사들의 전문자격 발급이 불가능하게 되었다. 이러한 문제를 해결하기 위해 2009년에 직업평가 및 진로사정전문가협회(VECAP)는 추가적인 자격발급을 위해 9명으로 구성된 TF팀을 구성하여 새 자격발급을 대신할 조직인 전문직업평가사 등록소(Registry of Professional Vocational Evaluators, RPVE)를 설립하였다. RPVE에서 전공학위 취득 여부 및 관련 현장경력을 검증하여 직업평가자를 위한 자격증을 발급하고 있다. 새로운 자격증의 명칭은 전문직업평가사(Professional Vocational Evaluator, PVE)이며 PVE는 개인의 고용 또는 진로문제를 지도하기 위해 직업평가서비스를 제공함으로써 진로발달 과정, 직업재활계획, 고용성과 및 직장생산성 측면에서 정보에 근거한 선택(informed choice)을 촉진하는 역할을 담당한다. CRCC는 기존 공인직업평가사의 보수교육을 담당하고 있다(http://pveregistry.org, 정승원, 2015에서 재인용).

2. 국내 직업평가 전문인력[2)]

직업평가는 특별히 평가와 관련된 다양한 원리에 대해 풍부한 지식을 가진 훈련된 직업평가사들이 수행한다. 평가는 이용자의 장애에 따라 심리학자, 의료 전문인력 등에 의해 수행되는 사정에 의해 보충된다.

평가가 실시되는 장면과 이용자의 장애특성에 따라서 다학문적 팀에 의해 수행될 수 있고, 이 팀에는 재활상담사, 재활의료진 또는 정신과 의사, 심리학자, 작업치료

2) 국내 재활기관별 평가 전문인력에 관한 내용은 정승원(2015)에서 발췌하여 정리하였다.

사, 교육 분야 전문가, 고용주들이나 기술 분야 전문가들이 포함될 수 있다.

직업평가 전문인력은 노동시장, 직업 및 훈련기회에 관한 지식이 풍부해야 하며 현실적인 추천을 해줄 수 있어야 한다. 직업평가 서비스를 이용하는 장애인은 평가 과정과 평가의 목적에 관해 완전히 알고 있어야 하며 가족구성원들, 고용주들, 훈련 교사나 다른 사람들도 이 과정에 포함될 수 있다.

국내 직업평가서비스를 수행하고 있는 기관에는 한국장애인고용공단, 장애인복지관, 직업재활시설, 직업재활센터와 직업평가센터, 직업재활시설협회(경기), 서울시장애인직업평가센터, 장애인단체 그리고 산재장애인을 대상으로 하는 근로복지공단, 특수학교 또는 특수교육지원센터 등이 있다.

우리나라는 직업평가 전문가 양성의 필요성에 근거하여 한국직업재활학회를 중심으로 '직업능력평가사'를 2015년 고용노동부 산하 한국직업능력개발원의 민간자격에 등록(2015-005936)하고 2016년부터 자격검정을 시행하여 배출하고 있다. 또한 한국장애인고용공단에서 2020년 말부터 '장애인 직업능력평가사'를 민간 자격증으로 등록하여 자격 검정을 실시하고 있다. 이 두 자격증의 자세한 발급 기준은 이 장의 뒷 부분에서 다루겠다. 이렇게 직업능력평가 전문가를 양성하려는 민관의 노력이 이어지고 있으나 아직도 우리나라 직업재활현장의 유자격 직업평가 담당 인력은 매우 부족하여 직업평가서비스 수행 기관별로 인력 채용 후 평가 관련 직무교육을 실시하거나 장애인재활상담사 또는 사회복지사 보수교육을 통해 직업평가 수행의 전문성을 높이며 직업평가 실무에 임하는 경우가 많다.

아래에서는 국내 재활현장에서 실시되고 있는 직업능력평가 서비스의 법적 근거, 기관별 체계, 인력 현황 등을 소개하고자 한다.

1) 한국장애인고용공단

한국장애인고용공단 직업능력평가 서비스의 법적 근거는 「장애인고용촉민 및 직업재활법」에 있다. 장애인 취업 지원업무 처리규정에서 밝힌 것처럼 "직업능력평가는 구직장애인의 신체적 · 심리적 · 사회적 · 직업적 능력을 파악 · 분석하기 위하여 실시하는 신체능력평가, 작업평가, 심리평가, 의료평가 등의 과정"으로서(고용노동부, 2015) 합리적으로 직업을 찾을 수 있도록 돕는 전문적 서비스이다. 직업능력평가사는 이러한 서비스를 수행하는 전문인력을 말한다. 「장애인고용촉진 및 직업재활법 시행규칙」 제22조에는 '장애인 직업능력평가사'가 장애인의 고용촉진 및 직업재활을 위한 업무를 담당하는 전문요원으로 규정되어 있다.

표 1-9 장애인고용촉진 및 직업재활법 상 직업능력평가 및 직업능력평가사에 대한 법적 근거

- 장애인고용촉진 및 직업재활법 제43조(한국장애인고용공단의 설립)
  ② 공단은 다음 각 호의 사업을 수행한다.
  2. 장애인에 대한 직업상담, 직업적성검사, 직업능력평가 등 직업지도
- 장애인고용촉진 및 직업재활법 제75조(장애인 직업생활 상담원 등)
  ① 고용노동부장관은 장애인의 직업지도, 직업적응훈련, 직업능력 개발훈련, 취업 후 적응지도 등 장애인의 고용촉진 및 직업재활을 위한 업무를 담당하는 장애인 직업생활상담원 등 전문요원을 양성하여야 한다.
  ④ 제1항에 따른 전문요원의 종류·양성·배치·역할 및 자격 등에 필요한 사항은 고용노동부령으로 정한다.
- 장애인고용촉진 및 직업재활법 시행규칙 제22조(전문요원의 종류 등)
  ① 4. 장애인 직업능력평가사
  (중략)
  ② 4. 장애인 직업능력평가사: 재활, 특수교육, 심리, 작업치료, 물리치료, 사회복지 관련 분야의 학사 이상의 학위를 소지한 사람 중 제3항에 따른 장애인 직업능력평가사 양성 과정을 마친 사람
  ③ 제2항에 따른 전문요원 양성과정의 훈련실시기관, 훈련교과 및 훈련기간 등에 관하여 필요한 사항은 고용노동부장관이 정한다.
- 장애인 취업 지원업무 처리규정
  제8조의2(장애인 직업생활상담원 등 전문요원 양성) ① 장애인 직업지도, 취업 후 적응지도 등을 수행하기 위한 장애인 직업생활상담원 등 전문요원 양성 과정 훈련실시기관은 공단으로 한다.
  ② 공단은 전문요원 양성 과정 훈련을 실시하기 전에 사업주 등을 대상으로 수요를 파악하여 연간 양성 과정 훈련계획을 수립하여 고용노동부장관에게 보고하여야 한다.
  ③ 제2항에 따른 양성 과정 훈련계획에는 훈련교과, 훈련시간 및 기간, 훈련대상, 훈련인원, 훈련종류 등 세부내용에 관한 사항을 구체적으로 밝혀야 한다.
  ④ 공단은 교육을 이수한 직업생활상담원 등의 직무능력 및 자질 향상을 위하여 필요한 경우에 연수를 실시할 수 있고, 사업의 효율적 수행을 위하여 필요한 경우 연수과목·연수기간 및 인원 등 필요한 사항을 정하여 고용노동부장관의 승인을 받아 연수업무의 일부를 위탁할 수 있다.

한국장애인고용공단은 구직장애인에게 개별 능력에 따른 적합 사업체를 알선하고 취업 후 원만한 직장생활 적응 및 경력 개발서비스를 지원하고 있다. 또한 즉시 취업이

어려운 구직자들을 대상으로 중증장애인 지원고용 및 직업훈련을 통하여 장애인의 전문 직업능력이나 현장 적응력을 키워 보다 완전한 고용에 이를 수 있도록 다양한 서비스를 제공하고 있다. 한국장애인고용공단의 구직서비스 흐름도는 [그림 2-1]과 같다.

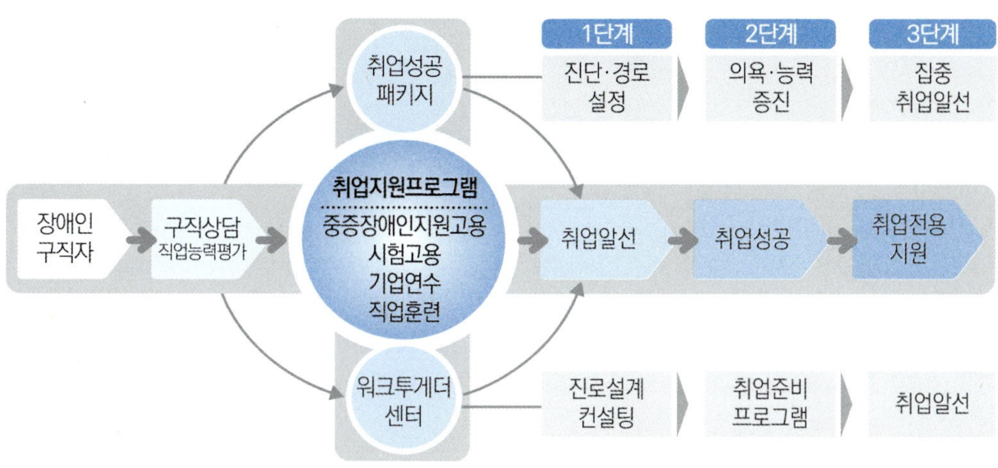

출처: 한국장애인고용공단(2010).

그림 2-1 한국장애인고용공단 구직서비스 흐름도

여기서 직업능력평가는 서비스를 결정하는 기초 자료로 사용된다. 〈표 2-1〉과 같이 평가 영역과 내용별로 다양한 평가방법을 활용하고 있으며 직업능력평가서비스는 [그림 2-2]와 같이 평가의뢰 접수, 평가계획 수립, 평가실시, 평가결과 해석, 평가회의, 평가소견서 작성, 평가결과 통보 등의 과정을 통해 제공된다. 이 과정에서 보듯이 직업능력평가서비스는 실시목적에 따라 다양하게 구분될 수 있다. 공단은 취업을 희망하는 개인의 직업적 능력을 평가하기 위해 표준화된 검사도구를 활용한 평가, 현장평가를 실시하고 있다. 그 외에도 최저임금 적용제외 인가를 위한 작업능력 측정, 근로지원인 지원 및 지원기간 결정을 위한 평가, 보조공학기기 지원 결정을 위한 평가, 직무지도원 지원 및 지원기간 결정을 위한 평가도 함께 실시하고 있다. 또한 특수교육대상자들의 전환기 직업평가업무도 담당하고 있다. 이와 같이 직업평가에 대한 수요는 지속적으로 증가하고 있으며 평가가 필요한 분야도 다양화되어 평가욕구에 적합한 평가서비스를 제공하기 위해서는 평가사의 서비스 목적에 맞는 평가 역량을 개발할 수 있도록 고안된 교육기회가 필요하다.

표 2-1 한국장애인고용공단의 직업능력평가 내용

영역	주요 평가내용	평가방법
면접조사평가	성장 과정, 장애, 취업희망직종 등	면담
신체능력	기본 체격조건, 근력, 보행, 작업 자세 등	관찰, 측정 등
사회심리기능	인지 · 학습, 적성, 흥미, 성격, 사회발달 수준 등	심리검사, 관찰, 면담 등
작업기능	작업생산성, 작업태도 및 행동 등	검사도구, 현장배치 등
의료	분야별 전문의 진단	의료기관 의뢰

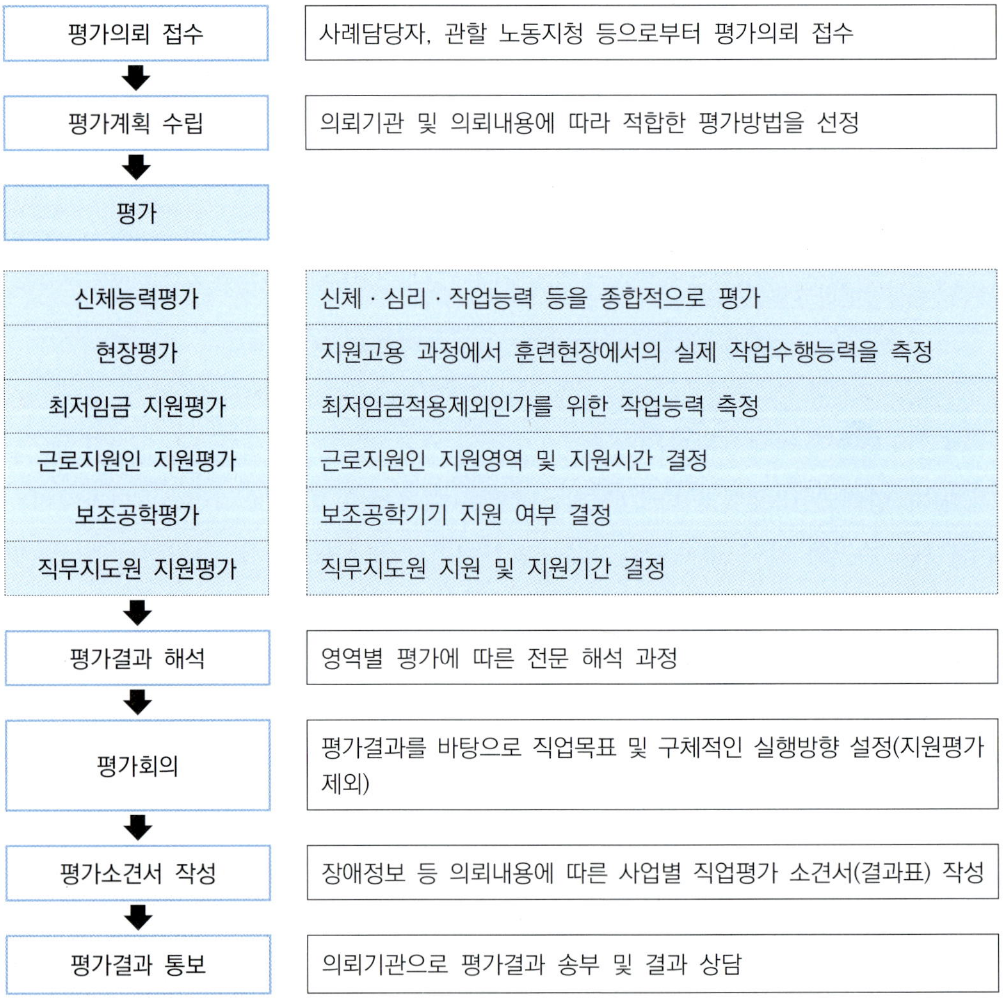

단계	내용
평가의뢰 접수	사례담당자, 관할 노동지청 등으로부터 평가의뢰 접수
평가계획 수립	의뢰기관 및 의뢰내용에 따라 적합한 평가방법을 선정
평가	
신체능력평가	신체 · 심리 · 작업능력 등을 종합적으로 평가
현장평가	지원고용 과정에서 훈련현장에서의 실제 작업수행능력을 측정
최저임금 지원평가	최저임금적용제외인가를 위한 작업능력 측정
근로지원인 지원평가	근로지원인 지원영역 및 지원시간 결정
보조공학평가	보조공학기기 지원 여부 결정
직무지도원 지원평가	직무지도원 지원 및 지원기간 결정
평가결과 해석	영역별 평가에 따른 전문 해석 과정
평가회의	평가결과를 바탕으로 직업목표 및 구체적인 실행방향 설정(지원평가 제외)
평가소견서 작성	장애정보 등 의뢰내용에 따른 사업별 직업평가 소견서(결과표) 작성
평가결과 통보	의뢰기관으로 평가결과 송부 및 결과 상담

출처: 한국장애인고용공단 내부자료(2015).

그림 2-2 한국장애인고용공단의 직업평가체계 및 평가의 종류

한국장애인고용공단의 직업능력평가는 공단지사 및 장애인직업능력개발원에 배치된 직업평가사들이 담당하고 있다. 한국장애인고용공단 경영공시 자료에 따르면 〈표 2-2〉와 같이 2021년 4/4분기 기준 직업평가직 직재상 정원은 112명, 현원은 112명으로, 다음과 같은 학력 및 경력조건(1가지 이상 충족)에 따라 채용되고 있다(한국장애인고용공단, 2021). 한국장애인공단 직업평가사들이 수행하고 있는 최저임금 적용제외인가 평가업무의 증가와 2019년 7월부터 시행되는 장애등급제 폐지에 따른 장애판정 업무의 영향을 대비하여 공단은 2017년부터 직업평가직 정원을 늘리고 있으며 향후에도 지속적으로 평가담당 인력을 충원할 것으로 보인다. 2021년 장애인고용공단의 직업평가직 채용기준은 아래와 같다.

- 재활, 심리, 특수교육, 작업치료, 물리치료, 사회복지 관련분야 학사 이상의 학위를 취득한 자로서 관련 분야 자격증을 보유한 자
- 자격증: 장애인재활상담사 2급 이상, 임상심리사 2급 이상, 정신건강임상심리사 2급 이상, 정신보건사회복지사 2급 이상, 사회복지사 2급 이상, 물리치료사, 작업치료사, 「초·중등교육법」 제21조에 따른 특수학교 정교사

표 2-2 한국장애인고용공단의 직업평가직 배치 현황

직급	직종	직재상 정원	현원 계	남성(현원)	여성(현원)
직업평가직 2급	전문직	1	1	1	0
직업평가직 3급	전문직	16	14	3	11
직업평가직 4급	전문직	41	38	6	32
직업평가직 5급	전문직	54	59	14	45
계	-	112	112	24	88

출처: 한국장애인고용공단 경영공시자료(2021년 4/4분기)

이 채용기준을 살펴보면, 이수한 교육과정, 관련 실무경력 등에 대한 엄격한 기준을 적용하거나 직업평가사로서의 핵심 역량을 중심으로 채용하지는 않고 있음을 알 수 있다. 그러나 채용 및 배치 후 직업평가 관련 교육을 통해 평가업무 역량을 키우도록 하고 있다. 향후 한국장애인고용공단 업무의 중요성과 전문성을 높이기 위해서는 채용기준에 관련 전문성을 담보할 수 있는 자격기준을 강화해야 한다.

2) 장애인복지관, 직업재활센터, 직업평가센터, 직업재활시설 등

2008년 개정된 「장애인복지법」에서는 장애인이 적성과 능력에 맞는 직업에 종사할 수 있도록 직업지도, 직업능력평가, 직업적응훈련, 직업훈련, 취업알선, 고용 및 취업 후 지도 등 필요한 정책을 강구하도록 하고 있다. 이를 근거로 지역사회재활시설인 장애인복지관과 직업재활시설, 중증장애인 직업재활지원사업의 일환으로 지원을 받아 운영되는 직업재활센터와 직업평가센터, 현장중심직업재활센터 등에서 직업능력평가를 실시하고 있다. 이들 기관에서 이루어지고 있는 직업평가 과정은 [그림 2-3]과 같다.

표 2-3 장애인복지관, 직업재활시설, 직업재활센터, 직업평가센터의 직업능력평가에 대한 법적 근거

- 장애인복지법(2008) 제21조(직업)
  ① 국가와 지방자치단체는 장애인이 적성과 능력에 맞는 직업에 종사할 수 있도록 직업지도, 직업능력평가, 직업적응훈련, 직업훈련, 취업알선, 고용 및 취업 후 지도 등 필요한 정책을 강구하여야 한다.
- 중증장애인직업재활지원사업 운영규정 제2조 제2항
  직업능력평가란 구직장애인의 신체적 · 심리적 · 사회적 · 직업적 능력을 파악하여 개별재활계획을 수립하기 위해 실시하는 신체능력 · 의료 · 심리 · 작업표본 · 현장평가 등의 활동

2021년 11월 현재 장애인복지관은 249개소이며(한국장애인복지관협회, 2021) 이 가운데 직업재활센터를 설치한 복지관은 33개소, 직업평가센터 6개소이다. 직업재활시설은 2021년 현재 684개소이며 이 가운데 중증장애인직업재활지원사업을 수행하는 직업재활시설은 74개소가 있다. 직업평가센터나 직업재활센터는 직업평가업무를 담당하는 전문가를 지정하여 직업평가를 실시할 수 있으며, 복지관 직업재활팀의 직업평가 담당자는 기본적으로 직업상담, 직업평가(심리, 작업, 신체능력, 상황, 현장평가 등) 등의 업무를 공통으로 담당하고 있다(박희찬 외, 2005). 2018년부터는 중증장애인직업재활지원사업의 일환으로 현장중심 직업재활센터가 개소되어 직업지도, 현장중심 직업훈련, 취업알선 및 취업 후 적응 지원을 실시하고 있다. 한국장애인개발원에 따르면 2021년 현재 21개의 현장중심직업재활센터가 있다.

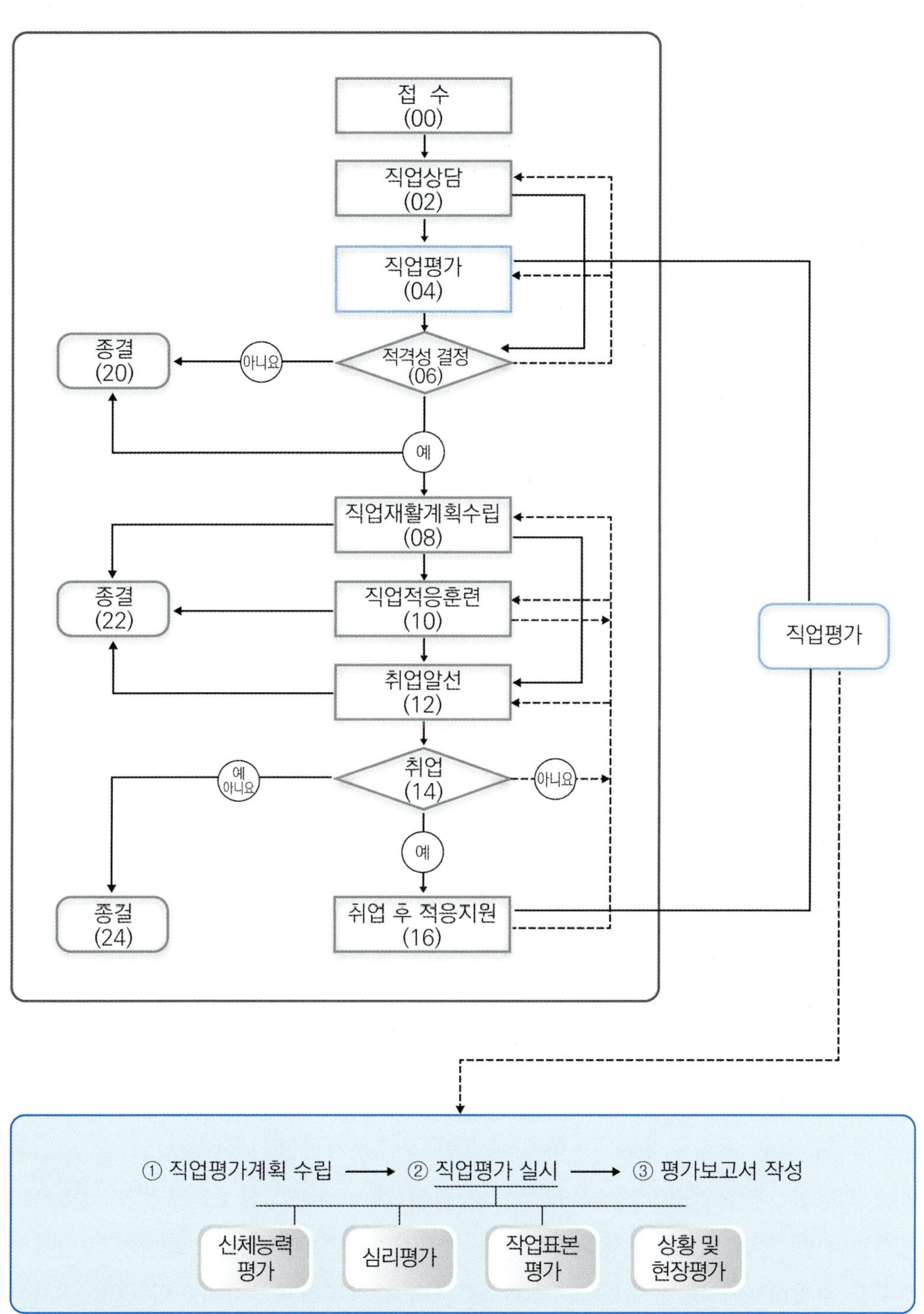

출처: 한국장애인개발원(2010). 중증장애인직업재활지원사업 운영매뉴얼 Ⅰ, Ⅱ.

그림 2-3 직업평가서비스 과정도

장애인복지사업안내(보건복지부, 2018)에 따르면 장애인직업재활시설은 장애인이 자신의 능력과 적성에 맞는 직업생활을 통하여 인간다운 생활을 할 수 있도록 직업재활과 관련된 제반 서비스(보호고용, 직업상담, 직업능력평가, 직업적응훈련, 직업훈련, 작업활동, 취업알선, 취업 후 지도, 장애인생산품 판매 및 판로확대 등)를 제공하고 취업기회를 제공하며 이를 통해 직업을 통한 자활 및 자립을 도모하는 데 목적이 있다. 직업재활시설에서 이루어지는 직업평가는 입소 전 적격성 결정을 위한 평가, 현장에서의 직무능력평가 또는 직무능력 향상 정도를 위한 정기적인 평가를 실시하고 있다. 현장평가나 직무능력 향상 정도를 위한 관찰평가 등은 시설의 직업훈련교사들에 의해 주로 이루어지나, 표준화된 직업평가도구를 활용한 평가의 경우 한국장애인고용공단이나 지역사회의 장애인복지관, 직업평가센터 등에 의뢰하여 실시하는 경우가 많다.

현재까지 직업능력평가 담당인력에 관한 현황은 정확한 데이터가 없어 추론할 수밖에 없다. 직업재활사업을 실시하는 모든 기관에서 직업재활서비스 과정에 중요한 직업능력평가를 실시하고 있으므로 각 기관별 1명 이상의 직업평가담당자가 있다고 가정할 수 있다. 이들이 실시하는 직업능력평가서비스 질의 향상을 위해서는 직업평가 전문인력 양성과 배치에 관한 끊임없는 제도적·실천적 노력이 필요하다.

3) 근로복지공단

산재근로자의 재활을 담당하는 근로복지공단은 1990년대 이전까지 산재보험을 통해 현금보상에 초점을 둔 사업을 진행해 왔다. 그러나 산재발생으로 인한 노동력 손실에 대한 보상을 국가적 재원지출만으로 해결하는 것은 근본적인 대책이 아니라는 반성과 함께 산재발생 후 적극적인 치료와 함께 사회와 직장으로 복귀할 수 있도록 돕는 재활 프로그램을 함께 제공하도록 사업방향을 전환하였다.

직업재활업무 처리규정(2015.2.4.)에 따르면 근로복지공단은 산재근로자가 직업복귀를 희망할 때 직업평가 등의 필요한 지원을 해야 하며, 산재근로자의 직업복귀 지원을 위한 직업훈련을 실시하고자 하는 경우에는 직업평가 등을 통하여 직업복귀 계획을 수립하도록 하고 있다. 근로복지공단의 작업능력평가서비스의 법적 근거는 〈표 2-4〉와 같다.

표 2-4 근로복지공단 직업능력평가의 법적 근거

- 산업재해보상보험법 시행령 67조(직업재활 지원)
  근로복지공단은 업무상의 재해를 입은 사람의 직업재활을 위하여 그 근로자가 요양을 받는 기간이나 요양종결 후에 심리상담, 직업재활에 필요한 정보의 제공, 그 근로자의 직업욕구나 직업능력 등을 고려한 직업평가, 직업복귀계획 수립의 지원이나 그 밖에 필요한 지원을 할 수 있다.

- 근로복지공단 직업재활업무 처리규정(2015.2.4.) 제4조(직업재활 지원)
  ① 산재근로자가 직업복귀를 희망하면 산업재해보상보험법 시행령 제67조에 따라... 직업평가 등의 직업재활에 필요한 지원을 해야 한다.
  ② 소속기관장은 제1항에 따른 산재근로자의 직업복귀 지원을 위한 직업훈련을 실시하고자 하는 경우에는 직업평가 등을 통하여 직업복귀계획을 수립하여야 한다.

- 근로복지공단 직업재활업무 처리규정(2015.2.4.) 제37조의2(직장복귀 지원 프로그램)
  ① 소속기관장은 산재근로자의 직장복귀 지원을 위하여 필요하면 소속병원과 연계한 다음 각 호의 어느 하나에 해당하는 프로그램을 지원할 수 있다.
  1. 작업능력평가를 통한 의학적 소견("직업복귀 소견서") 지원

  중간 생략

- 근로복지공단 직업재활업무 처리규정(2015.2.4.) 제37조의6(작업능력평가)
  ① 소속병원장은 재활의학과 전문의의 의학적 소견에 따라 작업능력평가를 실시하여야 한다.

그러나 근로복지공단에서 이러한 직업평가를 실시할 수 있는 인력은 매우 부족한 실정이다. 〈표 2-5〉와 같이 근로복지공단의 2021년 4/4분기 현재 정보공시자료에 의하면 재활상담사(재활직) 229명이 배치되어 있는데 이들의 직무에 직업평가가 포함되어 있다. 최근에는 재활직과 일반직의 구분이 없어졌고 내부에서 양성된 잡코디네이터가 재활사례관리업무를 담당하고 있다. 그러나 이들의 전공은 매우 다양하며 직업능력평가가 가능한 재활 관련 전공 출신이 아닌 경우가 많고 평가에 대한 교육기회를 갖지 못한 인력들이 상당수이므로, 평가가 가능한 지역사회기관과 연계하거나 근로복지공단 산하 재활병원에 의뢰하여 평가를 실시하고 있는 실정이다.

근로복지공단 산하 재활병원 13개 가운데 작업능력평가를 실시하는 병원은 대구병원, 안산병원 등 총 6개 병원(대구, 안산, 인천, 창원, 순천, 대전)으로 직장복귀 지원 프로그램에서 작업능력평가의 역할이 매우 중요하게 다루어진다.

표 2-5 근로복지공단 재활직 인원 현황

직급	직종	직재상 정원	현원 계	남성	여성
3급	재활직	11.00	11.000	4.00	7.000
4급	재활직	231.00	158.375	32.50	126.375
5급	재활직	-	41.500	17.00	24.000
6급	재활직	-	19.000	9.00	10.000
계	-	242.00	229.375	62.50	167.375

출처: 근로복지공단 경영공시 자료(임직원 수 현황)
• 작성기준: 2021년 4/4분기 현원기준
• 4~6급 통합운영 중

직장복귀지원 프로그램은 산재근로자가 치료 초기단계부터 직장복귀를 준비할 수 있도록 도와주는 작업능력강화 사례관리 프로그램이다. 직장복귀 지원 프로그램의 서비스체계는 [그림 2-4]와 같다.

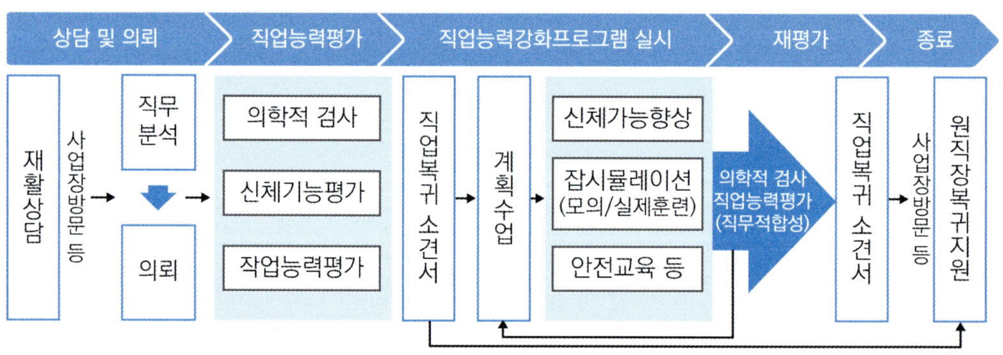

※ 출처: 근로복지공단(2015). http://www.kcomwel.or.kr/reha/jobs/back2_idx.jsp

그림 2-4 직장복귀 지원 프로그램 서비스 체계도

직장복귀 지원 프로그램의 서비스 흐름은 먼저, 치료 후 재활상담과 직업복귀 가능 여부 및 신체기능, 직무수행능력 정도 등에 대한 작업능력평가를 실시하고, 직업복귀 소견서를 바탕으로 계획을 수립한 후, 재해 당시 직무수행에 필요한 직업능력 강화 프로그램(2주~1주)에 참여하도록 하여 신체기능을 향상하고 모의(실제)작업훈련 및 안전교육을 제공한다. 교육 후 다시 작업능력평가 실시를 통해 의학적 검사와 직무적합성을 확인하고 직업복귀 소견서를 제공한다. 산재근로자, 사례관리자(잡코디네이터)가 함께 고용주 및 동료근로자들을 만나 직장복귀에 필요한 다양한 지원을 확인하고 제공하면서 직장복귀가 확정되면 서비스가 종결되는 과정으로 이루어진다. 이러한 과정에서 중요하게 다루어지는 부분이 재해 전 근무하던 직무에 대한 분석과 작업능력평가, 직업복귀 소견서 제공이며 직업평가 담당자의 역할은 매우 중요하다.

2011년부터 작업능력평가 시범사업을 시작하여 대구병원과 안산병원에서 원직장복귀 지원 프로그램을 개발·운영하였으며, 2015년 현재 전국 6개 병원에서 실시되고 있다. 원직장복귀 프로그램의 효과는 직업복귀율로 나타나는데 2013년 지원실적을 보면 329명의 산재근로자들에게 작업능력평가를 실시하여 36명에게 작업능력강화 프로그램을 제공한 후 직업복귀율을 확인한 결과 원직장복귀 프로그램에 참여한 산재근로자의 직업복귀율이 75.7%로 전체 요양종결자의 직업복귀율 58.2%에 비해 17.5%p 높은 것으로 나타났다(김환, 전혜선, 2014). 이 프로그램은 근로복지공단의 사례관리 프로그램(희망찾기, 잡코디네이터 사업)과 연계되어 이용 산재근로자의 사례 수는 더 늘어나고 있다.

2015년 기준으로 근로복지공단의 대구병원은 유일하게 직업사회재활실을 설치하고 직업재활사 4명(직업재활전공 직업평가사 1명[3] 포함)이 직장복귀 지원 프로그램에 배치되어 있었다. 직업재활사가 환자의 직업력, 수행직무, 신체적 기능상태, 사업장과의 관계, 향후 직업복귀계획 등을 종합하여 원직장복귀, 재취업, 창업을 지원하는 전문적인 직업재활서비스를 제공하고 직업평가사를 고용하여 작업능력평가 및 작업능력강화 프로그램을 강화함으로써 전문성과 사업효과에 대한 우수 사례로 인정받아 향후 확대 사업의 모델이 되었다(정승원, 2015). 그러나 근로복지공단 병원서비스 의료수가 적용에 따른 의료인력 배치 결정에 따라 직업평가 담당인력에서의 변화가 있을 것으로 보인다. 각 병원에서 전문인력을 활용한 직장복귀 지원 프로그램을 확대 실시할 경우 효과적인 사업수행을 위해 직업능력평가에 대한 지식과 기술을 갖춘 인력의 채용과 교육은 중요한 이슈가 될 것이다.

3) 근로복지공단(2019.5) 직제규정 시행세칙 정원표에 의하면 2019년 현재 직업재활사 정원은 4~6급 4명, 직업평가사는 4~6급 1명이다.

4) 특수학교, 특수교육지원센터

최근에는 장애인 취업문제 해결을 위해 조기에 진로 및 직업교육을 실시하고 지역사회 직업재활서비스를 연계하는 사례가 많이 늘어나고 있다. 지역사회 기반 전환교육 프로그램도 확대되어 특수교육대상자의 진로 및 직업교육에 대한 역할은 학교와 지역사회 공동의 몫으로 인식되고 있다. 2018년 4월 25일에는 장애학생의 진로·직업교육, 장애인의 취업·직업역량 강화, 일자리 개발 및 지원사업을 추진하기 위해, 복지, 교육, 고용 관계부처 간 협력을 위한 '장애학생 원스톱 취업 지원 협의체 협약'을 체결한 바 있다. 이에 따라 복지·교육·고용 연계를 통한 장애인 취업 지원 전달체계 구축방안에 관한 연구(이혜경 외, 2018)가 진행되기도 하였다.

「장애인 등에 대한 특수교육법」 제23조에 근거하여 진로 및 직업교육의 지원을 위해 중학교 과정 이상 학교에서는 특수교육대상학생들을 위한 직업평가도 실시하도록 하고 있으며, 효과적인 진로 및 직업교육을 지원하기 위해 한국장애인고용공단지부 등 장애인고용 관련 기관, 직업재활시설, 장애인복지관, 산업체 등 관련 기관과의 협의체를 구성하도록 규정하고 있다.

이에 따라 직업평가의 수요도 매해 확대되고 있으며 한국장애인고용공단이나 장애인복지관, 직업평가센터 등에 직업평가를 의뢰하는 빈도도 늘고 있다. 그러나 한국장애인고용공단이 학교의 직업평가 요구를 모두 수용하기 어려운 실정이므로 학교 교사나 특수교육지원센터 직원들이 자체적으로 직업평가도구 활용교육을 통해 직업평가를 실시하고 있다. 이러한 현상은 자칫 직업평가를 종합적으로 보지 못하고 평가도구 중심 서비스로 오인하게 되는 문제를 만들어낼 수 있다. 따라서 특수교육 현장에서의 직업평가를 실시해야 하는 전문인력들이 직업능력평가사로서의 자격을 갖출 수 있도록 교육 제공과 제도적 장치가 필요하다. 지적장애 특수학교 직업평가 실태를 분석한 정인실(2009)의 연구에서도 지적장애 특수학교 교사들의 직업평가 관련 전문성 확보를 위한 교육이나 연수기회가 확대되어야 함을 강조하였다. 특수교사들의 직업평가 관련 교육이나 연수에 대한 요구도는 높으나 이를 충족시켜줄 만한 적절한 기회를 제공받지 못하고 있어 전문성을 증진할 수 있도록 교내장학이나 연수, 교육청이나 대학 단위의 직업평가 전문가 양성 과정의 교육이나 연수기회가 적극적으로 제공되어야 한다고 하였다.

법적 기반과 함께 특수교육발전 5개년 계획이 수립되어 장애학생들의 진로·직업교육정책을 추진하고 있는데 제3차('08~'12) 5개년 계획에서부터 관련 기관 간 협력 지원체제를 구축하고 진로상담 및 직업평가 공동 실시를 추진하였다. 2021년 현재 제5차 5개년 계획(2018~2022)이 추진되고 있으며 장애특성에 적합한 진단 및 직업평가체계를 구축하고 교육 · 복지 · 고용 협업시스템을 구축함으로써 진로 · 직업교육의 효율화와 안정화를 도모하고 있다.

표 2-6 특수학교, 특수교육지원센터 직업능력평가의 법적 근거

- 장애인 등에 대한 특수교육법 제23조(진로 및 직업교육의 지원)
  ① 중학교 과정 이상의 각급 학교의 장은 특수교육대상자의 특성 및 요구에 따른 진로 및 직업교육을 지원하기 위하여 직업평가 · 직업교육 · 고용지원 · 사후관리 등의 직업재활훈련 및 일상생활적응훈련 · 사회적응훈련 등의 자립생활훈련을 실시하고, 대통령령으로 정하는 자격이 있는 진로 및 직업교육을 담당하는 전문인력을 두어야 한다.
  ③ 특수교육지원센터는 특수교육대상자에게 효과적인 진로 및 직업교육을 지원하기 위하여 대통령령으로 정하는 바에 따라 관련 기관과의 협의체를 구성하여야 한다.
- 장애인 등에 대한 특수교육법 제11조(특수교육지원센터의 설치 · 운영)
  ① 교육감은 특수교육대상자의 조기발견, 특수교육대상자의 진단 · 평가, 특수교육 연수, 교수 · 학습활동의 지원, 특수교육 관련 서비스 지원, 순회교육 등을 담당하는 특수교육지원센터를 하급 교육행정기관별로 설치 · 운영하여야 한다.

교육부 시 · 도 교육청(단위학교)	고용노동부 한국장애인고용공단	보건복지부 한국장애인개발원
• 산업체 맞춤형 교육과정 운영 • 학생 · 교원 안전 및 인권교육 • 현장실습임상 지도	• 실습 및 취업 산업체 발굴 매칭 • 직무지도원 교육 및 지원 • 취업지원 및 사후관리	• 장애인 일자리사업 지원 • 직업전 직업재활서비스 제공 • 훈련지원인 교육 및 지원

출처: 교육부(2019)

그림 2-5 현장실습 및 취업지원 연계 협력체계

제2절 직업능력평가사의 역할

직업평가의 목적과 기능을 달성하기 위하여 직업평가를 수행하는 전문가의 역할은 매우 중요하다. 여러 학자들이 직업평가사가 수행하는 핵심 역할과 갖추어야 할

역량에 대해 연구한 바 있다. Pruitt(1972)는 직업평가사가 갖추어야 하는 핵심 역할이 ① 평가, ② 상담과 인터뷰, ③ 훈련, ④ 행정, ⑤ 직업분석, ⑥ 의사소통, ⑦ 연구 및 개발에 있다고 하였다.

Coffey(1978)는 2,500가지 직업평가사 역량에 대해 나열하고 이후 우선적인 175개의 역량을 종합한 연구에서 직업평가사의 역할로 ① 효과적인 의사소통, ② 보고서 작성, ③ 전문성, ④ 평가결과 해석, ⑤ 추천에 대한 서술을 꼽았다. 그의 연구는 미국 첫 번째 직업평가사의 자격시험 기준을 만드는 데 크게 기여하였다.

Sink와 Porter(1978)는 직업평가사와 재활상담사의 역량을 비교한 바 있는데 두 전문 영역 사이의 중요한 차이점이 있음을 발견하고 직업평가사를 위한 전문적 교육과정과 훈련을 강조하였다. 직업평가사와 재활상담사의 차이는 〈표 2-7〉과 같다.

표 2-7 직업평가사와 재활상담사의 역량

직업평가사	재활상담사
• 직업평가계획(IWEP) 개발 • 평가기법들의 선택과 이용 • 평가도구의 개발 • 직업 관련 행동의 관찰 및 해석 • 개인적 · 사회적 행동측정 • 심리측정검사들의 시행 및 해석 • 직무분석 • 직업 재구조화와 직무공학 • 평가기법들의 사정	• 사례발견 • 적격성 판정 • 지역사회자원 개발 • 재활계획 개발과 내담자 사정 • 서비스의 연속성 유지 • 필요한 진단적 활동 • 내담자 자료분석 • 재활에 필요한 재정 확보 • 상담관계의 개발 및 유지 • 내담자 직업배치

출처: Sink, J. M., & Porter, T. L.(1978). Convergence and divergence in rehabilitation counseling and vocational evaluation. *The Journal of Applied Rehabilitation Counseling, 9*(1) 9-10.

1986년 효과적인 직업평가 서비스 전달이라는 측면에서 270여 명의 직업평가 실무자들이 응답한 직업평가에서의 가장 중요한 역량은 ① 직업배치, ② 전문성 및 지역사회 참여, ③ 집단 및 행동기술, ④ 자문이었다(Leahy & Wright, 1988).

1997년 CCWAVES는 신입 직업평가사들이 성공적으로 수행하고 직무 책임을 완수할 수 있는 역량들을 확인하였다. 23명의 직업평가 전문가 패널들은 ① 행동관찰, ② 보고서 작성, ③ 인터뷰, ④ 검사 통계, ⑤ 상담, ⑥ 법률에 대한 지식, ⑦ 훌륭한

의사소통기술과 같은 기본적인 기술들이 필요하다고 하였다.

Hamiliton과 Shumate(2005)는 미국의 공인 직업평가사들이 가져야 하는 우선적인 지식 영역으로 ① 직업평가의 기초, ② 표준화 사정, ③ 직업 정보, ④ 장애의 영향, ⑤ 의사소통, ⑥ 전문적 네트워킹 및 협력이 주요 지식 분야이며, 공인 직업평가사의 공통적인 핵심 직무로는 ① 사정 데이터의 분석 · 종합, ② 행동관찰 및 평가기술, ③ 사례관리, ④ 직업분석 및 정보, ⑤ 직업상담, ⑥ 전문성이라고 하였다.

표 2-8 직업능력평가사의 역할 및 기능(국외 연구)

연구자	핵심 역할 및 기능
Pruitt(1972, 1986)	평가, 상담과 인터뷰, 훈련, 행정, 직업분석, 의사소통, 연구 및 개발
Coffey(1978)	효과적인 의사소통, 보고서 작성, 전문성, 평가결과 해석, 추천에 대한 서술
Coffey Hanson, Menz, & Coker(1978)	전문적 배경, 기관과의 관계, 초기평가 과정, 직업적 방향 결정, 평가자료의 분석과 종합, 의사소통, 적응, 의뢰 및 직업배치, 행정
Leahy & Wright (1988)	사정계획 · 해석, 직업상담, 사정행정, 직무분석, 사례관리 개인적응상담
Talyor, Bordieri, & Lee(1993)	직업사정, 직업 매칭, 직업상담, 상황평가, 보고서 작성, 직업준비도평가, 컴퓨터 적용과 실행
Talyor, Bordieri, Crimando, & Jinkowski (1993)	직업상담, 행동관찰, 직업 개발, 표준화된 검사, 전문성, 사례관리
Hamilton (2003)	• 기능 영역(직업상담, 직업발달과 분석, 행동관찰 및 평가방법, 표준하된 검사 · 도구, 의사소통 및 보고 개발, 사례관리, 전문성) • 지식 영역(직업평가기능, 행동관찰과 평가기법, 직업정보 개발, 표준화된 검사도구, 장애의 기능적 측면, 종합, 해석, 의사소통)
Hamilton & Shumate (2005)	• 직무 과제(사정 데이터의 분석 · 종합, 행동관찰 및 평가기술, 사례관리, 직업분석 및 정보, 직업상담, 전문성) • 지식 영역(직업평가의 기초, 표준화된 사정, 직업 정보, 장애의 영향, 의사소통, 전문적 네트워크 및 협력)

출처: 정승원(2015). 직업능력평가사의 역할과 자격제도를 위한 과제. 직업재활연구, 25(2).

위 다양한 연구들에서 직업평가사의 다양한 역할과 기능을 밝히고 있는데 공통적으로 보고한 역할과 기능은 ① 상담, ② 행동관찰, ③ 평가도구 사용 및 관리, ④ 직무 · 진로분석, ⑤ 사례관리, ⑥ 전문성이다.

직업평가사의 역할과 기능에 대한 다양한 연구들의 결과가 서로 일치하지 않는 이유는 시간에 따라 직업평가사의 역할과 기능이 달라졌거나 직업평가사들이 각각 다른 자신의 견지에서 응답했을 가능성이 있다(정승원, 2015). 이는 직업평가에 대한 관점과 실천에서 눈에 띄는 차이점이 있다는 것을 보여준다(Sligar & Betters, 2012). 시대적 변화에 따라 직업재활 패러다임 역시 변화하고 있어 직업평가에서 전문가의 역할도 함께 변화한다.

정승원(2015)은 우리나라의 직업평가사의 역할 관련 연구는 「장애인고용촉진 등에 관한 법률」(1990)이 시행된 직후부터 진행되었으며 국내 연구와 국외 연구에서 직업능력평가사의 역할 영역에서 크게 차이점이 드러나 보이지는 않으나 우리나라 직업능력평가사 역할에 대한 초기 연구 결과일수록 재활상담사의 역할과 중복되는 경향이 많다고 밝혔다. 연구자들은 재활상담사와 직업평가사의 역할과 기능이 여러 면에서 통합되어 있다고 보았다(박석돈, 2003). 그 이유는 2016년 이후 민간자격인 직업능력평가사가 양성되어 배출되었으나 이전부터 직업재활 현장에서 직업평가사의 역할을 장애인 재활상담사(구, 직업재활사)들이 동시에 수행하는 경우가 많기 때문이다(정승원, 2015). 2000년 이후 연구자들은 직업평가서비스의 전문성과 평가를 전문적으로 수행하는 인력의 역할을 강조하기 시작하였다.

표 2-9 직업능력평가사의 역할 및 기능(국내 연구)

연구자	핵심 역할 및 기능
나운환 (2000)	장애인이 능력에 맞는 직업에 취업할 수 있도록 장애인에 대하여 각종 평가 실시, 직무분석 및 직업정보 분석, 장애인의 잠재능력과 적성에 적합한 직업재활계획 및 방향 설정, 평가보고서 개발 및 상담
박석돈 (2003)	직무분석, 장애의 기능적 제한, 직업정보 전달, 심리측정검사, 개별화된 직업계획 수립 및 시행, 상황평가 시행, 학습유형 파악, 보고서 작성, 기능적 생활기능훈련, 면접 시행
김성회 외 (2005)	직무분석 시행·결과, 접수 및 면담 시행, 배경정보 수집, 면담보고서 작성, 평가 영역 결정, 평가계획서 작성, 심리·신체능력·상황·현장평가 시행, 평가도출, 평가결과 해석, 사례회의, 보고서 작성, 내담자·보호자 상담, 사례관리자와 정보교환
조주현, 서지은 (2007)	평가자료 분석·종합, 행동관찰 평가 시행, 사례관리, 직무분석 및 정보 수집, 직업상담, 전문성 요인

연구자	핵심 역할 및 기능
박희찬 외 (2008)	직업상담, 평가기법, 사례관리, 전문지식, 직무분석 및 정보, 평가결과 해석 및 종합
조경은 (2012)	직무기능 요인(직업상담, 직업 개발과 분석, 행동관찰과 평가기법과 활용, 표준화된 테스트·도구 사용, 의사소통 및 보고. 사례관리, 전문성체계 확립에 대한 노력·기여요인), 지식요인(직업평가 근거, 행동관찰 및 평가기법, 직업정보와 개발, 표준화된 검사·도구, 장애의 기능적 측면, 통합·해석·소통)

출처: 정승원(2015). 직업능력평가사의 역할과 자격제도를 위한 과제. 직업재활연구, 25(2).

나운환(2000)은 직업능력평가사의 역할을 ① 장애인이 능력에 맞는 직업에 취업할 수 있도록 장애인에 대하여 각종 평가 실시, ② 직무분석 및 직업정보 분석, ③ 장애인의 잠재능력과 적성에 적합한 직업재활계획 및 방향 설정, ④ 평가보고서 개발 및 상담으로 제시하였다. 박석돈(2003)은 ① 직무분석, ② 장애의 기능적 제한 탐색, ③ 직업정보 전달, ④ 심리측정검사, ⑤ 개별화된 직업계획 수립 및 시행, ⑥ 상황평가 시행, ⑦ 학습유형 파악, ⑧ 보고서 작성, ⑨ 기능적 생활기능훈련 시행, ⑩ 면접 시행을 직업평가사의 역할로 보았다.

장애인 직업능력평가사의 직무분석을 통한 한국직업사전 정보 수록은 김성회 외(2005)의 연구를 기초로 하였다. 장애인 직업능력평가사 직무의 정의는 "장애인의 직업재활 과정에서 장애인과 보호자 및 재활 관련 전문가들에게 유용한 정보를 제공하기 위하여 다양한 평가도구를 체계적으로 조직하고 운용함으로써 장애인의 의료적·심리적·사회적·교육적 및 직업적 영역에 대한 모든 자료를 수집하고 분석·종합하는 일련의 포괄적인 과정의 직무를 전문적으로 수행하는 사람을 말하는 것이다." 이 연구결과에 따르면 장애인 직업능력평가사의 핵심 직무는 면담, 보충·배경정보 수집, 면담결과 종합작성, 평가 영역 결정, 평가일정 결정, 평가개요 설명, 심리·작업평가·상황평가·현장평가, 평가결과 채점, 평가결과 해석, 사례회의, 보고서 작성, 내담자·보호자 상담, 사례담당자와의 상담이다. 장애인 직업능력평가사 직무의 모형은 [그림 2-6]과 같다.

책무	직업				
A 평가 면접	A-1 의뢰서 접수 및 확인하기	A-2 면담하기	A-3 보충 배경 정보 수집하기	A-4 면담 결과 종합 작성하기	
B 평가 계획	B-1 평가 영역 결정하기	B-2 평가 일정 결정하기	B-3 평가 계획서 작성하기	B-4 평가 개요 설명(보호자, 당사자, 평가사)하기	
C 평가 수행 (영역별) 의로 평가 전문가에게 의뢰	C-1 심리 평가하기	C-2 신체 능력 평가하기	C-3 작업 평가하기	C-4 상황 평가하기	C-5 현장 평가하기
D 평가 면접 보고서 작성	D-1 평가 결과 체점하기	D-2 평가 결과 해석하기	D-3 사례 회의하기	D-4 보고서 작성하기	
E 평가 면접 상담	E-1 내담자/ 보호자 상담하기	E-2 사례 담당자와 상담하기			

출처: 김성회 외(2004). 장애인 직업능력평가사 직무분석. 한국직업능력개발원.
* 음영: 핵심 작업(Key Task)

그림 2-6 장애인 직업능력평가사 직무의 모형

조주현, 서지은(2007)은 직업평가사의 직무 영역을 5가지, 즉 ① 직업평가 시행과 관련 자료를 수집 · 분석 · 종합, ② 내담자의 행동관찰과 평가시행, ③ 내담자의 의뢰단계에서 평가시행, 회의, 서비스 종결과 관련된 사례관리, ④ 내담자에게 적합한 직업을 추천하고 탐색하기 위한 직무분석 및 관련된 정보수집, ⑤ 자율성, 충실성, 비해성, 수혜성 등으로 구성되는 전문가 윤리와 관련 이슈로 보았다.

박희찬 외(2008)의 연구에서는 직업평가사의 전문능력에 대한 요인분석 결과 직업상담, 평가기법, 사례관리, 전문지식, 직무분석 및 정보, 평가결과 해석 및 종합으로 구분하고 그 가운데 평가기법과 평가결과 해석 및 종합을 가장 중요한 요인으로 밝혔다.

조경은(2012)은 직업능력평가사의 직무기능 요인에 ① 직업상담, 직업개발과 분석, ② 행동관찰과 평가기법의 활용, ③ 표준화된 테스트 · 도구 사용, ④ 의사소통 및 보고, ⑤ 사례관리, ⑥ 전문성체계 확립에 대한 노력 · 기여가 포함되며, 지식요인에는 ① 직업평가 근거, ② 행동관찰 및 평가기법, ③ 직업정보와 개발, ④ 표준화된 검사 · 도구, ⑤ 장애의 기능적 측면, ⑥ 통합 · 해석 · 소통 등의 요인이 있다고 보았다.

정승원(2015)은 직업평가사 역할 관련 선행연구들을 종합분석하여 공통적인 역할을 추출하였는데 ① 장애의 심리 · 기능적 측면 이해, ② 직무분석 · 직업정보 수집 및 전달, ③ 표준화된 검사 · 도구 사용, ④ 평가자료 분석 · 종합 · 소통, ⑤ 사례관리 요인이며, 최근 들어 추가적으로 강조되는 역할은 행동관찰과 전문성 요인이라고 밝혔다.

직업평가사의 역할과 관련 직무들은 시간에 따라 분화되고 패러다임의 변화를 반영한다. 재활문제연구소의 30번째 회의에서(30th Institute on Rehabilitation Issues, 2003)에서는 직업평가사의 역할과 기능, 직업평가 과정, 직업평가 장면, 직업평가 기간 측면에서 개별화에 대한 인식, 소비자 역량강화 강조, 접근성을 최대화하기 위한 보편적 설계 촉진 그리고 문화적 고려에 대한 책임을 강조하는 방향으로 직업평가 패러다임이 변화하고 있다고 강조하였다. 따라서 직업평가사의 역할과 기능, 직업평가에 필요한 핵심역량에 관한 연구들은 시대적 흐름을 고려하여 지속적으로 연구되고 이 결과가 자격증 제도에 반영되어야 할 것이다(정승원, 2015).

다음은 직업능력평가사에게 필요한 자격 역량이다(Power, 2005).

① 개인의 특성, 능력 및 욕구들을 파악하는 데 유용한 방법과 접근들을 선택 · 채택 · 개발할 수 있는 능력

② 다른 평가원으로부터 얻은 정보의 타당성을 검증하기 위해 활용될 수 있는 대

안적 방법과 접근들을 활용할 수 있는 능력

③ 다양한 상황에서 통합적으로 활용할 수 있는 공식적 · 비공식적 행동관찰전략을 수행할 수 있는 능력

④ 개인 경력 발달상 중요한 시점에서 지속적으로 생성되는 자료들을 수집하고 해석하여 성공적인 전환을 촉진할 수 있는 능력

⑤ 이용자에 대한 전체적인 서비스 전달계획을 마련하는 데 충분한 도움을 줄 수 있도록 직업평가 자료를 해석해낼 수 있는 능력

⑥ 적절한 계획 수립, 적정한 목표설정 및 필요한 지원서비스의 조정을 촉진하는 데 도움이 될 수 있도록 공식적 · 비공식적 자료들을 종합하여 보고서를 작성할 수 있는 능력

⑦ 다학제적 팀의 효과적인 참여자 중 한 사람으로서 기능할 수 있는 능력

⑧ 진로 · 직업 · 작업의 맥락에 기초하여 현재의 타당하고 신뢰할 수 있는 평가방법들을 선별 · 실시 및 통합할 수 있는 능력

국내 직업능력평가사 자격증은 한국직업재활학회(이하 학회)를 중심으로 한국재활심리사협회, 워크어빌리티학회와 함께 발급하는 민간 국가등록자격증인 '직업능력평가사'와 한국장애인고용공단의 '장애인 직업능력평가사'가 있다.

제3절 국내 직업능력평가사의 자격증

앞 절에서 살펴보았듯이 직업능력평가사의 주요 역할은 장애의 심리 · 기능적 측면 이해, 직무분석, 직업정보 수집 및 전달, 표준화된 검사 · 도구 사용, 평가자료 분석 · 종합 · 소통, 사례관리를 하는 것이다. 이러한 역할과 기능을 충실히 수행하기 위해서는 자격을 갖춘 직업능력평가사가 직업능력평가를 실시하는 것이 바람직하다. 국내 직업능력평가사 자격증은 한국직업재활학회를 중심으로 한국재활심리사협회, 워크어빌리티학회와 함께 발급하는 민간등록 자격증인 '직업능력평가사'와 한국장애인고용공단의 '장애인 직업능력평가사'가 있다.

1. 한국직업재활학회의 '직업능력평가사'

한국직업재활학회의 직업능력평가사 자격규정은 2014년 11월 20일에 제정되어 2015년 고용노동부 산하 한국직업능력개발원의 민간자격에 등록(2015-005936)되면서 2016년부터 자격검정이 시행되었다. 유자격자가 소정의 연수과정을 이수하고 자격시험에 합격하면, 1 · 2급으로 나누어 자격증을 발급받을 수 있다. 유자격자란 동 학회에서 인정하는 대학(원)의 학과를 졸업하거나 기타 장애인 재활시설에서 직업평가업무에 근무한 경력이 있는 자를 말한다. 국내 직업능력평가사 자격증과 주요 내용은 한국직업재활학회 홈페이지를 참고하였다.

1) 1급 직업능력평가사

1급 직업능력평가사란 아래 각 항 중 하나에 해당하고 학회 자격관리 및 검정위원회에서 실시하는 심사를 통하여 자격이 인정된 자를 말한다.

① 직업능력평가사 2급 자격증 소지자로서, 3년 이상의 직업평가 실무경력 및 학회가 인정하는 직업평가 사례연구발표를 3회 이상 수행한 자

② 학회가 인정하는 국내외 대학원에서 학회에서 정한 필수 이수과목 4과목(12학점)과 선택 이수과목 3과목(9학점) 이상을 이수하고, 석사 또는 박사학위를 받은 자로서, 직업평가 실무경력 3년 이상이며, 본 회가 인정하는 연수 100시간과 사례연구 3회 이상 수행한 자

2) 2급 직업능력평가사

2급 직업능력평가사란 아래 각 항 중 하나에 해당하고 학회에서 실시하는 시험을 통하여 자격이 인정된 자를 말한다.

① 학회가 인정하는 2년제 대학 이상 학과(전공)에서 학회가 정한 필수 이수과목 4과목(12학점)과 선택 이수과목 4과목(12학점) 이상을 이수하고 전문학사 이상의 학위를 받은 자로서, 학회가 인정하는 연수 20시간 이상 이수한 자

② 학회가 인정하는 국내외 대학원에서 학회에서 정한 필수 이수과목 4과목(12학점)과 선택 이수과목 3과목(9학점) 이상을 이수하고 석사학위를 받은 자로서, 학

회가 인정하는 연수 20시간 이상 이수한 자

③ 직업평가 현장경력이 3년 이상인 자로 학회가 인정하는 연수 180시간 이상 이수한 자

④ 제2호의 필수 이수과목과 선택 이수과목 등 필요한 사항은 직업능력평가사 자격규정 시행규칙으로 정함

3) 인정대학과 관련학과와 이수과목

직업능력평가사를 인정하는 관련 학과의 필수·선택과목을 이수해야 하는데 해당 필수과목과 선택과목은 다음과 같다.

① 학부의 경우에는 학회가 인정하는 관련 학과에서 다음 각 항의 필수 이수과목 또는 이에 준하는 과목 4개 과목(12학점) 모두와 선택 이수과목 또는 이에 준하는 과목 중 4개 과목(12학점) 이상을 개설하고 있거나 개설하는 조건으로 각 교육기관의 학부 양성 과정을 인정

- 필수 이수과목: (직업)재활개론(작업치료개론), 직업평가(작업평가 또는 작업치료평가, 신경심리평가 및 재활), 장애진단과 평가, 직업평가 임상실습
- 선택 이수과목: 재활상담, 직업 개발 및 배치, 전환(교육)평가, 진로직업상담, 재활심리학, 심리측정 및 평가, 인간발달, 이상심리학, 미술심리진단, 행동치료, 일상생활동작, 장애의 의료적 측면, 통계 및 측정, 연구방법론
- 관련 과목의 유사과목에 대한 인정은 자격관리 및 검정위원회에서 심의 결정

② 대학원의 경우에는 학회가 인정하는 관련 전공에서 제1호에서 정하고 있는 필수 이수과목과 선택 이수과목 중 3과목 이상을 개설하는 조건으로 대학원 양성 과정을 인정

③ 직업능력평가사 관련 학과는 (직업)재활, 재활복지 등 재활 관련 학과, 작업치료학과, 재활심리, 심리치료, 임상심리 등 재활심리 관련 학과(직업), 특수교육학과임

4) 사례연구 발표

1급 직업능력평가사는 2급 자격증 소지자로서 3년 이상의 직업평가경력 및 사례연구 발표를 통해 그 자격을 인정받을 수 있는데, 주요 내용은 다음과 같다.

① 학회의 직업능력평가사 자격관리 및 검정위원회가 인정하는 사례발표회에서 3회 이상 발표해야 함. 단, 3회중 1회는 위원회에서 인정하는 학회논문 발표로 대체할 수 있음

② 사례연구 발표는 슈퍼비전을 받은 것으로서, 각 발표 사례에 대해 최소한 50분 이상의 시간이 배정된 사례연구 발표에 대해서만 인정하며, 해당 사례연구 발표 안내자료에 명시되어 있어야 함

5) 검정시험

2급 직업능력평가사 자격증을 취득하기 위해서 필기시험을 거쳐 일정 점수 이상 취득해야 하고 주요 내용은 다음과 같다.

① 2급 직업능력평가사 자격연수를 이수한 자는 자격검정시험에 응시 가능

② 2급 직업능력평가사는 학회 주관 자격검정시험을 통과해야 함

③ 2급 직업능력평가사는 시험결과 60점 이상을 합격으로 인정

6) 자격증 유지

자격증은 취득뿐 아니라 서비스의 질적 수준 담보를 위해 유지도 중요하다. 직업능력평가사 1, 2급 모두 자격증 유지를 위해 학술대회, 연수(보수교육) 과정에 참여하고 연회비를 납부해야 한다.

① 1급 직업능력평가사는 5년 동안 학회나 자격관리 및 검정위원회에서 인정하는 학술대회나 연수 과정에 3회 이상 참석하고, 연회비 납부

② 2급 직업능력평가사는 5년 동안 학회에서 직접 주최하는 학술대회나 연수 과정에 3회 이상 참석하고, 연회비 납부

③ 직업능력평가사의 자질 향상을 위하여 보수교육을 연간 8시간 이상 의무적으로 시행(2019년 신설)

④ 보수교육을 연속하여 2년 이상 받지 않는 경우 다음 해 이수할 때까지 자격증의 효력이 정지되고, 보수교육을 연속하여 4년 이상 받지 않는 경우 자격증이 취소(2019년 신설)

7) 경과조치와 특례

직업능력평가사는 시행 초기 자격증으로 관련한 경과조치와 특례는 다음과 같다.

① 학회가 인정하는 연수는 한국직업재활학회, 한국작업치료사협회, 한국재활심리사협회에서 인정하는 연수를 모두 인정함

② 필수과목 중 장애인 직업능력평가 유사과목은 직업평가 외에도 작업평가(작업치료평가), 신경심리평가 및 재활을 인정하기로 함

③ 장애인 직업능력평가 임상실습의 경우 재활의학계열이 있는 병원이나 치료 세팅에서 종합적 평가 분야의 실습, 상담 및 치료 세팅에서 종합적인 평가 관련 실습, 장애인복지관 직업재활시설 등 종합적인 장애인 직업재활실습을 한 경우 인정함

④ 학회가 인정하는 연수 180시간을 이수하지 못한 자는 직업평가업무 현장경력 1년을 연수 90시간 이수한 것으로 인정함

직업능력평가사의 질적 수준을 담보하여 적합한 직업능력평가서비스를 제공하기 위하여 직업능력평가사 자격증을 발급하고 유자격자의 자격을 지속적으로 관리하는 노력이 필요하다. 향후 직업능력평가사는 민간 국가등록자격증에서 발전하여 국가공인자격증으로 변화가 필요하며, 이는 유관기관들과의 협력을 통한 방법으로 진행되는 것이 바람직할 것이다(정승원, 2015).

자격제도를 통해 전문인력을 양성하는 것은 전문가 윤리, 실무자 역량, 서비스 질에 대한 기준과 틀을 마련하여 양질의 서비스를 받을 수 있도록 함으로써 공공을 보호한다는 의미를 가진다. 공인된 전문가들은 논리적 지식 기반과 핵심요소(지식체계, 전문적 권한, 사회적 가치에 기초한 지역사회 승인, 윤리 코드, 전문가 문화)들을 활용함으로써 신뢰할 수 있는 기반을 얻게 된다(Brubaker, 179: 3). 전문성을 인정받고 직업적 신뢰성을 갖게 될 때 사회구성원들뿐만 아니라 타 실무자들과도 구별되는 지위를 얻게 된다. 높은 전문성을 갖게 됨으로써 법적 지원의 확대, 전문가 수요의 증가, 전문가 신망 정도

의 향상 등 이점을 만들고 궁극적으로 소비자들을 위한 양질의 서비스 가능성도 높아질 수 있다(Saxton, Spinale, & Kennison, 1999). 또한 직업평가사의 자격제도 확립은 전문가에 대한 공적 인지도를 높여줄 수 있으며 하나의 조직하에 관련 전문가들이 통합됨으로써 직업평가사들은 전문성을 향상시킬 수 있는 지식과 기술을 연마하고, 그 조직을 통해 획득한 자격에 대한 법적 보장을 요구할 수 있다(Mcpherson, 2006, 정승원, 2015에서 재인용).

2. 한국장애인고용공단의 '장애인 직업능력평가사'

1) 1급 장애인 직업능력평가사

1급 장애인 직업능력평가사는 2급 장애인 직업능력평가사 자격을 취득한 이후 장애인재활 관련 기관에서 직업능력평가업무에 5년 이상 재직한 자로 자격검정 시험에 합격한 자를 말한다.

2) 2급 장애인 직업능력평가사

2급 장애인 직업능력평가사는 「장애인고용촉진 및 직업재활법」 시행규칙 제22조 제2항 제4호에 따라 재활, 특수교육, 심리, 작업치료, 물리치료, 사회복지 관련 분야 학사 이상의 학위를 소지한 자로 한국장애인고용공단에서 시행하는 평가사 양성과정을 마치고 자격검정 시험에 합격한 자를 말한다.

3) 인정 학과 범위

직업능력평가 관련 학과의 인정 범위는 「장애인고용촉진 및 직업재활법」 시행규칙 제22조제3항에 의한 재활, 특수교육, 심리, 작업치료, 물리치료, 사회복지 문구가 포함된 학과명의 경우에는 인정하며, 그렇지 않은 경우 한국장애인고용공단에서 제시하는 교과목 기준 중 6개 과목이상을 이수한 경우 인정한다.

〈교과목 기준〉
직업재활개론, 직업평가개론, 특수교육학개론, 심리학개론, 작업치료학개론, 물리치료학개론, 사회복지학개론, 직업 및 진로상담, 재활상담, 재활심리, 발달심리, 이상심리, 정신건강론, 정신의학, 정신보건사회복지론, 장애의 진단과 평가, 측정 및 평가(검사), 인간발달의 이해, 행동치료, 언어치료, 재활프로그램 개발, 사회복지실천론, 사회복지실천기술론, 직무분석, 노동시장의 이해, 직업(직무)개발과 배치, 보호 및 지원고용, 전환교육, 장애학생 직업교육, 장애인 재활과 복지, 직업 및 물리적 훈련, 해부학, 생리학, 병리학, 이학적 검사, 연구방법론, 조사방법론, 일상생활동작(활동), 보조공학, 직업평가/작업치료/물리치료 실습

4) 양성과정

2급 장애인 직업능력평가사를 취득하기 위해서는 필수적으로 이수해야 하는 교육과정으로 참가 자격은 2급 장애인 직업능력평가사 응시자격과 동일하다. 참가자는 총 24시간의 교육과정을 이수하여야 자격검정 응시자격을 부여받을 수 있으며, 교육과목은 다음과 같다.

연번	과목	
1	직업능력평가 개론	Ⅰ. 직업재활과 직업능력
		Ⅱ. 직업능력평가 개요
		Ⅲ. 직업능력평가사
		Ⅳ. 직업능력평가의 윤리와 철학
2	장애유형의 이해	Ⅰ. 15개 장애유형 이해와 상담
3	직업능력평가 방법론	Ⅰ. 신체능력평가
		Ⅱ. 작업평가
		Ⅲ. 심리평가
4	직무분석	Ⅰ. 직무분석의 이해와 실제
5	직업능력평가 행정	Ⅰ. 노동관계법 및 직업평가관련 제도의 이해

5) 검정시험

등급별 자격검정 시험은 5개 과목 100문항으로 객관식 필기시험으로 실시된다. 합격기준은 총점의 6할 이상 득점한 자이며, 문항당 점수는 1점이다. 등급별 검정과

목은 아래와 같다.

① 1급 장애인 직업능력평가사 : 장애진단 및 평가, 직업능력평가 사례관리, 평가도구 개발, 직무분석, 직업능력평가 행정

② 2급 장애인 직업능력평가사 : 직업능력평가개론, 장애유형의 이해, 직업능력평가 방법론, 직무분석, 직업능력평가 행정

6) 자격증 유지

1, 2급 장애인 직업능력평가사는 합격자 공공일로부터 2년 동안 자격이 유효하며, 자격효력을 연장하기 위해서는 유효기간 내 보수교육을 이수하여야 한다. 1급 자격증을 소지한 사람이 자격을 유지하는 동안에는 2급 자격증이 자동으로 유지되며, 자격효력이 정지된 2급 자격증 소지자는 1급 자격응시 대상에서 제외된다.

보수교육은 장애인 직업능력평가사 자격을 취득한 자로 매 2년마다 8시간 이상의 교육을 이수하여야 한다. 단, 군복무·해외체류·휴직 등 부득이한 사유로 해당 연도에 6개월 이상 직업능력평가 분야에 종사하지 않는 사람과 「고등교육법」에 따른 직업능력평가 분야 대학원에 재학 중인 사람은 보수교육을 면제 받을 수 있다.

제4절 직업능력평가사의 윤리지침

직업능력평가사는 인간을 대상으로 개인정보, 심리적 · 사회적 특징, 직업능력, 개인을 둘러싼 주변 환경과 상황에 대한 정보와 장애정보, 의료정보 등 민감정보를 수집하게 된다. 따라서 객관적이며 법적으로 위배되지 않고 직업능력평가 이용자에게 위해를 끼치지 않도록 주의를 기울여야 한다. 이를 위해 직업능력평가사의 윤리지침은 반드시 마련되어야 하고 직업능력평가사는 이를 준수해야 한다. 아쉽게도 아직 한국의 직업능력평가사의 윤리지침은 별도로 마련되지 않아 미국 재활상담사자격위원회(Commission on Rehabilitation Counselor Certification: CRCC)의 윤리강령(Ethical Code for Vocational Evaluators)을 살펴보았다.

1. 개요

이 윤리강령은 공인직업평가사(Certified Vocational Evaluation: CVEs), 공인직업적응전문가(Certified Work Adjustment: CWAs), 공인진로적응전문가(Certified Career Adjustment: CCAAs)를 대상으로 한다. A부터 I까지 9개 영역에서 윤리강령을 제시한다. 9개 영역은 전문가·이용자 관계, 비밀유지, 전문가적 책임과 능력, 평가·사정·해석, 전문가 관계, 연구와 출판, 윤리적 딜레마 해결, 업무수행, 범죄 적용으로 구성되고 직업능력평가사가 준수해야 하는 내용을 구체적으로 제시한다.

2. 목적(CRCC, 2008)

윤리지침을 제정하여 준수하도록 하는 이유는 직업능력평가사의 전문가행동에 대한 기본 틀을 마련하여 직업능력평가 대상자와 직업능력평가사 모두 법적·윤리적으로 보호받기 위함이다.

① 전문가행동, 책임, 기대에 대한 틀을 마련한다.
② 수용되거나 수용 가능한 행동을 정의한다.
③ 자기평가에 대한 벤치마킹을 제공한다.
④ 최고 수준의 전문가행동 향상을 촉진한다.

3. 윤리원칙(Kitchener, 1984)

윤리지침은 기본적인 윤리원칙이 필요하다. 재활상담사자격위원회는 다섯 가지의 윤리원칙에 따라 윤리지침을 정하였다. 첫째, (전문가는 이용자에게) 인종, 성별, 장애 등 다양한 개별특성에 대해 존중해야 하고, 이용자의 권리를 존중해야 하며, 대상자 스스로 선택하는 자치성을 존중해야 한다. 둘째, (전문가는 이용자에게) 이익이 갈 수 있도록 수혜성을 보장해야 한다. 셋째, (전문가는 이용자에게) 해를 끼치지 않는 비해성을 보장해야 한다. 넷째, 전문가는 개별 이용자와 여러 명의 이용자, 이해관계자들 사이에서 정당성을 유지해야 한다. 다섯째, (전문가는 이용자에게) 충실하고 책임성 있는 서비스를 제공해야 한다.

① 다양성, 권리, 자치성 존중(Respect for Dignity, Rights & Autonomy)

② 수혜성(Beneficence)

③ 비해성(Nonmaleficence)

④ 정당성(Justice)

⑤ 충실성과 책임성(Fidelity & Responsibility)

4. 주요 내용(CRCC, 2008)

표 2-10 직업평가사 윤리강령 주요 영역(CRCC, 2008)

항목	세부사항
A. 전문가-이용자 관계	1. 서비스 범위, 2. 이용자 선택, 3. 이용자 복지, 4. 차별금지, 5. 전문가/개인 관계, 6. 업무관계, 7. 제3자와의 관계, 8. 이용자 이익보호, 9. 이용자 사생활 존중, 10. 문화적 다양성, 11. 성적 관계, 12. 의사소통, 13. 유니버설 디자인
B. 비밀보장	1. 비밀보장, 2. 동의, 3. 사생활 보호
C. 전문적 책임과 능력	1. 표준화 지식, 2. 전문적 능력, 3. 지속적인 교육
D. 평가, 사정, 해석	1. 타당도와 신뢰도, 2. 동의, 3. 정보 제공, 4. 연구와 훈련, 5. 평가도구 사용과 해석능력, 6. 평가기술과 도구선택, 7. 평가실행 조건, 8. 평가에서 다문화 이슈/다양성, 9. 평가 채점과 해석, 10. 보안, 11. 구식 검사와 구식검사 결과, 12. 평가할용
E. 전문가 관계	1. 전문적 지원, 2. 전시 서비스, 3. 전문적 협력, 4. 관련 전문 지식, 5. 서비스 제한, 6. 이용자 의뢰/전이, 7. 전문가 존중, 8. 괴롭힘, 9. 윤리 위반 보고, 10. 슈퍼비전
F. 연구와 출판	1. 연구방법, 2. 타인인정, 3. 연구결과 보고서에 대한 책임, 4. 학생연구, 5. 자료 효율성, 6. 논문 제출, 7. 동료평가, 8. 인간연구
G. 윤리적 딜레마 해결	1. 윤리기준에 대한 지식, 2. 윤리와 법의 갈등, 3. 위법 대처, 4. 윤리위원회와의 협력
H. 업무 수행	1. 사례 수용, 거절, 종결, 철회, 2. 비용 미지불, 3. 재정적 조정/청구서 발급/수수료/비용, 4. 물물교환, 5. 선물제공과 수수, 6. 기록보관, 보급, 폐기, 7. 홍보, 업무유치, 기타 공공 진술
I. 법의학 적용	1. 비밀보장, 2. 객관성, 3. 능력, 4. 평가, 사정, 해석, 5. 종결-보류, 6. 방법 일관성, 7. 지역사회와 법-전문가 갈등, 8. 동료, 전문가들과의 관계 충실성, 9, 업무수행, 10. 위해/착취 관계, 11. 전자통신

1) 전문가 · 이용자 관계(Professional-Client Relationship)

직업능력평가사는 모든 개인의 존엄성과 가치를 존중해야 한다. 직업능력평가사의 주요 윤리적 책임은 이용자나 직접 서비스를 받는 사람들이다. 직업능력평가사는 이용자의 복지를 보호하고 그들의 이익을 자신의 이익보다 항상 우선시해야 한다.

① 서비스 범위: 본질, 목적, 목표, 예상되는 결과, 서비스의 한계에 대한 정보 안내
② 이용자 선택: 권리결정 인정, 취약자의 이익보호
③ 이용자 복지: 안전과 복지보호
④ 차별금지: 연령, 인종, 문화, 장애, 국적, 성별, 언어, 종교, 성적 취향, 결혼상태, 사회경제적 지위에 대한 차별금지
⑤ 전문가/개인적 관계: 판단에 영향을 줄 수 있는 이용자와의 이중관계 금지(예: 직원, 친구, 학생 등)
⑥ 업무관계: 최적의 결과를 얻기 위해 책임을 갖고 이용자와 긍정적 관계 유지(예: 이용자가 열등하다고 느끼지 않도록 해야 함)
⑦ 제3자와의 관계: 제3자가 요청할 때 책임성을 명확히 함
⑧ 이용자 이익보호: 다른 사람에게 위험이 없는 한 이용자의 이익보호를 우선해야 함
⑨ 이용자 사생활 존중: 사생활을 존중하고 서비스에 필요한 경우에만 개인정보 요구
⑩ 문화적 다양성: 문화적 차이를 인식하고 다양성을 존중
⑪ 성적 관계: 전문가와 이용자의 성적 관계 금지
⑫ 의사소통: 언어소통에 어려움이 있는 경우 이해할 수 있는 서비스 제공(예: 통역사, 번역사, 의사소통 보조기술 이용)
⑬ 유니버설 디자인: 다양한 사람들이 접근 가능한 유니버설 디자인 지원

2) 비밀보장(Confidentiality)

직업능력평가사는 적절한 경계를 설정하고 유지하며 사생활을 존중하고 비밀을 유지해야 한다. 이용자를 발달적 · 문화적 맥락에서 고려하고, 직업평가 활동에 앞서

비밀유지에 대해 명확히 안내해야 한다.

① 비밀보장: 서비스 제공과정에서 개인정보 보호를 위한 예방조치를 해야 함

② 동의: 서비스 참여에 대해 이용자, 보호자, 법적 대리인에게 동의 구함

③ 사생활 보호: 사생활에 대해 법적 보호, 문서관리 책임

3) 전문적 책임과 능력(Professional Responsibility and Competence)

직업능력평가사는 전문적이고 능력 범위 내에서 차별 없이 개방적이고, 정직하게 의사소통하고 실천해야 한다. 직업능력평가사는 윤리지침을 준수해야 할 책임이 있다.

① 표준화 지식: 직업윤리강령을 읽고 준수해야 함

② 전문적 능력: 기본 역량, 다양성 존중, 서비스 적합성, 행정적 역할, 교육적 역할, 도구 개발과 마케팅, 전문가 손상기간 동안 서비스 중지, 위임, 역량유지

③ 지속적인 교육: 자격유지, 역량유지

4) 평가, 사정, 해석(Evaluation, Assessment, and Interpretation)

직업능력평가사는 유효하고 신뢰할 수 있는 평가도구와 기법을 활용하여 양질의 직업평가와 평가서비스를 제공해야 한다. 직업평가와 평가서비스는 최고의 원칙을 준수하는 방식으로 제공되어야 한다.

① 타당도와 신뢰도: 직업평가, 해석과정에서 타당도와 신뢰도 확보(예: 표준화된 검사, 워크샘플, 상황평가, 현장평가 등)

② 동의: 직업평가 내용에 대한 사전 설명, 결과에 대한 해석 제공

③ 정보 제공: 직업평가 결과를 오용하지 않고, 적절한 원자료 제공

④ 연구와 훈련: 직업평가 데이터를 연구에 활용할 때 개인정보보호, 동의한 경우 활용

⑤ 평가도구 사용과 해석능력: 평가도구를 적절히 사용하고 결과를 해석해 정확한 정보 제공

⑥ 평가기술과 도구선택: 적합한 도구를 선택하고 규준이 있는 직업평가 실시

⑦ 평가실행 조건: 행정, 문서화, 컴퓨터 활용 등 평가를 위한 조건 확인

⑧ 평가에서 다문화 이슈/다양성: 규준집단 이해(예: 연령, 인종, 문화, 장애, 국적, 결혼상태, 성별, 언어, 종교, 성적 취향, 사회경제적 지위가 직업평가 해석에 미칠 영향 고려)

⑨ 평가 채점과 해석: 표준화된 채점과 이용자를 고려한 해석 제공

⑩ 보안: 법적, 계약상 의무를 기준으로 보안을 유지

⑪ 구식 검사와 구식 검사결과: 구식 검사와 구식 검사결과 사용금지

⑫ 평가활용: 표준화된 절차, 전문지식 활용

5) 전문가 관계(Professional Relationship)

협력적 전문가 관계는 이용자에게 최적의 이익을 제공하는 데 필수적이다. 직업능력평가사와 동료 등의 관계에서 상호 역할과 행동을 존중하고 가치를 인정해야 한다.

① 전문적 지원: 이용자에게 최상의 서비스 제공을 위해 전문가를 지원하거나 지원받음

② 적시 서비스: 전문가 간 관계에서 일정을 준수

③ 전문적 협력: 팀 또는 개인활동에 협력

④ 관련 전문 지식: 변화하는 역할과 책임에 대해 배우고 실천

⑤ 서비스 제한: 역량이 있고 유자격 분야에 대해 서비스 제공

⑥ 이용자 의뢰·전이: 전문가 간 의뢰·전이를 제공·지원

⑦ 전문가 존중: 이용자와 논의할 때 다른 전문가, 기관 존중

⑧ 괴롭힘 금지: 협박, 괴롭힘, 성적 희롱 등을 하지 않고 동의하지 않음(예: 상사, 동료, 학생, 직원 간 관계)

⑨ 윤리 위반 보고: 다른 전문가의 윤리위반을 발견했을 때 보고

⑩ 슈퍼비전: 관련 전문가, 지원 인력을 감독하는 전문가는 이들을 슈퍼비전해야 함(예: 근무조건, 평가, 컨설턴트, 적절한 기회 제공으로 경력 개발 촉진)

6) 연구와 출판(Research and Publication)

직업능력평가사는 서비스 제공에 이익이 되는 연구와 출판활동에 참여하거나 지원해야 한다.

① 연구방법: 적합한 연구방법을 활용해야 함
② 타인인정: 공동작업 등에 참여한 사람들을 인정해야 함
③ 연구결과 보고서에 대한 책임: 연구결과를 정직하게 보고해야 함
④ 학생연구: 학생논문, 학위논문의 경우 학생을 주저자로 기재함
⑤ 자료 효율성: 유자격 직업능력평가사에게 원자료 제공의무가 있음
⑥ 논문 제출: 하나의 연구는 하나의 저널에 게재하여야 함
⑦ 동료평가: 출판을 위한 리뷰를 할 때 기밀유지, 권리존중해야 함
⑧ 인간연구: 동의, 권리보호, 복지보호, 연구계획과 실천에서 윤리규준을 지켜야 함

7) 윤리적 딜레마 해결(Resolution of Ethical Dilemmas)

직업능력평가사는 법적 · 윤리적 · 도덕적 태도로 행동하고 일상적인 전문가 활동을 윤리적으로 해야 한다. 윤리적 딜레마를 해결하기 위해 동료, 감독자, 관련 기관, 법률기관들과 직접 의사소통이 필요하다. 또한, 윤리적 딜레마에 직면했을 때 최상의 실천은 문시화하는 것이다.

① 윤리기준에 대한 지식: 직업 윤리규준을 배우고 준수해야 함
② 윤리와 법의 갈등: 윤리와 법이 상충할 때 윤리규준을 설명하고 상충해결을 위한 조치를 취해야 함
③ 위법 대처: 컨설턴트를 받을 수 있고, 조직의 요구와 갈등, 의심되는 위반을 보고해야 함
④ 윤리위원회와의 협력: 윤리위원회의 업무에 대해 협력해야 함

8) 업무수행(Business Practices)

직업능력평가사는 정직하고 충실하게 약속을 지키고 다른 전문가를 존중하며 합

법적으로 행동해야 한다. 직업능력평가사는 전문적 행동기준을 준수하고 직업적 역할과 의무를 명확히 하며, 행동에 대한 적절한 책임을 지고 착취나 위해를 주는 이해관계의 충돌을 관리하기 위해 노력해야 한다. 또한, 합리적 판단을 하고 잠재적인 편견을 방지하기 위해 예방조치를 취해야 한다. 전문역량이나 전문지식의 한계가 부당한 관행을 유도하거나 용인해서는 안 된다.

① 사례 수용, 거절, 종결, 철회: 전문 영역 내에서 서비스를 제공하고 문제가 있는 경우 참여를 거부하거나 다른 전문가가 담당하도록 협력해야 함
② 비용 미지불: 이용자에게 해를 끼치지 않으면 서비스를 종료할 수 있음
③ 재정적 조정/청구서 발급/수수료/비용: 적합한 비용을 받고 청구서를 발급, 지불을 요청할 수 있음
④ 물물교환: 비용지불을 다른 재화나 용역으로 제공받지 않도록 해야 함
⑤ 선물제공과 수수: 선물을 받거나 줄 때 관계·금전적 가치 등을 고려해야 함
⑥ 기록보관, 보급, 폐기: 기록저장, 전송, 폐기 때 비밀을 유지하고 규정에 따라 보관해야 함
⑦ 홍보, 업무유치, 기타 공공진술: 공공진술에서 거짓, 부정적, 폭로적 진술 거부하고 이용자 모집을 위한 홍보활동을 해야 함

9) 법의학 적용(Forensic Application)

직업능력평가사는 범죄, 소송환경에서 서비스를 제공할 수 있다. 이때 주요 의무는 적합한 정보, 방법, 기술 등을 바탕으로 해야 하며 적용 가능한 규칙, 규정, 정책, 규준, 지침 등을 사용하고 준수해야 한다.

① 비밀보장: 범죄 소송에서 필수정보만 공개하도록 노력하고 이용자를 법적 보호해야 함
② 객관성: 객관적이고 공정한 증거, 의견을 제시해야 함
③ 능력: 직업능력평가사는 자격을 갖추고 전문성을 유지해야 함
④ 평가, 사정, 해석: '4) 평가, 시정, 해석' 부분과 동일함
⑤ 종결-보류: 사건의 사실을 잘못 해석하거나 왜곡하지 않고 의도적으로 보류·생략하지 않음

⑥ 방법 일관성: 방법의 일관성을 유지

⑦ 지역사회와 법-전문가 갈등: 갈등 발생 시 법률에 따라 수행할 의무가 있음

⑧ 동료, 전문가들과의 관계 충실성: 전문성을 바탕으로 정직하고 충실한 관계 유지해야 함

⑨ 업무수행: '8) 업무수행' 부분과 동일함

⑩ 위해 · 착취관계: 해롭거나 착취적인 관계의 잠재성을 파악하여 영향을 최소화해야 함

⑪ 전자통신: 저작권이 있는 문서는 전자통신을 사용하지 않고 미승인 접근을 하지 않아야 함

직업능력평가사는 윤리적 태도로 윤리지침에 따라 이용자에게 직업평가서비스를 제공하고 관련 활동을 해야 한다. 또한, 스스로 유자격을 유지하기 위한 윤리적 활동 노력이 필요하다. 살펴본 바와 같이 직업능력평가사는 전문가 · 이용자 관계유지, 비밀유지, 전문가적 책임과 능력, 평가 · 사정 · 해석, 전문가 관계, 연구와 출판, 윤리적 딜레마 해결, 업무수행, 범죄 적용의 모든 영역에서 윤리지침을 준수해야 한다.

직업능력평가사는 직업평가업무를 수행하면서 모든 윤리지침을 준수하고 있는지 지속해서 확인해야 한다. 직업능력평가사는 이용자의 개인정보를 수집하고, 이용자를 둘러싼 배경정보, 능력, 욕구 등 개인의 종합적 정보를 취득하고 민감정보로 구분될 수 있으므로 정보관리와 보호에 대해 주의를 기울일 필요가 있다. 윤리지침 준수는 직업능력평가사 개인의 책임만으로 부여하지 않고 소속기관에서 관리 · 감독을 통해 체계적으로 관리되어야 한다. 이러한 윤리지침을 준수하는 것이 직업능력평가사와 이용자 모두를 법적으로 보호할 수 있게 한다.

앞으로 국내 직업능력평가사 자격제도가 보다 체계적이고 전문성을 담보하기 위해서는 윤리지침의 제정과 적용이 이루어져야 한다.

CHAPTER 03

측정학적 이해

제1절 표준화

직업평가를 실시하고 채점하여 결과를 해석함에 있어서 평가사는 표준화에 대한 이해가 필요하다. 검사도구의 표준화(Standardization)란 검사의 실시과정과 채점에 있어 동일한 절차를 사용하는 것을 말한다. 검사의 표준화 과정에서 검사 점수의 체계화를 위하여 검사 규준을 개발한다. 직업평가 결과는 개인에 대한 절대적이거나 주관적 기준보다 상대적이고 객관적 기준이 적용되기 때문이다. 표준화된 도구의 직업평가 점수는 상대적 위치가 어디인지 확인하고 개인의 상대적 수행능력을 나타낸다. 직업평가 결과 해석에서 가장 기본이 되는 규준과 백분위 점수, 표준점수 등에 대해 알고 적용할 수 있어야 한다.

1. 규준(Norm)

규준(norm)이란 검사 실시 대상이 되는 모집단을 대표하도록 선정된 표준화 집단(standardization group)에 검사를 실시하여 얻은 점수를 말한다. 규준은 특정 개인의 점수가 다른 사람의 점수와 비교하여 어느 수준에 해당되는지에 대한 정보를 제공한다. 직업평가 결과로 나온 원점수(Raw score)는 그 자체로써 의미를 가질 수 없다. 예를 들어, A의 손기능 평가를 실시했는데 오른손으로 30초 동안 핀을 꽂은 개수가 20으로 나타났다. 20은 A의 오른손 손기능 평가 결과 원점수이다. 원점수 20은 잘하는 것인지, 못하는 것인지, 다른 사람과 비교했을 때는 어떠한지에 대해 설명하기 어렵다. 따라서 다른 사람과 비교할 수 있는 상대적인 위치를 설명할 수 있어야 하는데 이를 설명하기 위해 규준에 근거한 백분위 점수, 표준점수 등으로 환산하게 된다. A가 속해 있는 집단을 30명으로 가정했을 때, 규준은 A씨의 오른손 손기능 평가 원점수 20을 규준으로 변환하여 30명 중 상대적으로 어느 위치 수준에 있는지 확인할 수 있도록 하는 것이다. 규준의 설명은 다음과 같다(한국장애인재활상담사협회, 2018).

① 규준은 표준화 집단에 직업평가를 실시하여 나온 결과 점수를 객관적인 점수 척도로 만드는 것이다.
② 규준은 직업평가 결과 나타난 원점수를 표준화 집단의 점수와 비교하기 위한 것으로 표준화된 집단의 점수 분포도를 만들어 개인 점수를 해석하는 기준으로 삼는 것이다.
③ 규준은 표준화 집단의 점수와 비교할 때의 백분위 점수, 정규 분포 표준점수, 평균 등이 해당된다.
④ 규준은 다른 사람과의 비교 정보가 포함된 점수로 전환하는 것이다.

2. 백분위 점수(퍼센타일 점수: Percentile score)

백분위 점수는 평가결과로 나타난 원점수의 값을 전체 자료 분포에서 백분위로 변환했을 때 특정 값의 위치가 어디인지 알아보는 것이다. 앞의 예에서, A의 손기능 평가를 실시했을 때 오른손 손기능 평가 결과 원점수가 20이고, 30명의 규준집단에서 백분위 점수로 환산했을 때, A의 원점수 20이 80‰(퍼센타일)에 해당된다면, 전체 30명 규준집단 중 80%가 20 미만의 원점수이고, 20%가 20 이상의 원점수라고 볼 수 있다. 다시 말해, A의 점수는 규준집단 중 상위 20% 수준에 해당하며 A보다 낮은 사람들이 80% 있다는 것이다. 백분위 점수의 특성은 다음과 같다.

① 백분위 점수는 특정 점수가 전체 중에 몇 %에 해당되는지 나타낸다.
② 전체점수 중 중위값(중간에 위치하는 값)은 백분위 점수에서 50에 해당된다.
③ 백분위 점수는 계산하기 쉬워 일반적으로 많이 활용된다.
④ 백분위 점수는 상대적 위치를 알려주지만, 개별 점수 차이를 양적으로 보여주지는 않는다.
⑤ 보편적이고 대중적으로 널리 활용된다.

3. 표준점수(Standard score)

표준점수는 평가결과로 나타난 원점수의 각 값을 비교해 볼 수 있도록 통계처리하여 평균, 표준편차의 값을 갖도록 하고 정규분포되도록 변환시킨 것이다. 표준점수의 특성은 다음과 같다.

① 표준점수는 특정 점수가 일정한 기준점에서 얼마나 떨어져 있는지 나타낸다.
② 대표적인 표준점수는 Z점수, T점수, 9분점수(스테나인 점수: stanine scores)가 있다.
③ 표준점수는 여러 검사결과를 동일한 기준에서 비교할 수 있다.

1) Z점수(Z score)

앞의 예에서, A의 손기능 평가를 실시했을 때 오른손 손기능 평가 결과 원점수가 20이고, 30명의 규준집단에서 Z점수로 환산하면, 평균점수가 16이고 표준편차가 2라면 A의 손기능 평가 Z점수는 2가 된다. A의 손기능 평가 Z점수는 규준집단에서 표준편차 2를 단위로 평균 0에서 2만큼 떨어져 있음을 의미한다. 그 점수의 특성은 다음과 같다.

① Z점수는 특정 점수가 표준편차를 단위로 평균에서 얼마나 떨어져 있는지 나타낸다.
② Z점수의 평균은 0이고, 평균에서 1 표준편차만큼 많은 점수의 Z점수는 1이다.
③ 점수가 Z점수로 변환되면 평균이 0이고 표준편차가 1인 분포가 되며, 평균보다 낮은 점수는 음(-)의 수로 나타난다.
④ Z점수는 여러 검사에서 얻은 결과 점수들을 비교할 수 있다.
⑤ Z점수는 표준점수에서 가장 일반적으로 많이 활용한다.
⑥ 수식

$$Z = \frac{X(\text{원점수}) - X(\text{평균점수})}{SD(\text{표준편차})}$$

$$\text{예) A의 손기 능평가 Z점수} = \frac{20(\text{원점수}) - 16(\text{평균점수})}{2(\text{표준편차})} = 2$$

2) T점수(T score)

앞의 예에서, A의 손기능 평가를 실시했을 때 오른손 손기능 평가 결과 원점수가 20이고, 30명의 규준집단에서 T점수로 환산할 때, 평균점수가 16이고 표준편차가 2, Z점수가 2라면 A의 손기능 평가 T점수는 20이 된다. T점수의 특성은 다음과 같다.

① T점수는 Z점수의 다른 형태이다.
② Z점수와 평균, 표준편차를 알고 있으면 T점수를 구할 수 있다.
③ T점수는 Z점수가 갖는 소수점 이하의 숫자와 음수의 단점을 보완한다.

④ T점수의 평균은 50, 표준편차가 10인 점수 분포이다.
⑤ 수식

$$T = Z \times SD(\text{표준편차}) + X(\text{평균점수})$$

예) A의 손기능 평가 T = 2 × 2(표준편차) + 16(평균점수) = 20

3) 9분점수(스테나인 점수: Stanine score)

9분점수는 스테나인 점수라고 불리기도 하는데 스테나인(stanine)은 standard와 nine의 합성어이다. 대규모의 표본 집단을 대략적으로 구분할 때 사용된다.

앞의 예에서, A의 손기능 평가를 실시했을 때 오른손 손기능 평가 결과 원점수가 20이고, 30명의 규준 집단에서 9분점수로 환산할 때, Z점수가 2라면 A의 손기능 평가 9분점수는 9가 된다. 9분점수의 특징은 다음과 같다.

① 9분점수는 정규분포를 9개 구간으로 나눈 표준점수다.
② 9분점수는 평균이 5이고 표준편차는 약 2인 점수분포다.
③ 9분점수의 최고점수는 9이고 최저점수는 1이며 중간점수는 5가 된다.
④ 9분점수는 단일 점수가 아닌 점수의 분포 범위를 나타낸다.
⑤ 수식

$$9\text{분점수} = 2Z + 5$$

예) A의 손기능 평가 9분점수 = 2 × 2 + 5 = 9

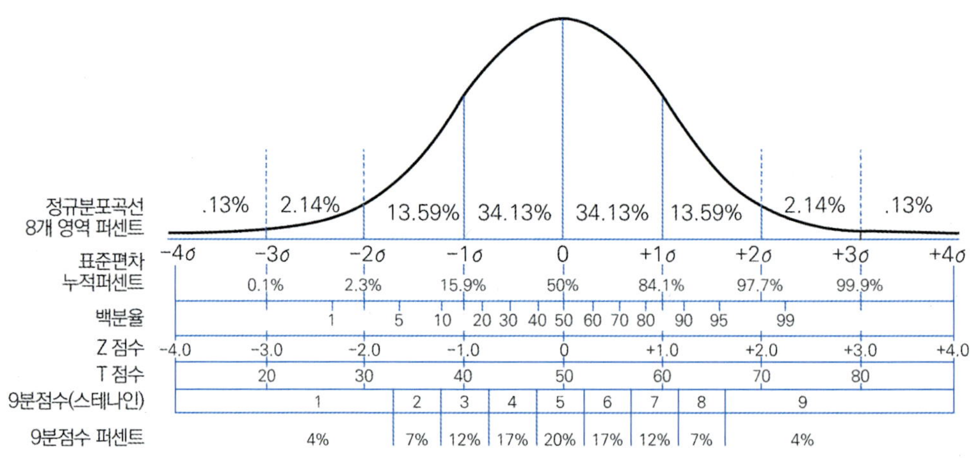

출처: Paul W. Power, 박자경 · 김종진 · 이승복 역(2005), 직업평가개론(134p, 그림 5.1).

그림 3-1 정규분포곡선

제2절 신뢰도

1. 정의

직업평가에서 신뢰도(Reliability)의 확보는 필수적이다. 검사도구의 신뢰도 확보는 이용자에 대한 정보를 얼마나 정확하게 믿고 활용할 수 있을지를 말한다. 신뢰도는 특정 검사가 측정하고자 하는 것을 일관성 있게 측정하는지를 의미한다.

1) 개념

① 신뢰도는 검사에 대한 의존성, 일관성, 정확성, 측정오류로부터 검사점수의 자유로운 정도를 말한다.
② 신뢰도는 동일한 사람에게 기간을 두고 다른 시기에 동일검사나 대등한 문항으로 구성된 검사를 실시하거나 다른 검사조건에서 동일검사를 실시했을 때 나오는 결과 점수들의 일관성과 안정성을 말한다.
③ 신뢰도는 검사결과 또는 점수가 동일하거나 유사할수록 높다고 할 수 있다.
④ 신뢰도는 검사결과 단일점수와 측정 오차를 산출하는 데 기초가 된다.
⑤ 신뢰도가 높을수록 표준오차는 작아진다.

2) 상관계수(Reliability coefficient)

신뢰도는 숫자계수로 나타내고 상관계수 r로 표현된다. 이용자가 검사를 두 번 이상 했을 때 그 결과 검사점수 분포의 관련성을 말한다. 상관계수는 비율로 나타나고 범위는 0에서 1 사이로 표시된다. 상관계수가 높을수록 신뢰도가 높다. 상관계수의 확인 정도는 다음과 같다(Power, 2005).

- 0.80 ~ 1.00 아주 높은 상관
- 0.60 ~ 0.79 상당한 상관
- 0.40 ~ 0.59 중간 정도 상관

- 0.20 ~ 0.39 상관이 거의 없음
- 0.01 ~ 0.19 사실상 아무런 상관이 없음

3) 신뢰도 영향요인

신뢰도는 완벽하게 일치하기 어려운데 검사에 미치는 다양한 영향요인이 있기 때문이다. 가능하면 신뢰도를 높이기 위해 오차의 원인을 줄이는 것이 바람직하다. 신뢰도가 높게 나오거나 낮게 나온 경우 이유에 대해 살펴볼 필요가 있다.

표 3-1 신뢰도 영향요인

신뢰도를 높이는 요인	신뢰도를 낮추는 요인
① 이용자 동기부여가 적절한 경우 ② 장애 영향이 완화된 경우 ③ 이용자 능력 수준이 적절하게 고려된 경우 ④ 검사의 어려움이 적절하게 고려된 경우	① 검사 자체에 결함이 있는 경우 ② 이용자 동기부여가 적절하지 않은 경우 ③ 이용자 심리적 · 신체적 조건이 적절하지 않은 경우 ④ 우연적 요인이 작용하는 경우

2. 종류

1) 검사-재검사 신뢰도(Test-retest reliability)

검사-재검사 신뢰도는 동일검사를 일정 기간의 간격을 두고 동일한 이용자에게 실시하고 검사결과 점수 간 상관 정도를 알아보는 것이다.

① 검사-재검사 신뢰도는 동일검사를 다른 시기에 실시했을 때 얼마나 일관성 있게 반응하는지 알아보는 것이다.

② 검사-재검사 신뢰도는 동일검사를 한 시점에 실시하고 일정 기간이 지난 후 동일한 이용자에게 다시 실시하여 두 결과의 상관관계를 알아보는 것이다.

③ 검사-재검사 신뢰도를 측정할 때 검사 시기의 간격은 3주 이상 6개월 이하가 적합하다. 3주 이하의 짧은 기간은 검사에 대한 암기효과가 나타날 수 있고 6개월 이상의 긴 기간은 그 기간 동안 개인의 발달이나 성장, 다른 요인이 적용할 수 있기 때문이다.

④ 검사-재검사 신뢰도를 측정할 때 표집 크기는 최소 100명 이상의 모집단으로 대표하는 것이 적절하다.

⑤ 검사-재검사 신뢰도가 검사 시기에 따라 큰 차이가 있다면 수행능력에 대한 예측하기 어렵다.

⑥ 검사-재검사 신뢰도의 상관관계를 나타내는 계수는 안정성 계수(Stability coefficient)라고 한다. 안정성 계수가 높을수록 신뢰도가 높다.

검사-재검사 신뢰도는 신뢰도를 측정하는 가장 대표적인 방법이다. 한 검사를 두 번 실시하여 그 결과의 관계를 측정하여 신뢰도를 알아보는 방법으로 장단점은 〈표 3-2〉와 같다.

표 3-2 검사-재검사 신뢰도 장단점

장점	단점
① 신뢰도 추정방법이 간단함	① 재검사 시기의 문제 • 검사실시 간격이 너무 짧으면 학습효과가 발생할 수 있음 • 검사실시 간격이 너무 길면 시간표집 오차가 발생할 수 있음 ② 검사환경, 피검자의 상태(내적, 외적), 검사지시, 검사시간 등 검사상태에 대한 완전한 통제의 어려움 ③ 연습효과로 재검사 점수에 영향을 줄 수 있음 ④ 오랜 시간과 고비용이 발생함

2) 동형검사 신뢰도(Equivalent form reliability)

동형검사 신뢰도는 동등한 형태의 검사를 동일한 이용자에게 실시하고 검사결과 점수를 알아보는 것이다.

① 동형검사 신뢰도는 동일한 구인(경험적으로 증명할 수 있는 개념, 실제로 측정할 수 있는 변인, 예) 지능, 불안, 진로성숙도, 흥미 등)을 측정하는 두개의 점사를 만들어 실시하고 결과 간의 상관관계를 알아보는 것이다.

② 동형검사 신뢰도는 검사문항은 다르고 검사목적, 내용, 난이도가 동일해 비슷한 결과가 나타나는 같은 형태의 두 검사를 실시했을 때 얼마나 일관성 있는 결과가 나오는지 알아보는 것이다.

③ 동형검사 신뢰도의 상관관계를 나타내는 계수는 동일성 계수(Coefficient of equivalence)라고 한다. 동일성 계수가 높을수록 신뢰도가 높다.

동형검사 신뢰도는 동일한 형태의 두 검사를 실시하여 그 결과의 관계를 측정하여 신뢰도를 알아보는 방법으로 장단점을 살펴보면 〈표 3-3〉과 같다.

표 3-3 동형검사 신뢰도 장단점

장점	단점
① 두 검사 실시기간이 짧아 측정에 대한 변화 가능성이 적음 ② 이용자가 문제의 답을 확인할 시간이 없어 반응민감성 영향이 적음 ③ 두 검사 간 문제는 유사하나 서로 달라 이월효과가 적음	① 두 검사 개발에 대한 시간과 비용이 필요 ② 두 검사의 완전한 동일수준 보장 어려움 ③ 검사-재검사 신뢰도보다 연습효과는 적으나 완전한 제거 어려움 ④ 두 검사의 완전한 동일 수준 제작 어려움 ⑤ 동일한 원리적용이 가능한 경우 반응시간 단축 어려움

3) 반분검사 신뢰도(Split-half reliability)

반분검사 신뢰도는 한 검사를 반으로 나누어 동일한 이용자에게 실시하고 검사결과 점수를 알아보는 것이다.

① 반분검사 신뢰도는 한 검사를 문항내용, 유형, 난이도 등을 고려해 동등한 수준이라고 볼 수 있는 두 부분으로 나누어 각 부분을 채점하고 그 결과 점수분포 사이의 상관계수를 얻어 전체 검사를 기준으로 조정했을 때 얼마나 일관성 있는 결과가 나오는지 알아보는 것이다.

② 반분검사 신뢰도는 한 검사를 임의로 반으로 나누어 독립된 두 검사로 보고 신뢰도를 추정하는 방법이다.

③ 반분검사 신뢰도는 두 검사의 문항 수, 유형, 난이도, 점수 분포의 평균치, 표준편차 등 분포 모양이 유사해야 한다.

④ 반분검사 신뢰도는 내부적 일치성을 알아보는 것이다.

⑤ 반분검사 신뢰도에서 한 검사를 둘로 나누는 방법은 다양하다.

- 전후반분법: 검사의 초반부와 후반부를 둘로 나누는 방법(예: 검사문항 100번까지

있는 경우 1번~50번, 51번~100번으로 나눔)

- 기우반분법: 홀수와 짝수 문항으로 둘로 나누는 방법(예: 검사문항 1, 3, 5, 7, 9~99....번과 2, 4, 6, 8, 10~100번으로 나눔)
- 동질병행 반분법: 유사한 형태의 두 집단으로 나누는 방법

반분검사 신뢰도의 장단점은 〈표 3-4〉와 같다.

표 3-4 반분검사 신뢰도 장단점

장점	단점
① 검사-재검사 신뢰도나 동형검사 신뢰도에 비해 시간과 비용이 절약 ② 측정 속성의 변화, 이월효과, 반응민감성 등 문제 극복	한 검사의 전체 문항을 반으로 나누는 방법이 다양하고, 방법에 따라 신뢰도 추정치가 다름

4) 문항내적 신뢰도(내적일관성, Internal consistency reliability)

문항내적 신뢰도는 검사의 모든 문항이 상호 간, 검사 전체와 어떠한 관계가 있는지 알아보는 것이다.

① 문항내적 신뢰도는 문항 각각에 대한 상관계수를 측정하여 신뢰도를 알아보는 방법이다.

② 문항내적 신뢰도의 장점은 첫째, 개별 문항의 전체 척도 기여도나 신뢰도를 파악할 수 있다. 둘째, 검사를 양분하지 않아도 된다.

표 3-5 문항내적 신뢰도 장점

장점
① 개별 문항의 전체 척도 기여도나 신뢰도 파악 ② 검사를 양분하지 않아도 됨

5) 채점자 간(평가자 간) 신뢰도(Interjudge reliability)

채점자 간 신뢰도는 한 검사를 두 명 이상 채점자가 실시하고 검사결과 점수를 알아보는 것이다.

특히, 관찰을 통한 평가에서 주관성이 개입될 수 있는 경우 채점자간 신뢰도 확인이 중요하다.

① 채점자 간 신뢰도는 두 명 이상의 채점자가 각각 독립적으로 동시에 평가나 채점해서 각각의 결과에 대한 상관계수를 측정하여 신뢰도를 구하는 것이다.

② 채점자 간 신뢰도는 점수를 부여하는 과정에서 오차가 발생할 수 있으므로 채점자 간의 평가에 대한 일관성을 측정하는 것이 중요하다.

③ 채점자 간 신뢰도는 일반적으로 r계수 0.8 이상이면 신뢰도가 높다고 할 수 있다.

채점자(평정자) 간 신뢰도는 두 명 이상의 채점자가 검사를 실시한 결과를 채점하여 그 결과 간의 상관계수를 측정하여 신뢰도를 알아보는 방법으로 〈표 3-6〉과 같은 장단점이 있다.

표 3-6 채점자간 신뢰도 장단점

장점	단점
상관계수법은 채점자 간 신뢰도 추정이 쉬움	① 채점자 간 신뢰도가 낮은 원인에 대한 여러 관점에서의 분석이 어려움 ② 분산분석에 대한 기본 원리 이해가 필요하고 분산성분의 계산절차가 복잡

제3절 타당도

1. 정의

직업평가에서 타당도(Validity)의 확보는 필수적이다. 검사도구의 타당도 확보는 이용자에 대한 정보를 얼마나 적절하게 측정했는지를 말한다. 타당도는 특정 검사가 측정하고자 하는 것을 측정했는지를 의미한다.

1) 개념

① 타당도는 무엇을 측정하고 있는지 또는 특정한 개인이나 집단을 측정하는 목표를 얼마나 정확하게 측정하고 있는지를 말한다.

② 타당도는 측정하고자 하는 것을 측정하였는지를 의미하고 측정하고자 하는 것을 적합하게 측정하고 있는지에 대한 정확성을 말한다.

2) 타당도계수(Validity coefficient)

타당도계수는 검사 점수와 준거 측정도구 사이의 상관관계를 말한다. 타당도계수는 검사 타당도에 관한 하나의 숫자 지표를 제공하며, 자료를 쓸 수 있는 각 기준에 대해 검사의 타당도를 보고하는 검사 매뉴얼에 흔히 사용된다. 타당도계수를 해석할 때는 환경의 고려가 필요하다(Anastasi, 1988; Power, 박자경 외, 2005 재인용). Bolton(1979)은 타당도계수가 0.43이면 평균 수준이며 타당도계수가 0.60을 넘는 경우는 거의 없다고 보고하였다.

타당도에 대한 관심은 평가사가 이용자를 평가팀이나 외부에 의뢰하여 직업잠재력을 판단하고자 할 때도 중요하다. 타당도는 평가의 정확성과 관련되기 때문이다. 직업평가에서 타당도에 관련된 질문은 다음과 같다(Power, 2005).

① 직업평가에 경쟁력 있는 훈련된 인력이 있는가?

② 직업평가에 구체적인 목표가 명확하고, 직업평가를 실시하는 데 특정 자원을 가지고 있는가?

③ 이용자가 특정한 제한이 있지만 직업평가에 필요한 요구를 맞출 수 있는 사람인가?

2. 종류

타당도의 종류에는 내용타당도, 안면타당도, 준거타당도, 구성타당도가 있다.

1) 내용타당도(Content validity)

내용타당도는 검사문항의 내용이 검사를 통해 측정하고자 하는 내용을 얼마나 잘 대표하고 있느냐를 나타낸다. 예를 들어, 직업흥미검사 문항에 지능이나 불안과 같이 검사 목적에 관련성이 낮은 내용이 들어가 있다면 타당도가 낮아질 것이다. 측정하려는 직업흥미 관련 내용으로 구성될 대 그 검사는 내용타당도가 높다.

① 내용타당도는 검사를 구성하는 문항들이 어떤 내용인지, 대표적인 표준이 될 수 있는지를 의미하고, 문항이 측정하고자 하는 내용을 얼마나 잘 반영하고 있는지를 알아보는 것이다.

② 내용타당도는 문항의 영역이 명확한 경우에 파악하기 적절하다.

③ 내용타당도는 전문가가 내용을 평가하는 방식이므로 수량화하기 어렵다.

④ 내용타당도는 전문가의 판단, 경험, 주관에 의존하기 때문에 개인에 따라 다른 결과가 나타날 수 있다.

2) 안면타당도(Face validity)

비전문가(피검자) 입장에서 볼 때 검사 문항이 측정하고자 하는 것을 제대로 측정하고 있는지 확인할 수 있는 정도이다. 검사 문항을 전문가가 판단한다면 내용타당도 검증으로 볼 수 있으며, 피검자가 판단하는 경우 안면타당도 검증이라 할 수 있다. 성취 정도를 파악하려는 검사의 경우 안면타당도가 높으면 피검자의 반응을 촉진할 수 있지만, 정의적 특성(가치관, 태도 등)을 측정하는 검사의 경우 안면타당도가 너무 높으면 거짓 반응을 만들어 낼 수도 있다.

3) 준거타당도(Criterion validity)

준거타당도는 어떤 검사가 특정한 준거와 어느 정도의 관련성이 있는지를 말하는 것으로 기존 검사와 상관관계가 어느 정도인지 살펴보는 것이다. 준거타당도에는 동시타당도와 예언타당도가 있다.

① 동시타당도(공인타당도, Concurrent validity): 동시타당도는 특정 검사결과가 기존 검사결과와 어느 정도 관련이 있는지를 알아보는 것이다. 현재 상태의 측정에

초점을 두며 새로운 검사와 준거가 되는 기준 검사 결과 간의 상관관계 계수를 추정한다. 예를 들어, 직업인성검사 점수가 입사면접 결과와 높은 상관관계가 있다면 동시타당도가 높다고 할 수 있다.

- 동시타당도는 검사점수가 기존 검사점수나 다른 타당한 기준에 어느 정도 관련되었는지를 말한다.
- 동시타당도가 높게 나타나면 기존 검사가 아닌 새로운 검사를 이용할 수 있다.

② 예언타당도(예측타당도, Predictive validity): 예언타당도는 특정 검사가 검사목적의 준거를 얼마나 정확하게 예언(예측)하고 있는지를 알아보는 것이다. 미래 상황의 예측에 초점을 두며, 검사점수와 미래 행위 측정치 간의 상관관계 계수를 추정한다. 예를 들어, 대학수학능력시험 점수가 높은 학생이 대학 입학 후에도 높은 점수를 받는다면 예언타당도가 높다고 할 수 있다.

- 예언타당도는 검사결과가 미래행동을 어느 정도 예측하는지를 말하는 것이다.
- 예언타당도는 선발기준에 많이 활용되는데 입학시험, 입사시험 등이 있다.
- 예언타당도는 검사 실시, 예측하는 결과 발생, 집단 기준값 측정, 기준값과 검사점수 비교, 결과평가의 과정이 필요하다.

4) 구성타당도(구인타당도, Construct validity)

구성타당도는 어떤 검사도구가 측정하려는 특성(구인)에 대해 조작적 정의를 내리고, 그 정의를 기준으로 검사가 측정하려는 구인을 얼마나 제대로 재고 있는가를 나타내는 타당도이다. 예를 들어, 직업적성을 측정할 때 직업적성이 신체운동, 손재능, 음악능력, 언어능력, 수리·논리력, 대인관계능력, 자연친화력의 구인으로 직업적성이 구성되어 있다는 조작적 젗ㅇ의에 근거하여 검사를 제작하고 직업적성을 측정하였다면 실제로 그 검사도구가 이러한 구인을 어느 정도 측정하고 있는지 확인하는 과정이다.

구성타당도를 추정하는 절차는 측정하려는 특성에 대해 조작적 정의를 내린 후 구인과 관련된 이론에 근거하여 측정 문항을 만들고, 검사를 실시하고, 그 결과를 분석하여 검사가 측정하려는 구인을 제대로 측정하였는지 관계를 파악한다.

구성타당도를 수량화하는 방법은 요인분석, 실험설계법, 상관계수법 등이 있다.

- 수령타당도: 검사결과가 이론적으로 관계가 있는 병인과 상관관계를 측정(높을 때 수령타당도가 높음). 예: IQ와 성적
- 변별타당도: 검사결과가 이론적으로 관계가 없는 변인과 상관관계를 측정(낮을 때 변별타당도가 높음). 예: IQ와 외모
- 요인분석: 검사를 구성하는 문항들 간의 상호관계를 분석해서 서로 상관이 높은 문항들을 묶어주는 통계적 방법

3. 신뢰도와 타당도의 관계

① 신뢰도가 높다고 해서 반드시 타당도가 높은 것은 아니다.
② 신뢰도가 낮은 측정은 타당도가 낮다.
③ 신뢰도가 높고 타당도가 낮은 측정은 있다.
④ 신뢰도가 낮고 타당도가 높은 측정은 없다.
⑤ 타당도가 높은 측정은 높은 신뢰도를 확보할 수 있다.
⑥ 타당도가 낮다고 반드시 신뢰도가 낮은 것은 아니다.
⑦ 타당도가 높은 측정은 신뢰성이 있고, 신뢰성이 낮은 측정은 타당도를 보장할 수 없다.

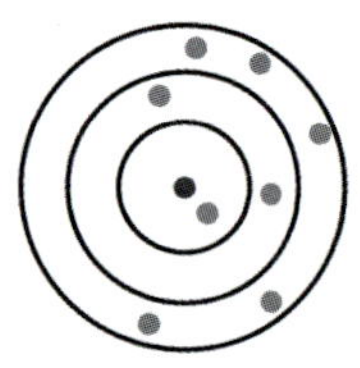
신뢰도 저
타당도 저

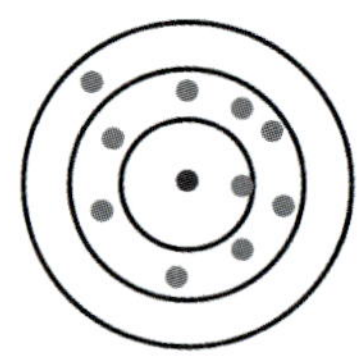
신뢰도 중
타당도 중

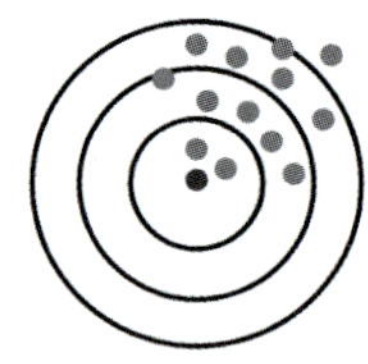
신뢰도 중
타당도 저

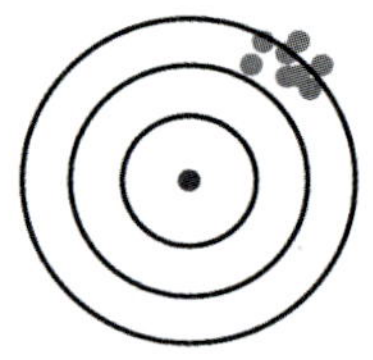
신뢰도 고
타당도 저

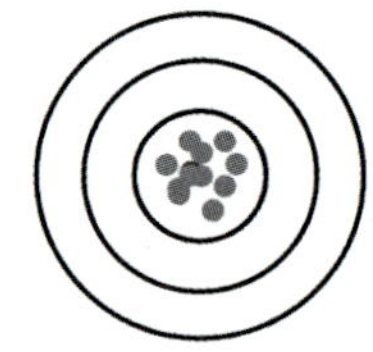
신뢰도 고
타당도 고

예를 들어, 몸무게 측정을 위해 줄자를 활용한다면 타당도 측면에서 문제가 있다. 키를 측정하기 위해 줄자를 활용하는 데 줄자의 소재가 늘어나는 재료라면 신뢰도 측면에서 문제가 있다.

직업평가에서 평가사는 표준화된 검사를 사용할 수 있어야 하고, 어떤 검사가 적합한지 선택할 수 있어야 한다. 또한 실시한 검사를 매뉴얼에 맞게 채점하고 해석할 수 있어야 한다. 그러기 위해서는 측정학적 이해가 필요하고 표준화, 신뢰도, 타당도에 대한 개념과 종류에 대한 이해가 필요하다. 검사선택과 실시, 해석에서 측정학적 이해가 부족하면 직업평가를 왜곡하는 오류를 범할 수 있기 때문이다.

직업평가에서 이용자의 특성과 행동이 신뢰도에 영향을 미칠 수도 있다. 피로, 건강, 동기, 검사 기제에 대한 이해, 검사 지시를 이해하는 능력, 전반적인 능력 수준, 정서정 긴장도가 영향을 미치게 된다. 또한 상황적 요인으로 열, 빛, 환기 같은 외부 조건이 주의를 분산시키거나 영향을 미칠 수 있다. 검사 자체 요인으로 검사항목이 모호하거나 검사 길이, 난이도가 영향을 줄 수도 있다.

평가사는 평가상황의 신뢰도를 높이기 위해 노력해야 하고 ① 평가를 받은 이력, ② 평가를 받는 동기, ③ 가능성 있는 정서적 상황, ④ 평가를 받지 못하게 할 가능성이 있는 요인들, ⑤ 이용자의 현재 능력과 관련된 평가과제 수준의 난이도의 적절성을 검토해야 한다(Power, 2005).

직업평가 관련 용어

일반적으로 측정, 검사, 평가, 사정이란 용어를 혼용하여 쓰는 경우가 많다. 직업평가에서는 각각의 뜻을 명확히 확인하여 구분할 필요가 있다.

1. 측정

측정(Measurement)이란 어떤 대상이나 사건에 대해 일정한 규칙에 따라 수치를 할당하는 과정을 말한다. 자로 길이를 잰다는 것은 누구나 다 잘 알 것이다. 대상이 무엇이든 눈금을 통해 대상의 길이를 '수치'로 표현한다. 무엇을 측정한다는 것은 대상 자체보다 대상의 어떤 속성(attribute)에 수치를 할당하는 과정이라고 할 수 있다. 키나 몸무게, 악력 등을 측정하는 것은 키나 몸무게, 손의 힘 차원의 물리적 속성을 재는 것이다. 또한 성실성, 내향성 · 외향성, 불안, 지능, 장애수용, 직무만족, 조직몰입에 대한 측정 등도 심리적 구성물의 어느 한 속성에 수치를 부여하고 있는 것이다(전진수, 김완석, 2000). 다시 말해 측정은 어떤 대상이나 사건에 대해 사회적으로 합의된 척도들을 대입하거나 수치나 기호로 나타내는 것을 말하며 여기에는 어떠한 가치 판단이 들어있지 않다.

2. 검사

검사(Test)란 개인에 대해 파악하려는 목적을 가지고 다양한 도구를 이용하여 정해진 규칙에 따라 개인의 특성들을 양적 · 질적으로 측정하고 평가하는 일련의 절차를 말한다. Cronbach(1990)는 수치화된 척도와 정해진 범주를 통해 개인의 행동을 관찰하고 기술하는 체계적 과정이 검사라고 설명했다. 검사는 점수 또는 다른 형태의 수량적 결과를 산출하기 위하여 피검자가 반응할 수 있도록 미리 만들어둔 일련의 질문 또는 과제로서(Salvia & Ysseldyke, 2007), 검사는 가장 잘 알려진 사정방법이다. 이러한 검사를 통해 우리는 사람마다의 개인간차(個人間差)와 개인내차(個人內差)를 파악할 수 있다. 개인에 대한 포괄적이고 종합적인 이해를 위한 직업평가에서 검사는 핵심적인 자료를 제공하기 위한 중요한 절차이다.

3. 사정(Assessment)

사정(Assessment)이란 다양한 측정결과를 통하여 한 개인이나 대상의 전체 모습을 조명하는 전인적 평가를 의미하는 것으로 대상에 대한 정보를 수집하여 종합하는 과정을 말한다. 사정은 의사결정을 돕기 위해 양적인 특성뿐만 아니라 질적인 특성 등 정보를 수집하는 과정을 말한다. 사정을 통해 수집되는 양적자료란 수량적 형태로 제시되거나 요약된 자료(예: 지필검사 점수, 5점 척도 점수 등)을 의미하고 질적 자료란 서술적 형태로 제시되거나 요약된 자료(예: 행동 또는 과제물에 대한 기술적 표현)를 의미한다(Joint Committee of Standards for Educational Evaluation, 2003). 한 예로 어떤 학생에 대해 대학졸업사정을 한다는 것은 졸업하는 데 필요한 적합한 기준을 충족했는지 그 학생에 대해 4년간 동안의 여러 가지 자료를 수집하여 확인하는 과정을 말하는 것이다.

4. 평가

평가(Evaluation)란 어떤 대상에 대한 특성을 파악하여 가치를 평가하는 개념이다. 영어의 evaluation에 value(가치)라는 말이 포함되어있는 것을 볼 수 있다. 평가는 양적 및 질적인 특성을 파악하여 수집된 정보를 근거로 가치판단 또는 의사결정을 내리는 과정을 말한다(Cohen & Loraine, 2007). 다시 말해 평가는 사정을 통해 수집된 정보를 사용하여 의사결정을 내리거나 결론에 도달하는 과정을 말한다.

PART

Ⅱ

직업평가의 실제

CHAPTER 04

직업평가의 과정

장애인의 직업재활서비스 적격성을 파악하기 위하여 다양한 방법의 직업평가 절차를 선택할 수 있다.

직업평가 과정에 대해 가장 널리 알려진 모델이 'Nadolsky의 삼각형'이다. 이 모델에 따르면 직업평가는 정보 수집, 면접, 심리검사, 직업정보 탐구, 작업표본, 비공식회의, 상황평가, 회의, 현장평가, 상담 순으로 실시된다. Nadolsky(1974)는 재활전문가들이 현장에서 사용하고 있는 다양한 직업평가 방법들의 장점을 반영하고 단점을 보완해서 'Nadolsky의 삼각형'을 제시하였으며, 직업평가 과정을 통해 직업선택의 범위를 서서히 좁혀나갈 수 있음을 보여준다.

출처: Nadolsky(1974).

그림 4-1 Nadolsky의 삼각형

위스콘신 대학의 스타우트(UW-Stout)는 직업평가 과정을 11단계로 제시하였다. 의뢰 및 접수, 오리엔테이션, 초기면접, 예비검사(이용자 선별), 평가계획 수립, 직업평가, 직업탐색 및 경험, 피드백(출구 면접조사, 추천사항의 검토), 평가팀 구성, 최종보고(평가결과에 대한 보고서 작성), 사후지도이다.

직업평가 과정을 의뢰, 적격성 심의, 평가계획, 면접, 평가 실시, 결과 해석, 재활계획 수립으로 설명하고 있다.

표 4-1 미국직업평가 및 직업적응협회(VEWAA) 직업평가과정

구분	내용
1. 의뢰	평가목적 이해, 정보수집
2. 적격성 심의	담당기관에서 평가의뢰된 사람의 평가욕구를 충족시킬 수 있는가?
3. 평가계획	개별평가계획 수립(평가목적, 평가내용, 평가도구기술 등을 명시)
4. 면접	평가계획 확정, 평가사와 이용자의 역할 및 책임 명시
5. 평가 실시	개별평가계획에 의해 평가 실시
6. 결과해석	평가서 작성
7. 재활계획 수립	평가대상자의 목표를 달성할 수 있는 장·단기 계획 수립

출처: 이달엽(1997), p.395 발췌.

우리나라의 일반적인 직업평가 과정은 의뢰, 평가계획, 면접, 평가 실시, 보고서 작성, 결과통보 및 상담(해석)으로 실시된다. 직업평가에 들어가기 전에 평가사는 직업평가계획에 따라 이용자가 직업평가 실시 과정에 적극적으로 참여할 수 있도록 평가 실시에 대한 안내와 설명, 동의를 받아 직업평가를 실시한다.

표 4-2 우리나라 직업평가 과정

구분	내용
1. 의뢰	이용자, 보호자, 교사, 관련 기관 담당자에 의한 직업평가 의뢰 평가 의뢰목적 파악, 의뢰질문의 구체화, 정보수집
2. 평가계획	직업평가 목적 및 의뢰질문에 따른 개별 직업평가계획 수립 - 평가목적, 평가내용, 평가방법, 동의 등 명시
3. 면접	배경정보 확인 및 추가적인 정보 수집, 직업평가계획 확정 및 이용자 동의, 직업평가 과정(목적, 시간, 평가사, 평가도구 등) 안내
4. 평가 실시	개별 직업평가계획에 따른 영역별 직업평가 실시 - 신체능력평가, 심리평가, 작업표본평가, 상황 및 현장평가 등
5. 보고서 작성	영역별 소견서 작성, 사례회의를 통한 영역별 결과 공유, 평가결과의 오류 및 불일치 내용 확인, 직업평가 보고서 작성
6. 결과통보 및 상담(해석)	직업평가 결과 설명 및 직업평가 결과 통보(직업평가 보고서 발송)

출처: 한국장애인재활상담사협회(2018), p.27 발췌. 일부 내용 수정

직업평가를 실시하기 전에 평가사는 계획된 평가도구 실시방법 숙지, 검사도구 준비, 장애인에게 해당되는 특별히 점검할 것 등을 확인하고 준비한다. 검사환경 또

한 살펴보고 장애인이 평가에 집중할 수 있는 환경인지 청결 정도, 조명, 책상과 의자, 통풍 등을 미리 점검하여야 한다.

면접을 통해 이용자에게 직업평가계획 및 직업평가 일정을 설명하였더라도, 영역별 직업평가를 실시할 때는 반드시 장애인에게 검사를 실시하는 구체적인 이유를 알려주어야 한다. 설명해 주어야 할 내용은 첫째, 구체적인 직업평가 목적과 필요성, 즉 의뢰질문에 대답하기 위하여 필요한 정보와 해당 검사가 어떤 관련이 있는지, 둘째, 실시하는 검사가 무엇을 측정하기 위한 검사인지, 셋째, 검사별 수행방법과 소요시간, 넷째, 검사결과가 어떻게 사용될 것인지, 다섯째, 평가과정에서 이용자의 상황과 요구에 따라 검사를 일시 중지할 수 있다는 것과 검사결과에 대한 비밀보장 등이다.

본 장에서는 직업평가과정 전반을 알아보기 위해 직업평가계획 단계, 직업평가 실시 단계, 직업평가 결과보고 및 해석 단계, 직업평가 결과통보 및 자원활용 단계 순으로 나누어 설명하고자 한다.

제1절 직업평가계획 단계

1. 의뢰

직업평가 의뢰는 장애인이 직접 또는 관련 기관을 통하여 직업평가서비스를 신청하는 과정이다. 이 과정에서 장애인의 기본적인 정보와 욕구, 직업평가 목적 등의 정보가 의뢰서를 통하여 직업평가사에게 전해진다. 직업평가 의뢰를 통해 장애인은 직업평가의 목적을 구체화하게 되고 의뢰한 기관을 통해 직업재활서비스 전반에 대해 안내받는다. 평가사 또는 직업평가를 의뢰받은 기관은 장애인의 신상정보, 장애 관련 사항, 욕구, 직업평가를 통해 얻고자 하는 것 등 다양한 정보를 수집하여 기본적인 직업평가계획을 수립할 수 있다.

직업평가를 의뢰하는 목적은 다음과 같이 구분해 볼 수 있다(14th Institute on Rehabilitation Issues, 1987).

- 측정: 적성, 흥미, 장점, 욕구, 적응성, 신체능력, 기능성 측정
- 예측: 특정 환경이나 직업에 배치 가능성 예측
- 처방: 배치, 수정, 특별서비스, 개별화 고용계획 등 각 이용자의 재활과정에서 요구되는 필수조건 제안
- 탐색: 진로 개발 정도, 진로, 능력, 흥미의 연결, 성인기 직업훈련, 사회성, 직업 조건의 이해
- 중재: 성공적인 직업탐색을 통한 행동 변화와 동기화 촉진
- 후원: 종합적인 직업프로파일을 개발하여, 이용자, 가족, 친지가 현실적인 정보를 가지도록 지원

직업평가를 의뢰할 때는 개인의 직업평가 목적에 따라 의뢰질문을 구체적으로 작성해야 한다. 평가사는 의뢰자에게 직업평가 의뢰서를 반드시 작성하도록 자세히 안내해야 한다. 직업평가 의뢰질문의 구체성과 적절성에 따라 직업평가계획이 달라질 수 있으며, 이는 직업평가 결과로 이어지게 된다. 따라서 직업평가 의뢰서 작성 시 의뢰질문을 구체적으로 작성할 수 있도록 의뢰질문에 대한 예시 및 의뢰서 작성 사례를 의뢰자에게 제공할 수 있다. 만약 직업평가 의뢰서에 직업평가 목적과 의뢰 질문이 명확하지 않으면 평가사는 의뢰자에게 연락하여 확인해야 한다. 직업평가 의뢰 질문의 예는 다음 〈표 4-3〉과 같다.

표 4-3 직업평가 의뢰질문 예

- 특정 직무(예: 사무직) 고용 가능성은 어느 정도인가?
- 받아쓰기능력은 어느 정도인가?
- 한글 타이핑 속도는 어느 정도인가?
- 사무 관련 장비나 소프트웨어를 사용할 수 있는가?
- 전화응대를 할 수 있는가?
- 특정 직무(예: 사무직)외 다른 직업에 대한 가능성이 있는가?
- 흥미 분야와 능력 간에 어떠한 관계가 있는가?
- 정서적 기능 중 적절한 직무조정에 방해가 되는 것은 무엇인가?
- 대인관계기술이 부족한 이유가 무엇인가?
- 어떤 분야 및 직업에 흥미를 가지고 있는가?
- 경쟁적인 작업환경에서 근무할 수 있는 신체적 지구력, 체력이 충분한가?
- 약물치료가 훈련이나 직업생활에 어떤 영향을 줄 수 있는가?
- 면접기술이 독립적인 구직을 하기에 적합한가?

- 앉은 작업(또는 선 작업)을 몇 시간 정도 지속할 수 있는가?
- 적성 분야는 무엇인가?
- 구직욕구를 어느 정도 가지고 있는가?
- 작업지시 이해 수준이 어느 정도인가?
- 향후 직업(적응)훈련을 받으면 어떤 잠재적인 이점이 있는가?
- 향후 직업(적응)훈련 시 필요한 취업준비기술이 무엇인가?
- 스트레스나 업무 중압감에 대한 반응은 어떠한가?
- 스스로 구직활동을 어느 정도 할 수 있는가?
- 한글 이해 및 읽기는 어느 정도 되는가?
- 작업환경에서 생기는 스트레스 상황에 어떻게 대처하는가?
- 주어진 과제에 대한 집중력이 적합한가?
- 관리자의 지시 따르기가 적합한가?
- 습득한 과제의 질과 양은 적절한가?
- 작업환경에 적응할 때 강점이 무엇인가?
- 적합한 고용형태는 무엇인가?

출처: 한국장애인재활상담사협회(2018), p.28 발췌.

직업평가 의뢰서는 〈표 4-4〉와 같이 장애인의 기본 인적사항, 장애 및 신체·의료적 정보, 사회보장 내용, 의뢰기관 정보, 의뢰목적과 의뢰질문, 이용서비스 이력 등으로 구성된다. 그 내용과 의뢰서 작성 사례를 살펴보면 아래 〈표 4-4〉, 〈표 4-5〉와 같다.

표 4-4 직업평가 의뢰서 내용

구성 항목	내용
인적사항	• 이름, 생년월일, 성별, 장애유형, 장애정도, 주소, 전화
장애/신체·의료적 정보	• 약물복용 유무, 장애진행 정도, 수술 이력, 건강상태 등
사회보장	• 사회보장 유무 및 내용
의뢰기관 정보	• 의뢰기관, 담당자, 연락처
의뢰목적	• 의뢰사유, 의뢰질문
서비스 이력	• 직업평가 이력, 직업(적응)훈련, 직업 경험, 직업재활서비스 등

직업평가 의뢰서 작성 사례를 살펴보면 〈표 4-5〉와 같다.

표 4-5 직업평가 의뢰서 작성 사례

<table>
<tr><td>성 명</td><td>홍 길 동</td><td>(남)</td><td>생년월일</td><td colspan="3">2002. 9. 1.</td></tr>
<tr><td>주 소</td><td colspan="2">경기도 부천시 경인로 111</td><td>전 화</td><td colspan="3">032)123-567</td></tr>
<tr><td>장애유형</td><td colspan="2">지적장애</td><td>장애정도</td><td colspan="3">심한 장애</td></tr>
<tr><td>장애 및 의료적 정보</td><td colspan="6">• 뇌전증 약복용(1일 1회, 저녁 식후, 중학교 3학년 때부터 복용함)
• 6개월에 한 번씩 뇌전증 관련 병원 정기진료를 받고 있음
• 약복용 후 뇌전증상 관찰되지 않음
• 아토피 증상이 조금 있음. 심해지면 연고 바름
• 건강한 편임</td></tr>
<tr><td>사회보장</td><td colspan="6">해당 사항 없음(✔) 국민기초생활보장 수급자( ) 국가유공자( )
한부모가정( ) 차상위계층( )</td></tr>
<tr><td>의뢰기관</td><td>○○○학교(전공과)</td><td>담당자</td><td>○○○</td><td>연락처</td><td colspan="2">010-123-4567</td></tr>
<tr><td>의뢰사유(목적)</td><td colspan="6">졸업 후 진로 탐색</td></tr>
<tr><td>의뢰질문</td><td colspan="6">1. 바리스타(카페 종업원) 로 취업이 가능합니까?
2. 바리스타 외 어떤 직업을 가질 수 있습니까?
3. 흥미 분야와 바리스타 직무가 어느 정도 일치합니까?
4. 적절한 고용형태는 무엇입니까?
5. 얼마나 손을 민첩하게 사용할 수 있습니까?</td></tr>
<tr><td>직업평가 이력</td><td colspan="6">고등학교 1학년 때 진로직업 특수교육 지원센터에서 손기능 관련 검사받음
: 보호고용 목표 직업적응훈련생 평균수준</td></tr>
<tr><td>직업훈련 및 직업경험</td><td colspan="6">현재 특수교육 연계형 일자리사업 참여 중
• 특수교육지원센터 카페, 월 56시간</td></tr>
<tr><td>기타 직업재활 서비스 이력</td><td colspan="6">없음</td></tr>
</table>

2. 직업평가계획 수립

직업평가는 장애유형과 정도, 장애인의 욕구, 재활서비스 과정에 따라 다양한 목적으로 실시된다. 따라서 이러한 목적에 맞게 직업평가계획을 수립해야 한다. 직업평가계획은 의뢰서와 초기면접 결과를 바탕으로 직업평가 목적, 의뢰질문에 따른 평가내용과 방법에 대한 계획을 수립하는 것이다. 직업평가계획을 수립하는 근본적인 목적은 개인의 직업평가 목적을 명확히 하고 평가결과의 타당성을 높이는 데 있다. 또한 직업평가 과정을 보다 효율적이게 하고, 평가사와 평가의뢰자 상호 간의 책임을 명확히 해주는 기능을 한다.

직업평가계획을 수립하는 이유를 살펴보면 다음과 같다.

① 개별화: 개인은 독특한 존재로 교육학이나 심리학에서 폭넓게 사용되고 있는 개인차의 개념에서 접근하고 있다. 장애인 교육 및 재활에 있어서 필요한 서비스들은 개별화되어야 하고 장애인 개인의 특별한 욕구, 장점, 제한점들에 기초하여야 한다. 이용자의 욕구에 기초를 두고 계획된 개별 직업평가계획서는 이용자의 특별한 욕구들을 더욱 잘 충족시킬 수 있다.

② 책무성: 직업평가계획은 각각의 이용자를 위한 평가과정의 범위를 결정할 뿐만 아니라 구체적인 평가질문에 답해야 할 방법, 평가도구, 기술들을 선별하도록 돕는다.

③ 효율성과 효과성: 직업평가를 위한 효율적 시간의 사용과 비용효과의 측면이 증대되고 평가기간 동안 많은 통제력을 행사할 수 있어 효과성 증대라는 측면에서의 이점이 있다.

④ 이용자의 동기화: 재활에 대한 이용자의 인식과 태도를 높이며, 이용자가 자신의 직업적 영역과 과제들을 스스로 선택하는 데 도움을 준다.

⑤ 의뢰 기관과의 관계: 의뢰된 구체적인 직업평가 질문을 직접적이고 체계적으로 계획하도록 기본 작성기준을 제공하며, 평가기간을 적절히 조정하여 계획할 수 있도록 의뢰 기관과의 관계가 형성된다.

⑥ 평가사의 과제: 평가사로 하여금 직업평가 목적과 내용을 확인시켜 주고 직업평가 과정을 포괄적으로 이해하게 돕는다. 또한 평가사가 각각의 모든 욕구에 적합한 최선의 서비스 방법을 생각하게 한다.

직업평가계획을 수립하기 위해서 평가사는 이용자의 직업평가 서비스 의뢰정보를 수집해야 한다. 이용자와 관련된 타당한 정보를 조사하고 수집해야 하는데, 이러한 정보를 획득하기 위해서는 직업평가 의뢰자(의뢰기관)로부터 필요한 정보를 파악한다.

개인의 직업평가계획은 평가할 내용을 확인해 주고 평가를 통해 파악해야 할 문제의 설정, 이러한 문제들에 대한 답을 하기 위한 평가내용과 방법, 평가도구에 대한 선택을 돕는다. 즉, 이용자의 직업평가 목적에 대한 적절한 정보를 제공할 수 있는 방법으로 평가 과정이 관리될 수 있도록 하는 것이다.

1) 직업평가계획 수립 과정

직업평가계획을 수립하는 과정은 우선 직업평가 의뢰서에 기반한 평가계획 초안 작성, 면접 실시, 평가계획 수정 및 동의 순서로 이루어진다.

평가사는 직업평가 의뢰서와 초기면접 내용을 토대로 하여 이용자의 욕구와 평가 목적(의뢰사유), 의뢰질문, 직업재활서비스(직업평가, 훈련, 취업 등) 이용 등의 이력을 확인하여 직업평가 의뢰질문에 적절히 답할 수 있는 평가내용과 방법들을 선정한다. 이용자의 인지 수준과 장애 정도를 고려하여 개별 수준에 적절한 평가방법과 도구들을 선정하여 직업평가계획서를 작성한다. 이용자에 대한 정보가 미흡할 경우에는 의뢰자에게 추가적인 질문을 하거나 보충자료를 요구한다.

직업평가는 목적이 구체적이어야 하며 이용자의 직업적 능력을 정확하게 평가하기 위하여 다양한 직업평가도구, 행동관찰, 면접기법을 활용하여야 한다. 또한 이용자의 의견을 최대한 반영하여 평가계획을 수립하고 직업평가계획에 대해 이용자의 서명 및 동의를 구해야 한다.

2) 직업평가계획서 작성

직업평가계획서는 장애인의 개별적인 장애상태, 욕구 수준, 개별적인 의뢰사유에 맞는 방법을 찾고자 체계적이고 구체적으로 작성해야 한다. 평가계획서는 직업평가 목적, 평가내용, 평가방법, 평가일정, 평가 담당자 등이 구체적으로 작성된다. 미국 직업평가 및 적응협회(VEWAA)의 직업평가계획서 작성기준을 살펴보면 다음과 같다.

- 평가계획에서 평가 과정을 통해 답해야 할 문제들 설정
- 평가문제들에 대한 해결방법(과정, 도구, 기능)의 결정
- 평가에 관계되는 사람들의 확정
- 구체적 평가목적 진술
- 문서화
- 이용자의 욕구에 부응
- 이용자에 대한 포괄적 시각(평가의뢰 정보, 면접, 평가의 궁극적인 목적에 대한 지식)에 근거를 둠
- 필요시 적절한 수정

평가사가 이용자의 직업적 능력을 보다 정확하게 평가하기 위해서는 다양한 직업평가방법에 대한 전문지식을 갖추어야 한다. 평가사는 직업평가계획 수립 시 이용자의 직업평가 목적에 맞는 평가방법을 결정하고 적절한 직업평가도구를 선정할 수 있어야 한다. 의뢰 질문과 직업평가의 목적에 따라 심리적·교육적·신체적·직업적 측면의 다양한 측면을 종합적으로 평가할 것인지, 아니면 특정 측면을 보다 깊이 있게 평가할 것인지 결정해야 한다. 또한, 평가 대상이 근로자인지 구직자인지에 따라 평가 내용을 달리할 수 있어야 한다. 예를 들어 장애인 직업재활시설에서 몇 년간 근무하고 있는 근로자의 개별화 고용계획 수립과 직무수행 향상도를 확인하는 경우 직업평가 내용과 방법은 취업을 앞두고 있는 전공과 학생 대상의 개별화 고용계획 수립을 위한 평가와 차이가 있을 것이다.

직업평가도구 선정 시 고려할 사항을 살펴보면 다음 〈표 4-6〉과 같다.

표 4-6 직업평가도구 선정 시 고려사항

• 표준화된 검사도구인가?
• 해당 이용자에게 평가도구 사용 시 수정·보완이 가능한가? 평가도구는 표준화된 절차에 따라 사용되어야 한다. 하지만 이용자에 따라 표준화된 도구가 적합하지 않을 경우가 있다. 이러한 경우에는 도구가 측정하고자 하는 것과 표준화된 방식을 최대한 벗어나지 않도록 주의하여 검사를 실시하여 이용자의 능력을 측정할 수 있어야 한다. 약시 시각장애인에게 큰 활자의 검사지 제공이나 손 떨림이 있는 뇌병변장애인의 답지 작성시간 배려 등을 예로 들 수 있다. 그러나 평가 내용을 수정하는 것은 평가도구의 타당성에 영향을 미치므로 매우 신중해야 한다.
• 이용자 개인의 성향에 따라 개별검사 또는 집단검사 형식을 선택할 수 있는가? 이용자가 평가 상황에 따라 극단적으로 불편·불안해하거나 무서워할 수도 있다. 개별검사가 그들의 불안을 줄여줄 수도 있고 어떤 경우 집단검사가 더 적절할 수도 있다. 따라서 이용자 개인의 성향에 따른 검사방식에 대한 배려도 계획에 포함되어야 한다.
• 검사 소요시간은 얼마인가? 장애나 기타 사유로 인하여 평상시의 수행 수준을 두 시간 이상 유지할 수 없는 이용자들도 많이 있다. 이용자가 직업평가에 참여할 수 있는 시간, 주의를 유지할 수 있는 시간, 피로도 등을 고려하여 검사도구별 소요시간을 파악하여 평가시간을 조절하여 실시하도록 노력해야 한다.
• 이용자의 목표와 특징에 적절한 평가도구인가? 장애유형, 나이, 문장 이해력 등 이용자의 장애특성에 적합한 도구인지 확인해야 한다.
• 너무 많은 도구를 선정하고 있지는 않은가? 다른 방법을 통해 이미 정확한 정보를 얻었다면 불필요한 검사를 하지 않도록 주의해야 한다.

직업평가계획서에 포함해야 할 요소에는 ① 인적사항, ② 이용자 욕구, ③ 평가목적(의뢰사유), ④ 평가내용, ⑤ 이용자 및 평가사의 서명 등이 있다. 직업평가계획서 구성내용 및 사례를 살펴보면 〈표 4-7〉, 〈표 4-8〉과 같다.

표 4-7 직업평가계획서 구성내용

구성항목	내용
인적사항	• 이름, 생년월일, 장애유형, 장애정도, 성별, 의뢰기관
이용자 욕구	• 의뢰자, 이용자 및 보호자 욕구
평가목적(의뢰사유)	• 직업평가를 왜 실시하는지를 구체화하는 것으로, 적격성 결정 및 직업재활계획 수립, 직업재활서비스 과정평가 등 평가 실시 이유를 구체적으로 밝힘 • 의뢰질문(표 4-3 참조)
평가내용과 방법	• 평가내용, 평가방법, 평가일(소요시간), 평가장소, 평가사명
이용자 및 평가사 서명	• 평가계획에 대한 상호 동의 절차

표 4-8 직업평가계획서 사례

<table>
<tr><td colspan="6">NO 2019-073</td></tr>
<tr><td>성명</td><td colspan="2">김○○</td><td colspan="2">생년월일</td><td>1998. 11. 25.</td></tr>
<tr><td>장애유형</td><td>지적장애</td><td>성별</td><td>여</td><td>소속</td><td>○○고등학교 2학년(특수학급)</td></tr>
<tr><td>이용자 욕구</td><td colspan="5">• 본인: 취업하고 싶은데 잘 모르겠어요. 조립하는 일을 하고 싶어요.
• 보호자(父): 학교 졸업하고 취업을 할 수 있으면 좋겠어요.</td></tr>
<tr><td>의뢰사유</td><td colspan="5">• ○○고등학교 특수교사: 고등학교 졸업 후 진로계획 수립을 위해 전반적인 직업능력을 파악하고 싶음
• 보호자(父): 학교 담임교사(특수교사)의 안내를 받고 졸업 후 복지관 직업적응훈련서비스를 이용하고자 신청함. 취업도 가능한지 알고 싶음</td></tr>
<tr><td>직업평가 목적</td><td colspan="5">• 흥미분야와 적성분야 일치여부 확인
• 조립직무 수행 정도와 배치가능성 확인
• 적응훈련서비스 이용 적격성 확인
• 취업 준비도 확인
• 취업에 필요한 인지, 정서적 상태 확인</td></tr>
</table>

평가내용	평가방법(도구)	평가일 (소요시간)	평가장소	평가사
인지능력 정도?	K-WISC-Ⅳ, PPVT	6/29(90분)	심리평가실	홍○○
성격 및 심리상태?	HTP, SCT, BGT	6/29(30분)	심리평가실	홍○○
사회적응능력 정도? 사회성 기술 향상이 필요한 영역?	사회성숙도검사(SMS) 지역사회적응검사(CISA-2) 상담	6/29(60분)	심리평가실	홍○○
직업흥미 분야는?	지적장애인용 그림직업흥미검사	6/29(20분)	심리평가실	홍○○
직업적성 및 잠재력?	MDS	6/30(120분)	직업평가실	정○○
조립작업 수행능력? 조립과제 숙달 정도?	Work Activity #209 TAP(도구 사용 기민성-소형)	6/30(30분)	직업평가실	정○○
상지의 기민성 정도?	퍼듀펙보드, 미네소타 손기민성 검사(Minnesota Manual Dexterity test)	6/30(30분)	직업평가실	이○○
근력은 어느 정도인가? 상지 협응력?	맨손근력검사, 배근력검사, 악력검사, Valpar17(협조성 검사)	6/30(10분)	직업평가실	이○○
작업환경에서의 적응 정도?	상황평가	7/1(180분)	모의작업장	최○○

본인은 해당 직업평가의 목적을 이해하였으며, 위의 직업평가계획에 동의합니다.

2019. 7. 22.

이용자 성명 김 ○ ○ (인/서명)
직업평가사 성명 정 ○ ○ (인/서명)

제2절 직업평가 실시 단계

이 절에서는 직업평가 실시 단계에서 사용되는 평가 방법들을 설명하고자 한다. 먼저 초기면접과 직업평가 계획 후 이루어지는 평가사-이용자 간의 면접 방법을 소개하고 신체평가 · 심리평가 · 작업표본 평가의 내용과 방법 및 도구들을 설명하였다. 또한 상황평가 · 현장평가 내용과 평가방법들을 소개하였다.

1. 초기면접

1) 초기면접 정의

직업평가에서 초기면접은 평가과정의 시작으로 이용자의 직업적 욕구 및 의뢰동기를 확인하고 개인의 정보를 수집하는 과정이다. 초기면접은 개인의 장애와 관련된 정보, 교육 및 직업경험, 심리사회적 환경, 직업적 욕구와 흥미, 적성, 개인적인 직업선택 시 고려사항 등을 파악하기 위해 활용되는 전통적인 평가기법이다. 이러한 초기면접은 이용자 본인이나 보호자와의 상담, 행동관찰을 통하여 이루어진다.

직업평가에 참여하기 전에 평가사-이용자 면접은 이용자가 직업평가계획을 명확히 확인하고 직업평가에 대해 준비할 수 있도록 한다. 즉, 직업평가를 실시하기 전에 이용자에게 직업평가 목적, 과정, 방법, 직업평가 결과가 직업재활 과정에 어떤 도움이 되는지 등 직업평가에 대한 직접적인 정보를 제공한다.

2) 초기면접 목적

초기면접의 목적은 평가사와 이용자의 관계 형성, 정보 제공, 정보 수집, 정보 확인 등을 통해 이용자가 직업평가 필요성을 인지하고 평가 과정에 적극적으로 참여하여 자신의 능력을 최대한 발휘할 수 있도록 지원하는 데 있다.

초기면접의 구체적인 목적은 첫째, 이용자의 욕구를 포함한 직업적 준비와 관련된 다양한 정보의 파악과 수집이다. 둘째, 기관의 역할, 직업재활 및 평가 과정에 대한 설명을 통해 이용자가 기관에 대해 이해하고 이용자의 평가 참여를 높이기 위한 동기를 강화한다. 셋째, 이용자가 앞으로 직업적 진로방향을 설정하는 데 도움을 받을 수 있는 서비스에 대한 다양한 정보를 수집할 수 있도록 한다.

뿐만 아니라 초기면접은 이용자의 행동, 개별적인 특징, 현재 상황에 대한 반응 등을 관찰을 통해 알 수 있고 라포를 형성할 수 있도록 한다. 나아가 면접을 통해 현재 이용자의 욕구, 문제를 구체화할 수 있고 직업평가 결과의 의미와 타당성을 점검할 수 있는 방법이 되기도 한다.

3) 초기면접 내용

초기면접에서 이용자와 평가사가 라포를 형성하고 이용자의 주된 욕구를 포함하여 장애력, 건강, 가정 및 사회적 환경, 교육 및 훈련 경험, 직업력, 경제력, 흥미분야, 취업욕구 등에 대한 정보를 파악하고 수집하게 된다.

초기면접은 직업평가 과정의 시작이므로 이용자에 대한 이해를 위해 다양한 정보를 수집해야 한다. 초기면접을 하기 전에 의뢰과정에서 수집된 정보에 대한 검토를 기초로 하여 다음의 〈표 4-9〉의 내용들을 면밀하게 수집해야 한다.

표 4-9 초기면접에서 수집할 정보들

구분	내용	
장애 및 건강 관련	• 주 장애유형 • 장애정도 • 장애원인 • 장애발생 후 기간 • 장애상태의 진행상황	• 장애 관련 치료경력(과거, 현재) • 보장구 사용 유무 및 정도 • 약물치료 여부 • 기타 질환 및 건강상태
가정 및 심리사회적 환경	• 가족구성원 및 동거 여부 • 가족구성원들과의 관계 • 가족들의 장애수용 정도 • 주 양육자 • 결혼 유무 • 가족구성원의 재활에 대한 지지 정도 • 가정환경에 대한 이용자의 느낌 • 가장 친밀한 가족 또는 친구	• 가정 및 사회생활 만족 정도 • 하루 일과 • 재학 또는 사회생활 시 친구관계 • 최근 심리적으로 가장 힘든 것 • 현재 왕래하고 있는 사회적 관계 • 최근 받은 심리검사 결과 • 재활에 장벽이 된다고 생각하는 것 • 자신의 장애에 대한 이해·수용 정도
교육 및 훈련 경험	• 최종학력 • 재학 시 선호 과목, 비선호 과목 • 학교 중퇴(자퇴) 사유 • 직업훈련(직업적응훈련) 경험, 기간, 서비스 내용, 종결사유 등	• 다시 참여하고 싶은 직업훈련(직업적응훈련) 종류 • 자격사항
직업 관련	• 직업경험(고용형태, 근무기간, 담당직무, 직무만족도, 선호직무와 비선호직무, 임금, 퇴사사유 등) • 장애발생 후 직업경력 • 가졌던 직업 중 가장 흥미 있는 직업	• 현재 특정 직업목표 • 자신의 능력에 대한 자기평가 • 실업상태 여부 • 기초직무능력
경제력	• 주수입 및 부수입 출처 • 주거환경(자가, 전세, 월세, 기타) • 월 지출 생활비(용돈) • 빚 여부 • 사회보장 여부	• 장애인연금 대상 여부 • 건강보험 상태 • 자신의 경제적 상황에 대한 생각 • 희망하는 적정 임금

4) 초기면접 실시

직업평가 과정에서 초기면접은 이용자의 다양한 정보 수집, 기관의 역할과 기능, 직업평가 과정 및 결과 등에 대하여 설명하며 이용자의 직업잠재력과 직업재활서비스의 지원 가능성을 탐색하기 위하여 장애인 당사자와 가족, 의뢰자 등과 상담을 실시한다.

상담을 실시하기 전에 평가사는 다음과 같은 사항을 미리 체크하고 준비한다.

① 직업평가 의뢰 과정에서 수집된 장애인의 기본 정보 숙지
② 장애유형에 대한 이해와 기본 에티켓을 다시 점검
③ 장애인에게 평가 일시와 장소에 대해 사전에 재안내
④ 초기면접 양식지 및 기관자료 준비
⑤ 상담실 청결 및 정리정돈 상태 확인

이용자와의 첫 상담 시에는 평가사와 이용자의 라포(rapport) 형성이 무엇보다 중요하다. 본격적으로 상담에 들어가기에 앞서 라포 형성을 해야 하는데 처음 대면 시 친밀감을 형성하기 위한 방법의 예를 들면 아래와 같다.

① 웃으면서 반갑게 인사 나누기
② 차의 기호를 물어보고 차 대접하기
③ 차를 마시며 상담 준비시간 갖기
④ 낯선 장면 및 상담에 대한 긴장감 풀어주기: 이용한 대중교통 수단, 날씨, 기관 찾기 등 일상적인 주제에 대한 이야기 나누기
⑤ 이용자의 연령에 맞는 존칭 사용하기: ~씨, ~군, ~님, ~선생님 등
⑥ 밝은 표정, 밝은 목소리로 이야기하기
⑦ 적절한 눈맞춤과 경청하기

초기면접에 본격적으로 들어가면 우선 이용자에게 기본적인 정보를 제공한다. 상담목적, 기관의 목적과 이용할 수 있는 서비스, 직업평가 과정 및 내용, 비밀보장, 이용자의 권리와 책임, 직업평가사의 역할과 책임, 직업평가 이후 활동과 관련된 정보, 이용자 서명이 필요한 모든 서류내용에 대한 설명을 한다. 두 번째로 이용자에 대한 정보 수집 및 확인이다. 초기면접 시 수집해야 할 정보들에 대한 적절한 질문

을 통해 정보를 수집하고 확인한다. 초기면접 시 평가사는 상담 과정에 도움이 될 수 있는 다양한 언어적 · 비언어적 행동을 사용하게 된다. 상담 과정에서 도움이 되거나 또는 도움이 되지 않는 행동들을 살펴보면 〈표 4-10〉과 같다.

표 4-10 상담의 언어적 행동과 비언어적 행동

구분	언어적 행동	비언어적 행동
도움이 되는 행동	• 이해 가능한 언어의 사용 • 장애인의 진술을 확인하여 명백히 함 • 적절한 해석 • 언어적 강화 사용(음, 알지요 등) • 존칭 사용 • 적절한 정보 제공 • 긴장 해소를 위해 중간에 유머 사용 • 수용적이고 비심판적인 태도	• 눈맞춤(eye-contact) 유지 • 고개를 끄덕거림 • 가끔 미소를 지음 • 가끔 손짓을 사용함 • 장애인과 적절한 거리 유지
도움이 되지 않는 행동	• 충고, 타이르기, 비난 • 달래기 • 광범위한 질문 • '왜'라는 질문 • 지시적 · 요구적 언어 사용 • 과도한 해석 및 분석 • 어려운 단어 사용 • 평가사에 대한 지나친 공개 • 너무 빠르거나 느린 말 속도	• 멀리 떨어져 앉기 • 조소(비웃음) • 얼굴을 찡그리기 • 입을 꽉 다물기 • 손가락질하기 • 흐트러진 자세 • 눈감기 • 시계 보기 • 팔짱 끼기, 다리 꼬기

출처: 한국장애인개발원(2015), p.57.

초기면접 동안에 이용자에 대한 행동관찰은 직업평가 결과의 해석에 중요한 정보를 제공한다. 평가사는 이용자를 처음 본 순간부터 초기면접, 직업평가가 끝날 때까지 이용자의 모든 행동 측면에 대한 가치 있는 정보를 행동관찰을 통해 얻을 수 있다. 따라서 이용자가 평가사를 처음 만났을 때 어떤 표정으로 어떻게 인사를 하고 말을 건네며, 낯선 환경에 어떻게 반응하는지, 상담을 마무리할 때는 어떻게 하는지 등을 관찰한다. 상담상황이나 평가사에 대한 태도, 질문에 대한 반응이나 문제해결 습관, 수용언어나 표현 언어, 시청각 기능, 신체적 동작이나 상태, 개인적 용모, 정서적인 반응 등이 주요 관찰행동이 된다. 주요 행동관찰 내용 및 행동관찰 기록 사례를 제시하면 〈표 4-11〉과 〈표 4-12〉와 같다.

표 4-11 행동관찰 내용

구분	행동관찰 내용
목소리와 언어	• 목소리의 크기나 강도: 지나치게 크거나 작은, 위축된 • 말하는 속도: 느리거나 빠른, 변덕스러운 • 말하기: 주저함, 단절함 • 자발적인 언어표현 • 질문에 대한 반응시간 • 말하는 내용이 주제와 관련성 정도 • 말투와 어휘력
동작 및 자세	• 운동행동: 협응성, 상동행동, 경련 등 • 자세, 신체의 동작 및 걸음걸이 • 시선 및 눈맞춤 정도 • 얼굴 표정과 눈빛
용모	• 의복상태, 머리 모양, 위생상태 등
정서	• 감정표현 내용, 감정표현의 적절성
신체적 · 신경학적 상태	• 운동행동, 특이행동, 집중정도, 키, 몸무게, 안색 등
기타	• 보호자에게 의존 정도

표 4-12 행동관찰평가 작성 사례

관찰 영역	행동관찰목록	수행 정도					관찰내용
		매우 아니다	약간 아니다	보통	약간 그렇다	매우 그렇다	
환경 적응 · 관계 형성	새로운 환경에 위축되거나 낯설어하지 않는다.				✔		
	평가사와 적절한 관계를 형성할 수 있다.				✔		
	적합한 예의범절을 보인다.			✔			
외모	외모와 의복이 상황에 적합하다.				✔		
	위생상태가 양호하다.		✔				기름진 머리, 비듬
의사 소통	평가사의 지시나 호명에 즉시 반응을 보인다.					✔	
	기본적 욕구를 적절한 말이나 행동으로 표현한다.				✔		
	의미 있는 정보전달이 가능하다.			✔			

관찰 영역	행동관찰목록	수행 정도					관찰내용
		매우 아니다	약간 아니다	보통	약간 그렇다	매우 그렇다	
자립심	보호자에 대한 의존도가 낮다.			✔			
	보호자가 있을 때와 없을 때 동일한 태도를 보인다.			✔			
착석 및 이동	장시간 바른 자세로 착석할 수 있다.		✔				비스듬히 앉아있고, 의자에 자주 기댐
	혼자서 짧은 거리의 보행이 가능하다.					✔	
	자연스럽게 보행한다.					✔	
과제 수행 능력	평가시간 동안 안정감 있게 평가에 임한다.		✔				과제 설명이 채 끝나기 전에 먼저 하려고 함
	주어지는 과제를 자신감 있게 수행한다.			✔			
	주어지는 과제에 주의 집중하여 수행한다.		✔				딴생각, 멍한 표정을 자주 보임
	과제에 대한 지시이해가 가능하다.				✔		
	지시에 따른 수행성의 변화가 나타난다.				✔		시간측정, "최대한 빨리 하세요" 지시에 속도 빨라짐
행동 특성	주위의 작은 소리에 민감한 반응을 보인다.			✔			소리 나면 소리 나는 곳을 한 번씩 돌아봄
	특이한 행동을 반복한다.				✔		혼잣말, 종이컵을 접었다 폈다 반복, 손가락 꼼지락거림 지속
	어려운 과제 시 특이한 행동을 보인다.		✔				
	몸 전체가 편안하고 자연스럽게 행동한다.			✔			

〈기타 관찰행동〉

다소 작은 체구에 어깨까지 내려오는 생머리, 교복을 착용하고 있음. 일상적인 질문에 즉각적으로 대답을 함. 수시로 턱을 괴고 시선을 우측으로 바라본 채 대답함. 장난스럽게 툭툭 내뱉는 말투를 사용함. "우와~", "대따", "짱이야", "어떤 건지 알겠다", "어 이건 어떡해~" 등의 혼잣말을 자주 함. 중간중간에 노래를 흥얼거리기도 함. 수시로 상체를 의자에 기댔다 뗐다를 반복하였으며 의자에 비스듬하게 앉아 있어 바른 착석을 요구하자 웃으며 곧장 바르게 앉았다가도 금세 자세가 흐트러짐. 지시가 끝나기 전에 과제물이나 검사도구를 만지거나 과제를 수행하려는 모습이 자주 관찰됨. 1시간이 경과하자 테이블 위에 엎드리기도 함. 점심시간 이후 오후에 참여할 때는 졸고, 얼굴에 지친 기색이 보임.

5) 초기면접 기록

초기면접은 이용자의 주된 욕구를 포함하여 장애력 및 건강, 가정 및 심리사회적 환경, 교육·훈련 경험, 직업력, 경제력, 흥미 분야, 취업욕구 등에 대한 정보를 파악하고 수집하는 것으로 초기 면접지는 이러한 다양한 정보를 수집할 수 있는 항목으로 구성되어 있다. 초기 면접지 구성과 작성내용은 아래 〈표 4-13〉과 같다.

표 4-13 초기 면접지 구성 및 작성내용

구성내용	작성내용
• 문서번호(NO) • 상담일시 • 상담장소 • 상담자	• 기관의 문서관리규정에 따른 문서식별번호 • 상담자와 이용자가 실제 상담을 한 일자와 시간 • 상담이 진행된 장소 • 상담자의 이름
• 이용자의 기본적인 인적사항	• 이름, 성별, 최종학력, 결혼 유무, 생년월일, 주소, 연락처
• 평가욕구 및 기대 • 평가 경위 • 정보수신 의사	• 이용자가 가지고 있는 욕구, 직업평가 의뢰 사유, 제공받기를 원하는 서비스 • 방문하게 된 경로 • 향후 서비스 정보에 대한 수신 여부 및 방법
• 장애력	• 장애유형, 장애정도, 발생원인 및 시기, 장애등록일, 중복장애
• 건강상태 - 현재 건강상태와 관련된 정보 작성	• 질환 유무, 질환명, 복용약, 복용횟수, 주이용 병원, 진료내용, 진료주기, 기타 건강 관련 내용 • 각 항목의 유무를 체크하고, 추가 설명이 필요한 경우 빈칸에 구체적인 내용 작성
• 가정환경 - 현재 가정환경과 관련된 정보 작성	• 가족구성원 이름, 관계, 생년월일, 동거 여부, 장애 여부, 장애 수용 정도, 가족의 지지 정도 • 사회보장 여부, 수입원
• 훈련 및 서비스경력 - 현재까지 이용한 교육 및 훈련내용 작성	• 기관명, 기간, 훈련 및 서비스 내용, 수행 정도, 흥미 정도, 만족 정도 등
• 직업경력 - 지금까지 경험한 직업경력의 내용, 이용자 본인이 직접 작성하거나 구두 답변내용 작성	• 직장명, 근무기간, 고용형태, 담당직무, 임금 수준, 퇴사사유, 업무능력, 업무에 대한 만족도 등

구성내용	작성내용
• 구직 욕구 및 관심 분야	• 희망직종(직무), 선택이유, 구직조건(고용형태, 희망급여, 근무지역, 근무시간 등) • 흥미활동: 평소 취미나 좋아하는 활동 • 능력활동: 평소 자신이 생각하는 강점, 보유 자격증
• 기초생활능력 - 이용자의 구두 답변이나 간단한 검사를 통해 작성	• 기초개념: 시간개념, 수개념, 읽기 · 쓰기 · 이해, 색개념, 방향인지, 모양 · 공간 · 형태변별 • 컴퓨터 활용능력 • 일상생활기능: 신변처리, 식사, 이동, 착 · 탈의, 의사소통, 용모관리, 식사준비, 금전관리, 약물관리, 전화 사용, 교통수단 이용, 지역사회시설 이용 정도 등
• 종합소견	• 면접을 통해 파악된 이용자의 정보를 토대로 직업평가 내용과 방법, 적합한 직업재활서비스, 직업평가 및 직업재활서비스 과정에 필요한 내용에 대한 권고

출처: 한국장애인개발원(2015a), pp.61-62 발췌.

평가사는 초기면접을 실시한 후 면접내용을 초기면접지에 기록한다. 평가사는 초기면접을 진행하는 중에 주요 내용에 대해 간략히 작성하여 상담 종료 후 자세한 내용을 보완 · 기록한다. 필요에 따라 이용자에게 동의를 얻어 녹취하여 정확한 상담내용을 작성할 수 있다. 초기면접지에 이용자에 대한 기본적인 정보는 먼저 이용자 본인에게 작성할 수 있도록 하고 작성한 내용을 기반으로 상담을 진행한 후 보완 기록한다. 이용자가 말하고 싶어 하지 않는 내용이나 기록을 원하지 않는 정보가 있는 경우에는 해당 부분은 작성하지 않을 수 있다. 그러나 서비스 과정에 반드시 필요한 정보의 경우 이용자에게 기록에 대한 필요성 및 비밀보장에 대해 충분히 설명을 하고 동의를 얻어 작성해야 한다. 실제 초기면접 작성 사례를 살펴보면 다음 〈표 4-14〉와 같다.

표 4-14 초기면접 작성 사례[4)]

초기면접지

이름	홍길동	성별	남☑ 여□	생년월일	1997. 10. 15.
최종학력	무학□ 초졸□ 중졸☑ 고졸□ 대졸□ 대학원졸□			결혼상태	미혼☑ 기혼□
주소	서울특별시 송파구 강동대로 123번길			연락처	010-○○○○-○○○○
				이메일	abcd000@naver.com
내관 욕구 및 기대	1. 직업평가 • 잘 할 수 있는 일이 무엇일까? • 흥미 분야? • 조립원/바리스타로 취업할 수 있을까? 2. 필요한 훈련 후 취업 희망			내관 경위	○○고등학교 특수학급에서 의뢰
				정보수신 의사	*메일 수신: yes ☑ no □ *SMS 수신: yes ☑ no □ *우편물 수신: yes ☑ no □

1. 장애력

장애유형 및 정도	주장애: 지적장애 (심한 장애)	발생원인 및 시기	원인: 불명
	중복장애: 없음		시기: 선천적
장애등록일	2005. 03. 02	기타	

2. 건강상태

복용약	유☑ 무□	신경안정제 복용 (1일 1회, 2013년~)	주이용 병원	구○○ 병원	
			진료내용	과잉행동	
			진료주기	2개월 1회	
시각문제	유□ 무☑		언어문제	유□ 무☑	
신체질환	유□ 무☑		보장구 사용	유□ 무☑	
청각문제	유□ 무☑		정신질환	유☑ 무□	공포, 불안장애 진단
기타	없음				

3. 가정환경

이름	관계	생년월일	동거 여부	장애 여부	가족의 지지 정도	비고
김○○	부	1969.05.17.	유☑ 무□	유□ 무☑	상☑ 중□ 하□	- 주양육자, 경제적 주수입자 - 아파트 경비(월 110만 원 수입)
이○○	모	1973.08.10.	유☑ 무□	유☑ 무□	상□ 중□ 하☑	- 정신질환(조현병)으로, 1년에 1회 이상 입·퇴원 반복 - 양육에 관여하지 못하고 있음 - ○○정신보건센터에서 정기적 상담 서비스를 제공받음
김○○	여동생	1999.11.18.	유☑ 무□	유☑ 무□	상☑ 중□ 하□	- 고등학교 재학 중 - 오빠를 잘 챙기고 도와줌

4) 직업상담 및 직업평가 매뉴얼(한국장애인개발원, 2015)

사회보장 여부	일반☑ 수급□ 한부모□ 차상위□ 기타□( )	수입원 (중복체크 가능)	본인□ 부☑ 모□ 형제□ 기타□( )
		기타	-20년 된 자가(빌라) 보유로 사회보장 및 지원 없음 -○○장애인복지관에서 주 1회 밑반찬 지원서비스를 받음

4. 훈련 및 서비스

기관명	기간	훈련 · 서비스 내용	비고
○○고등학교 특수학급	2013.03~현재	○○보호작업장 쇼핑백 제조, 교내 제빵, 사서보조원, 바리스타 실습 참여	실습 시 담당과제 원활하게 수행
○○장애인복지관	2015.01~현재	특수교육연계형 일자리사업 참여 : ○○학교 카페-음료제조, 서빙	레시피를 외우거나 보고 음료제조 하지만 속도가 느림. 카운터기 사용 어려움, 시간을 잘 지켜 출근함

5. 직업경력

사업체명	기간	고용형태	담당직무	퇴사사유	비고
없음					

6. 기초생활능력

시간개념	시계보기	독립수행☑ 부분도움□ 완전도움□	디지털시계를 보고 시간을 앎
	시간 지키기	독립수행□ 부분도움☑ 완전도움□	약속을 지키기 위해 출발해야 할 시간을 미리 알려주면 지킬 수 있음
수 개념	수 읽기 · 쓰기	독립수행☑ 부분도움□ 완전도움□	
	수 세기 · 이해	독립수행☑ 부분도움□ 완전도움□	1~100까지 숫자세기 가능
	사칙연산	독립수행□ 부분도움☑ 완전도움□	두 자리 덧셈과 뺄셈은 가능하나, 곱셈과 나눗셈은 도움이 필요
쓰기 · 읽기 · 이해	쓰기	독립수행☑ 부분도움□ 완전도움□	맞춤법이 틀리기는 하나 일상생활에 필요한 쓰기능력 가능
	읽기	독립수행☑ 부분도움□ 완전도움□	
	문장이해	독립수행☑ 부분도움□ 완전도움□	학습적 능력을 요하는 신문용어나 외래어 이해 어려움
색개념	색 인지	독립수행☑ 부분도움□ 완전도움□	기본색의 이름을 알고 말함
	변별	독립수행☑ 부분도움□ 완전도움□	
변별	방향	독립수행☑ 부분도움□ 완전도움□	위, 아래, 좌우, 앞뒤 구분함
	모양	독립수행☑ 부분도움□ 완전도움□	기본 도형 인지하고 구별함
	공간	독립수행□ 부분도움☑ 완전도움□	안과 밖 구분함. 사이, 통과에 대한 구분 어려움
	기타	-크기, 길이, 양을 비교하고 그 차이를 이해함	
전산능력 (중복 ✔가능)	문서 작성□ 인터넷☑ 엑셀□ S/W 개발□ CAD, CAM□ WEB디자인□ 기타□( )		
	인터넷 검색 가능		
ADL	이동	독립수행☑ 부분도움□ 완전도움□	독립적인 이동 가능
	식사	독립수행☑ 부분도움□ 완전도움□	독립적인 식사 가능
	신변자립	독립수행☑ 부분도움□ 완전도움□	기본적인 신변처리 독립 가능
	착탈의	독립수행☑ 부분도움□ 완전도움□	계절 및 장소 등에 맞는 의복 착용 가능

	용모 단정	독립수행☑ 부분도움□ 완전도움□	외모, 옷차림, 청결 등 자기관리 원활
	의사소통	독립수행☑ 부분도움□ 완전도움□	일반적인 대화가 원활. 상황 보고나 감정 표현하지만 자발적이지 않음
IADL	식사준비	독립수행☑ 부분도움□ 완전도움□	라면 끓이기, 계란프라이 등 간단한 조리해서 먹고 설거지 가능
	금전관리	독립수행□ 부분도움☑ 완전도움□	일상생활 물품 구입할 수 있음. 저축 및 용돈관리 도움 필요
	약 관리	독립수행□ 부분도움☑ 완전도움□	약을 복용하는 것을 알고 복용함. 가끔 다른 것에 집중하면 잊을 때 있음
	전화 이용	독립수행☑ 부분도움□ 완전도움□	핸드폰 이용이 자율적으로 가능(전화 및 문자 수·발신 가능)
	교통수단 이용	독립수행□ 부분도움☑ 완전도움□	지정된 노선의 대중교통(버스, 지하철)은 1~2번의 훈련을 통해 이용 가능
	지역사회시설 이용	독립수행□ 부분도움☑ 완전도움□	새로운 시설을 이용할 시 사전훈련을 통해 이용 가능
기타			

7\. 취업욕구 및 능력

직업강점과 꿈	취업에 대한 뚜렷한 동의와 높은 욕구를 가지고 있으며, 일반사업체에 취업을 목표로 함		
흥미 분야		보유 자격증	
희망직종	직종: 1. 바리스타 2. 조립 3. 사서		
	이유: 학교 재학 시 관련 직종을 실습했을 때 큰 어려움이 없이 즐겁게 직무를 수행함		
취업조건	고용형태: 정규직☑/ 계약직□/ 일용직□ 시간제□/ 무관□/ 기타□( )	희망임금: 120만 원 기숙희망: 유□ 무☑	
	근무지역: 서울시 송파구 인근	근무시간:	
기타 희망사항	일반사업체에 취업해서 월급을 부모님께 드려 가정에 도움이 되고 싶다는 의지를 보임		

8\. 종합소견

홍길동 군은 ○○고등학교 특수학급 교사로부터 의뢰되어 보호자인 아버지와 함께 내관하였으며, 내관 동기는 고등학교 졸업 후 진로계획을 수립함에 있음. 홍길동군은 지적장애 3급으로, 기초학습능력이 원활하여 시계보기, 수세기, 간단한 계산, 단순한 도형의 형태변별, 분별, 유형화가 가능하여 직업적 기초능력이 있다고 보여짐. 또한 홍 군은 취업에 대한 욕구가 높으며, 일반사업체에 취업하여 가정에 보탬이 되고자 하는 등의 직업적 욕구가 구체적으로 명확함. 희망 직종으로는 재학기간 동안 실습해 본 조립, 사서보조 직무와 현재 복지일자리사업으로 참여하고 있는 바리스타 등의 직종임. 정규직장 경험은 없지만 실습과 일자리사업 참여를 통해 성실한 태도와 주어진 업무에 지속적으로 잘 참여하고 일을 해서 돈을 벌어야겠다는 취업의지를 가지고 있는 등 직업태도 및 행동 측면에서 장점을 보임.

외모나 옷차림, 청결상태는 양호한 편이며, 스스로 기본적인 신변처리가 가능함. 또한 길눈이 밝은 편이며 지역사회의 중심건물, 공공기관, 편의시설 등을 파악할 수 있으며, 지정된 노선의 대중교통인 버스나 지하철은 1~2번의 훈련을 통해 이용 가능함. 다만, 지역사회 이용경험이 부족하여 특정 시설이나 건물로 이동하기에는 한계가 있어 지속적인 훈련이 필요함.

홍 군은 1남1녀의 장남으로 아버지, 어머니, 여동생과 함께 동거하고 있음. 주양육자와 주수입자는 아버지이며,

아파트 경비일로 생계를 유지하여 경제적으로 어려운 편임. 하지만 사회보장은 해당 사항이 없으며, 가족들과의 관계가 원활한 편임. 특히, 아버지와 여동생은 홍길동 군의 장애에 대해 매우 수용적이고 지지적인 편임. 어머니는 정신질환(조현병)으로 1년에 1회 입·퇴원을 반복하고 있어 홍 군에 대해 관심이 많지 않으며, 간단한 가사활동에 참여하고 있지만 대부분의 집안일은 아버지께서 담당함.

홍 군은 2013년부터 집중력 향상 및 충동성 억제를 위해 1일 1회 신경안정제를 복용하고 있으며, 약복용 후 특별한 증상을 보이지 않음. 상담결과, 기초직무능력이 전반적으로 높은 편이며, 복용하고 있는 약물이 지속적으로 관리된다면 **직업적응훈련 등을 통해 취업이 가능할 것으로 기대**됨. 이를 위해 우선 **직업평가를 통해 필요한 훈련 영역과 직종에 대한 탐색**을 통한 서비스 제공이 필요함. 본인이 경험이 있고 희망하는 **바리스타, 조립원, 사서 직무로의 취업 가능한지 파악** 필요.

6) 초기면접 질문5)

초기면접을 실시하는 데 있어서 장애유형에 따라 구체적인 질문의 내용이 달라질 수 있다. 장애유형별 초기면접 질문들을 요약하여 제시한다.

(1) 지체장애

① 절단장애

- 기부(stump)의 상태와 예후는 어떠한가?
  - * 기부: (손발의) 절단되고 남은 부분
- 물리치료 또는 작업치료를 받았는가?
- 운전을 하는가? 자동차는 개조된 것인가?
- 인공보철 또는 직업을 갖는 데 필요한 장치를 사용하는가?
- 부가적 장애를 일으킬 수 있는 다른 혈관 합병증이 있는가?
- 최근 몸무게에 변동이 있는가? 그리고 몸무게는 정상 범위인가?
- 위생적이고 청결해 보이는가?
- 자아상과 전반적인 정서는 어떠한가?

② 관절장애

- 예후가 어떠한가?
- 어느 관절이 감염되었는가? 손상된 운동 범위를 설명할 수 있는가?

5) 직업상담 및 직업평가 매뉴얼(한국장애인개발원, 2015) 수정보완.

- 활동 시 고통 · 경직을 유발하는가?
- 어떤 종류의 치료(수술, 신체치료, 인공보철)를 받았는가?
- 무슨 약물을 처방받았는가?
- 작업을 수행할 때 통증이 수반되는가? 작업을 수행할 때 움직임에 어려움이 있는가?
- 운전을 하는가? 또는 다른 이동방법이 있는가?
- 걷기, 표현하기, 의자에 앉아 구부리기, 서기 등의 동작에서 확실히 장애가 있는가?
- (관절염의 경우) 얼마 동안 앉거나 서 있을 수 있는가?
- 과체중으로 보이는가?
- 우울증 같은 만성적인 정서적 스트레스의 증상을 보이는가?

③ 지체기능장애

- 쉽게 피로해지는가?(근육 혹은 일반적인 신체피로 등)
- 뼈 혹은 관절에 문제가 있는가?
- 근육위축이나 약화가 있는가?
- 감각상실이 있는가?
- 경련을 경험했는가?
- 통증이 있는가? 고통(특히 무게, 발목, 발, 엉덩이에 무게가 실리는 듯한)이 증가되는 경험을 한 적이 있는가?
- 운전을 하는가?
- 보장구를 사용하는가?
- 균형과 운동협응에 곤란을 겪고 있는가?
- 억압 혹은 불안 등의 증상을 보이는가?

(2) 뇌병변장애

① 뇌성마비

- 일상생활에 어떤 어려움이 있는가?(청소, 목욕, 음식준비, 식사, 옷 입기 등)
- 보행, 협응력, 앉아서 균형잡기, 서기, 기민성에서 어떤 어려움을 경험했는가?

- 근육(둔부, 발, 허리, 팔꿈치, 손가락, 얼굴) 조절 시 어떤 어려움이 있는가?
- 어떤 종류의 보조기를 사용하는가?
- 활동지원 서비스를 이용하고 있는가?
- 호흡장애나 대장, 방광장애가 있는가?
- 얼마나 빨리 피로해지는가?
- 말하는 데 문제가 있는가?
- 운전을 하는가?
- 어떤 약을 복용하고 있으며, 약복용으로 인한 부작용은 없는가?

② 외상성 뇌손상

- 가까운 곳에 보호자가 있는가?
- 신체적 문제가 있는가?(균형, 물건 들기, 걷기, 힘의 세기 등)
- 다른 감각기관이나 운동기관에 문제가 있는가?(시각, 통증인지, 청력 등)
- 인지적 문제가 있는가?(기억, 쓰기, 조직과 계획능력, 의사소통, 주의, 읽기 등)
- 사회적 행동상의 문제가 있는가?(주도력, 단호함, 조급함, 사회적 판단, 성숙도, 사회성 부족, 충동성, 공격성 등)
- 정서적 문제가 있는가?(분노, 불안, 우울, 의심 등)
- 발작을 경험한 적이 있는가?
- 어떤 약을 복용하고 있는가?

③ 뇌졸중

- 어느 쪽 팔다리가 병으로 인해 영향을 받았는가?
- 몸의 균형과 조화로운 근육운동에 어떤 문제가 있는가?
- 매일의 생활(식사, 화장실, 면도 등)에서 어느 정도 독립적으로 하는가?
- 듣고, 보고, 힘을 쓰고 걷는 데 어떤 문제가 있는가?
- 특별한 기술의 손실(언어, 운전, 읽기, 쓰기 등)이 있는가?
- 뇌졸중을 경험한 이후로 자신에 대해 다르게 느끼는가?(기분의 동요, 분노, 우울 등)
- 기억이나 집중을 하는 데 문제가 있는가?
- 어떤 약을 복용하고 있는가?

(3) 시각장애

- 장애의 원인이 무엇인가?(선천, 질병, 사고 등)
- 장애를 입은 시기가 언제인가? 얼마나 경과하였는가?
- 잔존 시력 수준이 어느 정도인가?
- 약물 복용을 하고 있는가? (약물을 복용할 경우) 스스로 약물관리가 가능한가?
- 기타 다른 질환은 없는가?
- 일상생활(옷 입기, 식사하기, 화장실 이용 등)이 독립적으로 가능한가?
- 이동 범위는 어느 정도인가?
- 시력을 유지하기 위한 재활훈련을 받았는가?
- 문자 인식방법이 무엇인가?
- 시력보조도구는 무엇을 활용하고 있는가?

(4) 청각장애

① 청력장애

- 청력검사를 받은 경험이 있는가?
- 장애가 있는 귀가 어느 쪽인가?(오른쪽, 왼쪽, 양쪽)
- 장애원인이 무엇인가?(선천, 질병, 사고 등)
- 이명이나 울림 증상이 있는가?
- 복용하는 약물이 있는가?
- 보청기를 착용하였는가? 착용하지 않았다면 착용한 경험이 있는가?
- 수술을 하였는가? 수술 후 경과는 어떠한가?
- 수어를 할 수 있는가? 할 수 있다면 어느 수준인가?
- 구화를 할 수 있는가? 할 수 있다면 어느 수준인가?
- 필담을 할 수 있는가? 할 수 있다면 어느 수준인가?
- 교육환경이 어떠했는가?(특수학교 · 일반학교)
- 가족 중에 청각장애인이 있는가?
- 가족 중에 수어를 할 수 있는 사람이 있는가?

- 직장이력이 있는가? 있다면 얼마나 근무하였고, 이직한 경험이 몇 번인가?

② 평형기능장애

- 다른 신체적인 질환이 있는가?(뇌손상 여부 파악)
- 장애 진단검사를 어디서 어떤 검사를 받았는가?
- 장애의 원인이 무엇인가?(뇌 충격, 이석증을 일으키는 질환/기타)
- 청력에도 장애가 있는가?
- 이명이나 울림 증상이 있는가?
- 일상생활(옷 입기, 식사하기, 용변 보기 등)을 혼자서 할 수 있는가?
- 어느 정도 이동이 가능한가?(10m 이상 가능한가?)
- 장애원인이 질환인 경우 치료를 어떻게 받고 있는가?
- 장애와 관련하여 복용하고 있는 약물이 있는가?

(5) 언어장애

- 장애원인이 기질적 손상(뇌손상, 뇌성마비)인가? 심리적 원인인가?
- 동반하고 있는 다른 장애는 무엇인가?(중복장애 여부)
- 의사소통을 위해 음성 이외의 다른 수단을 이용하는가?
- 의료기관에서 치료를 받았거나 약물을 복용하고 있는가?

(6) 신장장애

- 배뇨작용이나 신장 혹은 전립선에 문제가 있는가?
- 감염이 발생했는가?
- 고혈압이나 당뇨병이 있는가?
- 투석 중인가? 투석 횟수는? 투석 유형은? 하루 중 언제 투석을 하는가? 만약 투석 중이 아니라면 곧 투석을 시작할 계획이 있는가?
- 복막염이 발생하지 않게 도관 관리 유지가 가능한가?
- 어떤 약을 복용하고 있는가?
- 신장 이식을 받아본 경험이 있는가? 또는 신장 이식을 권고받거나 계획 중인가?

(7) 심장장애

- 자신의 스트레스와 일의 수용 강도는 어느 정도인가?
- 발병 시기는 언제이고, 정확한 진단명은 무엇인가?
- 수술을 받은 적이 있는가?
- 복용 중인 약이 있는가?
- 심장장애로 인해 일상생활에 어려움은 없는가?
- 증상에 대한 자각증상은 있는가? 증상이 생길 때 어떠한 조치를 해야 하는가?
- 직무수행 시 심장에 가해지는 압박 및 적정 근무시간은 어느 정도인가?

(8) 간장애

- 장애원인 및 구체적인 증상은 무엇인가?
- 업무수행 능력에 어려움을 주지는 않는가?
- 병원에 내원하는 빈도는 어느 정도이며, 어떤 치료를 받는가?
- 복용하는 약물은 어떤 것인가?
- 합병증(복수, 자발성 세균성 복막염, 간성뇌증 등)은 있는가?
- 간질환의 악화요인(음주 여부, 부적절한 건강관리, 과도한 스트레스 등)이 있는가?
- 간경변증 상태에 따라 적정한 운동량을 결정하여 활동하고 있는가?

(9) 장루 · 요루장애

- 언제 수술을 받았는가? 수술 부위가 어디이며, 그 부위 시술로 나타나는 증상이 무엇인가?
- 업무수행 시 고려할 점이 무엇인가?
- 의료적인 관리는 어떻게 하고 있는가?
- 대인관계에 어려운 점은 어떤 것인가?
- 장애 전 직업력은 무엇인가?
- 자가관리법(장루관리법, 장루관리의 자가간호 수행 정도, 상태 및 요구도 등)을 습득하여 평소 장루관리가 원활하게 이루어지는가?
- 장루보조기를 사용하는가?

(10) 뇌전증장애

- 얼마나 자주 발작이 일어나는가? 발작 후 얼마 동안 아무 일도 할 수 없는가?
- 마지막으로 발작이 일어난 적은 언제인가?
- 발작이 몇 시에 일어나는가? 전조증상이 있는가?
- 현재 전문의에게 치료를 받고 있는가?
- 어떤 약을 복용하고 있으며, 부작용은 없는가?(졸음, 언어 장애, 집중력, 손 떨림 등)
- 간질이 당신의 직장이나 학교생활에 어떤 영향을 미치는가?
- 의사가 작업환경 측면에서 어떤 주의사항을 제시하였는가?(높은 곳에서 일하거나 위험한 장비 근처에서 일하는 것에 대한 주의 등)

(11) 정신장애

- 현재 복용하고 있는 약물은 어떤 것이며, 부작용은 있는가?
- 복용하고 있는 약물에 대해 어떻게 느끼고 있는가?
- 피로 또는 무력감을 느끼는가?
- 식욕감퇴를 경험한 적이 있는가?
- 수면문제를 가지고 있는가?
- 최근에 입원한 경험이 있는가?
- 가족 또는 동료 간의 관계는 어떠한가?(가장 지지해 주는 사람 등)
- 음주는 흡연은 얼마나 하는가?
- 다른 사람이 자신에 대해 어떻게 느끼고 있다고 생각하는가?

(12) 발달(지적, 자폐성)장애

- 신변처리, 식사, 대중교통, 지역사회 이용 등 자립적인 생활이 가능한가?
- 약물을 사용하는가? 약물 사용이유 및 약물 사용으로 인한 영향(변화, 부작용 등)은 무엇인가?
- 도전적 행동이 나타나는가?
- 도전적 행동을 감소하거나 완화할 수 있는 긍정적인 행동 지원은 무엇인가?
- 신체적인 제약이나 아픈 곳은 없는가?

- 질문에 대해 얼마나 이해를 하는가? 대답을 어느 정도 조리 있게 하는가?
- 기초적인 학습능력은 어느 정도 되는가?
- 스트레스 상황에서 나오는 행동이나 대처방법은 무엇인가?
- 특별히 안전한 환경을 필요로 하는 특정 상황이 있는가?
- 다른 사람과 협력하여 과제를 수행하거나 일을 하는 것을 어떻게 생각하는가?
- 새로운 환경과 일과에 적절히 적응하는가?
- 직업에 대한 개념을 어느 정도 가지고 있는가?
- 분명한 취업 욕구를 가지고 있는가?
- 가족들의 지지는 어느 정도인가? 특히 취업에 대한 가족들의 지원 및 지지는 어느 정도인가?
- 장애인을 주로 지원하는 조력자는 누구인가?

2. 신체평가

1) 신체평가 정의

장애인의 현재 신체기능을 측정하는 것으로 신체발달 정도, 기초체력, 신체적 안정성, 힘, 자세, 협응력, 민첩성, 관절운동 범위, 지구력, 감각 등에 관한 정보를 수집하여 파악하는 과정이다. 신체기능 정도의 파악은 작업표본평가, 상황평가, 현장평가 등을 통해서도 관찰되고 평가될 수 있다.

2) 신체평가 목적

작업수행 시 신체적 제한점을 파악할 수 있고 이를 보완하기 위한 방법을 모색할 수 있으며 적합직업 탐색 및 희망직업에 대한 신체적 가능성 및 지속 가능성을 예측할 수 있다. 또한 직업선택 시 신체적 제한점을 최소화하고, 적절한 환경개조를 유도하여 장애상태를 최소화하는데 필요한 보조공학기기 지원을 가능하게 한다.

신체평가에서 사용되는 신체 부위 및 신체운동 관련 용어는 〈표 4-15〉와 같다.

표 4-15 신체 부위 및 신체운동 명칭(국시연구회, 2017)

구분	설명
① 해부학적 자세 (Anatomical position)	양쪽 다리를 약간 벌리고 발끝이 앞을 향하도록 똑바로 선 상태에서 눈은 수평면을 응시하고, 양쪽 다리를 약간 벌리고 서서 발끝이 아래로 향하도록 하여 곧게 딛고, 팔을 몸통 옆에 늘어뜨려 손바닥이 앞을 향하며 손가락은 곧게 편 상태
② 단면의 용어 (terms of plane)	• 관상(전주)면(coronal plane): 인체의 한쪽 측면에서 반대측 측면까지 수직으로 통과하여 앞뒤로 나누는 수직평면 • 시상면(sagittal plane): 인체를 좌우로 나누는 수직평면으로 신체를 좌우로 균등하게 나누는 면 • 수평면(transverse plane): 지면과 평행하게 수평으로 통과한 면
③ 방향의 용어	• 안쪽(내측, medial) - 가쪽(외측, lateral) • 자쪽(척골측, ulnar) - 노쪽(요골측, radial) • 속(internal) - 바깥(external) • 앞(anterior) - 뒤(posterior) • 위(superior) - 아래(inferior) • 머리쪽(cranial) - 꼬리쪽(caudal) • 배쪽(복측, ventral) - 등쪽(배측, dorsal) • 몸쪽(근위, proximal) - 먼쪽(원위, distal)
④ 움직임에 관련된 용어	• 굽힘(굴곡, flexion) - 폄(신전, extension) • 벌림(외전, abduction) - 모음(내전, adduction) • 회전(돌림, rotation) 안쪽회전(안쪽 돌림, laternal rotation) 가쪽회전(가쪽 돌림, external rotation) • 휘돌림(회선, circumduction) • 엎침(회내, pronation) - 뒤침(회외, supination) • 안쪽번짐(내번, inversion) - 가쪽번짐(외번, eversion) • 내밈(protraction) - 뒤당김(retraction)

3) 신체평가 도구

신체평가의 주된 평가 영역과 자주 사용되는 도구를 소개하면 〈표 4-16〉과 같다.

표 4-16 주요 신체평가도구

평가 영역		평가도구
신체기능	신체 구성비	신장 · 체중계, 좌고계, 체성분 분석기, 혈압계, 혈당계, 최대 산소 섭취량 측정기, 시력계, 청력계, 색각검사
	운동 가동 범위	좌전굴 측정기, 체전굴 측정기, 관절운동 범위 측정(ROM), 각도계(Goniometer), VCWS 09
신경근육 운동 발달	전신 근력	Valpar 17 발달수준검사(신체근력), 배근력계
	상지 근력	악력계, 핀치력(Pinch gauge)
	운동발달	맥캐런 신경근육발달검사(K-MAND)
운동조절능력		• 균형(Berg Balance Scales), 보행분석(Gait analysis), 도수근력평가(MMT) • 장도평가(MAS), 심부건반사(DTR), 협응성검사(Coordination test), 평형성 측정기 • 점프메타
시지각능력		• 시지각 발달검사(DTVP, K-DTVP-A, DTVP-2) • 시지각 인지능력검사(MVPT-R, MVPT-3, MVPT-4) • 벤더게슈탈트 검사(BVMGT) • 시지각운동 통합발달검사(VMI) • 촉-시지각 변별검사(HVDT)
상지기능 (기민성, 협응력)		• 잡슨테일러 상지기능검사(Jebsen-Taylor Hand Function Test) • 뇌졸중 상지기능검사도구(MFT) • 9홀 기민성검사(9-Hole Pegboard) • 퍼듀펙보드(Purdue Pegboard) • 라파예트검사(Lafayette Pegboard) • 오코너 손가락기민성검사(O'connor finger dexterity test) • 그루브드펙보드(Grooved Pegboard) • 미네소타 손기민성검사(MMDT) • KEAD 손기능 작업표본검사 • KEAD 다차원 양손협응작업표본 검사 • GATB 동작성검사

출처: 한국장애인재활상담사협회(2018).

(1) 신장 · 체중계(한국장애인고용공단, 2009)

① 목적

- 신장 및 체중의 형태 측정

- 비만도 계산이 가능하고 체중변화를 통해 건강상태를 예측

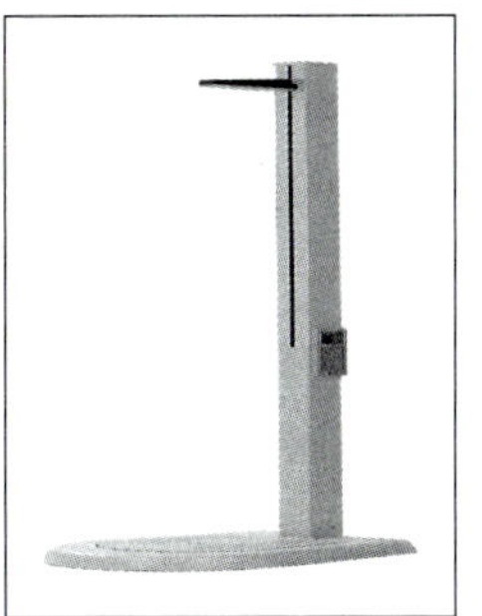

② 대상

- 독립적으로 기립자세가 가능한 성인
- 왜소증, 거인증 등 근골격계 질환자나 체중증감 조절이 필요한 성인

③ 시간: 5분 이내

④ 실시방법

- 이용자는 신장계 위에 맨발로 서서 발의 앞 끝은 30~40°가량 벌리고, 양발의 뒤꿈치, 엉덩이 등을 세움대에 대고 직립자세를 취함(이때 발뒤꿈치, 엉덩이, 등, 어깨가 세움대에 닿게 함)
- 무릎을 편 자세로 똑바로 서서 양팔을 자연스럽게 늘어뜨려 허벅지에 댐
- 배와 가슴을 당긴 상태로 머리는 정면을 향하여 기울지 않도록 함

⑤ 채점 및 해석(김영수, 2007)

- Broca식 계산법(가장 일반적인 방법)(ideal body weigh)

참조

- 표준체중 계산식((ideal body weigh): 표준체중이란 해당되는 성별 및 체격에 있어서 가장 사망률이 낮은 체중을 의미
  신장 151cm 이상: 표준체중 = (신장 - 100) × 0.9
  신장 150cm 이하: 표준체중 = 신장 - 100
- 비만도 계산식
  비만도(%) = 실제(현재)체중 / 표준체중 × 100

- BMI법(체질량지수, Body Mass Index): 체지방률 및 건강위험도를 반영하는 지표
  BMI = 체중(kg) / 신장(m^2)

⑥ 유의사항

- 자세를 교정할 때에는 아래쪽에서 위쪽(발, 무릎, 엉덩이, 허리, 머리순)으로 교정하여 몸을 바르게 한 후 계측
- 시차에 따라 차이가 있으므로 하루 중 오전 10시를 전후하여 측정
- 신장계가 수직으로 되었는지 확인
- BMI는 의학적으로 저체중, 정상체중, 과다체중, 비만을 나누는 지표
- BMI는 근육량이나 체격을 고려하지 않고 있으므로 근육이 많거나 체격이 큰 편에 속한다면 BMI 수치가 더 많이 나갈 수 있음
  예) 운동선수, 보디빌더의 경우는 근육량에 따라 BMI의 수치가 높아지므로 예외
- BMI는 성장 중인 어린이나 연로한 노인에게는 해당되지 않음

(2) 악력계(김영수, 2007: 김윤태 외, 1994)

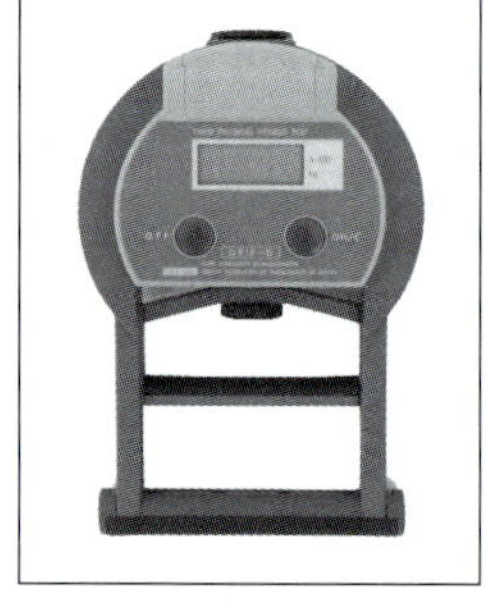

① 목적

- 손가락과 손바닥 근력을 이용하여 손의 장악력을 측정
- 손의 마비나 기능 저하 정도, 손기능 파악, 순간적 · 정적 최대 근력을 평가하여 기초근력 예측
- 손의 쥐기나 근력을 이용해 물품을 다루고 일을 잘 수행할 수 있는지 파악

② 대상

자발적으로 손의 쥐는 동작이 가능하고 손의 장악력 측정이 필요한 성인

③ 시간: 10분 이내

④ 실시방법: 도구준비, 검사목적 설명, 실시방법 설명, 시연 후 검사 실시

⑤ 채점

- 이용자의 측정값을 연령대, 성별, 우세손 · 비우세손으로 구분된 값과 비교
- 값은 [±표준편차]로 표시되어 있고 표준편차를 더하거나 뺀 값의 범위가 평균 범위

⑥ 해석 및 적용

- 측정 근력은 단시간의 순간적 · 폭발적인 쥐는 힘으로, 근지구력까지 측정하기는 어려우나 대체로 체력과 근력은 비례
- 악력은 팔꿈치 이하 팔을 이용한 정적 근력으로서 올림, 운반, 밈, 당김의 전신 동적 근력으로 설명하기에는 다소 무리가 있음. 관절과 장애원인의 고찰을 병행하여 설명함
- 양손의 차이가 10kg 이상일 경우는 신경학적 손상을 추정할 수 있음

(3) 핀치게이지(Pinch-gauge)(김윤태 외, 1994)

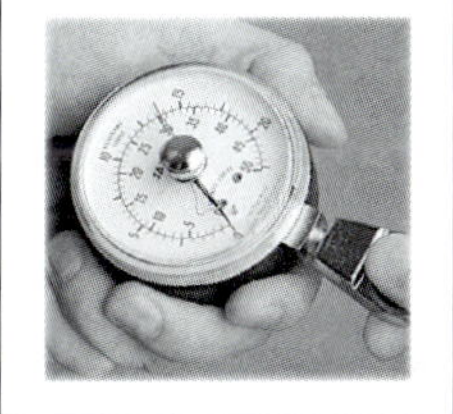

① 목적

잡기(prehension)* 형태에 따른 손가락 힘을 측정

※ 잡기(prehension): 물건의 조정을 쉽게 하고, 손가락 간 접촉을 허용시켜 주는 손의 자세

② 대상

- 자발적으로 손가락 관절을 움직일 수 있는 성인
- 잡기의 유형을 파악하고자 하는 장애인

③ 시간: 10분 이내

④ 실시방법

- 이용자와 서로 마주보고 탁자 앞에 앉음
- 평가사는 손끝집기, 측면집기, 세 손가락 잡기의 자세를 시연함
- 평가사가 Pinch-gauge의 저울부분을 지지한 상태에서 위 세 가지 집기를 측정함

표 4-17 검사동작의 종류와 특성

동작	방법	예시 동작
손끝집기	엄지손가락 손끝과 둘째손가락 손끝으로 집기	콩, 핀, 못, 동전 등 집기와 같이 세밀한 작업 시 주로 사용
측면집기	엄지손가락 pad와 둘째손가락 측면 집기(radial side)	열쇠 돌리기, 쪽가위질, 음식도구 잡기, key pinch라고도 함
세 손가락 집기	엄지손가락 pad와 둘째, 셋째 손가락 pad를 맞닿은 집기(엄지손가락의 회전 여부가 중요)	편편한 면으로부터 물건 들어올리기, 작은 물체를 잡을 때, 신발끈, 나비넥타이를 맬 때, 연필잡기, 젓가락 잡기, 세점집기(3-jaw chuck 또는 3-jaw pinch)라고도 함

⑤ 채점

- 3회 실시 후 평균값을 기록

⑥ 평가

- 양쪽 모두 측정 후 비교
- 일상생활에서 많이 사용하는 손동작이 자연스러운지 확인
- 손동작에 힘을 실을 수 있는지 확인
- 근긴장도(힘의 강약)가 원활히 조절되는지 확인
- 섬세한 작업의 기본이 되는 3가지 손동작을 관찰
- 손과 손가락에 경직이나 강직, 변형 등이 있는 경우, 측면집기는 비교적 가능하나 손끝집기와 세 손가락 집기에 어려움이 있음

(4) 혈압계

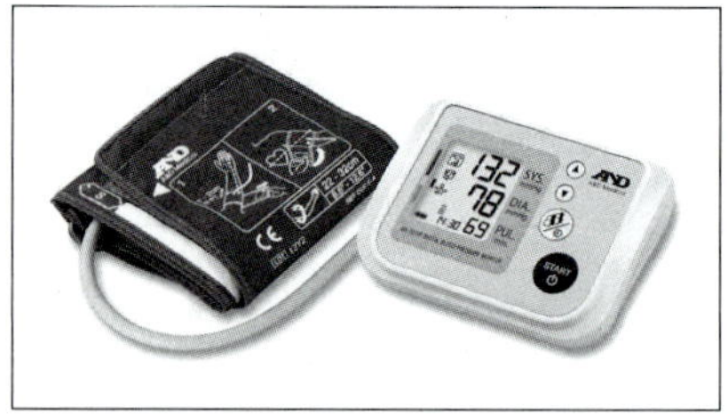

① 목적

- 고혈압, 저혈압을 판정하며 질환의 진단 목적으로 측정하는 검사도구

② 대상

- 장애원인이 고혈압, 당뇨병 등 대사장애로 인한 경우
- 기타 신장장애, 비만 등

③ 시간: 5분 내외

④ 실시방법

- 오른쪽 윗팔을 혈압계 구멍 안에 삽입
- 자세를 고정시킨 상태에서 천천히 심호흡하기
- 혈압계에서 수축기 혈압/이완기 혈압이 측정되어 기록될 때까지 자세 유지

⑤ 해석 및 적용

- 성인의 정상혈압은 110/70mmHg~120/80mmHg
  ※ 아동의 정상혈압은 90/60mmHg~100/65mmHg
- 고혈압은 심장병이나 뇌출혈 등을 유발할 수 있으므로 주의를 요하고, 저혈압은 낮다고 걱정할 필요가 없으나 매우 낮은 저혈압은 주의를 요함

⑥ 유의사항

- 실내온도 20℃ 이내 조용한 환경에서 맨살이나 얇은 옷 위로 측정
- 측정 전 1시간 이내에 카페인 음료(커피, 홍차 등)는 마시지 않기
- 측정 10~15분 전부터 안정을 취하고 측정 전에는 심호흡하기
- 소변을 참지 않기
- 심리상태의 영향을 받기 쉬우므로 반복하여 측정된 결과로 판정

(5) 시력계(한식표준 3M용 시력표)(구인순 외, 2012)

① 목적

시력에 민감한 직무를 수행하거나 시력 저하로 직장 생활이 가능한지 판단

② 대상

시각 결손이 있거나 시력측정이 필요한 성인이 대상

③ 실시방법

- 3m 거리에 이용자의 발끝을 위치
- 왼쪽을 가리고 오른쪽부터 측정
- 보통 1.0선에서 시작하고 시력이 나쁜 경우 위로 올라가며 측정

④ 유의사항

- 형광등과 시력계의 불을 모두 켜놓고 측정
- 안경이나 콘택트렌즈를 착용한 경우 교정시력만 측정

(6) 한식 색각검사표(구인순 외, 2012)

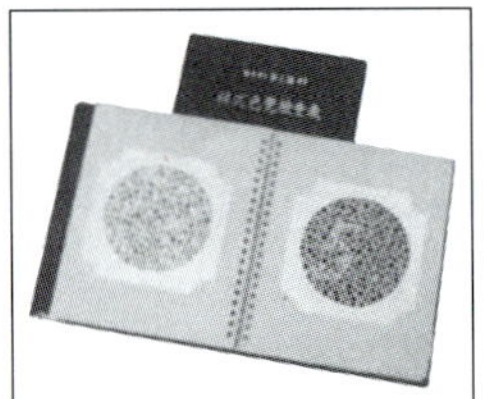

① 목적

색각이상 유무를 파악함으로써 색변별력이나 시각적 예민성을 요하는 직종에서의 직무수행 가능성 판단에 활용

② 대상: 색변별이 필요한 성인

③ 시간: 5분 이내

④ 실시방법

- 이용자 앞 50~70cm 거리에 한식 색각검사표를 놓기
- 색각표를 한 장씩 넘기면서 숫자를 읽거나 그림을 따라 그리게 하기(숫자는 3초 내, 선그리기는 10초 이내 답변 시 정답 처리한다)

⑤ 해석: 한식 색각검사표에 실린 채점표 참고

⑥ 유의사항

- 지적장애인의 경우 검사 시간에 제한을 두지 않기
- 색약검사 도구는 5년 이상 사용할 수 없음

(7) 관절운동 범위 측정기(ROM)(이정원 외, 2015)

① 목적

관절가동 범위의 제한 여부와 제한 정도를 측정하기 위해 사용하는 검사도구로 기능적 역량 향상과 변형의 감소를 위해 필요한 관절 범위를 결정하고자 사용

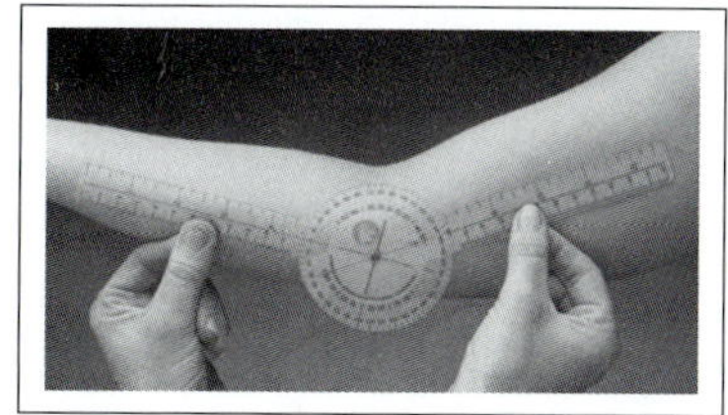

② 대상

관절염, 골절, 절단 등의 지체장애, 뇌혈관질환으로 인한 뇌병변 등의 장애유형, 부목 및 보조도구의 필요 여부 결정이 요구되는 성인 등

③ 시간: 상하지 대관절의 경우 40분 내외

④ 실시방법

- 시각적 관찰(visual observation): 관절 부위 주변을 관찰, 보상운동, 근육형상, 피부색 및 주름 등
- 촉진(palpation): 2 · 3번 손가락 패드로 촉진(경험과 연습이 중요)
- 평가자는 편안한 자세로 이용자의 관절을 측정하기 적합한 자세로 유도
- end feel(관절의 가동 범위 중 마지막 범위에서 느껴지는 느낌): 관절에 따라 soft, firm, hard하게 느껴짐
  - soft: 슬관절 굴곡(무릎을 구부리는 동작)
  - firm: 족관절 배측굴곡(발등을 위로 올리는 동작)
  - hard: 주관절 신전(팔꿈치를 펴는 동작)
- 근위부 고정(Proximal Stabilization): 측정하고자 하는 관절의 근위부를 고정하고 말단부를 가동시킴

⑤ 해석

- 정상 범위 안에서 좌우의 차이가 작으면 이상 없음으로 간주

- 가동 범위의 감소는 제한된 기능을 가져오고 자기관리, 직업, 휴식, 사회활동 등에 어려움이 발생
- 측정값을 활용하여 움직임 및 제한 범위에 따라 직무수행 가능성을 제고

(8) 신경근육운동발달검사(MAND)

① 목적

- 신경운동기능을 평가하기 위한 McCarron-Dial System(MDS)의 하위도구로 한국형으로 표준화 됨
- 발달과 직업능력에 직접적으로 관련된 신경근육운동의 4개의 분리된 요인*들을 측정
  * 4개 요인: 지속적 조정, 근육의 힘, 운동감각의 연합, 양손의 민첩성

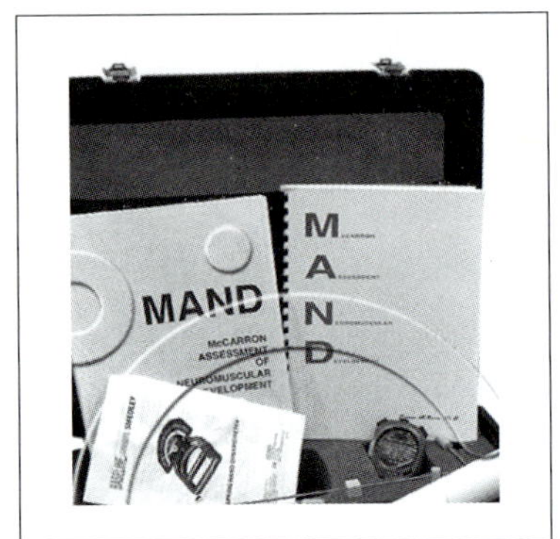

② 대상

- 특정 신경학적 병인과 관계없이 인식, 기억, 학습, 인지, 언어, 정서, 복합적 자율신경운동 같은 기능을 관장하는 대뇌피질의 상위기능에 기능적 제한성이 있는 자
- 지적장애, 정서장애, 학습장애, 신경심리학적 장애를 가진 자 등

③ 시간: 30~40분 내외

④ 구성

- 4개 요인을 평가하기 위한 10개의 하위검사로 구성
- 5개 하위검사들은 소근육 운동능력을 측정하고, 나머지 5개 하위검사들은 대근육 운동능력을 측정

영역	하위검사	요인
소근육 하위검사	상자 안 구슬 담기	양손 민첩성
	막대 구슬 꿰기	양손 민첩성
	손가락 두드리기	양손 민첩성
	너트와 볼트	양손 민첩성
	막대 밀기	지속적인 통제
대근육 하위검사	손의 힘	근육의 힘
	손가락-코-손가락	지속적인 통제
	제자리멀리뛰기	근육의 힘
	발 붙여 걷기	운동감각의 통합
	한 발 서기	운동감각의 통합

⑤ 실시방법

	하위검사	실시방법
소근육 하위검사	상자 안 구슬 담기	• 가능한 빠르게 한 번에 한 개씩 먼 쪽에서 가까운 쪽의 상자로 구슬 옮기기 • (30초) 오른손_____ + 왼손_____
	막대 구슬 꿰기	• 가능한 빠르게 한 번에 한 개씩 구슬을 집어 막대에 끼우기 • (30초) 눈감고 실시_____ + 눈뜨고 실시_____
	손가락 두드리기	• 나무판에 엄지와 검지가 펴진 상태에서 주먹을 편안히 올려놓고 가능한 빠르게 검지손가락이 나무판과 고무줄에 닿도록 위·아래로 움직이기 • (10초) 오른손_____ + 왼손_____
	너트와 볼트	• 익숙하지 않은 손으로 너트를 고정한 후 익숙한 손으로 볼트를 잡고 너트 쪽으로 끝까지 돌리기 • (100 - 큰 것 돌리는데 걸린 총 시간) + (100 - 작은 것 돌리는 데 걸린 총 시간)
	막대 밀기	• 오른손은 오른손 → 왼손, 왼손은 왼손 → 오른손 방향으로 두 개의 기둥 사이에 있는 구슬 손잡이를 잡고 되도록 최대한 천천히 움직이기 • (최대 30초) 오른손과 왼손의 움직임을 관찰하여 기록, 5초 이하이면 점수기록지 양식 각 항목 모두 1점
대근육 하위검사	손의 힘	• 팔은 어깨의 높이를 유지하고 가능한 쭉 펴서 할 수 있는 한 힘껏 악력계의 손잡이를 쥐기 • 오른손 → 왼손 → 오른손→ 왼손 순으로 각각 두 번씩 시도하고, 높은 점수를 기록

	하위검사	실시방법
	손가락-코-손가락	• 오른손 검사의 경우, 왼팔을 쭉 펴고 왼손 검지손가락을 오른쪽으로 구부린 후 오른손의 검지손가락이 코끝을 접촉 후 뻗은 왼손가락의 끝을 접촉하기 • 각 시도는 10초 또는 코에 약 5번 접촉하는 정도의 시간을 허용 • 오른손/왼손 각각 눈뜬 채/눈 감은 채 실시 • 기록지에 양손을 10초간 관찰한 내용을 기록
	제자리 멀리뛰기	• 보행선 테이프를 바닥에 부착하고 이용자의 발가락 끝이 보행선의 0과 직각이 되게 서서 두 발을 모으고 가능한 멀리 뛰기 • 세 번 시도 중 가장 멀리 간 거리를 기록 • 세 번의 점프를 하는 동안 움직임을 관찰하여 기록
	발 붙여 걷기	• 양손을 엉덩이 위에 올리고 발자국을 뗄 때마다 뒤꿈치와 발가락이 닿도록 발가락 앞에 발뒤꿈치가 직접 닿게 줄을 따라 걸어가기 • 3배의 거리를 혼자서 걸을 때 보이는 행동관찰을 기록
	한 발 서기	• 할 수 있는 한 오랫동안 한 발로 서 있기(최대 30초) • 눈 뜨고 우/좌, 눈 감고 우/좌 실시 후, 좌/우 수행결과를 합하여 기록

⑥ 채점

- 규준표를 사용하여 10개의 MAND 하위검사 결과를 표준점수로 전환
- 해당 요인이 있는 환산표에서 원점수가 위치한 점에 가상의 수직선을 그어 표준점수를 찾기
- MAND의 원점수는 표준점수(평균=100, 표준편차=15)로 전환됨
- 환산표에서 표준점수 분포는 25~130이고 3점식 증가
- 각 원점수를 비슷한 방식으로 전환하고, 얻어진 환산점수를 '표준점수'란에 기록
- 청각장애인(McCarron & Ludlow, 1981)과 시각장애인에게도 수정하여 적용 가능함

⑦ 해석 및 적용

- 매뉴얼 규준표 참조
- 직업, 교육, 주거 수준 평가에서 운동기능 정도를 파악하는 데 활용
- 직업 및 주거 프로그램 수준을 예측하는 데에 활용
- 한국에서 표준화된 K-MAND의 규준 활용 가능

(9) 보행(Gait)(한국장애인고용공단, 2009; Jacquelin, 2006)

① 보행주기

- 양 하지에 의해 이루어지는 한 걸음(stride)을 보행주기(gait cycle)라 함

기타 용어정리

- 한 발짝(step): 한쪽 발뒤꿈치가 땅에 닿는 시기(hee strike)에서 반대쪽 발뒤꿈치가 땅에 닿는 시기까지의 동작
- 한 걸음(stride): 한쪽 발뒤꿈치가 땅에 닿는 시기(hee strike)로부터 같은 쪽 발뒤꿈치가 땅에 닿는 시기까지의 동작
- 보폭(stride length): 한걸음 사이의 거리
- 일보시간(strike duration): 한 걸음에 요하는 시간
- 양발너비(stride width): 한 걸음에서 좌우 발 사이의 폭
- 보행속도(cadence): 단위시간당 보행 수
  ※ 1분간 성인평균보행수: 90~120보 전후
- 보행주기(gait cycle): 양 하지에 의해 이루어지는 한 걸음(stride)

② 보행분석

- 입각기(stance phase): 전체의 60%, 발이 땅에 닿고 있는 상태
  - 발뒤꿈치 닿기(heel strike): 발뒤꿈치가 땅에 닿는 시기
  - 발비닥 닿기(foot flat): 발목이 발바닥 쪽으로 구부러지는 동작(plantar flexion)이 되면서 발이 땅에 완전히 닿는 시기
  - 중간 입각기(mid stance): 지지하는 다리 바로 뒤에 체중이 놓이게 되는 시기
  - 발뒤꿈치 들어올리기(heel off): 뒤꿈치가 떨어지는 시기
  - 발끝 밀기(toe off): 발가락이 떨어지는 시기
- 유각기(swing phase): 전체의 40%, 발이 땅에서 떨어져 공중에 있는 상태
  - 가속기(acceleration): 하지가 땅에 떨어져 중간 유각기(mid-swing)나 하지가 몸 바로 아래 올 때까지의 기간
  - 중간 유각기(mid swing): 동측 사지가 몸 바로 밑을 지나는 시기, 최대 무릎 굴곡(maximal knee flexion)에서 경골(tibia)이 수직이 되는 지점
  - 감속기(deceleration): 중간 입각기(mid stance) 이후 경골(tibia)이 일직선상을 지

나 발뒤꿈치 닿기(heel strike)를 준비하기 위해 슬관절 신전(knee extension)이 되는 시기

- 동시 입각기(double stance phase): 양발이 모두 땅에 지지하고 있는 상태로, 대부분 한쪽 발의 뒤꿈치 닿기(heel strike)와 반대 발의 밀기(toe off) 상태에서 일어남. 동시 입각기는 보행의 속도와 관계가 깊어 속도가 느릴수록 보행주기 중 그 기간이 길어짐

③ 이상보행

- 정상보행: 대칭적이고, 적당한 보폭과 보장, 조화로운 팔다리의 움직임
- 족하수증(foot drop): 발목 마비로 발목을 들어 올릴 수 없어 보행 시 바닥에 끌리는 것을 보상하기 위해 마치 계단을 오르는 것처럼(high-stepping) 무릎을 과도하게 들어 올리며 걸음
- 파킨슨병: 보폭이 좁고, 구부정한 자세로 팔을 흔들지 않음. 걷기 시작이 어렵고 일단 걸음을 시작하면 가속보행(멈추기가 어려움)과 쏠리는 듯한 걸음을 보임. 걸을 때 쏠림이 더 심해질 수 있음

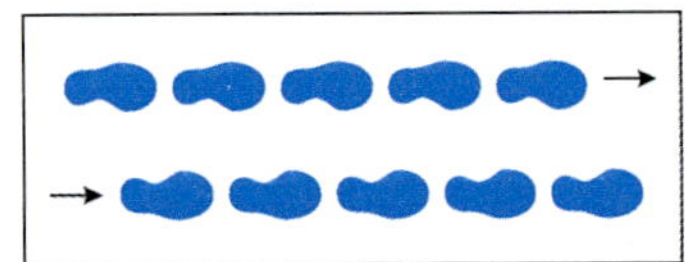

- 편마비 보행: 한쪽 다리를 바깥으로 저으면서 걸음
- 실조성 보행: 몸통 전체가 흔들리고 보폭은 넓으며 상지 흔들림은 없으나 보장이 매우 짧음. 한쪽 하지의 지면 접지가 일어난 후 균형을 잡기 위해 체간이 흔들린 후 어느 정도 균형을 이룬 후 다른 쪽 하지가 앞으로 나아가게 됨. 일직선상으로 걸을 수 없고 특히 병변이 소뇌 편측에 있을 경우는 병변이 있는 쪽으로 향하게 됨
- 뇌성마비 보행
  - 편마비형: 보행 시 이상이 있는 쪽에서 발끝이 땅에 끌리는 양상과 무릎 관절이 자연스럽게 굽어지지 않는 양상을 보임
  - 양측 마비형: 보행 시 전반슬 보행(genu recurvatum gait: 양측 무릎이 뒤로 젖혀짐), 쭈그림 보행(crouch gait: 무릎을 구부린 상태에서 발뒤꿈치를 들고 걷기), 가위보행(scissors

gait) 등 양상을 보임

▸ 양 고관절 내전근의 강직성 마비가 있을 때 나타남. 보장은 짧고 느리며 유각기에 양하지는 외회전시키고 밖으로 돌리는 원회전 자세로 하여 몸 앞으로 가져옴. 입각기가 시작될 때 발뒤축을 몸의 중앙으로 가져오므로 보폭이 매우 작아지며 때로는 없어짐

▸ 성장함에 따라 고관절 굴곡근과 내전근의 과활동 및 구축으로 외반고(coxa valga), 대퇴 전경(femoral anteversion)이 증가하여 하지는 내회전된 양상을 보이고 슬관절은 외반슬(genu valgum), 족부는 편평외반(pes planovalgus)의 변형을 보임(X자 다리모양)

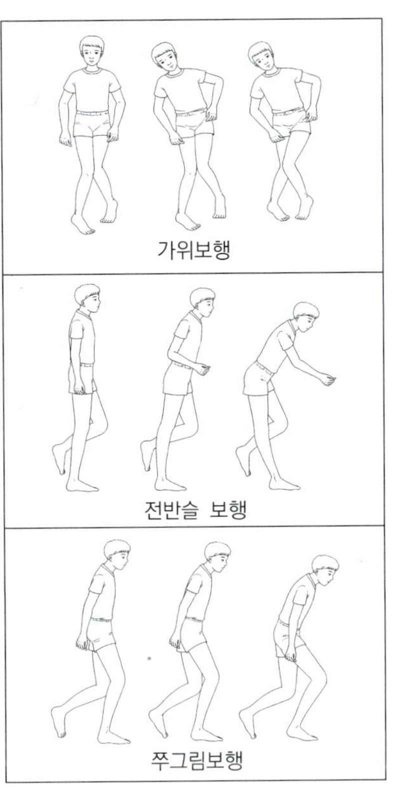

- 사지 마비형: 1/4은 걷지 못하고 일상생활 동작도 불가능하며, 1/3은 보조기구를 사용해야만 걸음. 보행과 독립적 일상생활이 가능한 비율은 1/3 정도로 추정함

④ 관찰사항

보행의 대칭 여부, 보폭의 크기, 보행의 원활함(비틀거림, 불균형 등), 양발 너비, 팔의 움직임 범위, 체간의 움직임(전후좌우의 기울음, 동작의 경직성 등), 몸 위 상하 움직임(과대 움직임과 원활성 여부), 팔과 다리 움직임의 조화로움, 방향전환 및 속도조절 정도 등을 관찰

(10) 진전(Tremor)(한국장애인고용공단, 2009)

① 정의

원치 않는 근육의 반복 동작이 지속해서 리드미컬하게 떨리는 것으로 손,

팔, 머리, 얼굴, 목소리, 다리 등을 떠는 것. 생명에 위협을 주는 것은 아니나 당사자는 부끄럼을 느끼고 일상생활을 영위하는 데 상당한 장애를 줌

② 원인

다발성 신경경화증, 중풍, 뇌손상 등 여러 원인에서 일어날 수 있음. 퇴행성 신경질환으로 뇌간이나 소뇌에 손상이 진행되는 경우, 약물 부작용 혹은 정신질환 치료제 계통의 약, 알코올남용이나 알코올중독자의 금단과정 중에 수은중독, 갑상선 항진, 신부전증 등의 경우, 유전적인 원인 및 원인불명 등이 있음.

③ 특성

- 손, 발, 다리, 가슴, 목소리가 리드미컬하게 떨리고 글이나 그림을 그리기가 어려움
- 스트레스나 감정적 흥분, 신체적 피곤감, 어떤 자세나 동작을 오래하고 있을 경우 증세가 더 악화
- 나이에 관계없이 일어날 수 있고 주로 중년에서부터 나타나며 남녀 모두 같은 비율
- 형태
  - Resting tremor: 쉬고 있을 때나 정지하고 있을 때
  - Intention tremor: 어떤 의도적인 동작을 시도하려고 할 때
  - Postural tremor: 어떤 자세를 계속 유지하고 있을 때
- Task specific tremor: 고도의 숙련된 동작을 취하려고 할 때(서예, 시계 수리공)

④ 평가

- 진전이 동작을 취할 때 일어나는지, 휴식할 때 일어나는지 확인
- 사지의 한쪽인지 양쪽인지, 감각기능에 이상이 있는지, 근육의 약화나 퇴화가 이루어졌는지, 반사신경에 이상이 있는지 확인
- 글씨를 쓰거나 컵을 잡는 것과 같은 기능의 제약이 있는지 확인

(11) 강직(Spasticity)(한국장애인고용공단, 2009)

① 정의

근육의 긴장도가 증가한 상태로, 관절운동 범위 감소나 수의적 운동기능 상실 등의 기능장애가 나타나고 방치 시 관절변형이 올 수 있음. 상위 운동신경원 증후군(upper motor neuron syndrome)의 한 증상으로 대뇌피질, 피질하 혹은 척수 손상 환자에게 관찰되는 운동기능장애임

② 특성

- 강직이 있는 근육에 급격한 수동신장을 가할 경우 접칼반사(clasp-knife reflex: 강한 저항 후 갑작스러운 저항 상실이 연이어 나타나는 현상)가 나타남
- 강직이 있는 근육에 지속적 신장력을 가할 경우 길항근*에 과활동성 강직이 규칙·반복적으로 나타남

* 길항근: 서로 반대되는 작용을 동시에 하는 근육. 즉 한쪽이 수축할 때 다른 쪽은 늘어나게 되어 있는 한 쌍의 근육

〈강직과 경직의 특성〉

구분	강직(Spasticity)	경직(Rigidity)
긴장도의 특성	속도 의존적으로 증가 (접칼 반응)	속도와 관계없이 지속적 (납파이프 반응)
힘줄(건)반사	증가	정상
수동운동에 대한 저항	한 방향	양방향

출처: 한국장애인고용공단(2009).

3. 심리평가

1) 심리평가 정의

직업평가에서 심리평가는 장애인의 직업적 심리특성을 이해하기 위해 도구를 활용한 심리검사, 면담, 행동관찰 등을 통하여 이루어진다. 심리평가는 장애인의 발달 및 인지적 수준, 직업흥미, 성격, 장애와 관련된 자아인식과 행동, 사회적응도, 심리·

정서적 행동양식 등 현재 심리적 상태를 평가하고 직업생활에 영향을 줄 수 있는 다양한 심리적 요인들을 파악하여 직업재활 방향을 설정하기 위한 기본 정보를 제공하는 전문적인 과정이다.

2) 심리평가 목적

심리평가의 목적은 장애인의 현재 장애상태를 확인하고, 여러 가지 상황 속에서 개인의 행동 및 직업생활에 적응하는 데 겪을 잠재적 문제를 예측하는 것이다. 또한 직업생활에 영향을 미칠 수 있는 다양한 측면들을 평가함으로써 이용자에게 적합한 재활서비스를 추천하고 개선하기 위한 방법들을 제시하여 문제 해결에 도움을 주고자 하는 데 있다.

3) 심리평가 내용

심리평가의 내용에는 인지, 언어, 정서 및 성격, 사회적응도, 적성, 직업흥미 등이 포함된다.

(1) 인지

인지는 생각, 상상, 추리, 기억 및 판단 등 모든 형태의 지적 활동을 포괄하는 광범위한 인간의 정신적 과정 혹은 지적 구조이다. 이러한 인지기능은 사람이 생명을 유지하고 자기에게 주어진 환경에 보다 잘 적응하기 위해서 환경으로부터의 자극이나 정보를 선택적으로 수용하고 그것을 적절히 처리해 나가기 위해 필요하다(이달엽 외, 2005).

따라서 직업평가에서 인지적 영역의 평가는 문제해결능력, 새로운 상황에의 적응능력, 직면하는 학습상황에서의 대처능력, 직업적 성취 수준 예언 등을 파악하기 위해 중요한 요소이다.

인지 수준을 파악하기 위해서 지능을 측정하는데, 지능(intelligence)은 문제해결 및 인지적 반응을 나타내는 개체의 총체적 능력을 의미하는 것으로 현재 우리나라에서 가장 널리 사용되고 있는 지능검사는 웩슬러 지능검사이다.

(2) 언어

언어는 자신의 생각이나 느낌을 나타내고 타인과 의사소통하기 위한 수단이다. 언어의 발달은 인지, 놀이, 교육과 학습, 대인관계, 정서와 행동 발달 등에 매우 중요한 영향을 미친다. 적절한 언어의 발달과 사용은 일상 및 사회생활 적응에 필수적이다.

이러한 언어발달은 독립된 영역으로만 이루어지는 것이 아니라 인지기능 및 사회성 발달 정도에 따라 달라질 수 있다. 따라서 직업평가에서 인지능력, 사회적응능력 측정 시 언어능력을 파악할 수도 있다.

언어발달이 늦은 경우 사회적 상호작용을 통해 사회적 기능, 놀이기능, 의사소통기능 등을 학습할 기회가 줄어들 수 있다. 정도에 따라 다르겠지만 교육적 · 정서적 · 사회적 발달 등 모든 측면에 좋지 않은 영향을 끼칠 수 있고 이는 행동 및 정서장애, 좌절감, 무기력 등 심리사회적 문제를 유발할 수 있다. 뿐만 아니라 학습에 필요한 기초개념의 발달을 늦어지게 하여 학업성취도 또한 낮아지게 된다.

따라서 언어능력 발달 정도가 직업생활에서 사회적 상호작용, 학업이나 직업적 성취 수준을 예측하는 데 상당히 중요한 요소가 된다.

(3) 정서 및 성격

정서는 특정한 내적 · 외적 변인에 대해 경험적 · 생리적 · 행동적으로 반응하려고 하는 유전적으로 결정되거나 습득된 동기적 경향이다.

정서는 정서, 감정, 기분 세 가지로 구분할 수 있다.

- 정서(affection): 감정과 기분을 모두 포괄하는 전체적인 개념으로, 유기체 내 · 외의 자극에 대해서 일어나는 반응 또는 상태로서 경험, 표현행동(얼굴표정, 신체표현), 생리적 각성(자율신경계의 흥분) 및 대상에 대한 행동 경향성을 포함한다.
- 감정(emotion): 명확한 원인과 반응을 보이는 것으로 일반적으로 짧은 기간 동안의 정서적 경험을 말하며 기분에 비해 인식이 가능하다(예: 불안, 분노, 우울).
- 기분(mood): 감정에 비해 좀 더 미묘하고 잘 깨닫지 못한다. 전반적이고 장기간 동안 나타나며 대상이 불특정하다.

따라서 정서 파악은 현재 상황에 대한 정보를 제공하며, 사회적 · 직업적 환경에 적절히 대처할 수 있는 동기를 제공하기 때문에 중요하다.

성격은 개인의 내부에 있는 특징적인 행동과 사고를 결정해 주는 정신적 · 신체적(심리생리적) 체계의 역동적 조직이다. 즉, 성격은 선천적 · 후천적 요소의 상호작용으로 결정되어 비교적 일관성 있게 한 개인을 특징짓는 독특한 심리, 사회적 특성이다. 개인의 두드러진 특성으로 나타나는 성격이란 일반적으로 한 인간이 환경에 적응해 나가는 과정에서 비교적 일관성 있게 나타나는 개인 특유의 행동 및 사고양식을 말한다(이달엽, 2005).

이러한 성격의 세 가지 차원의 특성으로 독특성(신체적 · 지적 · 기질적 특성 및 흥미 등도 포함하는 개인의 독특한 특성의 유형), 일관성(상황과 시간에 걸쳐 지속되는 여러 상황에서 일관성 있게 나타나는 행동 및 사고양식), 개인차(환경에 적응하는 방식에 있어서의 개인차)가 있다.

또한 직업재활에서 이용자의 성격평가 목적은 직업적응을 돕기 위한 적절한 행동의 강화에 필요한 훈련영역을 판단하고 이용자가 직업적으로 기능하는 데 필요한 효과적인 원조방식을 찾는 것에 있다. 나아가 특정 직업이 요구하는 조건에 영향을 미치는 문제요소들과 장점들을 발견하여 직업재활을 촉진시키는 데 있다(Power, 2000). 뿐만 아니라 이용자가 최대한의 만족감과 기쁨을 얻을 수 있는 직업 분야를 파악하기 위해 성격을 확인하는 것이 중요할 수 있다.

(4) 사회적응행동

적응행동이란 동료집단으로부터 기대되는 성숙, 학습, 의사소통, 자기관리, 가정생활, 작업기술 등을 말한다. 이러한 적응행동은 각 연령층에 따라 사회적 기대가 달라진다. 적응행동의 결핍은 정상적인 환경에 대처하는 데 많은 제한을 유발하기 때문에 타인의 감독과 통제 또는 외부의 도움을 필요로 하는 불완전한 정신적 발달 상태를 야기시킬 수도 있다. 따라서 기초적인 생활적응과 직업을 갖고 직장생활을 계속 할 수 있도록 하기 위해서는 사회생활 및 직업생활에 필요한 적응기술 정도를 파악하고 적절한 훈련이 필요하다.

(5) 적성

일반적으로 적성은 미래의 어떤 직업이나 분야에서 일을 수행하거나 학습할 수 있는 개인의 능력을 구분하는 특성을 의미한다. 따라서 적성검사는 주어진 활동을 성취하는 것을 학습할 수 있는 잠재력을 측정하도록 제작된 검사이다(이달엽, 2005).

넓은 의미의 적성이란 지능, 적성, 흥미, 도덕, 신체적 특성 등을 포괄하는 특정직업 영역에 대한 수행능력을 가리키며, 좁은 의미의 적성이란 지능, 성격, 흥미 등 일체를 제외하고 특정 직업에 직결된 수행능력을 일컫는다(이달엽, 2005).

적성은 그 직업을 갖기 전에는 잠재능력으로서 존재하다가 일을 시작하면 적성이 실력을 발휘하여 성공에 영향을 주는 중요한 요인이 될 수 있다. 요구되는 적성과 개인이 선택한 직무가 정확히 일치했을 때, 개인은 그 능력을 충분히 발휘할 수 있고 일에 보람과 기쁨을 얻을 수 있게 된다.

이러한 적성평가는 특정 직무에 관한 적성을 평가하는 방법과 일반적인 직업적성을 광범위하게 평가하는 방법으로 구분된다. 적성이 평가되면 평가사는 장애인이 능력을 발휘할 수 있는 적성 분야와 해당되는 직무를 연결시키는 작업을 할 수 있게 된다.

(6) 직업흥미

흥미검사는 장애인이 무엇을 원하는가를 알아보는 검사이다. 직업흥미란 수많은 여러 가지 직종 가운데 어떤 특정한 직종에 대한 호의적이고 수용적인 관심 및 태도를 갖는 것을 말한다. 직업흥미는 직업의 선택과 성공을 결정짓고 구체적인 특정 활동이나 작업에 대한 미래의 직업만족 가능성을 예측하는 데 있어서 가장 중요한 요인 중의 하나이다.

이러한 직업흥미를 측정하는 방법은 표준화된 직업흥미검사와 자기보고에 의하여 평가하는 방법이 사용되며, Gibsun & Mitchell(1981)는 흥미검사의 기능을 다음과 같이 제시하였다.

- 개인이 미처 인식하지 못하고 있는 잠재력을 발견할 수 있다.
- 개인의 특수능력이나 잠재력을 개발하도록 격려할 수 있다.
- 학업이나 진로를 결정하는 데 중요한 정보를 제공할 수 있다.
- 개인의 미래 학업이나 직업에 있어서의 성공 가능성을 예언할 수 있다.

4) 평가도구

심리평가는 장애정도 및 욕구에 따라 적절한 심리검사도구를 선정하여 실시해야 한다. 심리평가 요소별 주요 도구를 살펴보면 〈표 4-18〉과 같다.

표 4-18 주요 심리평가 도구

평가요소	평가도구
인지	한국 웩슬러 성인지능검사(K-WAIS-Ⅳ), 지각력검사(LOTCA), 한국판 아동지능검사(KEDI-WISCI), 고대-비네 검사(K-Bine) 한국형 간이 인지검사(MMSE-K), 간편지능검사, 한국판 기억평가검사(K-MAS), 학업성취도검사(SLAT), 기초학습기능평가, REY-KIM 기억검사, 시각운동 통합발달검사(VMI)
언어	수용표현어휘력검사(REVT), 그림어휘력검사, PPVT(3,4 L)
정서 및 성격	집-나무-사람검사(HTP), 로샤검사(Rorschach), 성격유형검사(MBTI), 다면적 인성검사(MMPI), 간이정신진단검사(SCL-90-R), 문장완성검사(SCT), 동적 가족화검사(KFD), 인물화검사(DAP), 정서문제척도(EPS), 자아인식검사, 자아수용검사, 자기개념검사, 에니어그램, 한국아동충동검사, OEI-R(정서관찰척도), EBC(정서행동관찰), 주제통각검사(TAT)
사회적응도	사회성숙도검사(SMS), 지역사회적응검사(CISA-2), 적응행동검사(K-ABS), 기능적 적응행동관찰(SFAB), 행동평가척도(BRS), 기능적독립수준평가(FIM)
적성	홀랜드 적성탐색검사, 일반적성검사(GATB), 일반직업적성검사(GVAT), 장애 성인용 직업적성검사, KEAD 청소년직업적성검사
직업흥미	그림직업흥미검사, 광역 직업흥미검사(WRIOT), 직업선호도검사, 자기탐색검사(SDS), 직업전환검사, 진로탐색검사(STRONG), 발잘장애인용 직업흥미검사(NISE-VISIT)
기타	직업인성프로파일(WPP), 직업적응도평가척도(VARS), ABC 행동능력평가, 신경심리검사, 진로준비도 검사, 직업준비도검사(ERS), 직업기능 스크리닝검사, 진로성숙도검사, 취업준비체크리스트

(1) 한국 웩슬러 성인지능검사(K-WAIS-Ⅳ)

① 목적: 개인의 지적 능력 파악

② 대상: 만 16세 이상~69세 이하 성인

③ 소요 시간: 80분~100분

④ 구성: 4개 척도, 10가지 핵심 소검사와 5가지 보충검사

표 4-19 한국 웩슬러 성인지능검사 구성

주요 지표	소검사명	보충검사
언어이해	공통성, 어휘, 상식	이해
지각추론	토막 짜기, 행렬추론, 퍼즐	무게비교, 빠진 곳 찾기
작업기억	숫자, 산수	순서화
처리속도	동형 찾기, 기호쓰기	지우기

⑤ 실시방법: 1:1 개별검사로 진행(검사 매뉴얼 참조)

표 4-20 한국 웩슬러 성인지능검사 소검사 내용

소검사	실시방법
토막 짜기	토막을 사용하여 똑같은 자극 모양 만들기
공통성	두 단어의 유사점 말하기
숫자	숫자 바로 따라 외우기와 거꾸로 외우기
행렬추론	일부가 빠진 행렬을 보고 이를 완성한 반응선택지 고르기
어휘	그림문항의 물체의 이름 말하기, 언어문항의 뜻 말하기
산수	산수문제 암산으로 풀기
동형 찾기	탐색집단에서 표적기호와 동일한 것 찾기
퍼즐	완성된 퍼즐을 보고 그 퍼즐을 맞들 수 있는 세 개의 반응 찾기
상식	폭넓은 영역에 관한 질문에 대답하기
기호쓰기	숫자와 짝지어진 기호를 옮겨 적기
순서화	일련의 숫자와 글자를 읽어주면 숫자와 글자를 순서대로 회상하기
무게비교	양쪽 무게가 달라 균형이 맞지 않는 저울을 보고 균형을 맞추는 데 필요한 반응 찾기
이해	일반적 원리와 사회적 상황에 대한 이해에 근거해서 질문에 답하기
지우기	도형 속에서 표적 모양 찾아 표시하기
빠진 곳 찾기	그림에서 빠진 부분 찾기

⑥ 사례

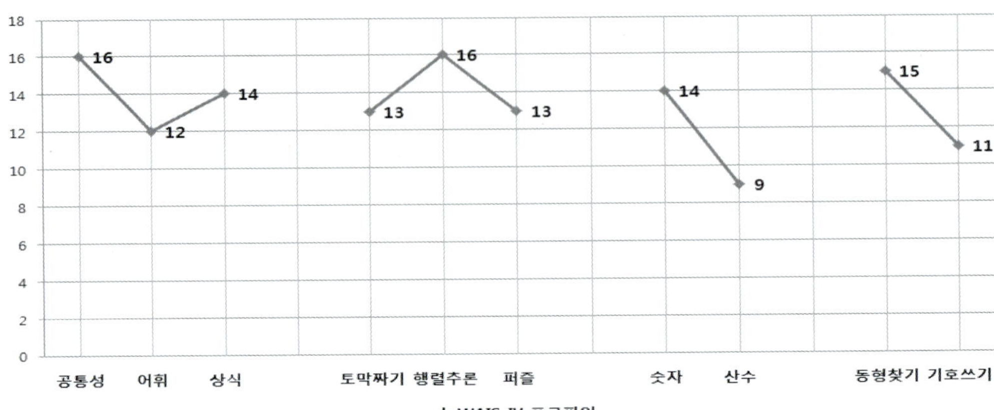

	언어이해	지각추론	작업기억	처리속도	전체IQ
조합점수	124	126	109	118	125
백분위	95	96	73	88	95
95%신뢰구간	116-129	116-132	101-116	106-125	119-129

〈소견〉

이용자는 같은 연령대 사람들과 비교했을 때, 현재 전체 지능 IQ 125점(IQ 119~129: 95% 신뢰구간)으로 '우수'의 지능 범위의 기능을 하고 있음. 이는 동일 연령대 100명을 기준으로 할 때 상위 5명 이내에 해당하는 백분위에 해당함. 개인 내적으로 이용자의 언어이해(124)와 지각추론(126)지표는 '우수', 처리속도(118)는 '평균상', 작업기억(109)은 '평균' 수준을 보임.

이용자의 언어이해 및 지각추론지표와 작업기억지표 수행이 유의한 차이가 나타나고 있으나 23점 이하이므로 전체 IQ로 합산, 인지기능 수준으로 추정하는 데 문제가 없음.

이용자는 언어이해 수행이 뛰어나 언어적 개념을 형성하고 표현하여 사회적 판단력과 도덕적 상황에 대한 이해력을 가지며, 언어적 추론능력과 습득된 지식이 매우 발달해 있는 것으로 보임. 따라서 언어표현이 유창하고 언어이해력도 뛰어나 언어적 의사소통을 잘하여 지적·교육적 활동에 흥미가 많을 것으로 예상됨. 또한 비언어적 자극에 대한 분석·종합·추론능력이 요구되는 지각추론 수행이 뛰어나 공각지각, 거리측정, 사물 조립 등 비언어적 인지조작 및 활동을 잘할 가능성이 예상됨.

지적과제에 대한 시지각 민첩성 및 시지각 운동협응능력을 나타내는 처리속도에서도 높은 수행을 보여 반응속도 및 일처리가 빠를 것으로 예측됨.

한편, 기억 내에 일시적으로 유지하면서 동시에 이를 조직하여 결과를 산출해내는 작업기억(숫자 14, 산수 9)은 유의한 수행차이가 나타나고 있어 단일 지표로 해석하기에는 무리가 있음.

이용자는 전반적으로 높은 수행을 보이고 있어 유의하게 높은 수행을 보이고 있어 유의하게 높은 강점은 나타나지 않고, 산수(9)가 개인적 약점인 것으로 확인됨. 산수는 계산능력, 수리적 분석력과 추론력에 관련된 습득된 지식 및 고도의 주의집중력을 측정하는 소검사임. 산수의 상대적 수행저하는 수리적 조작의 어려움으로 야기됨. 불안한 정서의 영향이 상대적으로 부정적 영향을 주었을 가능성에 대해 예측해 볼 수 있음.

출처: http://www.walterz.net (2017/07/19)

(2) 수용 · 표현 어휘력검사(REVT)

① 목적: 수용어휘능력과 표현어휘능력 측정

② 대상: 2세 6개월부터 만 16세 이상의 성인

③ 소요 시간: 30~40분

④ 구성: 수용어휘 185개, 표현어휘 185개 문항

- 수용어휘 문항: 명사 98개, 동사 68개, 형용사 및 부사 19개
- 표현어휘 문항: 명사 106개, 동사 58개, 형용사 및 부사 21개

⑤ 실시방법

- 1:1 개별검사로 표현어휘검사를 먼저 실시하고 그 다음 수용어휘검사 실시
- 연습문항을 실시하여 본문항 실시 여부를 결정하며 생활연령에 따른 시작문항을 참고하여 본검사문항 실시
- 표현어휘능력검사: 평가사가 보여주는 그림이 무엇인지 묻고 이용자가 답하기
- 수용어휘능력검사: 평가사가 검사도구의 각 문항 지시어를 구두로 묻고 이용자는 보기 그림 4개 중에서 하나를 말하거나 손으로 가리켜 응답하기
- 평가사는 이용자의 정반응과 오반응에 관계없이 이용자가 말한 답이나 최종 선택한 번호를 답지에 적기
- 채점 및 등가연령, 표준점수, 백분위 찾기

⑥ 사례

> 원점수: 39, 등가연령: 3세 6~11개월 백분위: 10%ile
>
> 〈소견〉
>
> 정○○ 님은 수용언어능력 3세 6개월 수준으로 16세 이상 규준집단의 10%ile 미만임. 37세의 생활연령인 정○○ 님의 수용언어능력 발달이 매우 지체되어 있음. 일상적이고 자주 사용하는 기본 생활언어를 이해할 수 있는 정도이며, 간단한 자기 의사표현을 할 수 있는 정도임

(3) 집-나무-사람검사(HTP)

① 목적: 개인의 심리상태와 특성 파악

② 대상: 모든 연령대

③ 소요 시간: 30분(각 그림당 평균 10분 소요)

④ 구성: 집, 나무, 사람(2명) 그림을 그리도록 함

⑤ 실시방법

- A4용지 4장, 연필, 지우개를 준비하고 평가사는 종이를 이용자에게 제시하며 "이 종이 위에 그림(집 → 나무 → 사람 순서)을 그리세요."라고 지시하기
- 종이 방향은 집 그림은 가로, 나머지 그림은 세로 방향으로 제시
- 사람 그림은 이용자가 처음 그린 인물의 성별을 물어보고 반대의 성의 인물을 그리도록 지시하여 남성, 여성 모두의 그림을 그릴 수 있도록 하기
- 각 그림별로 매뉴얼에 제시되어 있는 세부 질문을 이용자에게 하고 이용자의 반응을 그림을 그린 용지에 기록하기

⑥ 사례

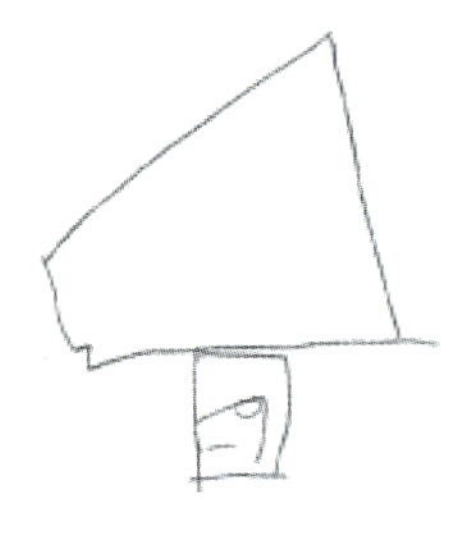	〈집〉 지붕의 크기가 지나치게 크고 모양도 적절하게 표현하지 못하였다. 지붕과 벽이 제대로 연결되어 있지 않는 등 통합의 어려움을 보이고 있으며, 부적절한 비율로 인해 무너질 것 같이 위태로운 느낌을 준다. 외부세계와 소통할 수 있는 통로인 창문은 생략되어 있고, 문 역시 선의 질이 불안정하고 적절한 형태를 갖추지 못하였다
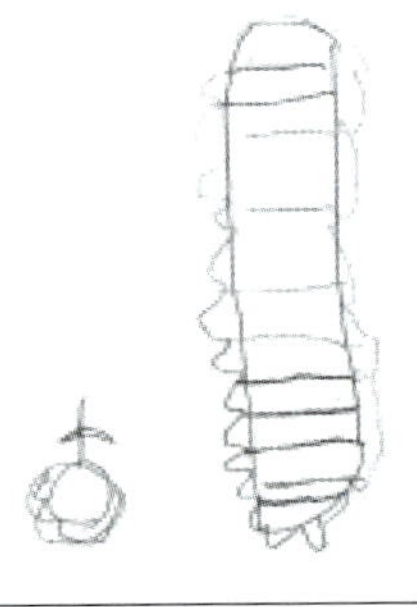	〈나무〉 뿌리나 가지, 잎을 적절히 표현하지 못하고 있는 것으로 보아 개념형성능력이나 시·지각적 조직화능력이 매우 제한되어 있음을 알 수 있다. 가지를 그리지 못하였고 뿌리가 작고 불안정하게 그려져 있는 것으로 볼 때, 외부세계와 소통할 수 있는 자원을 전혀 갖추지 못하고 있고, 따뜻한 상호작용 및 충분한 정서적 공감에서 비롯되는 안정감도 경험하지 못하고 있는 것으로 여겨진다.
	〈사람〉 아동의 만 나이가 거의 11세이지만 4~5세 아동의 그림에서 나타나는 소위 '올챙이 그림'과 같은 양식으로 사람을 표현하고 있으며, 머리가 신체에 비해 매우 큰 비율로 그려져 있다. 이는 인지능력의 발달지체로 인해 연령에 적절한 회화적 능력을 갖추지 못하고 형상을 단순한 기하학적 형태로 나타내는 단계에 머물러 있으며, 심리사회적 발달 또한 매우 유아적인 수준에 있음을 보여주는

	것이다. 머리카락이 쭈뼛하게 서 있고 눈, 코, 입이 성급한 선으로 큼직하게 그려져 있으며, 부위별 연결이 부적절하게 조직화되어 있는 양상을 고려할 때, 이는 일차적으로 낮은 인지능력과 뇌기능 장애의 가능성과 관련되어 있겠지만 충동적이고 비계획적인 면 또한 강할 것으로 추측된다.

출처: 그림을 통한 아동의 진단과 이해(2007, 신민섭). pp.222-223.

(4) 성격유형검사(MBTI)

① 목적: 성격유형 파악

② 대상: 모든 연령대

③ 소요 시간: 약 40~50분

④ 특징: 4가지 선호경향, 16가지 성격유형

표 4-21 MBTI 선호경향

4가지 선호 경향		
외향(E) Extraversion	에너지 방향, 주의초점 ↔	내향(I) Introversion
감각(S) Sensing	인식기능(정보 수집) ↔	직관(N) iNtuition
사고(T) Thinking	판단기능(판단, 결정) ↔	감정(F) Feeling
판단(J) Judging	이행양식 · 생활양식 ↔	인식(P) Perceiving

표 4-22 MBTI 16가지 성격유형

16가지 성격유형							
ISTJ	주-Si 부-Te 3차-F 열등-Ne	ISFJ	주-Si 부-Fe 3차-T 열등-Ne	INFJ	주-Ni 부-Fe 3차-T 열등-Se	INTJ	주-Ni 부-Te 3차-F 열등-Se
ISTP	주-Ti 부-Se 3차-N 열등-Fe	ISFP	주-Fi 부-Se 3차-N 열등-Te	INFP	주-Fi 부-Ne 3차-S 열등-Te	INTP	주-Ti 부-Ne 3차-S 열등-Fe

16가지 성격유형							
ESTP	주-Se 부-Ti 3차-F 열등-Ni	ESFP	주-Se 부-Fi 3차-T 열등-Ni	ENFP	주-Ne 부-Fi 3차-T 열등-Si	ENTP	주-Ne 부-Ti 3차-F 열등-Si
ESTJ	주-Te 부-Si 3차-N 열등-Fi	ESFJ	주-Fe 부-Si 3차-N 열등-Ti	ENFJ	주-Fe 부-Ni 3차-S 열등-Ti	ENTJ	주-Te 부-Ni 3차-S 열등-Fi

MBTI 는 〈표 4-21〉의 4가지 선호경향을 조합하여 〈표 4-22〉와 같이 16가지의 성격유형으로 나누어지며, 각 유형은 주기능, 부기능, 3차기능, 열등기능이 존재한다. 주기능은 가장 선호하는 경향으로 활발하게 사용하는 기능이며, 부기능은 주기능과 상호보완적으로 성격의 균형을 가져다준다. 3차기능은 부기능과 반대되는 기능으로 의식과 무의식의 가교역할을 하며, 열등기능은 주기능의 반대되는 기능으로 무의식 차원에 대부분 머물러 덜 발달되어 있다. 이러한 기능들은 심리기능이 성장되는 순서와 유형간 심리역동을 설명한다.

⑤ 실시방법

• 개별 또는 집단 지필검사
• 자기보고식 응답하기
• 작성방법 설명
  - 성격의 좋고 나쁨, 정상과 비정상을 판단하는 진단검사가 아니라 자신이 심리적으로 더 편한 것, 즉 선호유형을 알아보는 지표임을 설명
  - 문항에 응답할 때는 그동안 이용자 자신의 위치나 신분, 직책 등을 생각하지 않고 가장 편안한 자신의 모습에서 선택하기
  - 검사지와 응답용지가 있는데 검사지에는 표시하지 않도록 안내
  - 시간제한은 없지만 한 문항에 너무 오래 생각하지 말고 편안하고 자연스럽게 자주 사용하는 경향의 문항을 선택하기
  - 자신이 바라는 이상적인 문항에 응답하지 않기
  - 문항 선택기준: 자연스럽고 편안한 것, 습관처럼 크게 의식하지 않고 자주 쓰는 경향, 상대적으로 더 쉽게 끌리는 경향, 선택적으로 더 좋아하는 것

(5) 문장완성검사(SCT)

① 목적: 개인의 욕구상태와 부모 및 가족, 대인관계에 대한 태도 파악, 성격역동에 대한 심리진단 정보를 얻고 전반적인 심리적 적응을 판단하는 데 사용

② 대상: 만 18세 이상

③ 소요 시간: 30~40분

④ 구성(성인용)

표 4-23 SCT 구성내용

영역	내용
가족	• 어머니, 아버지, 가족에 대한 태도 측정 • 이용자가 회피적인 경향이 있더라도 네 개의 문항 중 최소 한 개에서라도 유의미한 정보가 드러남
성	• 이성관계에 대한 태도 • 사회적인 개인으로서의 여성과 남성, 결혼, 성적 관계에 대하여 자신을 나타내도록 함
대인관계	• 친구와 지인, 권위자에 대한 태도 • 가족 외의 사람들에 대한 감정이나 자신에 대해 타인이 어떻게 느끼는지에 관한 이용자의 생각들을 표현하게 함
자기개념	• 자신의 능력, 과거, 미래, 두려움, 죄책감, 목표 등에 대한 태도 • 현재, 과거, 미래의 자기개념과 그가 바라는 미래의 자기상과 실제로 자기가 될 것 같다고 생각하는 모습에 대한 정보를 제공해 줌

⑤ 실시방법

- 1:1 개별 지필검사
- 이용자에게 검사지를 주고 지시문을 읽어보도록 하고 질문받기
- 작성방법 설명(미완성인 뒷부분을 자유롭게 완성하기)
  - 정답, 오답이 없으므로 문장을 보았을 때 가장 먼저 떠오르는 것을 쓰기
  - 글씨나 문장의 좋고 나쁨을 걱정하지 말기
  - 시간에 제한은 없으나 너무 오래 생각하지 말고 빨리 쓰기
  - 지울 때는 두 줄로 긋고 다음 빈 공간에 쓰기

- 이용자가 검사를 완료한 후, 가능하면 질문단계 실시
  - 이용자의 반응이 중요하거나 숨겨진 의도가 있다고 보이는 문항에 대해 "이것에 대해 좀 더 이야기해 주세요."
- 읽고 쓰기가 어려움이 있거나 심한 불안함이 있는 대상의 경우 평가사가 문항을 읽어주고 이용자가 대답한 것을 기록지에 작성
- 구술 시행 시 이용자의 반응시간, 표정 및 목소리 변화, 얼굴 붉어짐, 전반적인 행동 등 관찰

⑥ 사례

• 다른 가정과 비교해서 우리 집안은 아주 불행한 곳이다. • 내 생각에 남자들이란 족쇄. 여자를 가둘 줄만 알지 자신은 갇힐 줄 모른다. • 결혼생활에 대한 나의 생각은 구중궁궐을 꿈꿨건만 창살 없는 감옥에서 무수리 신세. • 완전한 남성상은 외모, 학벌, 재력, 성격 팔방미인, 언젠가 만날 수 있을까?
〈배우자 및 현재 가족관계에 대한 지각〉 배우자와의 관계에서 충족되지 않은 애정, 보살핌에 대한 욕구, 자신의 통제 범위를 벗어난 배우자와의 갈등, 불만족감이 지배적인 것으로 나타난다.
• 내 생각에 가끔 아버지는 나의 영웅, 너무 사랑하고, 그립지만 두고 떠난 미운 사람 • 아버지와 나는 고맙고 멋있고, 친구같이 다정한 새아빠가 있어 다행이다. • 나는 어머니를 좋아했지만 엄마도 나밖에 없다고 하지만 항상 말, 돈으로 때우는 양반
〈원가족에 대한 지각〉 아버지상에 대해서는 지나칠 정도로 우호적 · 긍정적으로 지각하지만 안정적이지 못하다. 반면 어머니상과 관련해서는 과도하게 헌신적인 역할을 기대하며 자신의 어머니가 그에 부합하지 않는다고 여겨 비난, 평가 절하하는 등 부정적 지각이 지배적이다.
• 내 생각에 참다운 친구는 없다. 만나서 노는 사람은 많지만 날 돌봐줄 사람이 없다는 말. • 내가 제일 좋아하는 사람은 없다. 믿는 도끼에 발등 찍히는 거 얼마나 무서울까. • 내 생각에 여자들이란 야누스. 어릴 때는 죽고 못 살지만 돌아서면 질투의 화신 • 내가 없을 때 친구들은 내 걱정하고 보고 싶다고 말은 하겠지만 뒷담화로 정신없겠지.
〈기타 대인관계〉 피상적으로는 관계를 맺고 어울리지만 타인의 진심, 신의를 불신하며 부정적 예상을 많이 한다.

출처: 이우경, 이혜원(2012), pp.572-573.

(6) 자기개념검사

① 목적: 이용자의 자신에 대한 느낌, 판단, 장애에 대한 영향 정도와 극복의지를 파악하기 위한 검사로 이용자의 자기개념과 장애수용 정도 측정

② 대상: 만 18세 이상의 장애인(초등학교 3학년 수준 이상의 언어이해력을 가진 장애인)

③ 소요 시간: 30분

④ 구성: 8개 요인 74개 문항

표 4-24 자기개념검사 요인내용

요인	요인설명	문항 수
자기 확신	전반적인 삶 속에서 자신에 대한 믿음	20
직업생활 의욕	직업생활에 있어서 본인 스스로의 능력과 함께 직장 내 대인관계능력에 대한 자신감	9
가족관계	개인의 가족관계에서 자신의 위치에 대한 자각과 가족에 대한 만족도	12
대인관계	낯선 사람과의 만남이나 적절한 인간관계 형성에 대한 자신감 측정	5
계획 수립	자신 스스로 어떤 일에 목표를 설정하고 이를 이루기 위한 계획 수립	5
직접적 영향	장애로 인하여 자신의 삶과 일, 대인관계 등 전반적인 삶에 영향을 받고 있다고 느끼는 것	15
상대적 영향	장애가 있으므로 해서 비장애인과의 비교나 장애가 없을 때와 비교하면서 어떤 일을 할 수 없다고 느끼는 것	5
장애극복	장애를 지니고 있지만 삶에 있어 재미있고 많은 일을 할 수 있다는 것	3

⑤ 실시방법

- 1:1 개별 온라인검사(http://www.kead.or.kr)
- 시간제한 없이 자기보고식 응답하기
- 검사문항을 읽고 해당하는 항목에 체크하기
- 검사 후 자동채점으로 처리

⑥ 사례

자기개념검사 프로파일 (전체규준)

영 역	원점수	환산 점수	%ile
자기확신	56		50
직업생활	23		6.6
가족관계	31		15
대인관계	12		35
계획수립	11		10
직접적영향	30		17.5
상대적영향	10		5
장애극복	11		70

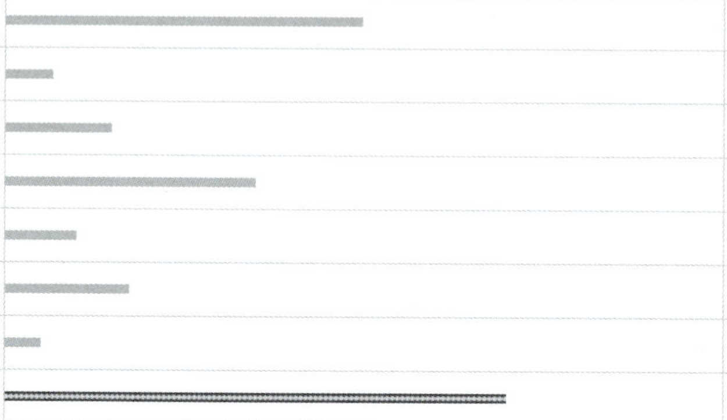

자기확신	직업생활뿐만 아니라 자신의 전반적인 삶 속에서 자신에 대한 믿음을 측정하는 문항입니다.
직업생활	직업생활에 있어서 본인 스스로의 능력과 함께 직장 내 대인관계 능력에 대한 자신감을 측정하고 있습니다.
가족관계	가족관계에서 자신의 위치에 대한 자각과 가족에 대한 만족도 등이 포함된 요인입니다.
대인관계	낯선 사람과의 만남이나 적절한 인간관계 형성에 대한 자신감을 측정하는 요인입니다.
계획수립	자신 스스로 어떤 일에 목표를 설정하고 이를 이루기 위한 계획 수립과 관련된 문항입니다.
직접적영향	자신의 삶과 일 그리고 대인관계 등 전반적인 삶에 장애로 인하여 영향을 받고 있다고 생각하는 것을 측정하는 문항입니다.
상대적영향	자신의 장애로 인해 어떤 일을 직접적으로 할 수 없다기 보다 장애가 있음으로 비장애인과의 비교되거나 만약 자신이 장애가 없을때 어떠했을까를 비교하면서 장애로 인하여 어떤 일을 할 수 없다고 생각하는 것을 측정하는 문항입니다.
장애극복	장애를 지니고 있지만 삶이 재미있고 많은 일을 할수 있다고 생각하는 것을 측정하는 문항입니다.

홍길동님 검사결과 자기 자신에 대한 전반적인 자신감은 평균수준이나 좀 더 자신에 대한 믿음을 가지는 것이 필요합니다.
직업생활 전반에 대한 자신감이 부족한 상태입니다. 따라서 실제 직업생활에 필요한 구체적인 정보를 파악하고 이에 대한 자신감을 가지도록 하는 것이 필요합니다.
가족관계에서 자신감 또는 만족도가 저하되어 있습니다. 따라서 가족의 지지를 받기 위한 대화나 상담 등이 필요합니다. 낯선 사람과 대인관계 자신감은 평균수준이나 원만한 사회생활과 직업생활을 위해 대인관계 자신감 향상을 위한 노력이 필요합니다.
어떤 목표를 수립하고 이를 달성하는 자신감이 저하되어 있습니다. 따라서 계획을 수립하고 이를 실질적으로 실행하는 능력향상이 필요합니다.
장애로 인해 자신의 삶에 부정적인 영향을 직접적으로 받고 있습니다. 따라서 장애보다는 자신이 할 수 있는 능력을 객관적으로 파악하고 점진적으로 향상 시킬 수 있도록 노력하는 것이 필요합니다.
장애 그 자체보다는 장애가 없던 때 또는 비장애인과 비교하여 부정적 영향을 받고 있습니다. 따라서 자신의 장애로 인한 어려움을 객관적으로 파악하고 이를 바탕으로 현실적으로 수행할 수 있는 능력을 향상시키는 것이 바람직합니다.
자신의 장애보다는 삶과 생활이 긍정적인 것으로 나타납니다. 따라서 이러한 태도를 유지하고 좀 더 향상 될 수 있도록 하는 것이 요구됩니다.

자신이 갖고 싶은 직업을 이해하기 위한 탐색활동을 벌일 수 있도록 관심을 갖기 바랍니다. 자신감을 가지고 차근차근 자신의 미래 작업을 위한 준비를 하시기 바랍니다.

본 검사는 개인의 자기개념을 포괄적으로 탐색한 결과로, 좀 더 정확한 사항을 알기 위해서는 해당 기능별 전문평가와 상담이 필요합니다.

출처: https://www.kead.or.kr(검색일: 2019. 7. 29)

(7) 사회성숙도검사(SMS)

① 목적: 개인의 사회적응능력, 적응행동평가

② 대상: 0~만 30세

③ 소요 시간: 20~60분

④ 구성: 6개 영역, 117문항

표 4-25 SMS 영역 및 문항 수

요인	자조	이동	직업	의사소통	자기관리	사회화
문항 수	30	10	22	15	14	17

⑤ 실시방법

- 이용자를 잘 아는 보호자, 친척, 후견인과의 면접을 통해 검사 실시
- 검사 시작문항: 평가사가 이용자의 연령, 능력 등 일반적 정보를 종합하여 예상되는 생활연령보다 훨씬 아래 문항에서 시작
- 평가사는 검사지 문항에 대한 면접자의 응답을 듣고 문항별 채점기준에 따라 기록하기

⑥ 사례

- 사회성숙도검사(SMS):

사회지수	75	경계선[70]
사회연령	10세 5개월	
		2세 3세 4세 5세 6세 7세 8세 9세 10세 11세 12세

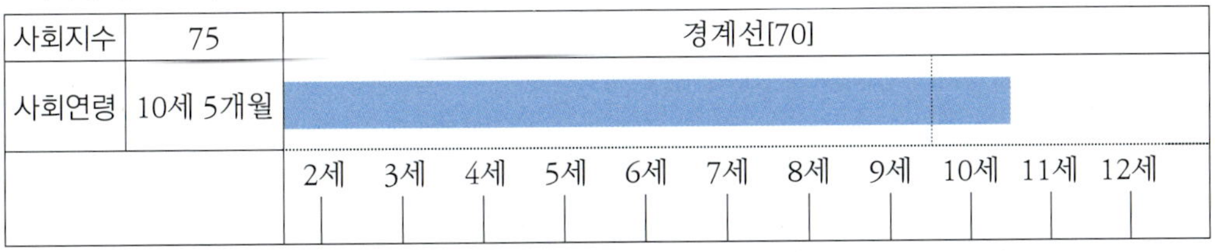

: 서○○ 님은 사회연령 10세 5개월, 사회적응지수는 74.4로 일부 지적장애 수준에 해당되며 일부 영역에서 지체를 보입니다. 구체적으로 보면 자조-식사 영역은 10세 수준으로 위생관리, 의복착용, 식사 등의 기초적인 자조능력을 갖추고 있으며 용모를 가꾸고 관리할 수 있습니다. 이동 영역은 11세 수준으로 원거리 이동도 할 수 있는 수준입니다. 작업 영역은 10세 수준으로 약간의 보수를 받을 수 있는 일을 할 수 있습니다. 의사소통 영역은 8세 수준으로 어휘를 사용하여 일상적인 의사소통을 하거나 짤막한 문장을 작성할 수 있으나 자신의 의견을 조리 있고 논리적으로 설명하는 것은 어려움이 있어 보입니다. 사회화영역은 10세 수준으로 타인과 교류를 위한 사회적 기술이 다소 부족합니다. 자기관리 영역은 12세 수준으로 독립적인 외출에도 보호자가 신뢰할 수 있는 정도입니다.

(8) 지역사회적응검사(CISA-2)

① 목적

- 지역사회적응 수준 평가
- 적응행동 영역 및 하위검사별 강점과 약점 파악
- 진로지도와 직업재활 목표설정 및 계획 수립의 기초자료 제공
- 지역사회 적응기술훈련의 향상 정도와 성과 추정
- 직업적 성공 가능성의 예측을 위한 자료 수집

② 대상: 만 5세 이상

③ 소요 시간: 45~60분

④ 구성: 3개 영역, 161문항

표 4-26 CISA-2 구성내용 및 문항 수

영역	요인	하위검사	문항 수
기본 생활	기초개념	색변별, 방향인지, 모양·공간·형태 변별, 수개념, 언어능력	17
	기능적 기호와 표지	교통, 생활, 안전, 지역사회 상징기호	16
	가정관리	식사준비, 식품관리, 의복관리, 가정관리, 세제 사용	16
	건강과 안전	자조기술, 응급처치, 안전사고 예방 및 대처	17
사회 자립	지역사회서비스	공공서비스, 은행 이용, 대중교통 이용	17
	시간과 측정	아날로그·디지털 시간 변별, 시간활용, 달력 사용, 측정	16
	금전관리	화폐조합, 화폐활용, 구매기술, 급여관리	15
	통신서비스	컴퓨터 활용, 인터넷 활용, 전화사용, 스마트폰 활용	16
직업 생활	직업기능	직업도구명과 쓰임새, 직업인식, 직업태도	15
	대인관계	인사하기, 의사소통, 대인관계, 이성관계, 공중예절	16

⑤ 실시방법

- 1:1 검사로 평가사가 검사도구의 각 문항 지시어를 구두로 묻고 이용자는 보기 그림 4개 중에서 하나를 말하거나 손으로 가리켜 응답하기
- 평가사는 이용자의 정반응과 오반응에 관계없이 이용자가 최종 선택한 번호를 답지에 적기
- 검사 후 자동채점으로 처리(www.inpsyt.co.kr)

⑥ 사례

영역	하위검사	원점수
기본생활	1. 기초개념	15
	2. 기능적 기호와 표지	14
	3. 가정관리	6
	4. 건강과 안전	12
사회자립	5. 지역사회 서비스	12
	6. 시간과 측정	8
	7. 금전관리	5
	8. 통신서비스	11
직업생활	9. 직업기능	9
	10. 대인관계와 예절	11

하위검사 점수

환산점수	기초개념	기능적 기호와 표지	가정관리	건강과 안전	지역사회 서비스	시간과 측정	금전관리	통신서비스	직업기능	대인관계와 예절	환산점수
19											19
18											18
17											17
16											16
15											15
14											14
13											13
12											12
11											11
10											10
9											9
8											8
7											7
6											6
5											5
4											4
3											3
2											2
1											1

종합점수

지수	기본생활영역	사회자립영역	직업생활영역	적응지수	지수
140					140
135					135
130					130
125					125
120					120
115					115
110					110
105					105
100					100
95					95
90					90
85					85
80					80
75					75
70					70
65					65
60					60
55					55
50					50
45					45
40					40

【검사결과 해석】

검사결과를 일반집단(초등3학년) 규준을 활용하여 해석한 결과 적응지수 69점으로 적응행동 지체 또는 경계선 수준으로 평가됨. 각 영역지수를 살펴보면 기본생활 영역지수 77점(경계선), 사회자립 영역지수 65점(지체), 직업생활 영역지수 65점(지체) 수준으로 평가됨.

하위검사를 살펴보면, 기초개념(9점), 기능적 기호와 표지(7점), 건강과 안전(7점), 지역사회서비스(8점)는 평균수준을 보임. 직업기능(4점)과 대인관계와 예절(4점)은 낮은 수준을, 가정관리(1점), 시간과 측정(1점), 금전관리(1점)는 매우 낮은 수준을 보임. 김○○님은 가정관리, 시간과 측정, 금전관리에서 교육훈련이 필요합니다. 직업기능, 대인관계와 예절에서도 교육훈련이 필요할 수 있음. 김○○님의 적응행동은 경계선 수준에 가까워 체계적인 교육훈련이 제공된다면 지역사회에서 독립적인 생활이 어느 정도 가능할 것으로 예상됨.

임상집단 규준을 활용하여 재해석한 결과, 적응지수 93점으로 동장애집단의 평균수준으로 평가됨. 각 영역지수를 살펴보면 기본생활 영역지수 96점, 사회자립 영역지수 92점, 직업생활 영역지수 91점으로 모두 평균 수준을 보임. 하위검사 결과를 살펴보면, 가정관리 4점(낮음) 수준이고 그 외는 모두 평균 수준을 보임. 김○○님은 동장애집단과 비교시 가정관리에서 교육훈련이 우선적으로 필요함.

출처: 지역사회적응검사(CISA-2)(2016), pp.77-78.

(9) 그림직업흥미검사

① 목적: 언어적 검사에 제한이 있는 지적장애인의 직업흥미 파악

② 대상: 만 15세 이상 지적장애가 있는 사람

③ 소요 시간: 20분

④ 구성: 6개 직업 영역 총 63문항

표 4-27 그림직업흥미검사 구성

<table>
<tr><th>직업 영역</th><th>활동 영역</th><th>환경</th></tr>
<tr><td rowspan="2">서비스</td><td rowspan="4">운반</td><td rowspan="3">개인</td></tr>
<tr></tr>
<tr><td rowspan="2">제조</td></tr>
<tr><td rowspan="3">집단</td></tr>
<tr><td rowspan="2">음식</td><td rowspan="4">정리</td></tr>
<tr></tr>
<tr><td rowspan="2">세탁</td><td rowspan="3">실내</td></tr>
<tr></tr>
<tr><td rowspan="2">청소</td><td rowspan="4">조작</td></tr>
<tr><td rowspan="3">실외</td></tr>
<tr><td rowspan="2">임농</td></tr>
<tr></tr>
</table>

⑤ 실시방법

- 온라인 검사(http://www.kead.or.kr)
- 그림 이해하기: 검사가 시작되기 전에 5장의 그림을 이용자에게 하나씩 제시하며 각 그림에 대해 이용자가 이해하는지 알아보기. 3개 이상 그림을 정확히 설명하는 경우 본검사 진행
- 응답 연습하기: 화면에 제시되는 두 장의 그림 중에서 더 하고 싶은 그림 혹은 더 재미있을 것 같은 그림 선택하기
- 본검사 실시: 각 문항마다 본인이 하고 싶은 또는 더 재미있을 것 같은 그림 선택하기
- 검사 후 자동채점으로 처리

⑥ 사례

그림 이해도 테스트

그림직업흥미검사에는 그림 이해도를 알아보기 위해 5개의 문항이 포함되어 있습니다.

홍길동님은 현재 5개 문항 중에 4개 문항에서 그림을 정확하게 설명하여 그림 이해도는 80%입니다.

그림 이해도는 60% 이상이 바람직하며, 40% 이하일 경우 그림을 정확히 이해한다고 보기 어렵습니다.

그림이해도 80%

일관성 문항 테스트

그림직업흥미검사에는 응답의 일관성을 판단하기 위한 5개의 문항이 포함되어 있습니다.

홍길동님은 현재 5개 문항 중 3개 문항에서 일치하여 일관성은 60% 입니다.

일관성은 60% 이상이 바람직하며, 일관성이 20% 이하일 경우 검사결과의 신뢰성이 낮다고 볼 수 있습니다.

일관성 60%

직업영역 프로파일

영 역	점 수	흥미도 그래프	순 위
서비스	6		1
제 조	4		6
음 식	5		2
세 탁	5		2
청 소	5		2
임농	5		2

활동영역 프로파일

영 역	점 수	흥미도 그래프	순 위
운 반	5		2
정 리	8		1
조 작	5		2

개인 - 집단

2	3
개인	집단

실내 - 실외

3	2
실내	실외

직업영역 T점수 (남자)

영 역	원점수	T점수	%ile
서비스	6	54	64
제 조	4	46	36
음 식	5	48	45
세 탁	5	53	60
청 소	5	48	61
임농	5	53	59

활동영역 T점수 (남자)

영 역	원점수	T점수	%ile
운 반	5	42	24
정 리	8	63	90
조 작	5	48	41

review

홍길동님은 (**서비스**)직업군의 (**정리**)활동을 가장 좋아하며, (**집단**)활동과 (**실내**) 활동을 선호합니다. 자신이 갖고 싶은 직업을 이해하기 위한 탐색활동을 벌일 수 있도록 관심을 갖기 바랍니다. 자신감을 가지고 차근차근 자신의 미래 작업을 위한 준비를 하시기 바랍니다.

본 검사는 개인의 직업흥미를 포괄적으로 탐색한 결과로, 좀 더 정확한 사항을 알기 위해서는 해당 기능별 전문평가와 상담이 필요합니다.

출처: https://www.kead.or.kr (검색일: 2019. 7. 29)

(10) 직업선호도 검사(S형)

① 목적: 개인의 흥미유형 및 적합직종 탐색

② 대상: 만 18세 이상

③ 소요 시간: 약 25분

④ 구성

표 4-28 직업선호도검사(S형) 구성내용

측정요인	하위검사
현실형	분명하고 질서정연하고 체계적인 활동을 좋아하며 기계를 조작하는 활동 및 기술을 선호하는 흥미유형
탐구형	관찰적 · 상징적 · 체계적이며 물리적 · 생물학적 · 문화적 현상의 창조적인 탐구활동을 선호하는 흥미유형
예술형	예술적 창조와 표현, 변화와 다양성을 선호하고 틀에 박힌 활동을 싫어하며 자유롭고, 상징적인 활동을 선호하는 흥미유형
사회형	타인의 문제를 듣고, 이해하고, 도와주고, 치료해 주는 활동을 선호하는 흥미유형
진취형	조직의 목적과 경제적 이익을 얻기 위해 타인을 지도, 계획, 통제, 관리하는 일과 그 결과로 얻게 되는 명예, 인정, 권위를 선호하는 흥미유형
관습형	정해진 원칙과 계획에 따라 자료를 기록, 정리, 조작하는 활동을 좋아하고 사무능력, 계산능력을 발휘하는 것을 선호하는 흥미유형

⑤ 실시방법

- 1:1 개별 온라인검사(http://www.work.go.kr)
- 시간제한 없이 자기보고식 응답하기
- 각 문항을 읽고 너무 깊게 생각하지 말고 자신에게 적합한 특성에 표시하기
- 검사 후 자동채점으로 처리

⑥ 사례

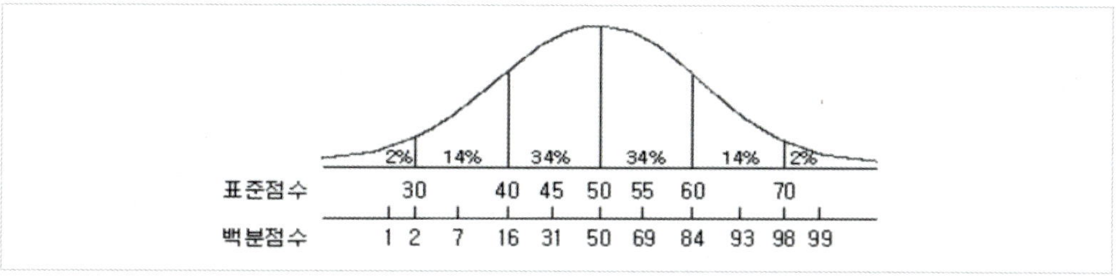

표준점수	40점 이하	41-59점	60점 이상
백분점수	16점 이하	17-83점	중간점수
점수의 의미	대체로 kw은 점수	중간 점수	대체로 높은 점수

당신의 흥미코드: ES(진취형/사회형)						
구분	현실형(R)	탐구형(I)	예술형(A)	사회형(S)	진취형(E)	관습형(C)
원점수	9	5	3	23	30	15
표준점수	45	45	41	63	74	54

- 흥미의 육각모형

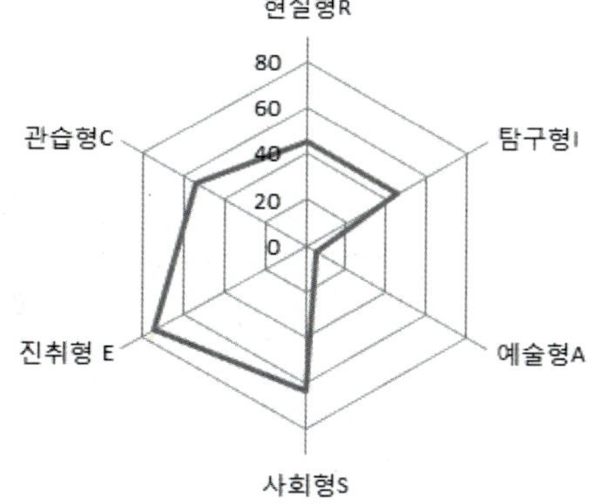

• 나에게 적합한 직업

나의 직업흥미 특성과 잘 어울리는 직업
건축자재영업원(인테리어영업원 포함), 경기심판, 경찰관, 금융 및 보험관련 전문가, 기술 및 기능계 강사, 레크레이션 강사, 변호사, 병원 코디네이터, 보험 대리인 및 중개인, 부동산 컨설턴트(공인중개사), 상품중개인 및 경매사, 소년보호관 및 교도관, 숙박관련 관리자, 식품영업원, 신문기자, 아나운서, 여생상품개발자, 연예인 및 스포츠 매니저, 영업 및 판매관련 관리자, 음식서비스 관련 관리자, 의회의원, 고위공무원 및 공공단체임원, 인쇄 및 광고영업원, 자동차 영업원, 장학관 및 연구관, 정부 및 공공행정 전문가, 제약영업원, 증권중개인, 직업상담 및 경력상담원, 청원경찰/경호원, 총무 및 인사관리자, 환경, 청소 및 경비관련 관리자, 회의기획자, 행사, 이벤트 및 전시기획 전문가

출처: https://www.work.go.kr(검색일: 2019. 7. 29)

(11) 발달장애인용 직업흥미검사(NISE-VISIT)

① 목적: 우리나라 직업분류체계와 취업상황을 고려한 직군과 직종을 중심으로 발달장애인의 직업흥미를 탐색할 수 있도록 그림을 이용하여 만든 검사이며, 직군과 직종, 교육과정, 홀랜드 직업흥미 관련 정보 제공으로 발달장애인의 진로를 탐색하고 설계하며 진로계획에 도움을 줄 수 있음

② 대상, 소요 시간, 구성

구분	학생용		교사부모형	
	종합형	간편형	A형	B형
대상	직업흥미에 대한 전반적인 정보를 파악하고자 하는 중·고등학교, 전공과(성인 미포함) 발달장애인	직업흥미에 대한 기본 정보를 파악하거나 종합형을 실시하기 어려운 중·고등학교, 전공과(성인미포함) 발달장애인	발달장애인의 직업흥미에 대한 전반적인 정보를 간접적으로 파악하고자 하는 교사 및 부모	발달장애인의 직업흥미에 대한 기본 정보를 간접적으로 파악하고자 하는 교사 및 부모
소요 시간	약 40분	약 15분	약 25분	약 10분
구성	7개 직군, 21개 직종, 210개 작업, 118개 문항	7개 직군, 21개 직종, 42개 작업, 27개 문항	7개 직군, 21개 직종, 210개 작업, 105개 문항	7개 직군, 21개 직종, 21개 문항

③ 실시방법

• 웹 기반과 책자 방식 중 한 가지 선택 가능하며, 웹 기반 방식은 컴퓨터를

사용하여 국립특수교육원 홈페이지(NISE-VISIT) 메뉴에서 검사할 수 있고, 책자 방식은 직업흥미검사 책자 및 전문가 지침서를 사용하여 검사 실시

- 검사 후 자동 채점 방식이며, 책자를 이용한 검사는 실시 후 국립특수교육원 홈페이지에서 채점 가능(www.nise.go.kr)

④ 사례

2. 그림 이해도 및 일관성

그림 이해도 결과

- NISE-VISIT에는 그림 이해도를 알아보기 위한 문항이 5개 포함되어 있습니다.
- 김동우님은 5개의 문항 중 5개 문항을 이해하여 그림 이해도는 100%입니다.
- 그림 이해도는 50% 이상이 적합하며, 그 미만일 경우 해석에 주의를 요합니다.

그림 이해도

100%

일관성 결과

- NISE-VISIT에는 응답의 일관성을 판단하기 위한 문항이 5개 포함되어 있습니다.
- 김동우님은 5개의 문항 중 5개에서 일치하여 일관성은 100%입니다.
- 일관성은 50% 이상이 적합하며, 그 미만일 경우 해석에 주의를 요합니다.

일 관 성

100%

3. 직군

점수 및 순위

직군	원점수	순위	환산점수	
			T점수	백분위점수
제조	15	5	45	33
청소	19	2	61	87
음식	11	6	36	8
농수산업	2	7	25	0
사무지원	27	1	70	98
대인서비스	15	4	57	75
예술스포츠	16	3	55	69

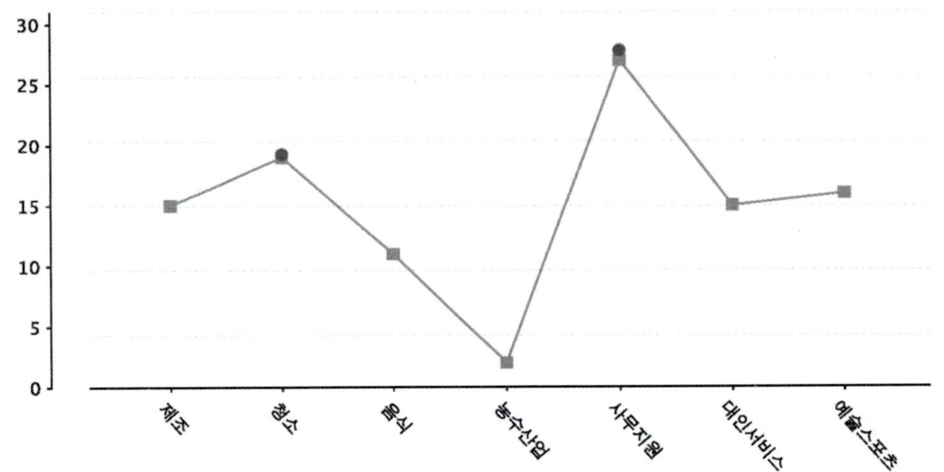

6. 검사 결과 해석

- 김동우님은 그림 이해도 100%, 일관성 100%로 [모두 기준점 이상]의 결과를 보이고 있습니다.
- 직군의 흥미를 살펴보면 **[사무지원,청소]**에서 높은 흥미를, **[예술스포츠,대인서비스,제조]**에서 보통 흥미를, **[음식,농수산업]**에서 낮은 흥미를 보입니다.
- 직종의 흥미를 살펴보면 **[우체국보조,사무보조,운송판매,세차,사서보조,미술]**에서 높은 흥미를, **[실내외청소,음료,미용,스포츠,노인장애인보조,유아보조,세탁,생산,음악]**에서 보통 흥미를, **[수산업,조리,패스트푸드,조립]**에서 낮은 흥미를 보입니다.
- 포장 운반 정리의 흥미를 살펴보면 **[운반]**에서 높은 흥미를, **[정리]**에서 보통 흥미를, **[포장]**에서 낮은 흥미를 보입니다.
- 김동우님은 직군에서는 **[사무지원,청소]**에, 직종에서는 **[우체국보조,사무보조,운송판매,세차,사서보조,미술]**에, 포장 운반 정리에서는 **[운반]**에 흥미가 있는 것으로 평가됩니다.
- 직업흥미에 대한 추가 정보는 국립특수교육원 NISE-VISIT의 [자료실]을 참고합니다.

출처: 국립특수교육원(www.nise.go.kr)

(12) 장애인 성인용 직업적성검사

① 목적: 다양한 직업 분야에서 자기가 맡은 직무를 성공적으로 수행하기 위해서 요구되는 중요한 적성요인 측정

② 대상: 만 18세 이상

③ 소요 시간: 약 90분

④ 구성: 11개 적성요인, 16개 하위검사, 248문항

표 4-29 성인용 직업적성검사 구성내용 및 문항 수

적성요인	하위검사	문항 수
언어력	어휘력검사, 문장독해력검사	43
수리력	계산력검사, 자료해석력검사	26
추리력	수열추리1검사, 수열추리2검사, 도형추리검사	24
사물지각력	지각속도	30
상황판단력	상황판단력검사	14
기계능력	기계능력	15
집중력	집중력검사	45
색채지각력	색혼합검사	18
사고유창력	사고유창력검사	2
협응능력	기호쓰기	5
공간지각력	조각 맞추기, 그림 맞추기	26

⑤ 실시방법

- 1:1 개별 온라인검사(http://www.work.go.kr)
- 제한된 시간 안에 각 하위검사에 응답하기
- 검사 후 자동채점으로 처리

⑥ 사례

▪ 11개 적성요인별 점수

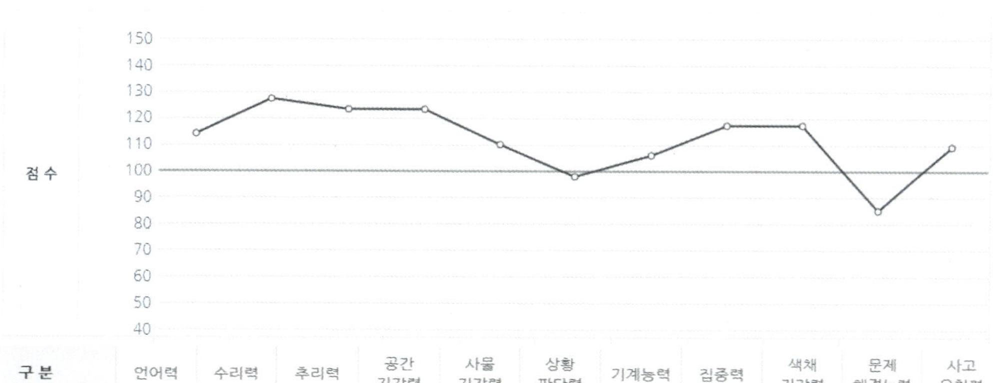

구 분	언어력	수리력	추리력	공간 지각력	사물 지각력	상황 판단력	기계능력	집중력	색채 지각력	문제 해결능력	사고 유창력
수 준	상	최상	최상	최상	중상	중하	중상	상	상	하	중상
변환점수	114	127	123	123	110	98	106	117	117	85	109
백 분 위	82	96	94	93	74	44	66	86	87	15	73

▪ 나의 적성특성에 적합한 직업

추천 순위	직 업	세부 직업	중요적성 요인
1	법률 전문가	판사 및 검사,변호사,법무사 및 집행관,변리사	언어력/추리력/수리력
2	약사 및 한약사	약사 및 한약사	수리력/추리력/언어력/문제해결능력
3	의사	전문의사,일반의사,한의사,치과의사,수의사	수리력/언어력/추리력/상황판단력
4	회계·세무·감정평가 전문가	회계사,세무사,관세사,감정평가사,감정사(예술품·보석·식품)	수리력/추리력/언어력
5	중등교사	중등교사	언어력/문제해결능력/수리력

▪ 추천직업과의 비교 : 법률 전문가

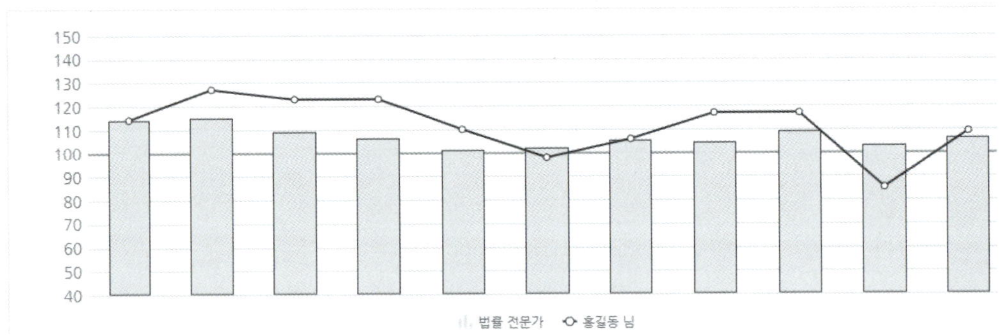

출처: https://www.work.go.kr (검색일: 2019. 07. 29)

(13) KEAD 청소년 직업적성검사(청각장애학생용)

① 목적: 청각장애 청소년들이 직업생활에서 필요한 능력을 어느 정도 갖추고 있는지 파악하기 위한 직업적성검사로 다중지능이론에 근거하여 하위 적성 요인을 구성하였으며 청각장애학생들의 언어적 특성을 고려하여 문해수준과 수어 사용 여부에 따라 검사 방법 선택 가능(수어영상설명형, 지문형)

② 대상: 청각장애 중·고등학교 청소년(전공과 포함)

③ 소요 시간: 약 30분

④ 구성

- 8개 적성요인, 35개 문항
- 수어동영상(28문 32초), 응답용지, 검사결과지, 서면검사용지, 검사 실시요강

⑤ 실시방법

- 한국장애인고용공단 홈페이지(www.kead.or.kr) 온라인 직업심리검사에 접속하여 실시
- 각 문항에 대해 1~7번 사이 자신이 적합하다고 생각하는 능력정도를 체크하는 자기 보고식 검사
- 구체적인 행동에 근거하여 수행 수준을 정할 수 있도록 기준점을 제시하는 '행동고정평정척도'를 사용
- 실시 후 자동 채점 방식
- 적성별 직업군과 관련 대표 직업 정보 제공
- 검사 결과를 활용하여 진행할 수 있는 직업탐색 활동지 제공

표 4-30 KEAD 청소년 직업적성검사 구성내용 및 문항 수

적성요인	측정내용	문항 수
신체운동능력	기초체력을 바탕으로 효율적으로 몸을 움직이고 학습할 수 있는 능력	5
손재능	손으로 정교한 작업을 할 수 있는 능력	2
음악능력	노래를 부르고 악기를 연주하며 감상할 수 있는 능력	5
언어능력	말과 글로써 자신의 생각과 감정을 표현하며 다른 사람의 말과 들을 잘 이해할 수 있는 능력	6
수어능력	수어로 자신의 생각과 감정을 잘 표현하여 다른 사람의 수어를 이해할 수 있는 능력	3
수리 · 논리력	논리적으로 사고하여 문제를 해결하는 능력	6
대인관계능력	다른 사람들과 더불어 살아가는 능력	6
자연친화력	인간과 자연이 서로 연관되어 있음을 이해하며, 자연에 대하여 관심을 갖고 탐구, 보호할 수 있는 능력	2

출처: KEAD 청소년 직업적성검사 사용자 지침서(정승원 외, 2013)

⑥ 사례

이 름	홍길동	성 별	남	생년월일	2000.02.01	나 이	만 17 세
소 속	[공단]	장애유형	청각장애	장애정도	심한 장애	검사일	2018.03.01

적성영역	합계점수	백분위	표준화점수
신체운동능력	19	29.2	44.0
손재능	3	3.09	27.0
음악능력	23	74.23	56.0
언어능력	28	63.92	52.0
수어능력	15	71.13	55.0
수리논리력	27	63.4	53.0
대인관계능력	30	65.98	53.0
자연친화력	10	67.26	53.0

백분위 그래프

하 - ★　중하 - ★★　중 - ★★★　중상 - ★★★★　상 - ★★★★★

적성영역	백분위	%ile
신체운동능력		29.2
손재능		3.09
음악능력		74.23
언어능력		63.92
수어능력		71.13
수리논리력		63.4
대인관계능력		65.98
자연친화력		67.26

★	적성 개발을 위해서는 많은 노력이 필요합니다.
★★	적성 개발을 위해서는 노력이 필요합니다.
★★★	이 분야에 적성이 있습니다.
★★★★	다른 사람과 비교하여 높은적성을 가지고 있습니다.
★★★★★	뛰어난 적성을 가지고 있습니다.

적성영역별 설명 및 대표직업

영역	백분위점수	수준 ★	설명	대표직업
신체운동능력	29.2	★★	기본적인 체력으로 몸을 잘 움직이고 동작을 잘 배울 수 있는 능력	운동선수, 경찰관, 무용가, 버스운전기사, 곡식작물재배자
손재능	3.09	★	손으로 세밀하게 물건을 만들 수 있는 능력	미용사, 제과제빵사, 시각디자이너, 패션디자이너, 용접원, 웹디자이너, 웹프로듀서, 웹프레너, 웹프로그래머, 웹컨텐츠기획자, 컴퓨터그래픽스운영기능사, 시각디자인기능사, 제품디자인 기능사, 화가, 공예가, 우편분류, 체육시설 및 공원관리, 환경미화원, 원예업, 청사관리직

음악능력	74.23	★★★★	노래 부르고, 악기를 연주하며, 감상할 수 있는 능력	악기제조원, 음악가, 악기연주자
언어능력	63.92	★★★★	말(또는수화)과 글로써 자신의 생각과 감정을 표현하며, 다른 사람의 말(또는수화)과 글을 잘 이해할 수 있는 능력	청각장애인통역사, 수화강사, 도서관사서, 소설가, 변호사, 보육교사, 특수교사(교수), 역사학연구원, 기자, 공무원, 신부, 목사
수어능력	71.13	★★★★		
수리논리력	63.4	★★★★	논리적으로 사고하여 문제를 해결하는 능력	메카트로닉스 관련 전문가(기계설계산업기사, 전산응용가공 산업기사, 전산응용기계제도 기능사, 메카드로닉스 기능사, CNC선반기능사, MCT기능사), 전문의사, 아이티(IT)교육강사, 생물학연구원, 컴퓨터프로그래머, 항공우주공학기술자, 심리학연구원, 증권분석사, 회계사
대인관계능력	65.98	★★★★	다른 사람들과 함께 살아가는 능력	특수학교교사, 간호사, 유치원교사, 상담전문가, 자동차영업원, 경영컨설턴트, 정치가
자연친화력	67.26	★★★★	인간과 자연이 서로 관계가 있음을 이해하며, 자연에 대하여 관심을 가지고 연구·보호할 수 있는 능력	동물조련사, 농업기술자, 채소 및 특용작물재배자, 체육시설 및 공원관리, 환경미화원, 원예업, 청사관리직

(14) 직업준비도검사(ERS)

① 목적: 지적장애 및 자폐성장애인의 직업을 획득하고 유지하는 데 필요한 직업적 행동이 어느 정도 준비되어 있는지 측정

② 대상: 만 13세 이상의 지적 및 자폐성장애인

③ 소요 시간: 10분

④ 구성: 7개 요인, 총 63문항

표 4-31 직업준비도검사 구성요인 및 문항 수

요인	문항내용	문항 수
일상생활기술	개인위생, 세탁하기, 식사예절, 집안일 돕기, 건강관리	7
인지기술	읽기, 시간, 수개념, 금전개념, 전화사용, 정보전달, 대중교통, 물건구매, 인터넷 활용	13
자존감	자아상, 자기옹호, 자신감, 자존감, 자기표현, 자기반성	8
직업의식	직업욕구, 직업의식, 자기이해, 구직활동	7
사회기술	일반사회기술, 직업 관련 사회기술	9
직업 관련 기술	작업습관, 근무태도, 작업태도, 안전수칙, 체력	8
작업기술	양손민첩성, 정확성, 숙련성, 응용, 적용, 관리 · 감독양	11

⑤ 실시방법

- 행동관찰 평가도구로 이용자의 작업현장이나 교육현장, 이와 유사한 프로그

램에서 1주일(20~30시간)가량 관찰 후 평가

- 행동 수준에 대한 평가척도에 따른 채점
  - 4점: 고용이 가능한 정도로 수행이 잘 됨
  - 3점: 강점은 아니더라도 적절하게 수행함
  - 2점: 고용 시 문제가 될 정도로 일관성이 없는 수행을 보임
  - 1점: 고용이 어려울 정도로 수행이 안 됨
- 검사 후 자동채점으로 처리(www.inpsyt.co.kr)

⑥ 사례

- 하위요인 결과 그래프

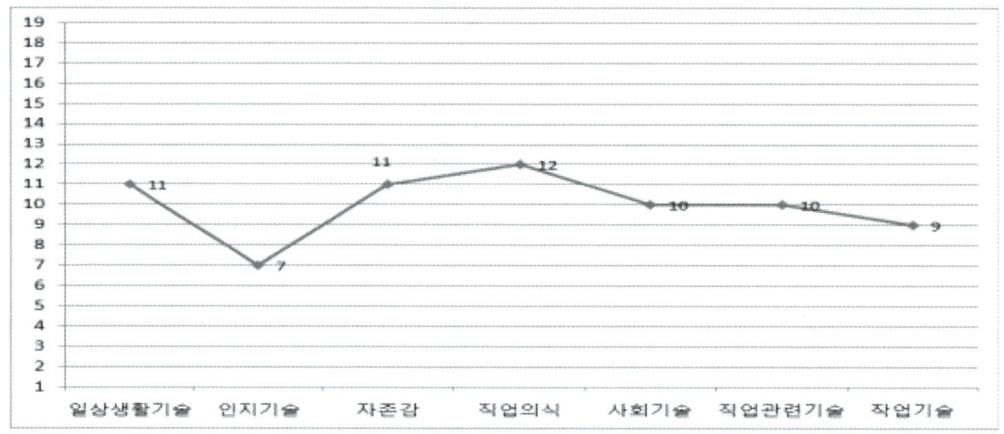

- 표준점수 해석

표준점수(수준)	약점
101 (평균)	• 직업준비검사 결과 표준점수 101점으로 취업장애인과 비교 시 '평균' 수준임. ○○○의 직업준비행동은 취업이 가능할 만큼 준비된 것으로 평가됨. ○○○의 직업준비행동은 취업장애인의 평균 수준으로 발달되어 있어 취업을 위한 준비가 어느 정도 이루어진 상태임. 만약 하위요인 중에서 평균 이하의 발달을 보이는 요인이 있다면 해당 요인을 중심으로 교육훈련이 필요할 수 있음 • ○○○의 직업준비를 위한 행동 지원 프로그램을 참조하여 요인평점 2.5점 이하인 요인과 문항점수 2점 이하인 하위기술을 중심으로 지원 프로그램이 필요할 수도 있음

• 하위요인별 결과 해석

요인	환산점수	수준	결과 해석
일상생활기술	11	평균	취업이 가능할 만큼 준비된 수준임
인지기술	7	평균	취업이 가능할 만큼 준비된 수준임
자존감	11	평균	취업이 가능할 만큼 준비된 수준임
직업의식	12	평균	취업이 가능할 만큼 준비된 수준임
사회기술	10	평균	취업이 가능할 만큼 준비된 수준임
직업 관련 기술	10	평균	취업이 가능할 만큼 준비된 수준임
작업기술	9	평균	취업이 가능할 만큼 준비된 수준임

• 이용자의 강점과 약점

강점	약점
일상생활기술, 인지기술, 자존감, 직업의식, 사회기술, 직업관련기술, 작업기술	

※ 요인의 수준이 '평균', '높음', '매우 높음'일 때 강점, '낮음' 또는 '매우 낮음'일 때 약점으로 판단됩니다.

【평가소견】

직업준비검사 결과 표준점수 102점으로 직업준비행동이 취업장애인 평균 수준으로 취업이 가능할 만큼 준비가 되어 있는 것으로 평가됨. 하위요인을 살펴보면 모든 하위요인이 취업장애인 평균 수준으로 양호함.

요인평점 분석결과 모든 요인이 2.5점 이상으로 양호하게 나타나 교육훈련이 필요한 기술은 없는 것으로 평가됨. 다만 문항분석 결과 인지기술 요인(읽기, 덧셈과 뺄셈, 금전개념, 정보전달력, 인터넷 활용), 사회기술 요인(직업 관련 사회기술), 작업기술 요인(작업의 정확성이 취업을 위해 준비훈련이 필요할 수도 있음.

김○○님, 그룹홈 교사와 검사결과 상담 후 김 씨에게 권고되는 프로그램은 '개인신상 정보를 스스로 작성하기, 불필요한 간섭을 하지 않기' 등임.

출처: 김정일(2017), p.65~67.

(15) 장애청소년 진로성숙도검사

① 목적: 장애학생의 진로탐색에 필요한 태도, 능력, 행동 측정
장애학생 취업준비 정도를 파악하는 기초정보 및 진로·직업 관련 서비스 제공 방향 결정하는 데 활용

② 대상: 고등학교 2학년~전공과 재학 중인 지적장애인 및 자폐성장애인

③ 소요 시간: 20분

④ 구성: 32문항

⑤ 실시방법

- 1:1 개별 온라인검사(http://www.kead.or.kr)
- 시간제한 없이 자기보고식 응답하기
- 각 문항을 읽고 4개의 선택지 중 해당하는 것에 체크하기
- 검사 후 자동채점으로 처리

⑥ 사례

하위영역(해당 문항)	원점수	T점수	백분위점수	구인	원점수	T점수	백분위점수
일에 대한 태도(4, 5, 32)	7	60	83	진로태도	23	68	96
독립성(6, 7, 8, 9)	10	65	93				
계획성(10, 11)	6	78	99				
자기이해(12, 13, 14, 15)	7	55	68	진로능력	42	60	84
직업지식(16, 17, 18, 19, 2)	11	55	68				
자립성(1, 2, 3)	7	55	68				
직장적응능력(21, 22, 23, 24, 25, 26)	17	66	94				
진로탐색(27, 28, 29)	5	58	78	진로행동	9	59	82
진로준비행동(30, 31)	4	58	78				
원점수총점	74			하위구인별 T점수의 합	187		92
				환산점수(T점수)	64		
단계	조금 높음 (4단계)			직업기능수준	간헐적 지원이 필요한 일반고용		

진로성숙도 하위영역별 그래프 (백분위점수)

단계안내 : 5 - 매우높음 4 - 조금높음 3 - 중간 2 - 조금낮음 1 - 매우낮음

하위구인	하위영역	백분위	%ile
진로태도	일에대한태도		83
	독립성		93
	계획성		99
진로능력	자기이해		68
	직업지식		68
	자립성		68
	직장적응능력		94
진로행동	진로탐색		78
	진로준비행동		78

■ 진로성숙도 전체 프로파일 해석

기준			해석	
구분	백분위점수	환산점수(T)		
매우높음	93이상	65이상	일반고용	지원이없이도일반고용이가능한일반고용
조금높음	91~93	55이상-65미만	간헐적 지원이 필요한 일반고용	직무지도원 배치 없이 개별적으로 직장에 배치될 수 있으나 업무 및 동료와의 관계형성을 위해 다른 동료의 도움이 일시적으로 필요한 일반고용
중간	31~70	45이상-55미만	간헐적 지원이 필요한 지원고용	개별적으로 직장에 직무지도원이 함께 업무처리, 동료 및 상사와의 관계의 지도를 받는 지원고용
조금낮음	7~30	35이상-45미만	지속적 모니터링 기반 지원 고용	비장애인 동료와 제한적으로 통합된 형태의 지원고용
매우낮음	7이하	35미만	보호고용	장애인에게 특별히 배려된 비통합 환경에서의 보호고용

■ 하위구인별 프로파일 해석

하위구분	세부영역	높음	중간	낮음
		백분위71%이상	백분위31~70%	백분위30%이하
진로태도	일에대한태도	삶에서 직업이 가지는 의미를 잘 알고 있으며 직업에 대한 합리적인 사고를 하는 편입니다.	삶에서 직업의 의미를 깊이 인식하고 직업에 대한 경직된 생각을 갖지 않도록 노력 할 필요가 있습니다.	직업이 자신의 삶에서 중요하지 않다고 생각하며 직업에 대한 차별적인 사고를 가지고 있습니다.
	독립성	진로는 내가 선택하고 계획하는 것이며 그에 따른 책임도 기꺼이 지려고 합니다.	진로선택의 주체는 바로 나자신이며 그에 따른 책임감을 가지려고 노력한다면 좀 더 성숙한 한 개인으로 성장할 수 있을 것입니다.	자신의 진로선택 및 계획을 타인에게 너무 많이 의존하고 책임을 회피하려는 경향이 있습니다. 진로선택 및 계획의 주체가 나 자신임을 인정할 필요가 있습니다.
	계획성	자신의 진로를 위해 구체적이고 현실적인 실천계획을 가지고 준비하고 있습니다.	자신의 진로를 위해 계획을 가지고 있으나 보다 구체적인 계획을 세우는 노력이 필요합니다.	자신의 진로를 위해 구체적인 실천계획을 수립하고 준비하는 것이 많이 부족합니다.
진로능력	자기이해	자주 자신에 대한 성찰을 하고 자신의 강점과 약점에 대해 잘 알고 있는 편입니다.	자신에 대한 관심은 있으나 자세히 알지 못하므로 자신을 알아보는 노력이 필요합니다.	자신이 무엇에 관심이 있는지 자신의 강점과 약점이 무엇 인지 알아가려는 노력이 필요합니다.
	직업지식	다양한 직업종류, 필요한 능력, 근무환경에 대해 또래 친구들에 비해 많이 알고 있는 편입니다.	다양한 직업종류, 필요한 능력, 근무환경에 대해 보다 자세히 알 필요가 있습니다.	다양한 직업종류, 필요한능력, 근무환경에 대한 지식이 부족한 편입니다. 주변의 직업에 관심을 가질 필요가 있습니다.
	자립성	진로준비에 필요한 시간관리, 이동, 청결유지 등을 스스로 할 수 있습니다.	진로준비에 필요한 시간관리, 이동, 청결유지 등 타인의 간헐적인 도움이 요구됩니다.	진로준비에 필요한 시간관리, 이동, 청결유지 등을 위해 타인의 지속적인 지원이 요구됩니다.
	직장적응능력	직장생활을 위한 문제해결능력 및 자기옹호능력을 가지고 있으며 이를 적절하게 사용할 수 있습니다.	직장생활을 위한 문제해결능력 및 자기옹호능력을 지니고 있으나 이를 상황에 맞게 활용하기 위한 노력이 필요합니다.	직장생활을 위한 올바른예절, 문제해결능력 및 자기 옹호능력을 함양할 필요가 있습니다.

출처: http://www.kead.or.kr(검색일: 2018. 11. 24.)

4. 작업표본평가

인간이 가진 복잡하고 미묘한 특성은 한 개인의 현재 능력과 기술 그리고 잠재력 등을 평가할 때 오차 없이 정확하게 평가하는데 어려움을 줄 수 있다. 또한 인간 특성을 측정하는 심리검사 도구들만으로는 직업재활 성공 여부를 설명하는 데에 한계가 있다. 따라서 언어적 능력과 일정 수준 이상의 양손 협응능력, 기억능력 등을 요구하는 경우, 필요에 따라 전통적인 지필검사 이외 작업표본평가와 상황평가가 사용되었다. 1970년 이후 직업평가 과정에서 작업표본체계를 활용하는 것이 중요시되면서, 이용자의 능력을 탐색하기 위한 구조화된 기술접근방식인 작업표본을 많이 활용하기 시작하였다(강위영 외, 1999).

1) 작업표본평가 정의

- 실제 산업현장의 작업활동과 매우 유사한 모의작업활동 혹은 축소된 형태의 작업활동이다(Rosenberg, 1973).
- 실제 직업이나 직업군에서 사용되는 것과 유사하거나 동일한 과제, 재료, 도구를 포함한 한계가 분명한 직업활동이다(강위영, 1993).
- 개인의 직업 적성, 근로자 특성, 직업 흥미 등을 평가하기 위해 작업현장에서 일하고 있는 사람들이 사용하고 있거나 혹은 유사한 재료, 연장, 기구 등을 사용하여 내담자의 직업 적성, 흥미, 특성을 평가하는 것이다(Nadolsky, 1974; VEWAA, 1975; Roessler & Greenwood, 1987; Power, 1991).
- 내담자가 수행하는 작업활동을 평가하는 것으로 작업환경과 개인의 성취 수준을 연결시키는 지필검사와 대조적인 것이다(이달엽, 1997).

작업표본의 유사 용어

직업과업(work tasks), 직업표본(job samples), 모의과업(simulated tasks), 평가과업(evaluation tasks), 직업평가과업(job evaluation tasks), 직업전과업(prevocational tasks) 등

2) 작업표본평가 목적

• 작업내용에 대한 이해 및 지시이해력, 인지력, 손기민성, 인내력, 작업습관 및 작업행동, 수행속도, 생산성 및 정확성, 문제해결능력 등을 파악
• 작업집중력 및 작업태도, 작업에 대한 흥미 정도를 파악
• 손기능 파악(미세동작, 양손협응 등)
• 흥미 · 작업능력 · 태도 등을 종합하여 대상자에게 적합한 작업내용 및 작업환경을 제시

3) 작업표본평가 특성

(1) 작업표본 유형

작업표본평가의 유형은 강조하는 것이 무엇이냐에 따라 차이가 발생할 수 있고, 관찰이나 측정에 의해 파악되는 모든 특정 능력들과 개별 작업표본 결과는 이용자의 잠재능력을 파악하는 데 도움을 준다. 작업표본의 유형으로는 실제 작업용 작업표본, 모의 실험형 작업표본, 특정 직무 작업표본, 특성군 작업표본 등으로 나눌 수 있다.

• 실제 작업용 작업표본(applied job sample): 실제와 동일한 기계장비, 도구, 보조기구, 재료 등 사용
• 모의 실험형 작업표본(simulated work samples): 특정 직종에 맞추기보다 그 직종과 관련 있는 도구 사용
• 특정 직무 작업표본(single-trait work sample): 직종과 관련된 한 가지 특성이나 특징과 관련된 검사
• 특성군 작업표본(cluster-trait work samples): 일반 상업적 용도로 사용되는 경우가 많고, 특정 직종이기보다는 일련의 비슷한 직업군에 맞추어진 작업표본

(2) 작업표본평가 과정

① 이용자가 작업표본을 수행하는 동안 평가사는 대상자를 관찰하고 기록하기
  • 뚜렷한 행동요소들

- 특성이나 기술 등 과제수행 요건과 관련된 수행 요소들
- 가능한 학습유형과 선호들
- 과제수행 시 이용자의 행동을 관찰함으로써 예측되는 흥미
- 이용자의 직무 관련 욕구와 잠재적 직무조정

② 작업수행 후 다른 사람들과 비교하여 얼마나 잘 수행했는지에 대한 점수 결정하기

③ 이용자의 행동, 흥미, 수행결과 등을 포함한 실제적인 작업표본 결과 요약하기

④ 모든 관찰 내용들을 요약 후 이용자와 미팅하기

- 이용자의 반응, 이용자가 특별히 좋아했거나 싫어했던 작업표본 파악
- 자신의 행동과 수행에 대한 이용자의 예상, 이용자의 실제적 행동과 수행 파악
- 정보를 제공받는 것에 대한 이용자의 반응살피기

⑤ 흥미, 학습선호도, 적성과 기술들, 자질 및 행동 등의 정보가 포함된 보고서 작성하기

(3) 타당성, 규준화, 표준화

작업표본은 주로 통제된 환경에서 활용되는데, 심리검사보다 타당성, 안정성, 적절성 등 통계적인 정보를 제시하기 쉽지 않다. 직업평가 및 직업적응협회(Vocational Evaluation and Work Adjustment Association)에서는 작업표본은 작업자의 기술 수준에 대해 현실적이고 신뢰할 수 있는 결과를 제시할 수 있어야 한다고 규정하고 있다(VEWAA, 1975). 내용타당도를 확보하기 위해 전문가 조사단에 의한 접근, 직무분석, 과제분석 등을 활용할 수 있고, 직업사전(Dictionary of Occupational Titles: DOT), 직무분석 지침서 등을 참고할 수 있다.

작업표본은 구성물품, 배열, 지시 및 채점에서 표준화되어야 하고, 표준화를 위한 매뉴얼을 작성되어야 한다. 매뉴얼 내용으로는 ① 직업사전과의 관계, ② 작업표본 목록에 대한 설명, ③ 표본을 구성하는 모든 물품, 도구, 부품들에 대한 목록, ④ 시간, 오류의 평가, 채점에 대한 지시 등 이용자에 대한 상세한 평가 지시문, ⑤ 점수 해석을 위한 지시, ⑥ 준비와 배치에 대한 기준 등이 포함된다.

규준은 지시문에서 일러주는 것과 똑같은 방식으로 검사가 수행될 때 유효하고,

부적절한 규준은 매우 잘못된 결과를 가져올 수 있다. 또한 산업체 규준을 사용하지 않은 경우는 작업표본에서의 수행이 경쟁적인 직무에서의 고용 가능성을 예측할 수 있는 가능성을 낮게 한다. 산업체 규준은 지역노동시장에서 찾기 쉬운 직종으로 훈련 및 직업배치를 추천할 수 있게 한다.

작업표본에 대한 가치있는 규준을 얻기 위해 고려할 점은 다음의 세 가지 방법을 들 수 있다(McCray, 1979a). 첫째, 산업체 근로자들을 대상으로 작업표본을 실시하고 그들의 수행결과들을 규준집단을 만드는 근거로 활용할 수 있다. 둘째, 산업체에서 이미 특정 직무에 대해 생산표준을 개발하고 있다면 직무표본을 개발하고 기존의 표준들을 그대로 평가에 적용할 수 있다. 셋째, 시간연구 혹은 예정된 동작시간체계 같은 산업공학적인 기술들이 작업표본을 분석하고 이 작업표본에 대한 생산표준을 개발하는 데 활용될 수 있다.

작업표본평가는 규준참조(norm-referenced) 검사도 있고 준거참조(criterion-referenced) 검사도 있다. 작업표본은 특정한 과제 혹은 일련의 과제들을 중심으로 설계되었다. 과제수행 단계들이 우선 결정되면 이용자는 과제를 완수할 것을 요구받는데, 이 과정에서 평가시는 이용자가 과제를 끝마치는 것을 관찰하고 기록한다.

작업표본을 통해 얻은 수행이 반드시 경쟁적인 환경에서의 성취를 반영하거나 예측하지는 않는다. 즉, 작업표본은 작업과제들을 모방한 것이고 실제 작업의 사회적·물리적 요구들을 광범위하게 포함하지는 못한다(Hursh & Kerns, 1988). 결과적으로 작업표본은 평가기술의 하나일 뿐, 평가를 받고 있는 개인의 중요한 변화를 이끌어낼 수 있도록 설계되지는 않는다. 하지만 전통적으로 언어기술이 낮고 글을 읽을 수 없거나 어떤 이유로 인해 표준화된 지필 검사를 받을 수 없는 경우 사용되어 왔고, 통제된 상황 속에서 행동을 관찰할 수 있으며, 이용자의 인성 및 흥미 등에 대한 태도를 확인시켜줌으로써 취업 가능성을 탐색할 수 있다.

(4) 작업표본평가의 장점과 단점(강위영 외, 1999)

포괄적인 평가를 위해 작업표본을 활용할 때 작업표본은 많은 장점과 단점을 가지고 있다.

① 장점

- 개인의 직업적 잠재능력에 대한 문화적 · 교육적 · 언어적 장벽 감소
- 표준수행 정도가 실제 작업에 요구되는 수준과 거의 동일
- 직업 관련 정보를 얻는 데에 상대적으로 짧은 시간 소요
- 행동과 성격을 관찰할 표준화된 도구가 있음
- 직무수행능력에 관심을 둠으로써 문화적 또는 의사소통에서 오는 문제를 최소화(Botterbusch, 2005)

② 단점

- 실제 작업장과 똑같은 환경(실제 작업장의 소음, 냄새, 조명, 발생 가능한 문제들, 관리자가 항시 존재하는 등)을 검사 시 제공하는데 어려움
- 검사에 임하는 당사가가 문제들을 어떻게 해결하는지, 어떤 식으로 도움을 구할지 등에 대한 확인이 어려움
- 상업적 용도로 사용되는 검사는 비용이 상대적으로 높음

(5) 작업표본의 효과적인 활용을 위한 지침

작업표본을 잘 활용하기 위해서는 다음의 구체적인 지침들이 마련되어야 한다.

① 특정 작업표본 체계에 대한 매뉴얼을 활용하여야 한다. 평가실시, 활용 및 해석을 위한 통일된 절차를 제공해 줄 수 있고, 특정 작업표본을 통해 어떤 직무나 어떤 훈련 기회와 관련되어 있는지 설명할 수 있다.

② 작업표본을 시작하기 이전에 이용자에게 적절한 지시를 해야 한다.

- 이용자에게 작업표본의 유용성을 확인시키기
- 이용자에게 무엇을 해야 하고 정확히 어떻게 해야 하는지 알려주기
- 이용자가 표준화된 지시에 따라 적절히 수행하지 못한다면, 과제수행 방법을 도와주기(어떤 유형의 지시가 과제수행에 대한 이용자의 이해를 촉진시킬 수 있는지 결정해야 하고 제공방법들은 다양하며 지시 형식은 이용자의 학습능력에 맞춰져야 함)

③ 이용자의 작업표본 수행능력 확인 후, 이용자의 전반적인 수행을 평가한다.

- 가능한 전인적인 측면 모두에 대한 평가를 실시하기

• 노동시장 내 직업을 얻거나 유지하는데 필요한 행동은 지시를 이해하고, 도구를 사용하고, 작업방법들을 이해하고, 주의집중하고, 신체적 힘을 가지고, 비평을 수용할 수 있는 능력 모두를 포함하기

4) 작업표본평가도구

표 4-32 주요 작업표본평가도구

평가도구	구성
MDS (McCarron-Dial System)	• 언어 - 공간 - 인지: 지능검사(K-WAIS), 언어검사(PPVT, REVT 등) • 감각: BVMGT(시각운동형태검사), HVDT(촉시지각변별검사) • 운동: MAND(신경근육운동 발달검사) • 정서: OEI, OEI-R(정서관찰척도), EBC(정서행동관찰) • 통합 - 대응: BRS(행동평가척도), SFAB(기능적 적응행동 관찰), SSSQ (지역사회 적응기술평가)
TAP(Talent Assessment Program)	구조적 · 기계적 시각화, 크기 · 모양변별, 색변별, 촉각변별, 작은 물건 조립, 큰 물건 조립, 작은 도구를 사용한 조립, 큰 도구를 사용한 조립, 흐르는 패턴에 의한 시각화, 세부적 도구 및 구조 유지(기억력)를 평가, 10개의 하위검사로 구성
MVE (Mobile Vocational Evaluation Set)	손가락 재능, 손목 - 손가락 속도, 팔 · 손 안정성, 손재능, 양팔협응, 양손 협응, 사무적성, 공간 인지, 조준, 반응, 추상논리, 언어 · 수리 논리, 지시이해, 언어 및 수리를 평가, 도구를 이용한 8가지 검사와 12가지의 지필검사로 구성
Valpar 17 (Pre-vocational readiness battery)	발달수준검사, 모의작업평가, 대인관계기술, 금전관리기술로 구성되어 있으며, 단순직에서의 적용 가능성을 파악하기 위해 활용
Work Activities	변별력 100번대, 조립 200번대, 포장 300번대, 학습 400번대로 구성되어 있으며, 제조업 직무수행능력을 측정하는 데 활용
VITAS	조립, 계산작업, 은행출납, 제도작업 등의 작업표본으로 특정 직종에서의 작업수행 정도를 파악하는 데 활용
Micro-Tower	5가지 적성 영역, 13종의 표본작업으로 운동신경, 공간지각, 사무지각, 언어능력, 수리능력 등으로 구성되어 있어 미숙련 · 반숙련 단순직에서의 적성을 파악하는 데 활용
Purdue Pegboard	손가락, 손 그리고 팔의 전반적인 움직임과 조립과제에서 필요한 미세한 손가락 끝 기민성을 평가하기 위해 실시함
KEAD 손기능작업표본검사	크기가 다른 핀을 보드에 꽂는 작업을 통해 눈과 손의 협응능력, 손가락 민첩성, 손끝집기능력 등 세밀한 손동작을 평가하기 위한 검사도구

평가도구	구성
KEAD 다차원 양손협응 작업표본검사	양손과 양팔을 동시에 사용하는 대근육작업을 중심으로 다양한 형태의 부품(기둥, 볼트와 너트, 판, 연결핀)을 조립하여, 입체구조물을 완성하는 능력을 평가하기 위한 검사도구

출처: 한국장애인재활상담사협회(2018).

(1) 맥캐런-다이얼 시스템(McCarron-Dial System: MDS) (박희찬 외, 1997: 강위영 외, 1999)

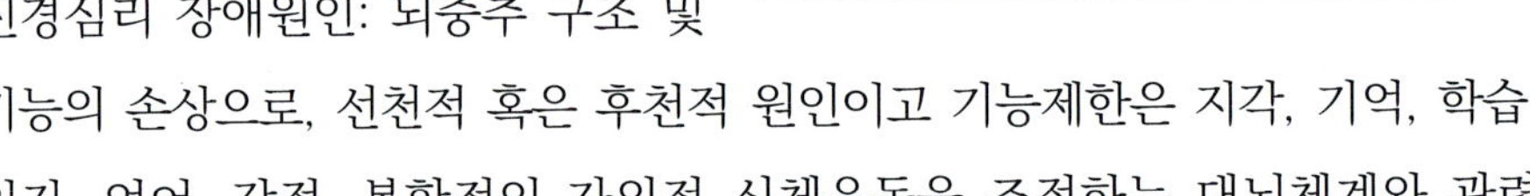

① 목적: 신경심리(neuropsychological) 장애인의 교육 및 직업 잠재력을 평가

※ 신경심리 장애원인: 뇌중추 구조 및 기능의 손상으로, 선천적 혹은 후천적 원인이고 기능제한은 지각, 기억, 학습, 인지, 언어, 감정, 복합적인 자의적 신체운동을 조정하는 대뇌체계와 관련

② 대상: 지적장애, 뇌성마비, 학습장애, 뇌손상 장애등 신경심리적 범주에 있는 장애인

③ 소요 시간: 대략 1주일(정서관찰척도는 5일간 관찰평가)

④ 구성: 5가지 신경심리학적 요인을 측정하는 표준화된 도구들로 구성되고 몇 가지 도구를 선택하여 실시

신경심리학적 요인	평가내용	평가도구
언어(Verbal)-공간(Spatial)-인지(Cognitive)	언어, 학습능력, 기억력, 성취도 측정	• 웩슬러 성인지능검사(WAIS) or 웩슬러 아동용 지능검사(WISC or WISC-R)* • 스탠퍼드-비네 지능검사(SBIS) • 피바디 그림어휘검사(PPVT or PPVT-R) • Perceptual Memory Test(PMT)** • 광역 성취검사(WRAT)** • 피바디 성취검사(PIAT) • Woodcock-Johnson Psychoeducational Battery** • Booklet Category Test** • 시각장애인 인지력검사(CTB)

신경심리학적 요인	평가내용	평가도구
감각(Sensory)	주위환경을 지각하고 경험하는 능력	• 벤더 시각운동력 게슈탈트검사(BVMGT) • 촉각시각변별력검사(HVDT, HSDT) • 기억연결검사(HMMT)***
운동(Motor)	근육의 힘, 운동속도와 정확성, 균형과 조화	• 맥캐런 신경근육운동 발달검사(MAND)***
정서 (Emotional)	대인관계와 환경으로부터의 스트레스에 대한 반응	• 정서관찰검사(OEI or OEI-R) • 정서행동체크리스트(EBC) • 미네소타 다중인성검사(MMPI) • 집-나무-사람검사(HTPT)
통합-대응 (Integration-Coping)	적응행동	• 행동평가척도(BRS) • 지역사회 적응기술(SSSQ) • 기능적 적응행동평가(SFAB)**

주: * 16세 이하 평가대상자의 교육적 평가에 사용됨
** 추가적인 검사 및 과정
*** 임상적인 신경심리학적 평가에 사용됨

⑤ 실시 방법

• 기본 검사 수행시간은 3시간 정도 소요, 보조검사와 10시간의 관찰검사를 포함하는 전체검사를 시행하기 위해서는 5일까지도 소요

• 훈련된 전문가만이 사용할 수 있고, 검사마다 준거집단에 대한 정보가 제공

㉠ 언어-공간-인지요인

▸ 그림어휘력검사(PPVT)

- 개인별 검사이고 시간제한 없음
- 4개 그림 중에서 평가사가 지시하는 것을 이용자가 손으로 가리키면 응답을 검사지에 기록

▸ 웩슬러 성인지능검사(WAIS): 본 교재 pp.176-178 및 매뉴얼 참고

㉡ 감각요인

▸ 벤더 시각운동력 게슈탈트 검사(BVMGT)

- 시간제한 없음(약 11~12분 소요)
- A4 용지, 지우개, 연필 준비
- A~8까지 9개 도형을 차례로 제시
- 제시하는 카드를 보고 연필로 그림을 그림

- Koppitz에 의한 발달적 채점법으로 해석
- 수준행동 기록

▶ 시지각촉각변별검사(HVDT)

- 모양, 크기, 촉감, 형태 변별 능력 측정
- 칸막이로 가려진 상태에서 제시되는 입체도형을 만져본 후 시각 그림 카드에서 동일한 도형을 유추하여 알아맞춰야 함
- 우세손에 관계없이 항상 오른손부터 검사 실시
- 도구를 보지 않고 실시하는 검사이므로 검사도구 가방 뚜껑을 열어두고 이용자에게 보이지 않도록 함

㉢ 운동요인

▶ 맥캐런 신경근육운동발달검사(MAND): 본 교재 pp.164-166 및 매뉴얼 참고

㉣ 정서요인

▶ 정서관찰검사(OEI-R)

- 2일 동안 2시간씩 관찰하여 기입
- 1일 1회 이상은 1회로 기입

㉤ 통합-대응

▶ 행동평가척도(BRS)

- 13개 영역의 항목을 1점(기능 낮음)부터 5점(기능 높음)으로 평가함

⑥ 채점방법

• 개별평가 프로파일(IEP) 작성

- 원점수 기록 후 'MDS환산표' 사용하여 각 원점수를 표준점수로 변환하고 이를 'MDS요인점수'로 변환하여 요인들의 점수를 평균으로 구함. 구해진 평균점수는 「요인별 우선순위」를 결정할 때 활용

• 직업프로그램 수준 예측

- 3개의 '직업프로그램 수준 회귀방정식' 중 택 1하여 예측된 점수를 IEP 하단의 프로그램 배치 수준에서 직업과 주거의 점수분포에 상하로 선을 연결. IEP 오른쪽 상단의 제안된 「직업」란에 직업의 수준을 기록. 상하로 연결된 선이 예측된 최저임금 %와 지역사회 내 고용가능성 등과 교차한 3개

의 점에 해당하는 점수를 확인하여서 원점수란에 기록

- 주거프로그램 수준 예측
  - '주거수준 산출공식'에 표준점수를 대입시켜 산출된 점수를 IEP 하단 「주거수준」 건과 IEP 표준점수 분포상에도 표시. 해당점수의 두 점을 수직선으로 연결하여 선이 통과하는 음영을 확인하여 IEP 오른쪽 상단의 「주거」란에 수준을 기록
- 개인프로그램을 위한 요인별 우선순위 정하기
  - '요인별 우선순위 분석양식'에 원점수, 표준점수, 요인점수를 기록하고, '발달 필수조건 모델'을 사용하여 요인의 평균점수를 살펴 개인 직업 프로그램 범주 내 MDS 요인점수들의 우선순위를 정함

(2) 탭(TAP: Talent Assessment Program) (이달엽, 2001)

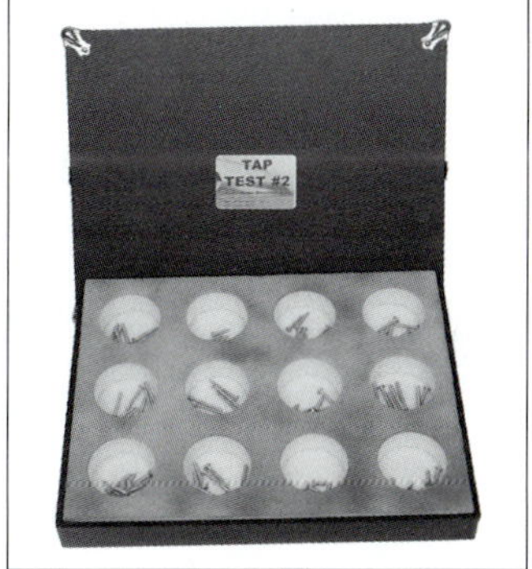

① 목적: 상업, 산업, 기술과 전문직, 숙련직 또는 비숙련직 분야에 적용될 수 있는 중요한 특성을 측정하기 위해 고안된 진로지도 프로그램으로 잠재력을 측정

② 대상: 모든 개인

③ 소요 시간: 약 2시간 ~ 2시간 30분 정도

④ 구성: 10개의 검사로 구성되고 읽기능력이 요구되지 않으며, 하루 최대 20명까지 검사 가능

표본작업		평가 영역	해당 직업 영역
#1	구조물 및 기계물 이해	3차원 조립물의 시각적 이해력	기계, 자동차기계, 제도, 석공, 설계사, 목공, 용접, 철구조물, 그래픽 아트, 장식, 상업미술
#2	크기 및 형태 변별	크기 및 형태 변별력	전자 조립, 철물 포장, 제도, 시계 제조, 장식, 안마술, 치과의술, 보건 관련, 미술, 화초 정리
#3	색변별	색변별력	페인트 제조, 페인트 혼합, 장식, 조경, 미술, 디자인, 목재 및 금속 마무리, 꽃꽂이, 보건 관련
#4	촉각변별	촉각에 의한 변별력	미용술, 치과의술, 안마술, 자동차 본체, 목재 마무리, 섬유 분류, 과일 분류, 표구, 외과, 분사

표본작업		평가 영역	해당 직업 영역
#5	맨손 기민성 (소형)	도구를 사용하지 않는 손기민성	부품 조립, 생산 조립, 공예, 철물 포장, 전자부품 진열, 전자서비스, 사탕 제조
#6	맨손 기민성 (대형)	도구를 사용하지 않는 손기민성	철물 포장, 금속구성품 조립, 부품 조립, 생산 조립, 제본업, 우편 분류, 과일 분류, 과일 포장
#7	소형도구 사용 손재능	소형도구를 사용하는 손기민성	생산 조립, 전자 조립, 보석세공, 전자서비스, 시계 제조, 재봉, 외과의사, 치과의사, 치기공사, 실험실 연구원, 자료처리, 시력검사원, 설비서비스
#8	대형도구 사용 손재능	대형도구를 사용하는 손기민성	자동차 수리, 가구 제작, 용접, 실내장식, 차체와 완충장치, 사무기기 수리, 공장장비관리, 농장장비 조립, 공장장비관리, 농장장비조립, 소형엔진서비스, 소형-대형장비서비스
#9	도면이해	재료 도면의 시각적 이해력	전자, 전기배선, 배관, 냉난방, 공장조립라인, 자동차배선, 설비서비스, 제도-도면 그리기, 자동차변속장치, 전화서비스, 교통통제장치, 제도-설비
#10	구조물 및 기계물 세부기억	3차원 조립물의 상세 기억력	설계, 제도기술, 측량술, 용접, 디자인기술, 조적, 굴착작업, 철강건축, 목수, 상업미술

- 국내에서 #5, #6, #7, #8 검사가 표준화됨.

⑤ 실시 및 해석

- 공통적으로 검사자의 언어적 지시, 시연, 이용자의 연습, 이용자의 실제 과제수행의 순서로 진행
- 항상 평가도구 1번을 먼저 시행하고 평가도구 10번은 나중에 시행
- 이용자가 잘못된 방법으로 작업수행 시 작업을 즉시 중단하고 평가내용을 완전히 이해시킨 후 재실시
- 평가 시작과 종료시간은 분단위로 기록하고 1분을 10등분하여 나누어 기록
- 개별 프로파일 시트에는 수행결과의 백분위 점수 등급(보호 수준, 비숙련직, 단순 기술직, 숙련직)과 관련된 직업명이 제시

(3) 발파(Valpar Component Work Sample: VCWS)(한국장애인고용공단, 2009; 강위영 외, 1999)

① 목적: 미국직업사전(DOT)을 기초하여 개발된 작업표본검사로 이용자의 작업의 질을 측정하여 적합직종을 파악하기 위한 검사

② 대상: 모든 개인(산업재해 장애인, 지적장애인 등)

③ 소요 시간: 약 5시간 30분

④ 구성: 5개 직업군으로 구성된 18개의 표준화된 작업표본으로 구성

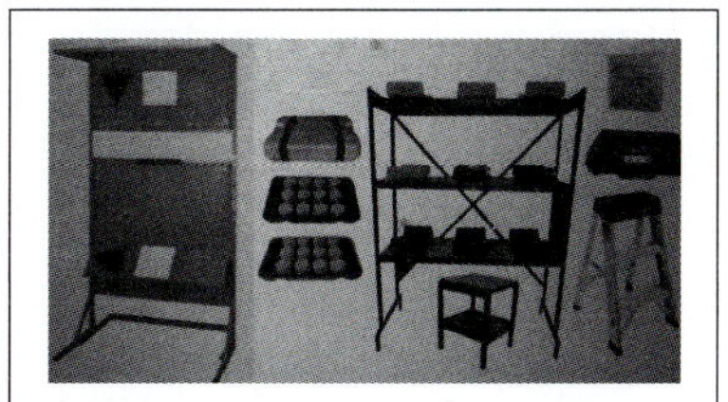

하위검사	내용	세부내용
VCWS 01	작은 공구작업	• 소공구를 이해하고 사용할 수 있는 기초적인 능력 측정 • 드라이버, 플라이어, 렌치 등의 공구를 사용하여 기능의 이해능력과 근육조정능력, 손작업의 능숙도, 손가락 사용능력, 신체적 인내력 및 반복작업에서의 수행력 측정
VCWS 02	크기변별작업	• 시각적인 분별력이 요구되는 작업을 수행하는 능력과 근육조정력, 그리고 손 사용의 능숙함 정도를 측정 • 이용자의 특성, 판단력, 지시이해력, 인내력 및 집중력을 알 수 있음
VCWS 03	수 분류작업	• 숫자의 크기나 배열 등을 근거로 서류를 분류하거나, 쌓거나, 나누는 작업이 요구되는 일을 수행하는 능력을 측정
VCWS 04	상체운동 범위 측정	• 목적이나 동작 수행 시 상체의 동작 가증 영역을 측정. 즉 어깨 · 상박 · 하박 · 팔꿈치 · 손목 · 손가락의 사용에 대한 동작 영역을 측정
VCWS 05	사무작업	• 기본적인 사무작업을 수행하는 개인의 능력과 이와 같은 사무수행능력을 배우는데 개인의 소질을 측정, 전화응대, 우편물 분류, 절차 순 분류, 부기, 타자 등을 측정
VCWS 06	독립적 문제해결 작업	• 시각적인 비교나 도형의 모양을 선택하는 작업이 요구되는 일을 수행하는 능력을 측정 • 기본적인 문제해결능력을 판단할 수 있고 이용자에게 세심한 주의력과 특정 작업의 적응력을 필요로 함 • 의사결정과 지시수행능력을 강조하고, 중증 시각장애인이나 색맹자에게 사용하기에는 부적합
VCWS 07	다단계 분류작업	• 시각적인 구별능력과 신체조작능력이 요구되는 작업수행에서의 판단력 측정 • 일반적인 지적 능력, 형태인식, 사무작업능력, 근육조절력, 손작업의 숙련도를 측정
VCWS 08	모의조립작업	• 반복적인 작업 또는 손이나 근육 사용을 요하는 작업에서의 수행능력을 측정, 근육조절과 손 그리고 손가락 사용의 숙련도를 측정

하위검사	내용	세부내용
VCWS 09	전신운동 범위 측정	• 작업을 수행하는 데 관계되는 인체의 각 부분, 즉 몸통 · 팔 · 손 · 발 · 손가락 등의 전체 동작을 측정하여 이 부위들이 작업을 수행하는 기능의 능력을 측정 • 형태 인지력과 눈 · 손 · 팔의 동작협응에 관해서도 알 수 있으며 동작의 능숙도에 관해서도 측정
VCWS 10	3단계 측정작업	• 간단한 것에서 복잡한 것까지 단계가 다른 작업을 수행하는 능력을 측정 • 이용자는 기계부품이 허용오차 내로 제조되었는가를 판단해야 하고 측정점수는 이용자가 이러한 작업을 잘 수행하는가를 나타냄
VCWS 11	눈-손-발 협응력 측정	• 눈과 손, 발을 동시에 사용하는 능력을 측정 • 부수적으로 집중력, 반응시간, 계획능력, 학습능력 등을 관찰할 기회를 가질 수 있음
VCWS 12	납땜 및 검사 작업	• 납땜작업을 통해 사고력, 공간감각, 형태인식작업의 수행능력을 파악 • 단계가 증가함에 따라 시각적 정확성, 근육 조절, 주의력, 판단력, 사고력, 공간감각, 형태인식, 지식순응력 등을 파악
VCWS 13	협동작업	• 조립작업 시 여러 동료 근로자들과의 관계와 지시수행능력, 손 사용 숙련도, 색 변별력을 측정 • 사고력, 지능, 언어태도, 공간감각, 형태인식, 근육조절능력을 파악
VCWS 14	전기회로 및 기판작업	• 전기회로의 기본 원리 이해도 측정 및 청사진 제도 등의 그림 이해능력 측정 • 이 과정 중 이용자의 집중력, 계획력, 학습능력을 관찰
VCWS 15	제도작업	• 제도나 청사진 등 도표를 읽는 잠재능력을 측정 • 추리력, 형태식별능력, 지능, 손재능 및 근육조절능력을 파악
VCWS 16	직업준비도검사	• 특별히 지적장애인을 위해 제작되었고, 학습장애인부터 훈련가능급 지적장애인에 이르기까지 폭넓게 적용 • 발달평가, 작업장평가, 대인 및 사회적 기능, 금전취급기능의 4가지 상호독립적인 영역으로 구성 • 소요시간은 2시간 30분~3시간 정도
VCWS 17	시각장애인 개념이해도 측정	• 기본적인 움직임, 판단, 방향성, 균형능력, 시각장애인에게 중요한 숙련도 및 잠재력을 측정하고 공간, 부피, 형태구별의 개념을 제공
VCWS 18	동적 신체능력 측정	• 직업자격 기준을 측정, 이는 신체능력과 동작 허용치를 구하는데 매우 중요

- 1973년 이후 다양한 워크샘플과 컴퓨터화된 평가도구 개발
- 준거지향검사법을 바탕으로 미국 노동부의 직업표준시스템과 연계
- 발파의 동작시간 측정기준(하루 8시간 작업을 기준으로 할 때, 숙련된 작업자가 반복적으로 작업을 수행하는 데 걸리는 시간)을 바탕으로 워크샘플을 분석하고(Christopherson, 1995) 이 기준으로 개인의 작업공정률을 숙련된 기술자와 비교
- 작업공정률은 개인의 작업수행시간을 MTM(동작시간 측정기준)에 제시된 기준시간으로 나눔

  예 개인이 작업을 수행하는 데 걸리는 시간이 800초, MTM 기준이 600초일 때 개인의 공정률은 75%, 검사를 통과하기 위해서는 87.5%의 공정률이 요구되며 87.5%는 개인의 점수가 숙련된 기술자와 비교한 것으로 향후 발전 가능성을 고려해 정해진 수치. 이후 1990년대 초 학습커브식 평가(성적을 인원에 비례해 상대적으로 평가하는 방법)를 통해 객관화됨(Christopherson, 1996)

(4) 직업흥미, 성격 및 적성평가체계(Vocational Interest Temperament and Aptitude System: VITAS)(한국장애인고용촉진공단, 2005; 강위영 외, 1999)

① 목적: 직업적 흥미와 기질, 적성을 평가하고자 개발된 검사로 각 개인이 대표적인 각 작업자 특성군 배열과 비교해서 만족할 정도의 수행을 할 수 있는지에 대한 잠재력 또는 수행하는 것을 배울 수 있는 잠재력을 가지고 있는지를 평가

② 대상: 교육적 또는 문화적 혜택을 받지 못한 개인

※ 일반적으로 읽기능력을 요구하지 않고, 읽기가 포함된 경우 중학교 1학년 이상의 읽기능력은 요구하지 않음

③ 소요 시간: 하루 5시간씩 3일 이내

④ 구성: 미국 노동부에서 1965년에 발간한 직업명사전(DOT) 제2권에 제시된 15가지 작업자 특성군 배열(WTGAs: Worker Trait Group Arrangement)과 관련있는 21개의 작업표본들로 구성

표 4-33 VITAS의 구성

작업표본번호	작업표본명	작업표본번호	작업표본명
#1	볼트, 너트, 와셔 조립	#12	회로판 검색
#2	성냥갑 포장	#13	계산
#3	타일 분류와 무게 달기	#14	전화메모 받기
#4	헝겊 견본 대조	#15	은행출납
#5	번호 대조	#16	교정
#6	천 다림질	#17	임금계산
#7	가계부 조립	#18	인구조사 면담
#8	못과 나사 분류	#19	스포트 용접
#9	파이프 조립	#20	실험
#10	글자 정리	#21	제도
#11	자물통 조립		

출처: Vocational Research Institute(1980). VITAS Administration Manual. Philadelphia, PA: Jewish Employment and Vocational Service.

- 주간작업량 기준으로 샘플링된 작업을 불량률과 작업완료까지의 시간을 알아야 하고, 성인 및 청소년집단과 비교해 작업 완료시간과 작업의 질적 수준에 대한 정보 얻음
- 만약 전체 검사도구가 필요하지 않다면, 필요한 부분만 검사하는 특정 검사군만 구입이 가능
- 검사군은 기술부분(technology cluster), 사무직종(clerical-business cluster), 기계산업 I과 II
- 특정 직업군을 추천하기 위해 그 직업군을 대표하는 모든 작업표본을 성공적(시간 및 질에 대한 등급이 중위 이상일 경우)으로 수행해야 하고 그 직업군에 대한 흥미와 적절한 기질을 나타내야 함

(5) 퍼듀 펙보드(Purdue Pegboard)(한국장애인고용촉진공단, 2004)

① 목적: 손가락, 손, 팔의 전반적인 움직임과 조립과제에 필요한 미세 손가락 끝(원위부) 기민성 등 손재능을 측정함으로써 다양한 손기능을 필요로 하는 직무의 근로자 선발 또는 손기능 재활훈련에 도움을 주거나 뇌손상 영역과 잔존능력의 파악, 학습장애 아동의 판별, 직업재활

지원자의 평가, 실독증, 대상자의 수행 등을 평가

② 대상

- 손가락, 손, 팔의 움직임과 미세 손끝기능을 측정하고자 하는 성인
- 산업현장에서 숙련성 테스트
- 뇌손상의 증상과 편측성에 적용(Louis, D. 1963)
- 학습장애아 구별(Kane, J. 1972)
- 직업재활 후보자 평가(Hamm, N. H., 1980)

③ 시간: 약 10~20분 내외

④ 구성: 검사판 1개, 핀(pin) 50개, 칼라(Collars) 20개, 와셔(Washers) 40개, 초시계 등

⑤ 실시방법

검사 순서	작업유형	측정시간 실시횟수	검사내용
1단계	우세손	30초 3회	핀을 하나씩 집어 아래방향으로 검사판에 꽂음
2단계	비우세손		
3단계	양손	30초 3회	양손에 한 개의 핀을 동시에 집어 아래방향을 검사판에 꽂음
-	오른손+왼손+양손		실제 수행하는 것은 아니며, 수학적 계산을 의미
4단계	조립	60초 3회	우세손부터 부품을 집어 조립하며 핀 → 와셔 → 칼라 → 와셔의 순으로 양손을 번갈아 사용하여 조립

- 이용자는 컵 모양 있는 곳이 보드 윗부분으로 오게 하여 퍼듀 펙보드를 앞에 두고 편안하게 앉음(오른손 작업 시 보드를 몸의 중앙에서 약간 오른쪽으로, 왼손 작업 시 보드를 몸의 중앙에서 약간 왼쪽으로 위치시켜 작업이 편리하도록 조정한다)
- 이용자의 우세손이 오른손인 경우 왼쪽부터 핀-워셔-칼라-핀 순으로, 우세손이 왼손인 경우 오른쪽부터 핀-워셔-칼라-핀 순으로 배치
- 평가 시행 순서

  ㉠ 우세손 연속 3회(30초간 수행동 및 질적 평가)

  ㉡ 비우세손 연속 3회(30초간 수행동 및 질적 평가)

  ㉢ 양손 연속 3회(30초간 수행동 및 질적 평가)

  ㉣ 조립 연속 3회(60초간 수행동 및 질적 평가)

⑥ 채점방법: 우세손, 비우세손, 양손의 점수는 30초 동안 검사판에 꽂은 핀의 수(3회 수행의 평균, 양손은 쌍으로 꼽힌 핀의 수), 조립의 점수는 1분 동안 검사판에 꽂은 핀 · 와셔 · 칼라의 총 개수(3회 수행의 평균)

• 오류유형

유형	오류유형	유의사항
한손	한 번에 여러 개의 핀을 집어 꽂은 경우	최초 삽입 1개만 수행량에 포함
	평가판에 꼽는 것을 중간에 생략한 경우	수행량에서 제외
	핀을 떨어뜨린 경우	
	핀을 떨어뜨린 후 다른 손으로 핀을 꽂은 경우	
	다른 손으로 핀을 꽂은 경우	
	핀 삽입 중 땀이나 기타 사유로 빠진 경우	
	핀 삽입하는 열이 잘못 되었을 경우	수행량에 포함
	떨어뜨린 후 집어서 넣은 경우	
양손	한 번에 여러 개의 핀을 집어 꽂은 경우	최초 삽입 1개만 수행량에 포함
	핀을 떨어뜨린 경우	수행량에서 제외
	평가 판에 꼽는 것을 중간에 생략한 경우	
	핀을 떨어뜨린 후 다른 손으로 핀을 꽂은 경우	
	핀 삽입 중 땀이나 기타 사유로 빠진 경우	
	동시에 꽂지 못하고 시간 간격이 1초 이상 있었던 경우	수행량에 포함
	떨어뜨린 후 집어서 넣은 경우	
조립	조립품(핀, 칼라, 워셔)을 떨어뜨린 경우	수행량에서 제외
	평가 판에 꼽는 것을 중간에 생략한 경우	
	조립 중 손이나 기타 사유로 인해 완성된 조립품에 영향을 주어 워셔 및 기타 구성요소가 빠진 경우	
	떨어뜨린 후 집어서 넣은 경우	수행량에 포함
	조립 시 손의 순서가 바뀐 경우	
	완전한 조립품을(4개 구성요소)을 만들지 못한 경우(단, 마지막 조립부품은 제외)	

• 결과채점

구분	1~3차	평균
우세손	30초 동안 꽂은 핀의 개수	1~3차 평균 개수
비우세손	30초 동안 꽂은 핀의 개수	1~3차 평균 개수
양손	30초 동안 꽂은 한쌍의 핀의 수(한쌍이 1개임)	1~3차 평균개수
종합(삽입)	우세손, 비우세손, 양손 개수의 합	우세손, 비우세손, 양손 합의 평균
조립	60초 동안 꽂은 핀, 와셔, 칼라의 총수(조립 8개를 완성했다면 조립개수는 32개)	1~3차 평균

⑦ 해석

- 원점수 해석에는 퍼센타일 척도, 표준척도, 언어척도를 사용할 수 있음
- 보고서 작성 시 이용자의 우세손이 어떤 손인지를 명확히 제시하고 우세손, 비우세손, 양손, 우세손+비우세손+양손, 조립 순으로 검사결과를 서술하며 오류에 대한 해석과 적용한 규준을 기술
- 우세손이 왼손인 경우의 해석
  - 왼손 수행결과는 우세손 규준을 적용하여 해석
  - 검사는 3회 수행하고, 그 평균을 산출하여 3가지 척도로 해석

⑧ 적용

- 재활치료(작업치료, 물리치료)를 통한 손기능훈련
- 직업능력평가의 경우 이용자의 작업능력이 특정 직업이나 손재능이 필요한 직무를 수행할 수 있는지와 간단한 작업지시 이해 및 수행 가능한지 여부
- 문자해독능력이 없거나 휠체어 사용하는 사람도 검사 실시 가능

(6) KEAD 손기능작업표본검사(최재욱 외, 2008; 한국장애인고용공단, 2008)

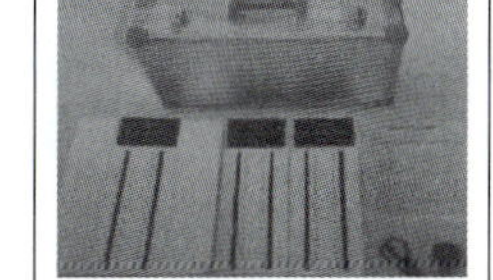

① 목적: 눈과 손의 협응능력, 손가락 민첩성, 손끝집기(Tip pinch) 능력 등 세밀한 손동작을 평가하기 위한 검사

② 대상: 15~55세까지 비장애인, 장애인

③ 시간: 약 20~30분

④ 구성

구성요소	규격	수량
기본 보드	29 × 45	1
핀보드(대/중/소)	14 × 42.5	대/중/소 각 1개씩
핀(대)	0.6 × 2.55	40개
핀(중)	0.4 × 2.55	40개
핀(소)	0.3 × 2.55	40개

⑤ 표준화정보

- 신뢰도: 검사-재검사 실시 .95 이상 매우 높게 나타남
- 타당도: 준거타당도에서 퍼듀 펙보드와 비교 시 우세손, 비우세손 모두 .80

이상, 양손 .932의 높은 상관계수를 보임

⑥ 실시방법

• 수행 순서

- 우세손 파악(※ 양손잡이일 경우 오른손이 우세손)
- 소: 우세손(30초), 3회 실시 → 비우세손(30초), 3회 실시 → 양손(30초), 3회 실시
- 중: 우세손(30초), 3회 실시 → 비우세손(30초), 3회 실시
- 대: 우세손(30초), 3회 실시 → 비우세손(30초), 3회 실시

• 검사 설명 및 채점기준

- 각 30초 동안 최대한 많은 핀을 구멍에 순서대로 꽂도록 지시
- 각 평가항목당 제한시간 내에 핀 보드에 꽂은 핀의 개수를 측정
- 검사수행 동안 발생한 오류 수 기록
- 이용자의 검사행동 양상에 대해 해당 칸에 표시
- 기록사항을 비장애인 및 장애유형별 규준을 활용하여 채점
- 검사 수행 시 중단 사유*가 3회 이상 발생하면, 검사 중지 후 실패로 간주

수행 시 중단사유

※ 2회에 한정하여 검사 중단 후 검사방법을 다시 설명할 수 있음(수행량에는 제외)
☞ 「한 번에 여러 개의 핀을 집는 경우」, 「핀을 꽂는 방향이 잘못된 경우」, 「양손 동시에 꽂지 못하고 시간 간격이(1초 이상) 있었던 횟수」

⑦ 해석: 규준을 적용하여 이용자의 현재 작업수행 수준을 평가하고, 오류와 수행 과정 중에 보이는 관찰사항을 별도로 기입한 후 결과해석 시에 참고

⑧ 오류유형 및 행동관찰

• 한손작업 시 오류유형

오류유형	점수기록 시 유의사항
핀을 떨어뜨린 횟수(떨어뜨린 후 집어서 넣은 것 포함)	수행량에 포함시킴
검사 판에 꼽는 것을 중간에 생략한 횟수(빈 공간 수)	
핀을 떨어뜨린 후 다른 손으로 핀을 꽂은 횟수	수행량에서 제외함
다른 손으로 핀을 꽂은 횟수	

오류유형	점수기록 시 유의사항
한 번에 여러 개의 핀을 집는 경우	수행량에서 제외함
핀을 꽂는 방향이 잘못되었을 경우	검사 중단하고 검사방법 다시 설명

• 양손작업 시 오류유형

오류유형	점수기록 시 유의사항
핀을 떨어뜨린 횟수(떨어뜨린 후 집어서 넣은 것 포함)	수행량에 포함시킴
검사 판에 꼽는 것을 중간에 생략한 횟수(빈 공간 수)	
핀을 떨어뜨린 후 다른 손으로 핀을 꽂은 횟수	수행량에서 제외함
한 번에 여러 개의 핀을 집는 경우	
동시에 꽂지 못하고 시간 간격이(1초 이상) 있었던 횟수	수행량에서 제외함 검사 중단하고 검사방법 다시 설명
핀을 꽂는 방향이 잘못되었을 경우	

• 행동관찰사항

행동관찰사항		상	중	하
신체적 측면	손과 손가락의 움직임이 자연스러운가?			
	떨림이나 근 긴장도 상승, 불수의적 움직임 등의 문제를 보이지 않는가?			
	관절 움직임의 제한이나 통증을 호소하지는 않는가?			
작업인지 측면	작업에 대한 이해, 기억, 주의집중력의 정도			
	계획 및 문제해결능력			
	작업에 대한 적성 및 흥미, 의욕 정도			
작업태도 측면	성실성, 인내력, 심리적 안정성			
	지시에 대한 수용, 협조성, 지적이나 비판에 대한 반응			

(7) KEAD 다차원 양손협응 작업표본검사(최재욱 외, 2008: 한국장애인고용공단, 2008)

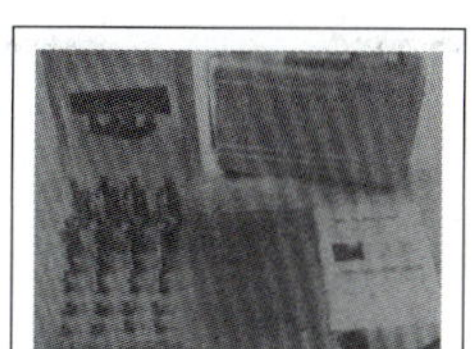

① 목적: 양손과 양팔을 동시에 사용하는 대근육작업을 중심으로, 다양한 형태의 부품(기둥, 볼트와 너트, 판, 연결핀)을 조립하여 입체구조물을 완성하는 능력을 평가

② 대상: 15~55세까지 비장애인, 장애인

③ 시간: 10분 내외

④ 구성

구성요소	규격	수량
직사각형 판	35.5 × 24.5	1개
원통 대	4.5 × 11.7	4개
원통 소	3.6 × 7.2	4개
볼프 대	2.5 × 7.0	4개
볼트 소	2.0 × 5.8	4개
너트 대	2.5 × 1.2	4개
너트 소	2.0 × 1.0	4개
연결핀	5.0 × 2.3	4개

⑤ 표준화 정보

- 신뢰도: 검사-재검사 실시 .95 이상 매우 높게 나타남
- 타당도: MVE 하위검사인 양팔협응검사와 유의미한 상관관계 보임

⑥ 검사 시행

- 수행순서
  - 부품을 책상 위에 배열하고, 검사방법을 설명
  - 사진단서의 위치가 적절한지 물어보고, 편의에 따라 위치를 조정
  - 검사수행에 필요한 것을 제외하고 주변환경을 정리
  - 검사를 실시
- 실시방법
  - 검사에 대한 설명과 동시에 이용자에게 실제로 시범을 보임
  - 제시된 사진단서와 같은 모양으로 제한시간 1분 30초 안에 최대한 빨리 조립, 볼트와 너트는 더 이상 돌아가지 않을 때까지 꽉 조이도록 지시
  - 완성된 구조물에 대한 완성도 점수 및 검사수행 시 특이사항도 기록함
- 채점
  - 제한된 시간(1분 30초) 내에 완성된 부품의 개수를 점수로 환산하여 완성도를 기록
  - 기록사항을 자동채점프로그램 혹은 비장애인 및 장애유형별 규준을 활용하여 채점

⑦ 해석: 실시요강을 참조하여 장애유형별 규준을 적용하여 해석하되, 오류와 수행과정 중에 보이는 관찰사항을 별도로 기입하여 결과해석 시 참고하여 기술

⑧ 적용

- 지체, 뇌병변, 지적, 정신장애인의 양손·양팔 작업능력을 평가하여 현재 작업수행 수준을 평가하고, 향후 직업능력을 예측하는 데 활용
- 직무조건에 따른 작업수행량 비교를 통해 직무별 직업안내 시 참고자료로 활용가능

5. 상황 및 현장평가

1) 상황평가(situational evaluation)

(1) 상황평가 정의

상황평가는 장애인이 일하게 될 현장과 유사한 구조화된 장소에서 관찰기법을 통해 직무수행 정도, 행동, 태도, 대인관계 등을 평가하는 것이다(Power, 1984: Pruitt, 1986).

(2) 상황평가 목적

① 추가 정보 수집과 평가결과 검증

심리평가 등에서 관찰할 수 없는 중증장애인의 정보 파악, 각종 평가의 결과를 검증하는 데 활용한다.

② 직무수행능력을 포함한 직업적응능력평가

직업적응훈련생의 직무수행능력, 작업태도 및 습관, 대인관계, 사회성 등 전반적인 직업적응능력을 평가 후, 훈련 성과를 측정하고 개별 훈련 지원전략 수립에 활용한다.

③ 작업환경의 변화 등 지원방안계획

사회·심리적으로 영향을 받거나 직무수행을 저해하거나 촉진하는 작업환경 특성 파악, 평가결과 직무 조정, 편의시설 설치, 보조공학적 접근 등 필요한 지원방안 계획에 활용한다.

(3) 상황평가 내용

상황평가는 작업환경에서의 일상생활기능, 직업기능, 직무 관련 기능, 직업 관련 사회행동과 작업수행능력 등의 내용을 포함한다. 상황평가의 내용과 현장평가의 내용은 크게 다르지 않다(강위영 외, 2019).

- 일상생활기능: 개인위생 유지, 단정한 옷차림, 식사, 대중교통 이용 등
- 직업기능: 출·퇴근 등 근태관리, 작업장 규칙 준수, 직업준비, 시간엄수, 지시사항 이해 및 수용, 협력 등
- 직무 관련 기능: 변별, 대·소근육 협응, 수 계산, 운반 및 이동, 조립 및 포장, 정확성, 작업도구 사용, 작업에 집중하기, 작업속도 맞추기와 유지, 지속성 등
- 직업 관련 사회행동: 인사나누기, 대인관계 형성, 의사표현, 도움 요청 또는 도움주기 등
- 직무수행 정도: 직무분석에 근거한 직무 과정에서 요구되는 능력 정도

(4) 상황평가 장소

하청의 직무를 수행하는 보호작업장, 간이작업장, 시설 내 작업장, 지역사회평가 장소 등 다양한 작업환경에서 이루어질 수 있다(강위영 외, 1999).

① 보호작업장

보호작업장은 적합한 작업습관과 태도 형성을 목적으로 하청업이나 단순생산작업을 실시하는 곳이다. 작업환경의 조작이 가능하다는 장점이 있는 반면 단순작업으로 인해 일에 대한 동기화가 이루어지기 어렵고 비장애인 동료와 통합되지 못한다는 단점이 있다.

② 간이작업장

시설의 하청작업장 혹은 기술훈련 장소에서 매우 다양한 프로그램으로 실시된다. 평가는 이용자의 직업인성에 초점을 두고 고용 가능성, 직업 성숙도, 직업환경의 장점과 단점, 직업습관, 발달과 변화의 가능성, 훈련능력을 평가한다. 작업장의 목표가 이용자에게 적합한 훈련영역을 결정하는 것이라면, 이용자의 훈련과 학습형태, 훈련능력에 따라 상황평가의 내용을 결정한다.

③ 시설 내 작업장

시설 내 작업장에서 이루어지는 상황평가는 심리검사, 작업표본평가의 보조적 역할과 훈련의 목적을 가진다. 직업유형으로는 세탁, 가사, 축사일, 시설보수 등으로 제한적이고, 직업훈련원, 특수학교, 정신병원, 교도소 등의 장소에서 실시한다. 평가는 전혀 훈련을 받지 않았거나 약간의 훈련을 받은 감독자가 실행한다. 평가내용은 시간약속 준수능력, 지시이해력, 생산성평가에 초점을 두고 심리적 요인은 행동의 원인이 될 때에만 관찰된다. 평가사는 관찰자에게 관찰기법에 대한 훈련을 제공해야 하고 행동척도를 사용하여 표준화시키는 것이 중요하다.

④ 지역사회 평가 장소

지원작업 프로그램, 전환 프로그램 등의 개발은 산업현장에서의 평가와 훈련을 가능하게 한다. 지역사회 내 직업평가는 실제 작업현장에서 평가함으로써 현실적인 경험을 제공하게 되는데, 고용주들의 협조가 요구되고 직업평가 이후 고용으로 이어질 수 있는 장점이 있다. 또한 평가 장소를 제공한 고용주에게는 임금보조 등의 보상이 제공될 수 있으나 간이작업장평가 등에 비해보다 많은 비용이 소요되는 단점이 있다. 평가는 일반적으로 잡코치가 실시하고 이용자의 특정 직무수행기능평가가 목적이다.

(5) 상횡평가 과정

① 관찰계획과 일정 수립

평가사는 의뢰자료와 의뢰질문을 검토 후, 추가 자료는 초기면접에서 획득한다. 관찰일정은 상황평가 실시 전 수립하고, 다양한 관찰법을 시행하는 것이 신뢰도를 높이는 데 도움이 된다.

② 관찰과 기록

평가사는 특정 의문사항에 중점을 두고 관찰해야 하는데, 관찰 및 기록은 의뢰기관, 초기면접, 이전 고용주, 재활전문가 혹은 이전의 관찰에서부터 도출된 의문점에 대한 해답을 얻기 위한 과정이다. 이용자의 행동에 관해 행동유형, 행동의 유발상황, 날짜, 시간 등을 구체적이고 명확하게 기술한다. 행동기록 시 조작적 정의가 선행되어야 하고, 행동척도 사용 시 비정상적인 결과가 나타나면 참고란에 기재한다.

③ 조직, 분석, 해석

평가사는 특정 주제나 영역에 관련된 모든 정보를 수집하고 조직해야 한다. 평가결과가 불일치할 경우 이유를 규명하고 중요도에 따라 자료를 순서대로 정리하는 것은 분석과정에서 이루어진다. 의뢰질문과 이용자의 직업문제와의 연관성에 따라 자료의 순위를 정하고, 이용자가 직무에서 보다 효율적으로 기능할 수 있는 자료로서 평가결과를 이용하는 것이 중요하다.

④ 자료의 종합

분석된 자료는 감독자의 이용자 직무수행에 관한 기록, 작업표본과 심리검사 결과, 다른 재활전문가로부터의 피드백 같은 다른 자료와 종합적으로 사용되어야 한다. 이때 평가사는 모든 평가결과에 대한 평가보고서를 작성하고 회의를 주재한다.

(6) 상황평가 장·단점

구분	내용
장점	• 작업표본평가에 비하여 실제 작업환경과 유사하므로 작업을 수행하는 행동, 태도, 작업장과 관련한 내용 등을 파악 • 동료와 함께 일을 하면서 대인관계능력, 적응능력 등의 파악이 가능하고 이에 대한 확인을 훈련 프로그램에 포함시켜 수정 • 근로자로서의 역할을 학습 • 사업체에서 활용되는 현장평가에 비해서는 적은 비용이 소요 • 전통적인 심리검사에서 나타나는 시험에 대한 불안감 감소
단점	• 평가를 실시할 수 있는 공간을 임의로 만들거나 유사한 모의상황을 찾아야 하는 어려움 • 단순직무로서 실제 일반고용 사업체의 직무와 차이를 보일 수 있음 • 관찰을 통해 평가가 이루어짐으로 객관성이 결여되거나, 평가사의 주관과 편견에 따른 신뢰도의 문제가 발생 • 기관 내 직업적응훈련실 또는 직업재활시설의 작업환경에서 실시하는 작업이 이용자의 기능 수준에 비해 너무 단순하거나 쉬울 경우 이용자의 동기·흥미 유발이 어려워 정확한 직무능력에 대한 평가가 어려움 • 많은 시간이 소요(강위영 외, 1999)

2) 현장평가(on-the-job evaluation: OJE)

(1) 현장평가 정의

현장평가란 직업목표에 적합한 지역사회 내 사업체, 공공기관, 직업재활시설 등 실제 작업환경에서 작업수행능력과 현장적응력을 평가하는 것이다.

(2) 현장평가 목적

① 특정 직무의 생산성과 현장에서의 적응력평가
② 주로 고용 가능성을 확인하기 위해 직무배치 적합성 파악에 초점

(3) 현장평가 내용

- 상황평가의 주요 내용인 일상생활기능, 직업기능, 직무 관련 기능, 직업 관련 사회행동 파악과 함께 담당하게 될 직무를 분석하여 각 공정별 수행 정도를 평가
- 실제 작업환경에서 나타날 수 있는 행동특성을 평가
- 예측하지 못한 상황에서의 행동양식을 관찰하고 평가

(4) 현장평가 특성

- 고용주와 이용자는 평가에 대한 감독과 지시를 받지만 반드시 고용으로 연결되지는 않음
- 이전의 평가결과를 토대로 평가의 마지막 단계에서 실행되는 것이 적합함
- 이용자가 낯선 작업환경으로 흥미와 적성에 관계없이 조기 포기할 수도 있으므로 일정 기간 이상 평가에 참여하려는 의지를 갖게 하는 것이 중요함
- 현장평가 배치 전 평가사는 직무분석을 실시하여 보다 많은 유용한 정보를 획득할 필요가 있음
- 일상생활기능, 작업수행능력, 지시이해능력, 장비활용능력, 직장생활에 대한 이해, 감독자와 동료와의 관계, 작업인내력 등을 포함함
- 직무분석 후 각 공정별 수행 정도, 실제 작업환경에서 보이는 특성, 돌발상황에서의 행동양식 관찰과 평가를 함

- 현실에 맞는 지원을 위해 장애인, 사업체, 가족 등의 욕구를 분석함
- 직업평가계획을 통해 평가내용, 방법, 일정 등을 정하고 계획에 따른 현장평가 실시 후 내용을 기록지에 기록함
- 현장평가 결과 직무배치로 이어질 수 있으므로, 평가 과정 및 결과를 이용자와 가족에게 정확히 전달하고 필요시 협조를 요청함
- 기간은 일반적으로 1~2주가량 소요되나 특성에 따라 하루에서 한 달 이상 소요 가능하고(강위영 외, 1999), 최대 8명 이내가 적절(한국장애인고용공단 취업 지원 업무처리 규칙 참조)함
- 상황평가와 마찬가지로 관찰을 통해 평가가 이루어지므로 평가사의 주관과 편견이 평가결과에 작용할 수 있어 평가자 간 신뢰도에 영향을 미칠 수 있음
- 관찰 평가의 문제점을 해소하기 위해서는 평가 기준을 명확히 정하고, 2명 이상의 평가자가 한 명의 대상자를 관찰하여 평가한 점수를 함께 검토한 후 점수 결과를 확정하는 방법이 도움이 됨

(5) 현장평가 양식

표 4-34 현장평가 양식 1

내담자 이름: __________ 평가장소: __________ 평가자: __________
평가일: ① __________ ② __________
③ __________ ④ __________

직무과제·중요한 직업적 행동	상급자 감독				품질관리 목표평가				생산성 목표평가				기타 목표평가				비고
	①	②	③	④	①	②	③	④	①	②	③	④	①	②	③	④	
1																	
2																	
3																	
4																	

출처: 강위영 외(1999).

표 4-35 현장평가 양식 2

현장평가서

이름: 소속: **누룽지 생산반** 평가일: 2021. . .

구분	직무내용		배점	기준	획득점수
수행업무(30)	□밥짓기		4점(상) 2점(중) 0점(하)	(상): 독립수행 가능 (중): 간헐적 지원 필요 (하): 수행불가	
	□여러 기계 동시 사용				
	□기계작동 (시간, 온도조절, 재예열)		3점 (상) 1.5점(중) 0점(하)		
	□초밥기계사용				
	□밥넣기		16점(상) 13점(중) 10점(하)	(상): 독립수행 가능 (중): 간헐적 언어적 지원필요 (하): 물리적 지원 필요	
작업실적(30)	**누룽지 생산**	기계 10대 작업시간 _____분 _____초	A(30) B(27) C(23) D(20)	- 비장애인 기준 대비 A: 78%~100% B: 52%~77% C: 26%~51% D: 0%~25% ** 비장애인 기준시간: 8분 24초 ** % = 작업 실적(초)÷비장애인 기준 시간(초)×100	
작업태도(30)	□직무관련 기술 □직장예절 및 사회행동 기술 □일상생활기술		별첨) 직무태도 평가서	- 획득점수=총점÷80×30	
근태(10)	출결		10점 만점	- 지각: 3회당 -1점 - 무단결근: -1점	
				최종 점수	

장점	단점

〈종합소견〉

담당자: (인)

직무태도 평가서

이 름:　　　　　　　　　　　　　　　　　　　　　　평가일 : 20　.　.　.
소 속:　　　　　　　　　　　　　　　　　　　　　　평가자 :　　　　(인)

번호	직무태도평가		점수				
			수행불가 (1)	물리적 지원필요 (2)	언어적 지원필요 (3)	간헐적 독립수행 (4)	독립수행 (5)
1	직무 관련 기술 (35)	작업에 맞는 도구를 바르게 사용할 수 있다.					
2		작업 시 정품과 불량을 구분할 수 있다.(분별력)					
3		작업시간동안 지속적으로 작업할 수 있다.(지속성-최대 1시간 20분)					
4		담당자의 작업지시에 따라 수행할 수 있다.(지시수용)					
5		작업공정에 따라 관련된 행동을 스스로 한다.(능동성)					
6		일정한 생산량을 유지할 수 있다.(생산성)					
7		작업시간에 집중하여 작업을 수행할 수 있다.(집중도)					
8	직장 예절 및 사회 행동 기술 (35)	작업 수칙을 알고 지킬 수 있다.					
9		작업 시작, 종료 시 준비와 정리를 할 수 있다.(위생복, 도구 등)					
10		작업시간과 휴식시간을 지킨다.					
11		필요 시 도움을 요청하거나 도와 줄 수 있다.					
12		동료와 원만하게 지낼 수 있다.					
13		자신의 감정을 조절할 수 있다.					
14		동료가 실수하더라도 불필요한 간섭을 하지 않는다.					
15	일상 생활 기술 (10)	개인 위생을 청결하게 유지한다.(의복, 머리, 손톱, 신체)					
16		자기가 맡은 청정활동 구역을 정해진 방법으로 청소할 수 있다.					
		점수					
		총점					

결과 및 소견	

출처: 장애인 직업재활시설 샘물자리 내부자료(2021).

(6) 현장평가의 장 · 단점

구분	내용
장점	• 해당 직종이 요구하는 능력의 정확한 평가와 관찰이 가능 • 작업순서와 숙련도 등 일련의 과정을 일정한 기준을 두고 평가 • 직업적 기능과 수행이 비슷한 상황에서 이루어지는 훈련효과 • 현장평가 장소는 직무과업의 수행이 항상 이루어질 수 있는 시설이고 그로 인해 설비비용이 적게 듦 • 훈련과 평가가 동시에 이루어지므로 기능 일반화가 어려운 이용자도 평가를 통해 훈련 가능함
단점	• 평가인원이 제한적이며, 평가에 많은 기간이 소요 • 평가장소 선정이 어려움 • 작업상황이 복잡하면 평가 실시 및 분석에 어려움이 있을 수 있음

제3절 직업평가 보고서 작성 및 해석 단계

직업평가 보고서는 직업평가 결과와 평가항목을 토대로 재활에 필요한 여러 가지 정보의 객관적이고 타당한 근거자료로 제시되어, 의뢰기관 혹은 장애인재활상담사와 같은 재활전문가와 함께 직업선택의 대안들을 발견하는 체계적인 의사소통 방법이다. 객관성과 주관성이 잘 기술된 좋은 평가보고서는 전체 직업평가 과정을 판단하는 기준이 되며, 이용자가 자신의 직업목표를 실현시키기 위한 마케팅 수단으로 사용하기도 한다.

1. 직업평가 보고서의 의의(이달엽 외, 2017)

① 정보촉진: 직업평가 보고서는 직업평가서비스 의뢰기관, 이용자, 평가사 간의 효과적인 정보촉진과 의사교류도구가 됨

② 평가보고서 작성기술과 서비스 제공: 효과적인 보고서 작성을 위해서는 적절한 문법, 문장의 간결성, 문맥, 문단의 간결한 표현 등이 필요한데 평가사는

보고서에 대해 책임과 통제력을 행사하여야 하며 이를 통해 이용자에게 적절한 서비스를 제공할 수 있도록 원조

③ 종합적 정보제공: 이용자의 감정, 의견, 인상 등의 정보를 가능한 행동계획으로 옮겨야 하고, 이용자에 관한 가장 정확한 정보를 담아야 함

④ 과학적 내용: 보고서 작성 과정은 과학적이고 통합적인 사고와 추론의 과정을 요구하고, 보고서 해석에서는 논리적이고 증명 가능한 자료가 제시되며, 권고 및 추천사항이 부분으로 통합된 내용을 지지할 수 있어야 함

⑤ 분석: 평가사의 민감성, 진솔한 의견, 사려깊은 주의력이 요구되고, 객관적이고 주관적인 사실의 균형 잡힌 내용이 필요함

2. 직업평가 보고서 작성 및 제공의 목적(김동일 외, 2017)

직업평가 보고서는 다음과 같은 목적으로 작성된다(김동일 외, 2017).

① 의뢰사유에 대해 명확하게 답하기

② 다양한 평가자료(면담, 행동관찰, 검사, 기록 검토 등)를 조직화·통합하여 이용자에 대해 기술하기

③ 적절한 중재 및 개입에 대한 자료 제공하기

④ 중재 및 개입의 성과를 평가하기 위한 기준점 제공하기

「직업평가 보고서 작성」 목적에 대한 기타 정의

① Ownby(1997)
- 명확하게 의뢰질문에 답을 제공하기
- 추가적인 정보와 의뢰자료 제공하기
- 나중에 사용될 것에 대비한 평가기록 만들어 두기
- 구체적인 행동방침 권고하기

② Sattler(2001)
- 정확한 평가 관련 정보 제공하기(발달사항, 병력, 교육력 등)
- 임상적 추측과 적절한 중재 및 개입을 위한 자료 제공
- 중재나 개입을 실시한 후 진전도를 평가하는 데 의미 있는 기준정보를 제공
- 법률 문서로서 법적인 증거자료로 사용

③ Lichtenberger, Mather, Kaufman(2004)
- 질문에 답하기
- 피검자와 그 사람이 처한 상황을 기술하기
- 질적 및 양적 데이터를 종합하여 해석 후 적절한 처치, 치료 또는 개입을 제공하기

[효과적인 직업평가 보고서의 반영내용]

잘 쓰여진 직업평가 보고서는 다음의 질문에 긍정적인 답을 할 수 있을 것이다.

- 의뢰질문에 대한 결과를 잘 반영하는가?
- 재활계획의 의미가 보고서에 명확히 나타나는가?
- 추천사항이 잘 작성되어 있는가?
- 정보와 추천내용 간 모순되는 부분이 있는가?
- 모순되는 부분은 다른 평가결과에서도 나타나는가?
- 추천사항이 구체적이고 현실적인가?
- 직업적 가능성과 직업 준비성에 대해 이해 가능한 분석표를 제공하는가?
- 이용자에게 권고된 사항은 무엇인가, 권고사항이 제한적이거나 광범위한가, 선택사항이 주어졌는가, 권고사항이 검사결과와 일치하는가, 현실적인가?
- 훈련과 고용에 대한 추천사항이 지역사회 내 구직기회와 일관성이 있는가?
- 보고서는 짧고 간결한가?
- 전문용어를 남용하지 않고 이용자가 이해할 수 있는 쉬운 형태로 자료를 제시하고 있는가?

3. 직업평가 보고서 구성

직업평가 보고서는 다음과 같은 내용을 체계적으로 참고 있어야 한다.

① 보고서 표지
- 제목, 표제, 검사 실시날짜, 장소, 의뢰기관 정보
- 평가자 및 이용자 정보

② 의뢰사유 및 배경정보
- 과거력, 발달력, 병력, 교육력, 근무경력 등

• 평가초점 결정, 평가이유 및 평가도구 결정

③ 행동관찰: 평가 중 행동(외모, 태도, 활동 수준, 행동 특징, 정서 반응, 말하기 등)

④ 검사결과 제시 및 해석: 검사 실시 결과 해석 및 영역별 통합

⑤ 요약 및 제언: 심화된 통합, 의뢰질문 고려

표 4-36 종합평가보고서의 구성요소

구분		세부내용
인적사항		• 이용자 이름, 주소, 전화번호, 생년월일
평가목적/의뢰사유		• 의뢰일자, 의뢰기관, 의뢰목적(사유)
배경정보		• 의뢰자료, 이용자 초기면접, 기타 자료에서 획득한 정보 요약 • 교육 정도, 직업력, 훈련력, 장애유형 및 정도, 의뢰질문과 문제, 생활양식, 가족태도
신체기능 면		• 손상부위의 수준 • 장애원인 및 지속기간 • 이용자의 장애 관련 치료력, 최근 장애 수준, 일상생활에서 이용자의 장애가 주는 영향 정도
심리사회 기능 면	인지	• 주로 지능검사에 의해 도추된 개인의 인지기능에 대한 추정(IQ 점수, 백분위, 지능 분류) • 잠재능력 혹은 병전기능 수준 • 현재 수준과 잠재능력(병전기능) 간 차이와 차이의 의미 • 언어성 지능과 동작성 지능의 차이와 차이의 의미 • 소검사의 편차 및 의미 • 인지적 강점 및 약점에 대한 기술 • 사고장애 여부
	정서 및 성격	• 현재 이용자의 주된 정서상태, 정서의 강도 • 일시적이고 상황적인 것인지, 성격적인 성향과 관련성 • 정서표현 강도, 정서 조절능력 등 • 평소 흥미, 관심사, 행동특성, 욕구, 성향, 대처방식 등
	대인관계	• 타인과 관계를 맺는 방식(대인관계 패턴, 상호작용 방식) • 대인관계상황에서의 자신의 욕구 및 의사표현 방식 • 자신 및 타인에 대해 지각하는 방식 • 상황대처능력, 스트레스 대처방식 등
작업기능면		• 신체능력, 심리, 상황 및 현장평가 등의 결과
강점 및 자원		• 이용자의 특성 중 강점 및 자원으로 활용될 수 있는 영역 • 인지기능 중 상대적으로 우수한 부분이나 현재에는 과도하여 문제가 되지만 조절된다면 자원으로 활용될 수 있는 부분, 기대나 희망, 동기 수준, 사회적 지지망이나 경제적 수준, 학력 등 영역

구분	세부내용
종합 및 제언	• 직업적 강·제한점 • 직업 수준 및 목표 • 직업적 권고 • 종합소견

출처: 김동일 등(2017).

1) 보고서 표지

- 평가의 이름, 소속, 연락처 등이 포함된 용지를 사용하거나 명시
- 보고서 내용에 맞는 보고서 제목, 검사실시 날짜 및 장소, 의뢰기관 정보 포함
- 이용자의 신원정보(이름, 생활연령, 성별, 학년, 학교 등)를 기록
- 보고서 내용에 맞는 보고서 제목이나 표제 붙이기(교육·심리평가 보고서, 다학제적 평가보고서 등)
- 보고서 표지 예시

○○평가센터 주소: TEL: FAX:
평가자: ○○○

직업능력평가 보고서

이름	김○○
성별	남
연령	18세 10개월
학교	○○고등학교
학년	고3
검사일	2017. ○○. ○○
의뢰기관	○○○○○○

2) 의뢰사유 및 배경정보

(1) 의뢰사유의 특성

- 장애인재활상담사, 의사, 교사 등 타 전문가가 왜 검사가 필요하여 의뢰한 것인지 기록하는 부분임

- 의뢰사유는 평가의 초점을 결정하고 평가의 이유를 제공
- 기록할 내용으로는, 주요 문제, 실시한 검사명 등이 있음
- 평가도구의 종류 결정에 도움을 줌

  예) a. 행동과 관련된 의뢰: 체크리스트, 평가척도, 교실 내 행동관찰 등이 필요

  b. 학습과 관련된 의뢰: 표준화된 지능 및 성취검사(독해검사, 수학검사), 비형식적 교실평가, 숙제노트 검토 등

(2) 배경정보의 특성

- 배경정보는 이용자의 현재 문제와 관련이 있거나 관련이 있을 수 있는 개인적 배경을 설명하기 위함
- 배경정보는 대면면담, 전화면담, 설문지, IPE검토 등의 자료수집을 통해 얻음
- 부모 · 교사 · 이용자에 의해 파악된 정보, 이전평가 및 기록에서 얻은 정보, 발달력 및 가족력, 의학적 · 정신과적 병력, 학업력 등을 포함
- 현재 상황과 관련되는 과거력, 촉진요인, 병전기능, 증상의 기간, 경과, 정도, 현 증상이 미치는 영향 등을 기술
- 평가보고서에 기술할 때에는 정보의 출처를 기술(예: ~에 의하면)
- 이용자의 정보를 다양한 출처로 수집하는 것은 때로는 상반된 정보 등을 통해 비교할 수 있음
- 다양한 정보를 보고서에 전체적으로 조화롭게 통합하는 것은 평가자의 숙련도와 전문성을 요함

(3) 의뢰사유와 배경정보를 탐색하기 위한 질문들(김동일 외, 2017)

- 왜 지금 평가를 의뢰하게 되었는가?
- 그 문제는 얼마나 빈번히 일어나는가?
- 지속시간은 어떤가?
- 문제의 강도는 어떠한가?
- 그 문제가 나타나는 특정한 상황 및 대상 등에 대한 구체적 예시는 무엇인가?
- 평가를 통해 기대하는 바는 무엇인가?

• 이용자의 주 호소문제는 언제 시작되었는가?

3) 행동관찰

평가 보고서에는 평가 실시 과정 전반에서 관찰된 이용자의 행동 및 태도 특성 등을 기록함으로써 다양한 검사 결과와 함께 이용자의 직업적 특성을 종합적으로 평가 할 수 있게 돕는다.

- 이용자의 전반적 외모, 활동 수준, 태도, 행동상의 특징 및 정서적 반응, 말하기와 언어기술을 포함
- 주로 검사하는 동안에 관찰된 행동들에 대해 기술
- 다른 환경(교실, 운동장 등)에서의 관찰사항과 검사 중 관찰사항과 일관성을 보이는지를 비교

표 4-37 행동관찰 내용

전반적 외모	체격, 신장과 체중, 옷차림, 복장의 적절성, 적절성, 위생상태 등
활동 수준	수행속도, 검사수행 시 착석 여부 등
태도	평가 전반에서 평가사를 대하는 이용자의 태도(협조적, 순응적, 반항적, 수동적 등)
정서적 반응	평가 전반에서 이용자의 기분·정서상태
말하기와 언어기술	발음의 명료도, 말의 속도, 질문에 대한 반응, 자발적 언어표현이나 어휘력 수준 등
행동 특징	평가 전반에서 나타나는 이용자의 특징적인 행동(성급한, 산만한, 주저하는, 조심스러운 등)

출처: 김동일 외(2017).

4) 평가결과 해석

(1) 평가결과 해석의 특성

- 실시된 개개의 검사결과를 전체 맥락에서 해석
- 영역별로 통합하여 이용자의 전반적인 모습을 기술
- 평가사는 검사결과들을 비교하거나 연관 짓는 과정에서 전문가적 지식과 임상 경험을 활용하여 의미를 부여

- 종합보고서는 일반적으로 지적 능력, 정서 및 성격 영역, 대인관계 영역으로 크게 나누어 구성하고 추가로 강점 및 자원 영역을 기술

(2) 직업평가의 해석유형(Goldman, 1971)

- 이용자에 대한 서술: 이용자의 유형, 취미, 흥미, 특별한 능력, 강점, 특정 검사결과에서 다른 사람들과 비교한 결과, 어떤 영역에서 더 잘할 수 있는가 등을 서술
- 원인에 대한 해석: 이용자가 왜, 어떻게 특정 방식으로 행동하는지 원인을 탐색
- 예측: 직업적 성공이나 훈련의 성공을 만들어 내는 요인 추론, 잠재적 수행능력과 적응능력 예측
- 평가: 권고사항, 제안, 객관적 고려사항, 특정 행동조건이나 능력과 관련된 조건, 직업사전에서의 조건, 지역 내 연계 적합한 직업과 훈련, 직업훈련 기간 등을 결정

(3) 결과 해석의 원칙(Power, 2000)

- 이용자 수준에 맞는 평가자료 전달
- 전달 시 권고사항과 여러 대안들을 제시하고 이용자가 선택하도록 함
- 이용자가 해석단계에 가능한 많이 참여
- 검사 실시 후 나타난 결과를 장애인재활상담사와 이용자가 어떻게 생각하는지 공감하기가 중요
- 정보전달 시 퉁명스럽거나 공격적인 태도 피하기
- 전문가는 검사도구 사용방법에 익숙하기
- 이용자가 인식하지 않았던 부정적인 정보에 직면하지 않도록 조심하기
- 검사결과에 대한 정보는 이용자의 여러 가지 정보를 토대로 전체적 관점에서 제시하기

(4) 해석의 4단계(Power, 2000)

결과 해석은 우선 이용자가 평가자료를 수용할 수 있도록 심리적 편안함을 느낄

수 있게 도운 후 검사 결과의 전반적 설명, 특정 검사별 설명, 결과요약 및 재활계획과의 연계 순으로 진행한다.

Power(2000)가 제시한 해석의 4단계를 구체적으로 살펴보면 다음과 같다.

① 1단계

- 이용자가 편안함을 느끼고 평가자료를 수용하도록 도움
- 평가목적 검토, 평가에 대한 느낌 질의로 불안 감소
- 질문을 통해 평가 중 이용자에게 영향을 줄 수 있는 태도적 요인을 이해

② 2단계

- 검사목적, 사용된 검사도구, 평가경험에 대해 이야기할 기회 부여
- 전반적 결과를 요약하고 긍정적인 검사결과를 강조
- 검사결과는 흥미, 성격, 적성, 지능검사 순으로 피드백하고, 다음으로 규준, 퍼센타일, 백분위, 스테나인점수 등을 설명
- 이용자에게 피드백 구함

③ 3단계

- 사용된 모든 측정도구 검토 후 결과 설명
- 흥미검사 결과, 성취와 능력, 직업평가 결과 순으로 설명
- 검사별 규준, 퍼센타일 등의 지침 사용
- 비교집단과 규준집단을 설명하고 검사결과의 의미를 명확히 이해시킴
- 수치로 제시하기보다 "당신의 검사결과는 ....한 사람들과 비슷합니다."처럼 제시
- 결과에 대한 이용자의 감정 묻기(이 결과가 당신을 정확히 설명한다고 생각하는가? 뜻밖의 결과인가?)
- 서로 모순되는 검사점수, 저항, 비현실적 직업기대 같은 문제 다루기
- 특정 흥미 영역을 제시하고 취업하기 위한 신체적 · 정서적 · 지적 영역의 조건 제시

④ 4단계(결론)

- 결과를 요약하고, 제공된 정보가 재활계획과 어떻게 관련 있는지 논의
- 이용자에게 평가를 통해 배운 점 등의 피드백을 구함

- 재활계획을 더 발전시킴

(5) 해석 시 고려할 사항(Power, 2000)

① 모순되는 검사점수

- 같은 요인이나 특성 측정 시 다른 평가도구에서 서로 다른 점수가 나오는 경우
- 고려할 점
  - 검사문항 유형(자율기술식, 선택형)이 다른 검사를 실시 중 특정 불안지수가 높았는지 규준집단이 연령과 지능수준에 따라 달랐는지 확인
  - 두 평가상황에서 신체적 · 심리적으로 달랐는지(주의산만, 피로, 스트레스 동기 등) 확인
  - 검사환경이나 조건에서 저해요인이 있었는지, 전문가 태도로 인한 긴장을 초래했는지 확인

② 검사점수에 대해 믿지 않거나 권고사항을 따르지 않는 경우

- 이용자와 공감을 형성, 저항의 원인 파악 후 문제 다루기
- 정서적인 지지, 개인의 강점과 자원을 강조
- 직업계획 수행에 영향요인(가족의 기대 등) 확인, 재활전문가에 대한 신뢰, 재활서비스계획에 대한 확신을 가지도록 지지

③ 비현실적 직업적 기대

- 자신에 대한 인식 및 직업 경험 부족은 재활서비스에 대한 불안 · 두려움을 가지게 하여 개인별 재활목표가 상이할 수 있음
- 비현실적 목표의 원인분석과 대안 제시로 흥미 유발
- 비현실적 목표 분야의 근로자나 평가결과 제시 분야의 근로자와 면담을 통해 구체적 정보 습득으로 저항을 줄이고 현실적 직업선택을 도움

④ 소수이용자에 대한 문제

- 자아존중감과 자기인식을 높일 수 있는 평가방법을 고려
- 이용자의 입장과 검사상황을 면밀히 탐색, 평가자료에 대한 반응을 민감하게 확인, 검사수행 및 결과에 영향을 줄 수 있는 상황적 요인 검토

5) 요약 및 제언(김동일 외, 2017)

- 평가보고서의 핵심내용을 요약하고 정리하여, 의뢰사유와 평가목적에 부응하는 답을 명확히 제시하여야 함
- 앞에 기술한 내용을 단순하게 반복하기보다 간략하게 바꾸어 기술
- 마지막 부분에 이후 중재와 치료적 · 상담적 개입에 대한 제언을 포함
- 의뢰사유와 평가목적에 따라 진단적 인상을 첨가할 수 있음

제4절 직업평가 결과 안내 및 자원활용 단계

1. 결과 안내

평가결과의 안내는 문서(직업평가보고서)뿐만 아니라 유선이나 면담을 통한 방법이 포함된다. 평가 실시 후 가급적 빨리(7일 정도) 평가의뢰자에게(기관에서 의뢰 시 기관에 문서로 통보) 안내하고, 집단구성원의 의뢰 시에는 기한을 좀 더 늦추어 통보(30일 정도)할 수 있다.

2. 직업평가 자원활용

1) 직업평가 결과활용(한국장애인고용공단, 2011)

- 취업알선 등 서비스 제공 시 활용: 직업평가 소견서에 기술된 이용자의 직업 수준을 바탕으로 직업적 장점과 제한점, 적합직종, 작업환경에 대한 정보를 종합하여 취업알선에 활용
- 고용서비스 계획 수립 시 활용: 직업평가 소견서에 기술된 이용자의 직업적 장단점과 종합제언을 토대로 고용서비스계획을 수립
- 진로지도 계획 수립 시 활용: 특수학교나 학급 교사 등 필요시 평가소견서를 토

대로 진로지도 계획을 수립

• 자신에 대한 이해: 평가과정 및 평가결과를 통해 장애인 스스로 현재 자신이 가진 심리사회적 특성, 작업수행능력과 직업적 장·단점에 대해 이해할 수 있음

2) 직업정보 활용

(1) 직업훈련 포털 HRD NET(www.hrd.go.kr)

2003년 1월부터 고용노동부 및 한국고용정보원에서 운영하는 직업훈련 종합정보망이다. 이 정보망의 기능으로는 ㉠ 직업능력 개발에 관한 수요자의 다양한 요구를 반영하는 직업훈련 종합정보망 기능수행, ㉡ 직업훈련 관련 행정의 전산화를 통한 효율성 및 편의성 제고, ㉢ 직업능력 개발 관련 종합DB 구축 등을 들 수 있다.

청년, 구직자, 재직자, 중장년, 여성 등 대상별 훈련과정에 관한 정보를 제시하고 직업훈련 관련 정부지원사업 안내, 일자리·직업정보 등을 제공한다.

(2) 고용보험(www.ei.go.kr)

고용보험사업의 진행을 위한 서비스 제공이 주된 업무이고, 고용보험과 관련된 개인 서비스를 제공한다. 즉, 가입 여부를 확인하고 받을 수 있는 급여액과 기간을 확인하는 고용보험 가입 여부, 구직활동에 대하여 고용센터에서 확인을 받아야 하나 도서지역의 특례자에 한하여 온라인으로 구직활동을 인정하는 실업안정신청, 개인이 신청한 심사청구를 고용안정센터에서 처리해야 하는데 청구서를 온라인으로 제출 가능한 심사청구 등이 있다.

(3) 워크넷(www.work.go.kr)

고용노동부 고용안정정보망으로 1998년 개통 이후 여러 번의 개편을 거듭하였고 취업 알선정보 제공의 중심망이다. 정보 제공은 구직자와 구인업체를 중심으로 일자리 정보, 구직자정보와 이에 관련된 정보가 주를 이루고 있고 각각 회원으로 가입하게 되면 구인활동과 구직활동에 필요한 개별적인 서비스를 받을 수 있도록 설계되어 있다.

각종 직업심리검사를 온라인 상에서 실시할 수 있고, 직업정보, 학과정보, 취업 가이드를 제공하며, 최신 채용트렌드 등 취업정보를 제공한다. 평가 보고서 작성 시 워크넷에 탑재된 한국직업사전과 한국직업전망서 등에서 추천 직업에 대한 정보를 탐색할 수 있다.

(4) CareerNet(www.career.go.kr)

한국직업능력개발원에 의해 개발되고 운영되며 초등학생, 중고생, 대학생 등을 대상으로 진로정보를 제공하는 정보시스템이다. 또 학교정보, 학과정보, 직업사전, 자격정보, 진로지도 · 자료의 정보와 함께 상담사례 등을 서비스하고 있고 심리검사와 진로상담의 서비스도 제공한다.

CHAPTER

05

장애유형별 직업평가

장애유형별 직업평가 이해는 지적장애, 자폐성장애, 정신장애, 시각장애, 청각장애, 지체장애, 뇌병변장애를 중심으로 각 장애별 개념, 특성, 직업평가 주요 내용 및 평가활용도구, 직업평가 시 고려사항 등을 주로 살펴보고자 한다.

2019년 7월 장애등급제가 폐지되었지만, 1~3급이 심한 장애이고 4~6급이 심하지 않은 장애로 적용됨에 따라, 본 장에서는 기존의 등급제를 그대로 사용하여 장애유형별 이해를 돕고자 한다.

제1절 지적장애

우리나라 「발달장애인 권리보장 및 지원에 관한 법률」에 따르면 지적장애란 '정신발육이 항구적으로 지체되어 지적 능력의 발달이 불충분하거나 불완전하여 자신의 일을 처리하는 것과 사회생활에 적응하는 것이 상당히 곤란한 사람'이라고 정의하고 있다. 「장애인 등에 대한 특수교육법」에 따르면 지적장애란 '지적기능과 적응행동상의 어려움이 함께 존재하여 교육적 성취에 어려움이 있는 사람'이라고 정의하고 있다. 미국지적장애학회(AAMR, 2001)는 '지적장애란 지적기능과 개념적 · 사회적 · 실질적 적응기술에서 상당한 제한이 나타나는 장애이며, 이는 18세 이전에 시작 된다'라고 제시하고 있다.

「장애인복지법」에 따른 지적장애에 대한 장애평가 기준을 살펴보면 아래 〈표 5-1〉과 같다.

표 5-1 지적장애 등급기준

장애등급	장애정도
1급	지능지수가 34 미만인 사람으로 일상생활과 사회생활의 적응이 현저하게 곤란하여 일생 동안 타인의 보호가 필요한 사람
2급	지능지수가 35 이상 49 이하인 사람으로 일상생활의 단순한 행동을 훈련시킬 수 있고, 어느 정도의 감독과 도움을 받으면 복잡하지 아니하고 특수기술을 요하지 아니하는 직업을 가질 수 있는 사람

장애등급	장애정도
3급	지능지수가 50 이상 70 이하인 사람으로 교육을 통한 사회적 · 직업적 재활이 가능한 사람

출처: 보건복지부고시 제2018-151호.

지적장애가 있다고 하더라도 개인마다 그 특성이 다양하게 나타나지만 일반적인 지적장애의 특성을 살펴보면 다음과 같다.

표 5-2 지적장애의 일반적 특성

구분	특성
인지적	• 단기기억에 어려움을 보이지만 장기기억 정보는 상대적으로 쉽게 활용 • 복잡하거나 추상적인 이야기를 이해하거나 판단하기 어려움 • 습득된 기술이라 하더라도 새로운 환경 및 상황에 적용 및 일반화하는 데 어려움 • 주위환경(시각적 · 청각적 자극 등)에 쉽게 산만해지는 경향
언어적	• 정상적인 언어발달이 이루어지지만 언어발달 속도가 느림 • 어휘가 다양하지 않아 단순한 문장을 이용하여 말함 • 발음의 정확도가 떨어짐 • 선호 및 의견에 대한 적절한 언어표현의 어려움 • 의사소통 어려움
사회적 · 행동적	• 실패의 경험이 많아 성공에 대한 낮은 기대 및 할 수 있는 것도 회피하는 경향 • 비언어적 의사소통이나 사회적 단서에 대해 잘 이해하지 못함 • 욕구의 적절한 자기 통제의 어려움 • 적절한 행동과 부적절한 행동에 대한 구분 어려움 • 타인과의 관계 형성에 어려움 • 충동적 행동이나 과잉행동, 무기력 등의 행동이 나타나기도 함

출처: 국립특수교육원(2017), pp.25-27 발췌

이러한 장애개념과 특성을 고려하여 직업평가를 실시하는 데 있어서 중점을 두어야 할 평가내용을 살펴보면 다음과 같이 제시할 수 있다.

첫째, 일반적인 지적 능력을 파악해야 한다. 지적장애는 지적기능이 평균 이하로 현저히 떨어져 있기 때문에 지적 능력에 대한 파악은 미국지적장애학회(AAMR)의 지적장애 분류, Smith(1971)의 교육적 정의, 우리나라 「장애인복지법」의 장애정도 분류 등으로 볼 때 직업적 능력과 잠재력을 파악해 볼 수 있는 기본적인 내용이라 할

수 있다.

둘째, 자립능력과 적응행동에 대한 파악이다. 지적장애는 적응행동 측면에서 적응기술에서 상당한 제한을 나타내는 장애이다. 이러한 적응행동 측면에 대한 정도를 파악하기 위한 적응행동 영역과 측정요인으로는 ① 기초기술(수용언어, 표현언어, 읽기와 쓰기, 금전개념 등), ② 사회적 적응기술(대인관계, 책임감, 규칙준수, 시간지키기, 상황대처, 도덕적 기준, 자존감 등), ③ 일상생활활동(먹기, 이동, 화장실 이용, 옷 입고 벗기, 목욕하기 등), ④ 수단적 일상생활활동(식사준비, 집안일, 대중교통 이용, 약물복용, 금전관리, 전화사용하기 등), ⑤ 사회환경 및 지역사회이용(지역사회시설 이용, 위험상황 대처, 작업기술, 안전 등), ⑥ 도전적 행동(자해, 타해, 평범하지 않은 반복적 습관, 공격적 및 충동적 행동 등) 등이 있다.

셋째, 지적장애는 단순히 지적 능력과 적응행동의 곤란뿐만 아니라 신체기능적 측면의 결함이나 유전 및 질병에 기인한 경우 의료적 측면에서의 고려도 필요한 경우가 흔히 있다. 때문에 신체기능과 운동기술, 의료적 측면의 진단과 평가가 요구된다.

넷째, 지적장애는 지적 능력 지연 및 한계, 다양한 경험의 부족으로 직업에 대한 개념이나 직업의식 부족, 비현실적인 직업 동기 형성 등이 있어서 직업평가 과정에서 직업적 인식 정도에 대한 파악 또한 중요하다.

이 밖에도 기본적인 직업력, 직업흥미 분야 및 관심도, 학습능력, 장애수용 등에 대한 파악이 필요할 것이다.

지적장애인 개인의 특성과 장애정도에 따라 활용되는 직업평가도구가 달라질 수 있겠지만, 지적장애인 직업평가 시 대략적인 활용도구를 제시하면 아래 〈표 5-3〉과 같다.

표 5-3 지적장애인 직업평가 활용도구

영역		활용도구
신체능력평가	기초체력	신장계, 체중계, 체성분 분석기, 악력계, 핀치게이지, 배근력계, 혈압, 스텝박스(심폐지구력), 점프메타(순발력, 민첩성) 등 * 윗몸일으키기(근지구력 측정)
	감각기능	시력, 색각, 평형성 측정기(평형감각)
	운동기능	신체관절 운동 범위 측정기, 도수근력검사(MMT), K-MAND

영역		활용도구
작업표본평가	손기능	퍼듀 펙보드, 그루브드펙보드, 미네소타 손기민성검사, KEAD 손기능작업표본검사, KEAD 다차원 양손협응 작업표본검사
	직업잠재력	MDS
	직업적성	Work Activity, TAP, MVE, Valpar, 마이크로타워
심리평가	직업적성	성인용 직업적성검사
	인지	K-WAIS-Ⅳ, KEDI-WISC-Ⅲ, VMI, LOTCA, 간편지능검사
	사회적응	사회성숙도검사, CISA-2, K-ABS
	직업흥미	그림직업흥미검사
	기초학습	기초학습기능 수행평가체제, 학업성취검사
상황현장평가	수행능력 및 태도	상황평가, 현장평가
기타	언어	수용표현어휘력검사(REVT), 그림어휘력검사
	직업준비도	직업준비도검사(ERS), 취업준비 체크리스트, EDI직업기능탐색검사
	일상생활능력	일상생활동작(ADL), 수단적 일상생활동작(IADL)

직업평가 시 관찰된 지적장애인의 행동은 직업평가 결과 해석에 중요한 정보가 된다. 인지적 기능과 사회적응에 어려움이 있는 지적장애인이 낯선 환경에서의 다양한 검사도구를 통해 그들의 능력을 발휘하는 데 더욱 한계가 있기 때문에 세심한 행동관찰이 결과 해석에 영향을 줄 수 있다. 지적장애인 직업평가 과정에서 관찰할 사항을 살펴보면 다음과 같다.

① 평가사의 인사에 응하는가?

② 외출에 적절한 옷차림을 하고 있는가?

③ 신체(머리, 치아, 손발 등) 및 옷은 청결한가?

④ 상호작용 시 상대방과 눈맞춤을 하는가?

⑤ 질문한 내용을 어느 정도 이해하는가? 대답의 내용이 적절한가?

⑥ 자신의 생각을 자발적으로 표현하는가? 보호자에게 의존하는가?

⑦ 바른 자세로 앉아 있는가?

⑧ 기본 신상정보를 정확하게 말하는가? 과거 기억에 곤란을 갖고 있는가?

⑨ 호명이나 지시에 바로 반응하는가? 순응하는가?

⑩ 특별히 반복하는 행동이나 습관이 있는가?
⑪ 신체적인 특별한 제약이 있는가?
⑫ 동일한 내용에 대한 반복질문에 대한 응답이나 태도에 변화가 있는가?
⑬ 보호자의 동석 유무에 따라 행도 및 태도의 변화가 있는가?
⑭ 주어진 과제에 주의집중하는가? 주의집중시간은 어느 정도 되는가?

지적장애의 여러 가지 특성을 감안하여 직업평가과정에서 다음과 같은 점을 고려해야 한다.

① 작업표본평가의 경우 검사 설명 시 가능한 개인의 인지능력이나 수용언어능력을 고려하여 쉬운 단어, 단문장으로 이야기한다.
② 평가 시 주어진 과제를 수행하지 못하는 이유가 무엇(인지적 한계, 경험부족, 낯선 환경, 긴장 또는 불안 등)인지를 행동관찰을 통해 파악하여 평가결과에 반영한다.
③ 낯선 환경과 사람으로 인해 개인의 능력을 제대로 발휘하지 못할 수 있기 때문에 학교생활이나 이전 직업재활 관련 서비스 이력 및 담당자 상담결과를 평가결과에 반영한다.
④ 보호자 참여하에 진행한 평가 부분에 대해서는 가능하면 이용자와 면담이나 간단한 과제 제시를 통해 수행 정도를 파악하는 형태로 평가결과를 재확인 하는 것이 좋다. 예를 들면 사회성숙도검사의 문항 중 '친구나 친척에게 짤막한 편지를 쓴다'에 대해 면접이나 평가과정에서 이용자에게 친구에게 편지(카드) 쓰기 과제를 제시하여 그 수행결과를 확인해 보는 것이다. 반대로 이용자의 보고내용 중 평가 과정에서의 수행결과나 행동으로 보아 의심이 되는 경우에는 보호자에게 확인하는 것이 좋다.
⑤ 정신장애를 동반한 지적장애인의 경우 정신 관련 평가도구 사용 시 지적장애인에 맞추어 수정함으로써 유용한 정보를 얻어낼 필요가 있다. 정신관련 평가도구는 경증 지적장애인의 능력 이상의 읽기 및 이해 수준을 요구하는 경우가 대부분이기 때문에 검사 항목에 대한 단순화된 설명 제공이나 지시문을 이해할 수 있는 방법을 찾아 수정하여 지적장애인의 현 상태를 파악해 본다.

제2절 자폐성장애

우리나라의 「발달장애인 권리보장 및 지원에 관한 법률」에 따르면 자폐성장애란 "소아기 자폐증, 비전형적 자폐증에 따른 언어·신체표현·자기조절·사회적응기능 및 능력의 장애로 인하여 일상생활이나 사회생활에 상당한 제약을 받아 다른 사람의 도움이 필요한 사람"이라고 정의하고 있다. 「장애인 등에 관한 특수교육법」에 따르면 자폐성장애는 "사회적 상호작용과 의사소통에 결함이 있고, 제한적이고 반복적인 관심과 활동을 보임으로써 교육적 성취 및 일상생활 적응에 도움이 필요한 사람"이라고 제시하고 있다. 「장애인복지법」에 따른 자폐성장애 기준을 살펴보면 다음 〈표 5-4〉와 같다.

표 5-4 자폐성장애 등급기준

장애등급	장애정도
1급	ICD-10의 진단기준에 의한 전반적 발달장애(자폐증)로 정상발달의 단계가 나타나지 아니하고 지능지수 70 이하이며, 기능 및 능력장애로 인하여 GAS척도 점수가 20 이하인 사람
2급	ICD-10의 진단기준에 의한 전반적 발달장애(자폐증)로 정상발달의 단계가 나타나지 아니하고 지능지수가 70 이하이며, 기능 및 능력장애로 인하여 GAS척도 점수가 21~40인 사람
3급	2급과 동일한 특징을 가지고 있으나 지능지수가 71 이상이며, 기능 및 능력장애로 인하여 GAS척도 점수가 41~50인 사람

출처: 보건복지부고시 제2018-151호

자폐성장애 정도 판정 시 GAS 척도를 사용하고 있는데, GAS 채점기준을 살펴보면 다음 〈표 5-5〉와 같다.

표 5-5 GAS(Global Assessment Scale for Developmentally Disabled) 채점표

점수	척도내용
100~91	독립적인 자조기술과 양호한 일상생활기술. 통제할 수 없을 정도의 어려움 없음. 여러 가지 활동에 참여
90~81	독립적인 자조기술과 양호한 일상생활기술, 일과성 증상이 있고 일상생활에서의 문제가 간혹 다루기 힘듦. 기능상의 장애는 없음
80~71	독립적인 자조기술. 약간의 양호한 일상생활기술. 일과성 감정 반응으로 인하여 약간의 기능상 붕괴
70~61	독립적인 자조기술이 있으나 다소의 지도·감독이 필요함. 약간의 신체적 도움이 필요하기도 하나 이것은 단지 신체적 장애 때문. 일반적으로 행동문제는 없음. 혹은 약간의 양호한 일상생활기술을 갖고 있지만 사회적으로 부적절한 행동 때문에 간헐적으로 중재가 필요함
60~51	자조기술을 수행할 수 있으나 지도감독이 필요함. 언어를 통한 지시가 자조에 필요함. 신체적 도움은 조금 필요한데 이것은 신체적 장애 때문임. 중재가 필요한 행동문제가 발생할 때도 있으나 이것은 간헐적임
50~41	자조를 위하여 언어나 신체적 지시가 필요함. 중재가 필요한 행동문제가 지속적 양상으로 나타나지는 않음. 일반적으로 활동에 참가하려는 의도가 있음.
40~31	자조기술에 약간의 신체적 도움이 필요함. 자주 발생하는 행동문제나 신체적 제한을 지도·감독하면 활동에 참여할 수 있음. 혹은 간헐적으로 심각한 행동문제(폭력적이거나 자학적)를 보이지만 자조기술은 있음.
30~21	자조에 약간의 신체적 도움이 필요하고 활동에 참여할 의도가 다소 있으나 행동문제 때문에 정기적인 지도·감독이 필요함. 혹은 결함 때문에 광범위한 도움이 필요하나 신체적으로 할 수 있는 한도 내에서는 과제를 수행하고 참여하려는 의지를 보임.
20~11	자조에 신체적 도움이 필요. 자주 참여하려 하지 않음. 혹은 심각한 행동문제(폭력, 자해) 때문에 정기적인 중재가 필요
10~1	거의 전적으로 신체적 보살핌이 필요. 혹은 심각한 행동(폭력이나 자해) 때문에 정기적 중재가 필요하기 때문에 항상 지도·감독이 필요

출처: 한국장애인고용공단(2009), pp.82-83 발췌.

미국 정신의학회의 Diagnostic and Statistical Manual of Mental Disorders (DSM-V) 자폐스펙트럼장애 진단기준은 다음 [그림 5-1]과 같다.

다음의 3가지 진단기준을 만족시켜야 자폐스펙트럼장애라는 진단을 내릴 수 있다.

1. 다양한 맥락에 걸친 사회적 의사소통과 사회적 상호교류의 지속적인 장애
   a. 사회적으로 서로 반응을 주고받는 상호교환성의 결핍
   b. 사회적 상호작용을 위하여 사용하는 다양한 비언어적 및 언어적 의사소통의 현저한 장해
   c. 발달 수준에 적절한 친구관계 형성의 실패
2. 제한적이고 반복적이며 상동증적인 행동이나 관심, 활동이 다음 항목들 가운데 적어도 2가지 항목으로 표현
   a. 상동화되고 반복적인 움직임이나 언어
   b. 특이하고 비효율적인 틀에 박힌 일이나 의식에 지나치게 매달림
   c. 제한적이고 고정된 관심
   d. 감각적인 자극에 대한 지나치게 높거나 낮은 반응성, 또는 유별난 관심
3. 증상은 어린 시절부터 관찰된다(그러나 사회적인 요구가 과도해질 때까지 증상은 충분하게 발현되지 않을 수 있다).

그림 5-1 DSM-V 자폐스펙트럼 장애 진단기준

자폐성장애는 개인에 따라 다양한 증상과 기능 수준을 보인다. 때문에 자폐스펙트럼이라는 광범위한 증상의 연속선상에 있는 것으로 본다. 대체로 자폐스펙트럼장애의 특성은 사회적 의사소통과 상호작용에 어려움을 가지고 있다는 점이다. 대화를 이어가기 어렵다거나 언어적 및 비언어적 의사소통 행동에 결함을 보인다. 상동행동이나 반향어가 지속되기도 하고 틀에 박힌 일이나 활동에 대한 집착을 보이기도 한다. 감각자극에 대한 과잉반응이나 과소반응을 보이기도 하는 특성을 가지고 있다. 아스퍼거증후군의 경우에는 사회적 상호작용에 어려움이 있고 상동행동이 있지만 다른 자폐스펙트럼장애에 비해 비교적 높은 지능을 가지고 있다. 대부분의 아스퍼거증후군은 정상적인 지능을 가지고 있어 학습 이해나 의사소통에 큰 어려움을 보이지 않는다. 하지만 사회적 기술이 미숙하고 자기중심적 경향이 높아 타인과의 관계에 어려움을 겪는 경우가 많다. 그리고 화용언어능력이 낮아 상황 및 상대에 맞게 말하고 상대의 의도를 잘 이해하고 말하는 데 어려움이 있어 기능적 의사소통을 하는데 어려운 경우가 많다.

이러한 정의와 장애특성을 종합해 볼 때, 자폐성장애는 사회성(상호작용) 결여, 언어적 또는 의사소통의 문제, 제한되고 반복적인 양상을 보이는 행동 등을 특징으로

하는 세 가지 대표적인 증상을 보인다. 이러한 증상이 지적 능력에도 영향을 주어 인지적 제한이 따르게 된다. 최근 자폐성장애는 여러 장애문제들 중에 사회적 의사소통의 어려움을 가장 의미 있는 자폐적인 특성으로 파악하고 있다. 이러한 사회적 의사소통의 중요한 요소들은 정서적 상호교류, 함께 주의 기울이기, 마음의 이론 등이다.

자폐성장애인의 대표적인 증상을 고려해볼 때 직업평가에서 다루어져야 할 주 내용은 지적 능력, 사회적 상호작용 정도, 언어적 또는 비언어적 능력, 사회적 의사소통능력, 집착하는 특정 사물이나 활동, 감각자극에 대한 반응(과잉 또는 과소), 고집성 등이 있을 것이다. 자폐성장애인 개개인의 장애정도와 특성, 욕구에 따라 활용할 수 있는 직업평가도구가 다를 수 있겠지만 대략적인 활용도구를 제시하면 〈표 5-6〉과 같다.

표 5-6 자폐성장애인 직업평가 활용도구

영 역		활용도구
신체능력평가	기초체력	신장계, 체중계, 체성분 분석기, 악력계, 핀치게이지, 배근력계, 스텝박스(심폐지구력), 점프메타(순발력, 민첩성) 등 * 윗몸일으키기(근지구력 측정)
	감각기능	평형성 측정기(평형감각)
	운동기능	신체관절 운동 범위 측정기, 도수근력검사(MMT), K-MAND
작업표본평가	손기능	퍼듀 펙보드, 그루브드펙보드, 미네소타 손기민성검사, KEAD 손기능작업표본검사, KEAD 나사원 양손협응 작업표본검사
	직업잠재력	MDS
	직업적성	Work Activity, TAP, MVE, Valpar
심리평가	직업적성	성인용 직업적성검사
	인지	K-WAIS-Ⅳ, KEDI-WISC-Ⅲ, VMI, LOTCA, 간편지능검사
	사회적응	사회성숙도검사, CISA-2, K-ABS,
	직업흥미	그림직업흥미검사
	기초학습	기초학습기능 수행평가체제, 학업성취검사
	신경심리	VMI, BGT
상황현장평가	수행능력 및 태도	상황평가체크리스트, 현장평가체크리스트
기타	언어	수용표현어휘력검사(REVT), 그림어휘력검사
	직업준비도	직업준비도검사(ERS), 취업준비 체크리스트, EDI직업기능탐색검사

자폐성장애인의 직업평가 시 고려사항을 제시하면 다음과 같다.

첫째, 부모와의 초기면접이 매우 중요하다. 자폐성장애는 여전히 진단적 개념이 불확실하기도 하고 발달상의 문제가 사람마다 매우 다르고 다양하게 나타난다. 조기특수교육이나 학령기 교육에서 개인차에 따라 얼마나 적합하고 체계적인 특수교육을 받았느냐에 따라서 청년기에 보이는 기능의 수준도 상당한 차이가 있다. 따라서 직업평가 과정에서 장애에 대한 조기진단 및 치료, 조기특수교육, 학령기 특수교육 과정 등에 대한 발달 및 교육이력에 대한 파악이 무엇보다 중요하게 작용할 수 있다. 따라서 부모와의 초기면접에서 이러한 정보를 명확히 파악하는 것이 매우 중요하다.

둘째, 자폐성장애는 자폐성장애에 대한 임상경험이 많은 평가사가 평가하는 것이 이상적이다. 1인의 평가사보다는 직업평가 영역별 전문평가사(임상심리사, 장애인재활상담사, 작업치료사 등)들이 각 영역별로 평가하여 팀접근식 직업평가를 통해 해당 장애인의 현재의 직업능력과 잠재적 능력을 도출해 낼 것을 권고한다.

셋째, 자폐성장애인 직업평가에서 인지기능의 평가는 필수적이다. 자폐성장애의 핵심적 증상인 언어적 및 의사소통의 문제와 관련하여 지능검사를 통해 언어를 매개로 한 정보전달 과정에 대해 파악하여 개인의 인지상태에 따른 장점과 약점을 명확하게 이해해야 하기 때문이다. 하지만 이러한 지능검사를 실시할 때 검사의 내용을 전혀 이해하지 못하는 자폐성장애인의 경우 대부분의 검사에서 실패하고 실시할 수 없게 된다. 이는 자폐성장애인의 언어적 정보전달 과정에 대한 개인차로 인해 자신의 지적 능력을 제대로 측정조차 하지 못하게 한다고 볼 수 있다. 따라서 지능검사에 국한하여 소검사를 실시할 때 쉽게 풀어 설명해 주어 지능을 측정하고 해당 장애인의 적절한 언어정보 전달방법에 대해 소견서에 충분히 설명할 필요가 있다.

넷째, 자폐성장애의 경우 많은 신경학적 측면의 문제와 동반질환이 있는 것으로 보고되고 있다. 동반질환 중에서는 주의력 결핍·과잉행동장애가 동반될 경우가 가장 많다. 그리고 다양한 특이행동 반복이나 고집 또는 선호하는 행동들을 가지고 있다. 따라서 이에 대한 평가와 행동장애, 언어에 대한 관찰평가가 필요하다. 행동관찰을 함에 있어서 그러한 행동이 나타나는 상황에 대한 분석이 매우 중요하다.

다섯째, 일상의 변화에 대응하는 데 어려움을 많이 가지고 있는 자폐성장애인이 낯선 직업평가 환경에서 자신의 능력을 제대로 발휘하지 못하는 경우가 많다. 따라서 일상환경(가정, 학교, 치료실 등)에서 그들의 일상생활기술, 의사소통 방법, 사회성기술, 긍정적 행동지원 방법 등에 대해 부모, 특수교사, 치료사와의 상담을 추가적으로 실시하여 평가소견에 반영한다.

자폐성장애인 직업평가 시 주요 행동관찰사항을 제시하면 아래와 같다.

① 평가사의 인사에 응하는가?

② 평가사와 적절한 눈 맞춤을 하는가?

③ 질문에 반응을 하는가?

④ 질문한 내용을 어느 정도 이해하는가? 대답의 내용이 적절한가?

⑤ 자신의 욕구를 자발적으로 표현하는가?

⑥ 특별히 집착하는 물건이 있는가?

⑦ 특이한 상동행동을 하는가?

⑧ 반향어나 혼잣말 등의 언어습관이 있는가?

⑨ 특별하게 좋아하지 않는 감각적 자극, 상황이 있는가? 무엇인가?

⑩ 주어진 과제에 주의집중하는가? 주의집중시간은 어느 정도 되는가?

제3절 정신장애

정신장애는 '지속적인 조현병, 조현정동장애(여러 현실상황에서 부적절한 정서반응을 보이는 장애), 양극성 정동장애 및 재발성 우울장애에 따른 감정조절 · 행동 · 사고 기능 및 능력의 장애로 인하여 일상생활이나 사회생활에 상당한 제약을 받아 다른 사람의 도움이 필요한 사람'이다(장애인복지법). 정신장애인은 증상의 잦은 재발과 치료의 어려움으로 대다수의 정신장애인들이 만성적인 정신장애를 가지게 된다. 일상적인 기능의 상실, 대인관계의 위축 및 어려움, 사회적 상황 파악 및 적절한 대처의 어려움 등이 동반되어 사회생활 적응에 더욱 곤란을 느끼게 된다. Freeman과 Simmons(1963)는 퇴원한 정신장애인의 경우도 판단력이나 문제해결능력, 사회기술 등의 부족과 함께 인지기능의 지속적인 저하가 동반되기 때문에 실제 직업적 수행력은 낮은 상태를 보인다고 하였다.

현재 우리나라 정신장애 정도 판정 시 사용하고 있는 전반적 기능평가척도(GAF)는 〈표 5-7〉과 같다. GAF(Global Assessment of Functioning Scale)는 정신건강과 정신장애의 가설적인 연속선 상에서 심리적·사회적·직업적 기능을 평정하는 척도로 신체적(환경적) 제한으로 인한 기능손상은 포함되지 않는다.

표 5-7 전반적 기능 평가척도(GAF)

점수	내용
100~91	전반적인 활동에서 최우수기능, 생활의 문제를 잘 통제하고 있고 개인의 많은 긍정적인 특질로 인하여 타인의 모범이 되고 있음. 증상 없음
90~81	증상이 없거나 약간의 증상(예: 시험 전 약간의 불안)이 있음. 모든 영역에서 잘 기능하고 다양한 활동을 하고 있고 흥미를 느끼고 있음. 사회적인 효율성이 있고 대체로 생활에 만족. 일상의 문제나 관심사 이상의 심각한 문제는 없음(예: 가족과 가끔 말싸움)
80~71	만약 증상이 있다면, 일시적이거나 심리사회적 스트레스에 대한 예상 가능한 반응임(예: 가족과 논쟁 후 집중하기 어려움). 사회적·직업적, 학교 기능에서 약간의 손상 정도 이상은 아님(예: 일시적인 성적 저하)
70~61	가벼운 몇몇 증상(예: 우울한 정서와 가벼운 불면증) 또는 사회적·직업적, 학교기능에서 약간의 어려움이 있음(예: 일시적인 무단결석, 또는 가정 내에서 도벽). 그러나 일반적인 기능은 꽤 잘되는 편이며, 의미있는 대인관계에서 약간의 문제가 있음.
60~51	중간 정도의 증상(예: 무감동한 정서와 우회증적인 말, 일시적인 공황상태) 또는 사회적, 직업적, 학교 기능에서 중간 정도의 어려움(예: 친구가 없거나 일정한 직업을 갖지 못함)이 있음
50~41	심각한 증상(예: 자살생각, 심각한 강박적 의식, 빈번한 소매치기) 또는 사회적, 직업적, 학교 기능에서의 심각한 손상(예: 친구가 없거나 일정하게 직업을 갖지 못함)이 있음
40~31	현실 검증력과 의사소통에서의 장애(예: 말이 비논리적이고, 모호하고, 부적절하다). 또는 일이나 학교, 가족관계, 판단, 사고, 정서 등 여러 방면에서 주요 손상이 있음(예: 친구를 피하는 우울한 사람, 가족을 방치하고, 일을 할 수 없고, 나이 든 소아는 나이 어린 소아를 빈번하게 때리고 집에서 반항하고 학업에 실패함)
30~21	망상과 환각에 의해 심각하게 영향받는 행동 또는 의사소통과 판단에 있어서 심각한 손상, 지리멸렬, 전반적으로 부적절하게 행동하기. 자살에의 몰입이 있거나 또는 거의 전 영역에서 기능할 수 없음(예: 온종일 침대에 누워 있음, 직업과 가정과 친구가 없음)

점수	내용
20~11	자신이나 타인을 해칠 약간의 위험(예: 죽음에 대해 명확한 예견 없이 자살을 시도, 빈번하게 폭력적이고 조증의 흥분상태). 또는 최소한의 개인위생을 유지하는 데 실패(예: 대변을 묻힘). 또는 의사소통의 광범위한 손상(예: 대개 부적절하거나 말을 하지 않음)이 있음
10~1	자신이나 타인을 심각하게 해칠 지속적인 위험(예: 재발성 폭력). 또는 최소한의 개인위생을 유지함에 있어서 지속적인 무능, 또는 죽음에 대한 명확한 예견 없는 심각한 자살행동이 있음
0	불충분한 정보

정신장애 유형별 특성을 살펴보면 아래 〈표 5-8〉와 같다.

표 5-8 정신장애 유형별 특성

유형	특성
조현병	망상, 환청, 사고장애, 괴이한 행동 등의 양성증상 또는 사회적 위축과 같은 음성증상이 심하고 현저한 인격변화가 있으며 기능 및 능력장애가 동반됨. 장애정도에 따라 양성증상, 음성증상, 인격변화, 기능 및 능력장애정도에 차이가 있음
양극성 정동장애(조울증)	조증과 우울증이 동반된 기분장애로 양극성장애라고 함. 기분, 의욕, 행동 및 사고장애 증상이 지속되거나 자주 반복되며, 기능 및 능력 장애가 나타남. 조증의 전형적인 것은 조증상태와 우울증상태의 상반되는 두 가지 증상이 교대로 나타나며, 이 두 가지 증상 사이 중간기에는 정상상태로 복귀되는 것이 특징. 때때로 조증이나 우울증 상태만 반복해서 나타날 수도 있음
재발성 우울장애	정신병적 증상이 동반되고, 기분, 의욕, 행동 등에 대한 우울증상이 지속되거나 자주 반복되며, 기능 및 능력장애가 나타남
조현정동장애	조현병의 증상과 정동장애의 증상이 같이 나타남

출처: 한국장애인개발원(2017), P. 33~34 발췌.

이러한 장애특성을 고려해볼 때 정신장애인 직업평가에서 다루어져야 할 주 내용은 진단과 증상, 약물 및 증상관리기술, 인지, 직업력, 직업흥미와 관심도, 기초적인 일상생활능력, 대인관계, 사회기술능력, 작업수행능력, 일상생활에 대한 만족도 등이 있을 것이다.

정신장애인 개개인의 장애정도와 특성, 욕구 및 목표에 따라 활용할 수 있는 직업평가도구가 다를 수 있겠지만 대략적인 활용도구를 제시하면 〈표 5-9〉와 같다.

표 5-9 정신장애인 직업평가 활용도구

영 역		활용 도구
신체능력평가	기초체력	신장계, 체중계, 체성분 분석기, 악력계, 핀치게이지, 배근력계
	감각기능	시력, 색각, 평형성 측정기(평형감각)
	운동기능	신체관절 운동 범위 측정기, 도수근력검사(MMT), K-MAND
작업표본평가	손기능	퍼듀 펙보드, 그루브드펙보드, 미네소타 손기민성검사, KEAD 손기능작업표본검사, KEAD 다차원 양손협응 작업표본검사
	직업적성	Work Activity, TAP, MVE, Valpar, 마이크로타워
심리평가	직업적성	성인용 직업적성검사
	인지	K-WAIS-Ⅳ
	직업준비	구직욕구진단검사
	직업흥미	진로탐색검사, 직업선호도검사, 홀랜드직업탐색검사
	기초학습	기초학습기능 수행평가체제, 학업성취검사
	사회생활기술	생활기술평가(LSP-16), 독립기능다차원척도(MSIF), 수단적 일상생활수행능력(IADL), 독립생활기술조사(ILSS), 정신사회적 기능-증상평가척도(BASIS-32)
	성격 및 정서	다면적 인성검사(MMPI), 문장완성검사(SCT), 간이정신진단검사(SCL-90-R), 자아존중감 척도
	자아존중감	자아존중감척도(SES)
상황 · 현장평가	수행능력 및 태도	상황평가 체크리스트, Work Personality Profile
기타	의료평가	전문의 소견
	삶의 만족도	삶의 질 척도(QOL)

정신장애인 직업평가 시 다음과 같은 사항을 고려할 것을 권고한다.

첫째, 정신장애 직업평가에 있어서 평가사는 평가에 앞서 이용자와의 신뢰에 바탕을 둔 관계를 맺는 것이 무엇보다 중요하다. 평가사가 이용자를 이해하고 있음을 보여줄 수 있어야 하고 이에 따른 높은 대인관계기술이 요구된다. 그리고 이용자가 평가 과정에 참여할 수 있도록 이용자를 설득하는 기술 또한 매우 중요하다.

둘째, 많은 정신장애인이 장기간의 병원 입원과 약물복용, 스트레스로 인한 높은 증상재발 등 만성적 장애로 인해 직업평가도구의 활용은 정신장애인의 직업재활과정에서 단기적인 사용으로 끝날 것이 아니라 연속적인 과정에서 직업평가가 중요한 의미를 가질 수 있다. 장애 진단, 증상, 지능, 적성, 흥미 등 정신장애인 개인에 대한 평가도 중요하지만 사회적 · 직업적 기능평가가 더욱 중요할 수 있다.

셋째, 정신장애인은 증상 발현 이전에 직업을 가진 경우가 많이 있기 때문에, 자신의 직업흥미를 알고 있다. 따라서 흥미 분야 및 그와 관련된 유사직무를 수행하는데 요구되는 능력에 대한 평가가 필요하다.

넷째, 약물복용으로 인해 동반되는 증상에 대한 파악과 이에 대한 배려가 이루어져야 한다. 예를 들면 약의 부작용으로 침이 말라 자주 물을 마셔야 하는 상황에 대한 환경조정, 감정둔화로 인하여 원하는 표정을 짓기 어려운 이용자에 대한 동료들의 증상이해, 정기적인 통원치료로 인한 근무시간 조절 등의 환경 조정에 대한 평가가 중요할 것이다.

다섯째, 직업평가 시간의 탄력적 조정이 필요하다. 만성적인 정신장애인이 장기적으로 가지고 있는 증상 중 활력이 많이 떨어지거나 집중력이 현저히 떨어지는 경우가 많고 스트레스 내성이 낮은 경우도 많다. 따라서 장시간 검사참여에 어려움이 있을 수 있으며 평가시간의 적절한 조정과 더 많은 시간이 배려되어야 할 것이다.

여섯째, 직무상의 기능에 대한 평가도 중요하지만 정신장애인의 경우 직업준비도를 파악할 수 있는 사회적 기술에 대한 평가가 더욱 중요하다. 동료나 감독자와의 관계, 의사소통 방식, 사회적 행동, 직무현장에서의 태도와 행동 등을 탐색하기 위해 관찰기법이 주를 이루는 모의환경에서의 상황평가가 더욱 강조되어야 할 것이다.

제4절 시각장애

시각장애란 시력이 현저하게 나쁜 사람, 시야가 매우 좁은 사람, 시력과 시야 모두 제한이 있는 사람이다. 시력은 얼마나 선명하게 볼 수 있는가를, 시야는 정면을 주시할 때 얼마나 넓은 범위를 볼 수 있는가를 의미한다.

「장애인복지법」의 시각장애 정의는 다음과 같다.

① 나쁜 눈의 시력(만국식 시력표에 따라 측정된 교정시력)이 0.02도 이하인 사람

② 좋은 눈의 시력이 0.2도 이하인 사람

③ 두 눈의 시야가 각각 주시점에서 10도 이하로 남은 사람

④ 두 눈의 시야 2분의 1 이상을 잃은 사람

표 5-10 시각장애 등록기준 및 등급 분류

장애등급	장애정도
1급	• 좋은 눈의 교정시력이 0.02도 이하인 사람
2급	• 좋은 눈의 교정시력이 0.04도 이하인 사람
3급 1호	• 좋은 눈의 교정시력이 0.06도 이하인 사람
3급 2호	• 두 눈의 시야가 각각 모든 방향에서 5도 이하로 남은 사람
4급 1호	• 좋은 눈의 교정시력이 0.1도 이하인 사람
4급 2호	• 두 눈의 시야가 각각 모든 방향에서도 10도 이하로 남은 사람
5급 1호	• 좋은 눈의 교정시력이 0.2도 이하인 사람
5급 2호	• 두 눈의 시야가 각각 정상 시야의 50% 이상 감소한 사람
6급	• 나쁜 눈의 교정시력이 0.02도 이하인 사람

출처: 보건복지부고시 제2018-151호.

시각장애는 장애를 유발하는 안질환의 유형에 따라 차이가 있으며, 질환에 따른 특성을 살펴보면 아래 〈표 5-11〉과 같다.

표 5-11 시각장애를 유발하는 안질환 특성

질환구분		특성	지원요구
녹내장 (시야장애)		• 진행성(안압이 높아져 시신경에 손상을 주고 시야가 좁아지는 상태) • 주변 시야 감소 후 중심시력 상실 • 눈부심, 야맹증 동반 • 붉은 조명 선호 • 안압 증가에 따른 눈의 피로, 두통	• 정기적 안압검사와 약물투여 • 눈부심 감소를 위한 색안경 • 추시, 추석, 주사 등 시기능 훈련 • 개인용 스탠드 통한 조명 조정 • 휴식을 통한 안피로도와 안압 관리
황반변성 (시야장애)		• 진행성 • 중심시야(중심부 암점)와 시력 감소 • 눈부심 • 정면으로 보기 어려움 • 거리감에 대한 판단능력 감소	• 중심 외 보기기술교육 • 암점 감소를 위한 눈과 자료간의 근접거리 유지 • 고배율 확대경 사용(암점이 클 경우)

질환구분		특성	지원요구
망막색소 변성 (시야장애)		• 진행성 • 주변시야 감소(터널시야 발생) • 눈부심 및 야맹증 현상 • 밝은 조명 선호(낮은 조도 신체활동 및 이동활동 제한) • 유전에 의한 높은 실명률	• 실명 이전 점자교육 • 시기능훈련 • 눈과 자료 간의 적정거리를 유지한 시야조절 • 글줄 놓칠 경우 대조강화경 사용
당뇨병성 망막증 (시신경 손상)		• 진행성 • 불규칙적 암점 발생 • 작은 시력 변동 및 감소 • 촉각 둔화로 점자학습 어려움 • 감소된 색시**	• 정기 검진과 당뇨관리 • 듣기교육 • 음성도서 사용한 학습
백내장 (망막관련)		• 비진행성(수정체 혼탁으로 인한 투명성 소실, 시력 저하) • 시력 감소(흐릿한 시력) • 눈부심 • 다른 조도환경에서의 적응시간 필요 • 근거리 과제와 원거리 과제변화 시 안피로 발생	• 자료 확대 및 확대경 지원 • 대비증진기구(확대독서기 등) 지원 • 중심부 백내장: 낮은 조명 지원 • 주변부 백내장: 높은 조명 지원
안진 (안구진탕)		• 정지성 • 안구의 불수의적 움직임 • 읽기활동에서 글줄을 잃어버림 • 눈의 피로감	• 한 점 주시훈련 • 정지점 찾기 • 글줄 놓칠 경우 대조강화경 사용 • 주기적인 휴식을 통한 안피로도 관리

출처: 광주광역시교육청(2017), p.14 발췌.
**: 실제로는 빛깔이 없는 물건이 빛깔이 있는 것처럼 보이는 증상

이상의 시각장애에 대한 특성을 고려해 볼 때, 시각장애인 직업평가는 질환별 시각기능과 예후, 시각장애로 인한 자립생활 정도, 점자능력평가, 직업교육이나 훈련 참여 시 학습방법 및 매체, 보조공학기기, 사회생활적응도 등의 영역에 대한 평가가 주 내용이 될 것이다.

시각장애는 발달기에 인지 · 언어 · 신체적 · 정서 모든 측면에서 정상적인 발달을 지연시키거나 부정적 영향을 미칠 수 있다. 또한 시각장애인의 30%가 중복장애를 가지고 있으며, 중복장애 유형으로는 맹 · 농, 시각 · 지적장애, 시각 · 지체장애, 시각 · 정서행동장애 등이 있고, 시각 · 지적장애가 가장 높은 비율이 보이고 있다. 따

라서 직업평가 과정에서 발달지체, 일상생활의 어려움이 시각장애로 인한 문제인지 다른 동반장애로 인한 문제인지를 확인하는 것이 필요하다.

평가사는 사전에 '저시력 체험 안경' 착용을 직접 경험해 보는 것도 도움이 된다. 이것은 시각장애인이 겪는 어려움을 이해하고 직업평가 결과를 해석하고 통합하는 데 있어서 적절한 지원방안을 찾는 일에 도움이 될 것이다.

시각장애인용 검사가 아닌 경우 대독, 점자 시험지 제공, 시간 연장, 자료 확대 등의 조정방법 사용을 고려하여 평가를 실시해야 한다.

일반적으로 시각장애인 직업평가시에는 이용자 개인의 환경적 요구에 대해 사전에 확인하고 최대한 평가에 지장을 받지 않도록 준비를 해야 한다. 조명이나 소음, 음량의 조절, 다양한 크기로 인쇄된 검사지 및 확대기, 다양한 명도의 종이와 교구 및 펜 등에 대한 환경적 편이가 제공되어야 한다. 뿐만 아니라 시각장애가 진행 중인지 혹은 안정적인지를 파악하는 것도 매우 중요하다.

시각장애인 개개인의 장애정도와 특성, 욕구에 따라 활용할 수 있는 직업평가도구가 다를 수 있겠지만 대략적인 활용도구를 제시하면 〈표 5-12〉와 같다.

표 5-12 시각장애인 직업평가 활용도구

영역		활용도구
신체능력평가	기초체력	신장계, 체중계, 체성분 분석기, 악력계, 핀치게이지, 배근력계
	감각기능	촉각변별력검사(HSDT), 시력표(원거리 시력표, 근거리 시력표, 대비감도 검사표, 색상대비 검사표, 원형시야 검사판, 간편(단락) 문장읽기 시력표), 색변별(PV16 색각검사기), 감각 영역(가벼운 촉각, 고유수용감각, 온도감각, 운동감각, 진동감각, 자세감각, 무게감각, 통각) 평형성 측정기(평형감각)
	운동기능	신체관절 운동 범위 측정기, 도수근력검사(MMT), 매캐런 신경근육발달검사 맹인수정판(MAND-BA), 독립보행기능 정도 평가
작업표본평가	손기능	퍼듀 펙보드, 그루브드펙보드, 미네소타 손기민성검사, MAND-BA
	직업적성	CVES, TAP, MVE, GVAT, 워크엑티비티(Work Activities)
심리평가	인지	시각장애인 인지력검사(CTB)
	직업준비	구직욕구진단검사
	직업흥미	ISA직업흥미검사, 진로탐색검사, 직업선호도검사
	기초학습	기초학습기능 수행평가체계
	장애수용	자기개념검사

영역		활용도구
	성격 및 정서	다면적 인성검사(MMPI), 성격유형검사(MBTI), 문장완성검사(SCT), 한국우울증검사(KDS), 정서관찰척도(OEI-R), 정서행동척도(EBC)
기타	의료평가	전문의 소견(진행서 예후)
	일상생활능력	일상생활동작(ADL), 수단적 일상생활동작(IADL)
	직업준비도	직업기능탐색검사, 직업기능스크리닝검사, 시각장애 고용준비도 평가

제5절 청각장애

청각장애는 일반적으로 소리를 거의 들을 수 없거나 말의 판별이 어렵거나 하는 일체의 정상이 아닌 청각상태를 말하며, 청력장애와 평형기능장애가 있다. 청력장애는 청력에 이상이 생겨 난청의 상태가 되는 것을 말하며, 평형기능장애는 공간 내에서 자세 및 방향감각을 유지하는 능력의 제한을 말한다.

「장애인복지법」의 청각장애 정의는 다음과 같다.

① 두 귀의 청력손실이 각각 60dB 이상인 사람

② 한 귀의 청력손실이 80dB 이상, 다른 귀의 청력손실이 40dB 이상인 사람

③ 두 귀에 들리는 보통 말소리의 명료도가 50% 이하인 사람

④ 평형 기능에 상당한 장애가 있는 사람

표 5-13 청각장애(청력장애) 등급기준

장애등급	장애정도
2급	• 두 귀의 청력손실이 각각 90dB 이상인 사람
3급	• 두 귀의 청력손실이 각각 80dB 이상인 사람
4급 1호	• 두 귀의 청력손실이 각각 70dB 이상인 사람
4급 2호	• 두 귀에 들리는 보통 말소리의 초대 명료도가 50% 이하인 사람
5급	• 두 귀의 청력손실이 각각 60dB 이상인 사람
6급	• 한 귀의 청력손실이 80dB 이상. 다른 귀의 청력손실이 40데시벨(dB) 이상인 사람

출처: 보건복지부고시 제2018-151호.

평형기능장애는 본인이 실제로 움직이지 않았는데 움직이는 것 같이 느끼는 운동 감각 이상과 똑바로 서거나 걸을 수 없고 속이 체한 것 같이 울렁거리거나 심하면 구토를 하는 일련의 증상이 내이(inner ear) 계통의 이상으로 판명된 경우(한국장애인고용공단, 2009)를 말한다.

표 5-14 청각장애(평형기능장애) 등급기준

장애등급	장애정도
3급	양측 평형기능의 소실이 있으며, 두 눈을 감고 일어서기가 곤란하거나 두 눈을 뜨고 10m 거리를 직선으로 걷다가 쓰러지고 일상에서 자신을 돌보는 일 외에는 타인의 도움이 필요한 사람
4급	양측 평형기능의 소실이나 감소가 있으며 두 눈을 뜨고 10m 거리를 직선으로 걷다가 중간에 균형을 잡으려 멈추어야 하고 일상에서 자신을 돌보는 일과 간단한 보행이나 활동만 가능한 사람
5급	양측 또는 일측의 평형기능의 감소가 있으며 두 눈을 뜨고 10m 거리를 직선으로 걸을 때 중앙에서 60cm 이상 벗어나고 일상에서 복합적인 신체운동이 필요한 활동이 불가능한 사람

출처: 보건복지부고시 제2018-151호.

청력장애는 청력의 손실로 인한 의사소통의 어려움이 직업생활에 다양한 영향을 미치게 된다. 청력손실 정도, 청력손실 시기, 청력손실 부위에 따라 의사소통에 미치는 영향을 살펴보면 다음 〈표 5-15〉와 같다.

표 5-15 청각장애가 의사소통에 미치는 영향

구분		의사소통에 미치는 영향
청력손실 정도	경도(25~40dB)	조용한 환경이라도 소리가 작거나 원거리에서 들려오는 말소리는 듣기 어려움
	중등도(41~55dB)	일상대화 말소리는 듣기 어렵고 아주 가까운 거리에서는 들을 수 있음
	중등고도(56~70dB)	크고 명백한 말소리도 가끔 듣기 어려우며 집단상황에서는 어려움
	고도(71~90dB)	큰 말소리도 들리지 않아 많은 단어가 인지되지 않음
	최고도(91dB 이상)	대화 말소리를 들을 수 없거나 일부 큰 환경음을 들을 수도 있음

구분		의사소통에 미치는 영향
청력손실 시기	언어습득 전	언어에 대한 경험 및 정보가 없으므로 말소리에 대한 이해력이 낮으며, 체계적인 언어재활이 요구됨
	언어습득 후	언어를 완전히 습득 후 청력을 잃은 경우 청각보조기기 착용으로 의사소통이 가능하나 점차 발음이 왜곡되므로 언어치료가 병행되어야 함
청력손실 부위	전음성	외이 또는 중이의 손상으로 경도나 중등도 청력손실을 보이며 보청기를 착용하면 일반적인 대화가 가능함
	감음신경성	내이 또는 청신경의 손상으로 청력손실 정도가 심하나 청신경이 기능하는 경우 인공와우 이식수술과 수술 후 언어치료 및 청능훈련을 통해 언어습득을 기대할 수 있음
	혼합성	전음성과 감음신경성 청각장애가 혼합되어 나타나는 경우로 손실 정도에 따라 의사소통에 미치는 영향이 다양함
	중추처리장애	청신경-뇌간-대뇌피질의 전달경로에 문제가 있어 소리는 들리지만 말소리를 이해하지 못 함

출처: 광주광역시교육청(2017), p.11.

청각장애의 특성을 고려해 볼 때, 직업평가에서 다루어져야 할 주 내용은 청력 및 청능평가, 언어평가, 의사소통 지원에 대한 평가, 사회생활 적응과 관련된 평가 등이 있을 것이다.

시각장애인과 마찬가지로 청각장애인 또한 직업평가 시 적절한 편의가 제공되어야 하며 평가사는 직업평가를 실시하기 전에 이용자에게 편의제공과 관련한 요구사항을 확인하여 최대한 평가에 지장을 받지 않도록 준비해야 한다. 청각장애인은 듣기중심의 직업평가 시 주변의 소리에 심각한 방해를 받을 수 있으므로 소음을 최소화한 공간에서 직업평가를 실시한다. 또한 평가사는 이용자의 청력 정도에 따라 말소리의 크기를 조절한다거나 말할 때 입모양을 크게 또박또박 말해야 한다. 청력손실 정도가 커서 독립적으로 듣기 이해가 어려운 청각장애인의 경우 평가의뢰 시 수어통역사 필요 여부를 확인 후 직업평가 당일 수어통역사를 파견받을 수 있도록 사전에 수어통역센터에 신청하여 지원을 받아 직업평가를 진행한다. 직업평가도구에는 시간제한이 있는 검사들이 상당 부분 있다. 따라서 청각적 신호를 감지하는데 어려움이 있으므로 시작·중지 등의 지시에 대한 시각적 기호를 제공하여 평가를 실시한다.

청각장애인 개개인의 장애정도와 특성, 욕구에 따라 활용할 수 있는 직업평가도구가 다를 수 있겠지만 대략적인 활용도구를 제시하면 〈표 5-16〉과 같다.

표 5-16 청각장애인 직업평가 활용도구

영역		활용도구
신체능력 평가	기초체력	신장계, 체중계, 체성분 분석기, 악력계, 핀치게이지, 배근력계
	감각기능	촉감각 영역(가벼운 촉각, 고유수용감각, 온도감각, 운동감각, 진동감각, 자세감각, 무게감각, 통각) 평형성 측정기(평형감각)
	운동기능	신체관절 운동 범위 측정기, 도수근력검사(MMT), MAND, 보행검사
작업표본 평가	손기능	퍼듀 펙보드, 그루브드펙보드, 미네소타 손기민성검사 KEAD 손기능검사, KEAD 다차원 양손협응 작업표본검사
	직업적성	MDS, TAP, MVE, Work Activity, VITAS, Valpar
심리평가	직업적성	성인용 직업적성검사, KEAD 청소년 직업적성검사(청각장애학생용)
	인지, 언어	K-WAIS-Ⅳ, K-MAS, 표현·수용어휘력검사(REVT)
	직업준비	구직욕구진단검사
	직업흥미	청각장애인 그림직업흥미검사, 진로탐색검사, 직업선호도검사
	기초학습	기초학습기능 평가체계, 장애인용 학습성취검사
	장애수용	자기개념검사
	성격 및 정서	다면적 인성검사(MMPI), 성격유형검사(MBTI), 인물화, PAI성격검사
기타	의료평가	전문의 소견(청력기능)
	일상생활능력	일상생활동작(ADL), 수단적 일상생활동작(IADL) -평형기능장애

이상의 평가도구 사용 시 청력 정도와 문해능력에 따라 신중한 선택이 필요하다.

제6절 지체장애

지체장애는 골격, 근육, 신경계 중 어느 부분에 질병이나 외상으로 인한 신체기능 장애가 영구적으로 남아있는 상태로 절단장애, 관절장애, 지체기능장애, 변형 등으로 분류된다. 절단장애는 외상 또는 선천적인 결손으로 인해 손가락, 발가락, 팔, 다리, 몸통의 기능장애가 있는 경우를 말한다. 관절장애는 관절의 강직이나 불안정,

근력의 약화 등으로 인한 장애이다. 지체기능장애는 운동기능장애라고도 하는데 팔 또는 다리의 마비, 관절의 강직으로 팔 또는 다리의 전체 기능에 장애가 있거나 말초신경계의 손상이나 근육병증 등으로 타나난다. 변형장애는 다리 길이의 현격한 차이, 척추측만증 또는 척추후만증, 왜소증으로 인한 변형을 말한다.

「장애인복지법」에 따른 지체장애 개념 정의는 다음과 같다.

① 한 팔, 한 다리 또는 몸통의 기능에 영속적인 장애가 있는 사람
② 한 손의 엄지손가락을 지골(指骨: 손가락뼈) 관절 이상의 부위에서 잃은 사람 또는 한 손의 둘째 손가락을 포함한 두 개 이상의 손가락을 모두 제1지골 관절 이상의 부위에서 잃은 사람
③ 한 다리를 리스프랑(Lisfranc: 발등뼈와 발목을 이어주는) 관절 이상의 부위에서 잃은 사람
④ 두 발의 발가락을 모두 잃은 사람
⑤ 한 손의 엄지손가락 기능을 잃은 사람 또는 한 손의 둘째 손가락을 포함한 손가락 두 개 이상의 기능을 잃은 사람
⑥ 왜소증으로 키가 심하게 작거나 척추에 현저한 변형 또는 기형이 있는 사람
⑦ 지체(肢體)에 위 각 목의 어느 하나에 해당하는 장애정도 이상의 장애가 있다고 인정되는 사람

지체장애 유형별 특징을 살펴보면 아래 〈표 5-17〉과 같다.

표 5-17 지체장애 유형별 특성

유형	특 성
절단장애	절단으로 인한 손가락, 발가락, 팔, 다리, 몸통의 기능장애(상지절단, 하지절단)
관절장애	관절염(류머티즘성 관절염, 퇴행성 관절염)
지체기능장애	팔 또는 다리의 마비, 관절의 강직으로 인한 팔 또는 다리의 전체기능장애, 말초신경계 손상이나 근육병증 등(소아마비,강직성 척수염, 근위축성 측삭경화증, 진행성 척수근위축증, 근무력증, 진행성 근이양증)
변형장애	다리 길이의 현격한 차이, 척추측만증, 척추후만증, 왜소증 등으로 인한 변형
척수장애	사지마비, 하지마비, 완전손상, 불완전손상, 신경학적 기능 수준

이상의 장애 개념과 특성을 고려하여 직업평가를 실시하는 데 있어서 중점을 두어야 할 평가내용은 흥미 및 적성에 대한 기본적인 내용에 더하여 운동기능, 감각

기능, 보조공학기기의 사용 유무, 합병증, 통증이나 마비 정도, 심리 사회적응력, 의료 영역의 평가 등이다. 이를 유형별로 살펴보면 다음 〈표 5-18〉과 같이 제시할 수 있다.

표 5-18 지체장애 유형별 주요 평가내용

유형	주 평가내용
절단장애	• stump의 상태와 예후, stump의 길이와 운동기능 • 절단 부위의 잔존기능 • 사지 감염 유무, 절단 부위 외 사지의 활용 정도 • 이동능력(하지절단) • 보조공학기기 사용 유무, 보조공학기기 사용을 통한 기능 향상 정도 • 합병증 유무와 정도 • 이동용 보조공학기기 사용시 에너지 소모 정도에 따른 근무시간 • 심리사회적응력
관절장애	• 관절염의 종류, 진행 정도 및 예후 • 손상된 운동 범위 • 활동 시 통증이나 경직 정도, 통증이나 경직을 유발하는 활동 • 이동능력 • 통증이나 경직을 유발하는 날씨, 온도 등의 환경
지체기능장애	• 신체 피로도 • 이상 부위, 의료기기 사용 유무, 예후(진행성의 경우) • 통증 유무와 부위, 정도, 빈도 • 보조공학기기 사용 유무, 보조공학기기 사용을 통한 기능 향상 정도 • 치료 및 병원치료 정도 • 신체 전반적인 기능 • 이동능력 • 심리사회적응력
변형장애	• 현 상태와 치료경과 및 예후 • 적절한 작업환경, 필요한 보조공학기기 • 합병증 유무와 정도 • 통증 유무, 정도 • 자신감 상실, 우울감 등 심리사회적응력
척수장애	• 감각 및 운동기능 • 신체 전반적인 기능 • 이동능력 및 이동수단 • 일상생활 수행능력 • 도구적 일상생활 수행능력 • 합병증 유무, 정도

지체장애는 다양한 장애유형과 장애정도 및 특성, 욕구 등에 따라 활용할 수 있는 직업평가도구가 다를 수 있겠지만 대략적인 활용도구를 제시하면 〈표 5-19〉와 같다.

표 5-19 지체장애인 직업평가 활용도구

영역		활용도구
신체능력 평가	기초체력	신장계, 체중계, 체성분 분석기, 악력계, 핀치게이지, 배근력계
	감각기능	감각 영역(가벼운 촉각, 고유수용감각, 온도감각, 운동감각, 진동감각, 자세감각, 무게감각, 통각) 평형성 측정기(평형감각)
	운동기능	신체관절 운동 범위 측정기, 도수근력검사(MMT), K-MAND
작업표본 평가	손기능	퍼듀 펙보드, 그루브드펙보드, 미네소타 손기민성검사, KEAD 손기능작업표본검사, KEAD 다차원 양손협응 작업표본검사
	직업적성	Work Activity, TAP, MVE, Valpar, 마이크로 타워
심리평가	직업적성	성인용 직업적성검사
	인지	K-WAIS-Ⅳ, K-MAS, Rey-kim 기억검사
	직업준비	구직욕구진단검사
	직업흥미	진로탐색검사, 직업선호도검사, 홀랜드 직업탐색검사
	기초학습	기초학습기능 수행평가체제, 학업성취검사
	장애수용	자기개념검사
	성격 및 정서	다면적 인성검사(MMPI), 성격유형검사(MBTI), 문장완성검사(SCT)
기타	의료평가	전문의 소견
	일상생활능력	일상생활동작(ADL), 수단적 일상생활동작(IADL)

지체장애 직업평가 과정에서 보다 세심하게 관찰할 사항을 제시하면 다음과 같다.

① 현재 착용하고 있는 보장구가 사용하는 데 적절한가?
② 동작이나 활동에 장애가 있는가?
③ 우울감이나 정서적 스트레스 증상이 보이는가?
④ 실제 얼마의 시간 동안 앉기, 서기가 가능한가?
⑤ 평가 초반보다 후반부에 피로해 보이는가?
⑥ 어떤 동작이나 활동 시 통증을 호소하는가?
⑦ 과제수행 시 움직임에 어려움이 있는가?
⑧ 어떠한 보상행동을 보이는가?

제7절 뇌병변장애

뇌병변장애는 "뇌성마비, 외상성 뇌손상, 뇌졸중 등 뇌의 기질적 병변으로 인하여 발생한 신체적 장애로 보행이나 일상생활의 동작 등에 상당한 제약을 받는 사람"이다(장애인복지법). 뇌병변장애의 주요 증상은 마비, 경직, 감각장애, 언어장애, 성격변화 등의 다양한 장애를 보인다. 뇌손상의 부위와 범위에 따라 간질, 지적기능에도 문제를 초래하여 교육이나 훈련, 사회적응에 어려움을 겪는 경우도 나타난다.

뇌병변장애는 다양한 신체적·인지적 의사소통, 사회·정서적으로도 어려움을 가지고 있고 중도 및 중복장애를 수반하는 경우가 많다. 신체적으로는 운동기술 습득에 어려움이 있거나 지체를 보이며 자세와 움직임에 제한이 있고 운동기능과 자세의 문제로 협응에도 어려움이 있다. 인지적 측면에서는 장애유형과 정도에 따라 다양한 인지적 특성을 보인다. 의사소통 측면에서는 얼굴근육의 조절이 쉽지 않아 의사표현에 어려움이 있고 언어발달에 제한이 따른다. 사회·정서적 측면에서는 의사소통장애로 인해 의존적·수동적으로 행동하는 경향이 있고 의사소통의 어려움은 사회적 상호작용 발달에도 영향을 주게 된다. 뇌병변장애 유형에 따른 특성을 살펴보면 〈표 5-20〉과 같다.

표 5-20 뇌병변장애 유형별 특성

유형	특성
뇌성마비	• 뇌가 발육하는 시기에 손상을 입어 뇌기능 저하로 신체마비 및 기타 여러 장애가 동반되며 장애유형과 상태가 매우 다양 • 뇌의 손상으로 인한 비진행성 손상(근육의 조절능력이 떨어지고 보행 및 자세 유지 어려움 발생, 감각장애, 언어장애, 지능장애도 수반) • 운동 및 자세장애 • 마비유형 • 경직형: 근육의 긴장도가 매우 높고 사지와 목이 뻣뻣해지고 발끝 걷기가 특징적. 선택적 움직임 및 자세조절능력 부족, 관절움직임 제한, 말하는 속도 느리고 말이 자주 끊어짐 • 불수의 운동형: 근긴장도가 수시로 변함. 손, 팔, 얼굴 근육 등에 불수의 운동, 특정 자세 유지 어려움. 능동적인 동작 제한. 시선고정 어려움

유형	특성
	• 운동실조형: 균형감각, 위치감각 등 심부지각력 저하, 협동운동 심한 장애. 목적행동 시 떨림 심함, 팔보다 몸통과 다리 마비 정도가 심함 • 저긴장형: 근긴장도 매우 낮고 근력 매우 약함. 과도한 관절운동 범위. 안정적인 자세유지를 위해 주변 도움 필요
외상성 뇌손상	• 외상으로 인한 뇌의 손상 • 의식, 인지, 감각, 운동 등의 뇌기능 감소 • 신체적 기능 이상: 몸의 균형 및 조화, 힘, 지구력, 운동기능 등 • 인지기능 이상: 언어, 의사소통, 정보 진행, 기억력 등 인식기능 전반에 손상 초래 • 정신적 기능 이상: 성격의 변화, 심리적 부조화 등 • 자기관리, 안전, 금전관리 어려움
뇌졸중	• 뇌경색, 뇌출혈, 일과성 허혈증 등 뇌에 혈액을 공급하는 혈관이 막히거나 터져서 뇌손상, 그에 따른 신체장애 동반 • 증상: 마비, 감각이상, 언어장애, 시력저하 및 시야장애, 두통, 어지럼증, 평형감각 이상, 인지장애, 연하곤란 등 • 보행능력, 균형, 기민성 저하로 이동성 제한 • 마비로 인한 근력 약화 및 기능 제한(운동장애, 상지기능 제한)

이상의 특성을 고려해 볼 때 뇌병변장애인의 직업평가에서 다루어져야 할 주 내용은 신체기능의 제한으로 인한 일상생활기술, 의사소통능력, 뇌손상으로 인한 다양한 동반장애 정도, 사회·정서적 상태, 지속되는 통증과 만성질환으로 인한 건강상태에 대한 파악 등이 될 것이다. 구체적으로 살펴보면, 첫째, 뇌병변장애의 주 증상이 근육의 마비나 경직, 이로 인한 일상생활 수행능력에 대한 평가이다. 마비의 정도와 범위, 불수의 운동 유무 등에 따른 팔과 다리의 기능 저하로 인한 앉기, 서기, 걷기 등의 이동능력, 일상생활동작의 수행능력평가가 중요하다.

둘째, 뇌병변장애는 운동장애와 언어장애가 외형적으로 두드러져 보이고 뇌손상으로 인해 시각·청각·언어·인지적 장애가 동반되는 경우도 있기 때문에 이에 대한 평가도 필요하다. 장애인실태조사(2017)에 따르면, 뇌병변장애의 수반장애로 언어장애 42.4%, 지적장애 23.5%, 시각장애 19.1%, 청각장애 13.7%, 뇌전증장애 11.6%로 나타났다.

셋째, 사회·정서적 측면의 평가이다. 신체기능적 문제로 인한 사회적응 시 좌절감 및 무력감, 장애로 인한 고립감, 원활한 대인관계의 어려움 등 심리정서적 문제 또한 다양하게 나타날 수 있어 외형적으로 두드러진 신체적 문제뿐만 아니라 심리사회적 측면의 문제도 매우 중요한 평가내용 중의 하나라고 볼 수 있다.

넷째, 뇌병변장애는 대부분 지속적인 통증, 신체의 변형, 만성질환, 건강상의 여러 가지 문제가 동반하기 때문에 건강상태, 예방적 관리 및 예후에 대한 파악이 매우 중요하다.

뇌병변장애 직업평가는 장애 종류, 장애정도, 특성, 욕구에 따라 활용되는 도구가 달라질 수 있겠지만 대략적인 활용도구를 살펴보면 아래 〈표 5-21〉과 같다.

표 5-21 뇌병변장애인 직업평가 활용도구

<table>
<tr><th colspan="2">영역</th><th>활용도구</th></tr>
<tr><td rowspan="3">신체능력 평가</td><td>기초체력</td><td>신장계, 체중계, 체성분 분석기, 악력계, 핀치게이지, 배근력계</td></tr>
<tr><td>감각기능</td><td>감각 영역(가벼운 촉각, 고유수용감각, 온도감각, 운동감각, 진동감각, 자세감각, 무게감각, 통각) 평형성 측정기(평형감각), 강직, 진전</td></tr>
<tr><td>운동기능</td><td>신체관절 운동 범위 측정기, 도수근력검사(MMT), K-MAND</td></tr>
<tr><td rowspan="2">작업표본 평가</td><td>손기능</td><td>퍼듀 펙보드, 그루브드펙보드, 미네소타 손기민성 검사, KEAD 손기능작업표본검사, KEAD 다차원 양손협응 작업표본검사</td></tr>
<tr><td rowspan="2">직업적성</td><td>MDS, Work Activity, TAP, MVE, Valpar, 마이크로타워</td></tr>
<tr><td rowspan="7">심리평가</td><td>성인용 직업적성검사</td></tr>
<tr><td>인지</td><td>K-WAIS-Ⅳ, K-MAS, Rey-kim 기억검사</td></tr>
<tr><td>직업준비</td><td>구직욕구진단검사</td></tr>
<tr><td>직업흥미</td><td>진로탐색검사, 직업선호도검사, 홀랜드 직업탐색검사</td></tr>
<tr><td>기초학습</td><td>기초학습기능 수행평가체제, 장애인용 학업성취검사</td></tr>
<tr><td>장애수용</td><td>자기개념검사</td></tr>
<tr><td>성격 및 정서</td><td>인물화, 다면적 인성검사(MMPI), 성격유형검사(MBTI), 문장완성검사(SCT), PAI성격검사 등</td></tr>
<tr><td rowspan="2">기타</td><td>의료평가</td><td>전문의 소견</td></tr>
<tr><td>일상생활능력</td><td>일상생활동작(ADL), 수단적 일상생활동작(IADL)</td></tr>
</table>

뇌병변장애인 직업평가 시 고려사항을 살펴보면 다음과 같다.

첫째, 보행 및 이동의 제한, 근조절의 어려움 등으로 인한 직업평가실의 물리적 환경에 대한 배려가 필요하다. 이용자가 기관을 직접 방문하기 어려울 경우 평가사가 이용자 가정이나 소속기관에 방문하여 평가를 실시한다.

둘째, 외상성 뇌손상이나 뇌졸중과 같은 뇌손상장애는 처음 6개월 이내에 가장 급속도로 회복되며 12개월 사이에 회복이 많이 일어나다. 개인차에 따라서 12개월 이후에도 증상이 회복되는 정도의 차이가 있을 수 있다. 직업평가는 장애등록 이후에 장애인이 이용하는 서비스이지만 증상의 회복 가능성 또한 전제하여 직업평가를 실시해야 하며, 직업교육이나 훈련과정에서의 세심한 관찰평가를 통하여 개인의 직업능력을 파악하는 것이 도움이 될 수 있다.

셋째, 뇌병변장애는 취업에 있어 상당히 어려운 장애유형 중 하나로 직업평가 과정에서 담당의사 및 치료사들과 이용자의 장애상태와 기능, 만성질환 및 건강상태에 대한 전문 소견을 반드시 반영하여 직업평가 결과를 도출해내야 한다. 특히 자세유지, 신체 변형 예방 및 건강관리가 매우 중요할 수 있기 때문에 현재 상태, 치료경과 및 예후, 적절한 건강관리에 대한 소견을 확인해야 할 것이다.

넷째, 평가사는 뇌병변장애인에게 도움이 되는 직업생활을 위한 보조기구에 대한 다양한 정보를 알고 직업평가 결과 도출 시 적절한 작업보조도구 제시에 따른 적합한 직무를 추천할 수 있어야 한다.

뇌병변장애 직업평가 과정에서 세심하게 관찰할 사항을 제시하면 다음과 같다.

① 현재 착용하고 있는 보장구가 사용하는 데 적절한가?
② 보행형태는? 동작이나 활동에 어떠한 제한이 있는가?
③ 우울감이나 정서적 스트레스 증상이 보이는가?
④ 실제 얼마의 시간 동안 앉기, 서기가 가능한가?
⑤ 평가 초반보다 후반부에 피로해 보이는가?
⑥ 어떤 동작이나 활동 시 통증을 호소하는가?
⑦ 과제수행 시 움직임에 어떠한 어려움이 있는가?
⑧ 어떠한 보상행동을 보이는가?
⑨ 지남력이 있는가?(휴식시간 또는 화장실 사용 후 평가실을 찾아오는가)
⑩ 단기기억에 문제가 있는가?

장애인의 직업적 능력을 파악하기 위해서 다양한 영역에서 그들의 흥미, 능력, 태도 등을 평가하지만 장애유형에 따라 중점을 두고 평가해야 할 내용이 달라질 수 있다. 본장에서는 장애유형 중 직업평가서비스를 주로 이용하는 지적장애, 자폐성장애, 정신장애, 시각장애, 청각장애, 지체장애, 뇌병변장애를 중심으로 장애 개념과 특성에 따른 직업평가 주 내용, 평가활용도구, 직업평가 시 고려사항 등을 살펴보았다. 장애유형별로 제시한 활용도구들을 평가사가 적절하게 사용하기 위해서는 평가도구별 활용교육 및 개별 도구 워크숍 참여를 통해 실질적인 도구에 대한 이해와 활용할 수 있는 기본 지식과 능력을 갖추어야 한다. 뿐만 아니라 영역별 장애에 대한 깊이 있는 이해와 함께 직업평가 임상경험이 무엇보다 중요할 것이다.

PART

Ⅲ

환경분석과 직업평가

CHAPTER

06

직무분석과 직업평가

제1절 직무분석의 개념

1. 개념

직업평가는 직무분석과 매우 밀접하게 관련되어 있다. 직업평가 결과를 통해 개별화 재활계획, 적합직무 추천, 직무배치, 직무적응 진전도 확인 등을 할 수 있는데 이러한 과정은 모두 직무에 대한 이해를 바탕으로 이루어진다. 따라서 평가사는 직무특성을 이해하기 위해 직무분석을 실시할 줄 알아야 하며 그 결과를 직업평가에 적용할 수 있어야 한다.

Parsons(1909)의 특성요인 이론에 따르면 올바른 직업선택을 위해 개인의 적성, 능력, 흥미, 자원 제한점 등의 직업적 특성을 파악해야 할 뿐만 아니라, 직업의 장단점, 보상, 기회, 전망, 성공조건 및 요구되는 지식과 기술에 대한 이해를 바탕으로 개인과 직업세계를 과학적으로 조언하고 진실한 추론을 통해 매칭해야 한다. 따라서 직업평가에서는 개인의 능력을 사정하는 것을 넘어 직무분석에서 얻어진 정보를 확인하여 현실적인 직업적 권고를 할 수 있어야 한다.

직업평가에서 직무분석은 직장에서 한 직무에 대한 현실적인 요구사항이 무엇인지 평가사가 알 수 있게 도와준다. 평가사는 직무분석을 통해 실제 직업에서 이용자의 욕구에 맞는 편의를 제공하고 직무를 조정할 수 있게 된다. 또한 지역시회에서 가장 많이 요구되는 직업에 대해 직무분석하여 현실적이고 고용기회에 적합한 작업표본을 개발할 수 있다.

1) 정의

직무분석(Job analysis)은 직무의 목적, 수행방법, 수행장소의 특성을 알아내고 직무수행에 요구되는 지식, 능력, 기술, 경험, 책임 등이 무엇인지를 알아내기 위해 합리적이고 과학적으로 분석하는 것이다(한국장애인재활상담사협회, 2018). 또한, 각 직무에서 요구되는 지식과 기술, 특징, 자격요건 등 타 직무와 구별되는 요인을 분명하게 하여 수행하는 일에 대한 상세한 정보를 얻는 체계적인 과정이다(Jones & Walters, 1994).

다시 말해 직무분석은 그 직무를 수행하기 위해서 사람이 어떤 일을 해야 하고 어떤 능력이 필요한지를 파악하는 것이다. 직무분석은 직무기술서(Job description)와 직무명세서(job specification)를 포함한다.

- 직무기술서: 직무분석을 통하여 얻은 직무에 관한 자료와 정보를 직무의 특성에 중심을 두고 기록한 문서이며 직무표식(Job identification), 직무내용(Job content), 직무요건(Job requirement)을 기술한 것이다.
- 직무명세서: 직무기술서를 기초로 하여 직무의 내용과 직무에 요구되는 자격요건으로 인적 특징에 중점을 두어 일정한 형식으로 정리한 문서이다. 직무의 명칭, 소속 및 직종, 교육 수준, 기능 · 기술수준, 지식, 정신적 특성(창의력 · 판단력 등), 육체적 능력, 작업경험, 책임 정도 등이 포함된다.

2) 목적

직업평가에서 직무분석은 개인의 특성과 능력, 조건이 특정 직무에서 요구되는 능력, 조건 등과 적합한지, 해당 직무를 수행하는 능력 수준은 어느 정도인지 등에 대한 정보를 제공하는 데 필요하다. 직업평가에서 직무분석을 통해 채용, 배치, 교육과 훈련, 보상 등 다양한 정보를 제공할 수 있다.

(1) 채용

직무분석은 과학적 · 합리적으로 사람을 채용하기 위한 기초자료로 활용된다. 특정 직무에 어떤 자격요건과 자질이 필요한지에 대한 내용을 알 수 있다. 즉, 직업평가에서 직무분석은 해당 직무의 요건과 사람의 조건을 비교하여 해당 직무의 적합자인지 판단하고 채용하는 자료로 활용된다.

(2) 배치

직무분석으로 확인된 특정 직무의 필요요건에 적합한 적격자를 해당 직무에 배치할 수 있다. 즉, 직업평가에서 직무분석은 해당 직무의 요건과 피평가자의 요건을 비교하여 가장 적합한 직무에 배치하는 자료로 활용된다.

(3) 교육과 훈련

직무분석 결과는 교육과 훈련의 기초자료로 활용된다. 직무분석을 통해 특정 직무에 어떤 자질과 능력이 필요한지 확인하여 부족한 부분에 대한 교육과 훈련을 실시하는 자료로 활용할 수 있다. 즉, 직업평가에서 직무분석은 해당 직무에서 일하고 싶은 개인에게 해당 직무에 필요한 교육과 훈련의 자료로 활용된다.

(4) 보상

직무분석은 합리적인 보상기준(임금, 수당, 성과급 등)의 기초 자료로 활용된다. 직무수행 과정에서 상대적 가치를 결정하는 기준으로 활용될 수 있다. 즉, 직업평가에서 직무분석은 해당 직무에서 일하는 개인의 직무수행능력을 평가하여 그 결과를 기준으로 보상자료로 활용된다.

(5) 기타

이 외에도 직무분석은 근무평가, 승진, 정원 산정, 조직관리, 직무수행 방법 개선, 노사관계 관리 등 다양한 목적으로 실시된다. 직업재활과정에서 직업평가 직무분석의 개인과 직무의 적합성 파악, 교육과 훈련의 근거자료, 임금 등 보상의 수단으로 주로 활용된다.

3) 특성

① 가장 최신의 정보를 반영해야 한다.
② 사실 그대로를 나타내야 한다.
③ 가공하지 않은 원상태의 정보여야 한다.
④ 논리적으로 체계화되어야 한다.
⑤ 여러 가지 목적으로 활용될 수 있어야 한다.

2. 과정

직무분석은 기존 자료를 활용할 수도 있고, 기존 자료를 기초로 자료를 업그레이드하거나 직접 직무분석을 실시해서 새로운 자료를 만들 수도 있다. 해당 직무나 유사 직무로 기존 자료가 있는 경우에도 작업장마다 직무과정은 다를 수 있고 작업환경 또한 다르므로 현장방문은 필요하다.

1) 직무분석 과정

직접 직무분석을 실시하는 경우에 해당되는 과정이다.

① 1단계: 사업장에서 과제를 수행하고 있는 직무수행자를 관찰
② 2단계: 현장관리자, 직무수행자들을 만나서 작업환경 등을 파악
③ 3단계: 직무수행자들에게 구체적인 작업과정을 배움
④ 4단계: 해당 작업을 능숙하게 할 수 있을 때까지 작업 수행
⑤ 5단계: 직무개요, 직무내용, 직무과정, 자격요건 등 직무분석지 작성
⑥ 6단계: 고용주, 현장관리자 등을 만나 직무분석 내용을 확인하고 수정

2) 주요 용어

① 과업(task): 특정 개인이 특정 목적 달성을 위해 수행하는 정신적 · 신체적 노력
② 직위(position): 한 작업자에게 할당된 일의 총체(조직원 수와 직위 수는 동일)
③ 직무(job): 여러 가지 과업을 기술, 권한, 책임 등에 따라 묶어 놓음
④ 직종(occupation): 공통 성격을 가진 관련 있는 직무군(직무묶음)
⑤ 직렬(job series): 직무의 특수성과 전문성에 따라 유사한 직무의 결합
⑥ 직군(job family): 직무의 본질적 특성, 요구기술, 지식, 행동 등 동일한 계통의 직무들의 묶음

제2절 직무분석 방법

1. 직무분석 방법

직업평가에서 직무분석을 실시할 때 다양한 방법이 있다. 크게 과업중심 직무분석과 작업자 중심 직무분석으로 나누어 살펴보았다.

1) 과업중심 직무분석(task-oriented job analysis)

① 과업중심 직무분석은 수행하는 과업이나 활동이 어떤 것들인지 파악한다.
② 과업에 대한 분석이다.
③ 직무분석 자료 중 직무기술서에 대한 주요한 정보를 제공한다.

2) 작업자중심 직무분석(worker-oriented job analysis)

① 작업자중심 직무분석은 직무를 수행하는 사람의 재능에 초점을 둔다.
② 직무분석자료 중 작업자명세서에 대한 주요한 정보를 제공한다.
③ 다양한 분석법을 활용할 수 있다.
④ 크게 최초분석법(new analysis method), 비교확인법(verification method), 데이컴법(developing a curriculum)으로 나눌 수 있다.
⑤ 최초분석법은 면담법, 관찰법, 체험법, 설문법, 녹화법 등이 있다.

(1) 면담법(interview method)

- 특정 직무에서 장기간 일하면서 경험을 통해 많은 지식과 숙련기능을 가진 직무수행자와 직접 만나 면담을 통해 정보를 얻는 방법이다.
- 정확하고 완전한 정보를 얻을 수 있어 가장 많이 활용되고 있다.
- 다른 직무분석 방법을 활용할 때에도 면담법을 병행하기도 한다.

(2) 관찰법(observation method)

- 직무를 분석하려는 자가 직접 직무수행을 실제로 관찰하는 방법이다.
- 작업현장에서 직접 관찰하여 실제적인 내용을 파악하므로 효과적이다.
- 직무분석자가 대상 직무에 대한 많은 지식과 경험이 풍부할 때 효과적이다.
- 직무분석자에게 관찰되는 것만 기록될 수도 있는 단점이 있다.

(3) 체험법(empirical method)

- 직무를 분석하려는 자가 직접 직무수행을 체험하는 방법이다.
- 직무분석자는 실제 직무를 수행함으로써 정서적인 부분까지 확인할 수 있다.
- 직무분석자의 체험이 일시적이므로 직무의 단편에 치우칠 수 있다.

(4) 설문법(questionnaire method)

- 현장관리자, 직무수행자에게 설문지를 배부해 직무내용을 조사하는 방법이다.
- 관찰법, 체험법 등으로 직무분석자가 알기 어려운 전문직, 사무관리 분야 등의 직무 등에 효과적이다.
- 설문응답자가 특정 부분을 지나치게 강조하거나 제한된 경험으로 응답할 경우 사실을 왜곡할 가능성이 있다.

(5) 녹화법(recording method)

- 작업장면을 촬영하여 분석하는 방법이다.
- 작업장을 장시간 관찰하기 어려운 경우 효과적이며 단순직무인 경우 적합하다.
- 전체 공정에 대한 촬영, 단위작업에 대한 촬영이 필요하다.
- 화면을 여러 번 확인하여 분석할 수 있으므로 효과적이다.

(6) 비교확인법(verification method)

- 기존의 직무분석자료를 참고하여 현재 직무와 비교·확인하는 방법이다.
- 기존 직무분석자료를 비교·확인하기 위해 현장을 직접 방문하여 검증한다.

• 다른 나라 직업사전을 우리나라 실정에 맞게 수정 · 보완해서 기초 자료를 작성하고 현장을 방문해 내용을 검증하고 수정한다.

(7) 데이컴법(DACUM, Developing a Curriculum Method)

• 특정 직무에 풍부한 지식과 경험이 있는 전문가들이 함께 분석하는 방법이다.
• 직업훈련을 위한 교육과정 개발을 목표로 한다.

2. 직무분석 내용

직무분석 양식은 개별기관에 따라 다르고, 주요 항목과 내용도 다르다. 직무분석 대상자와 대상기관이 다양한데 일반고용, 지원고용, 보호고용 등 고용형태와 일반사업체, 직업재활시설, 장애인복지관 등 고용기관 형태가 다르기 때문이다. 장애인을 대상으로 하는 대표적인 직무분석 양식은 한국장애인개발원에서 사용하는 직무분석지, 한국장애인고용공단에서 사용하는 직무분석지 등이 있다. 직무분석 주요 항목과 내용은 해당 직무의 특성에 따라 추가되거나 제외될 수 있다. 평가사는 그 특성에 맞게 직무분석지를 선택하여 활용할 수 있어야 한다.

1) 한국장애인개발원

한국장애인개발원의 직무분석은 사업체의 일반직무 또는 구인직무를 수행하기 위해 필요한 신체능력, 인지, 작업수행, 변별력, 사회성 등의 기능 정도를 파악한다. 궁극적으로 사업체 정보조사와 함께 해당 직무의 주요소를 평가하여 이용자에게 특정 직무가 적합한지 여부를 결정하는 자료로 활용된다. 〈표 6-1〉은 일반적으로 한국장애인개발원의 중증장애인직업재활지원사업, 직무지원서비스, 현장중심 직업훈련 및 고용연계사업에서 사업체 직무를 분석할 때 사용하는 [직무분석지] 주요 항목과 내용이다.

표 6-1 한국장애인개발원 직무분석 주요 항목과 내용

항목	내용
신체능력	배근력(들기), 허리 굽히기, 의자 앉기, 쪼그려 앉기, 서기, 계단 오르기, 보행, 손가락 기민성, 눈손협응, 양손협응, 청력, 시력
인지	지식이해, 쓰기, 읽기, 수 세기, 수리능력, 금전관리기술, 시간개념
작업수행	지속력, 작업속도, 작업주도성, 업무의 순차적 수행, 일과상의 변화
변별력	크기변별, 형태변별, 색변별
사회성	개인용모, 표현언어, 수용언어
담당직무 공정분석	수행 과정, 사용공구 · 도구 · 자재, 작업 요구 수준(필요기능 · 작업량 · 작업속도 등)
중요도(CI)	직무수행에 있어 가장 중요한 기술
직무수행 과정별 사진	가능한 직무의 모든 순서대로 사진 첨부
직무수행 시 유의사항	직무수행 시 안전 관련 부분, 발생할 수 있는 예측되는 문제상황
종합소견	전반적 직무 관련 요구도, 중요도, 직무수행 시 유의사항(안전 관련 등), 장애인 고용 현황, 향후 장애인 고용전망, 취업 가능성 등

출처: 한국장애인개발원(2015). 중증장애인 직업재활 계획에 기반한 직업적응훈련과 취업지원 매뉴얼.

2) 한국장애인고용공단

한국장애인고용공단의 직무분석은 직무명과 직무수행 내용, 직무수행 요건, 현재 직무수행 중인 근로자 장애유형, 장애인 고용의 전망 등을 평가하는 것이다. 해당 직무에서 요구되는 능력과 기술, 현재 일하고 있는 장애인근로자 파악, 향후 고용 가능성 등을 확인하여 직무와 장애인의 적합성을 파악하는 자료로 활용된다. 다음 〈표 6-2〉는 한국장애인고용공단에서 사업체 직무를 분석할 때 사용하는 [직무분석 조사표] 주요 항목과 내용이다.

표 6-2 한국장애인고용공단 직무분석 주요 항목과 내용 1

항목	구성내용
직무명	직무수행 내용(업무처리 절차 및 방법, 육체적 활동)
직무수행요건	학력, 자격 · 면허, 연령 · 성별, 작업형태, 읽기 · 쓰기 · 계산하기, 환경조건, 숙련기간, 숙련내용
현재 직무수행 중인 근로자 장애유형	기존과 향후의 장애유형, 작업환경 개선 유무, 개선내용
평가	장애인 고용의 전망 등

출처: 장애인취업지원업무처리규정(고용노동부 고시2015-41호).

다음 〈표 6-3〉은 한국장애인고용공단에서 기업체 직무중심 직업능력평가 시 활용한 사례이다.

표 6-3 한국장애인고용공단 직무분석 주요 항목과 내용 2

항목	구성내용
분석직무	직무개요, 직무상 목표 및 책임, 근무조건
직무분석	작업요소, 지식 · 기능(사용도구), 직업 요구 수준
작업장면	작업장면 사진
환경분석	환경분석, 작업방식, 위험성, 분석, 장애인에 대한 태도, 편의시설
직무수행 자격요건	교육 수준, 연령 · 성별, 자격 · 면허, 숙련기간, 직무교육
핵심 직무수행능력	신체적 기능, 손기능, 인지적 기능
직업능력평가	신체적 기능, 손기능, 인지적 기능
직무수행 가능 여부 체크리스트	해당 직무 수행 가능 · 불가능
정당한 편의 제공	보조공학기기 지원, 작업환경 개선, 직무조정 제안, 취업연계 프로그램

출처: 한국장애인고용공단(2012). 사례를 통해 본 기업체 직무중심 직업능력평가.

3. 직무분석 과정

직무분석을 실시하는 전문가는 직무분석 과정에 따라 실시하는 것이 필요하다. 전문가(취업담당자, 직업평가담당자, 코디네이터, 직무지도원 등)는 우선 사업체의 해당 직무가 어느 정도의 기능과 능력을 필요로 하는지 요구 정도와 직무의 구체적인 순서, 방법을 분석해야 한다. 또한, 각 업무 과정에서 지원해야 할 부분을 파악하여 직무조정, 지원의 종류와 정도를 확인하는 것이 필요하다. 직무분석은 직종에 따라 과정과 방법이 다를 수 있다.

1) 한국장애인개발원

먼저 1단계로 사업체 현장을 방문하여 다양한 과제를 수행하고 있는 동료근로자들을 관찰한다. 2단계는 현장관리자와 직원들을 만나서 작업상의 제반사항을 파악한다. 3단계는 구체적인 작업과정을 작업관리자를 통해 배운다. 이때 작업의 절차,

일상적인 일과의 복잡성, 단서, 제공 가능한 지도 수준을 기록한다. 4단계는 작업을 수행해 보면서 앞으로 실시될 이용자의 직업배치와 지원전략을 탐색한다. 5단계는 직무분석지를 작성한다. 6단계는 조사한 직무분석을 검토하기 위하여 사업주 등과 만난다. 이 과정에서 모든 필요한 작업조정 또는 직무수정에 대해 협의한다. 7단계는 조사된 직무분석 내용을 직무지원인에게 전달하여 관련 직무에 대한 파악이 이루어질 수 있도록 지도·관리한다. 다음 [그림 6-1]은 한국장애인개발원 현장중심 직업훈련 및 고용연계사업에서 코디네이터가 직무분석을 수행하는 과정이다.

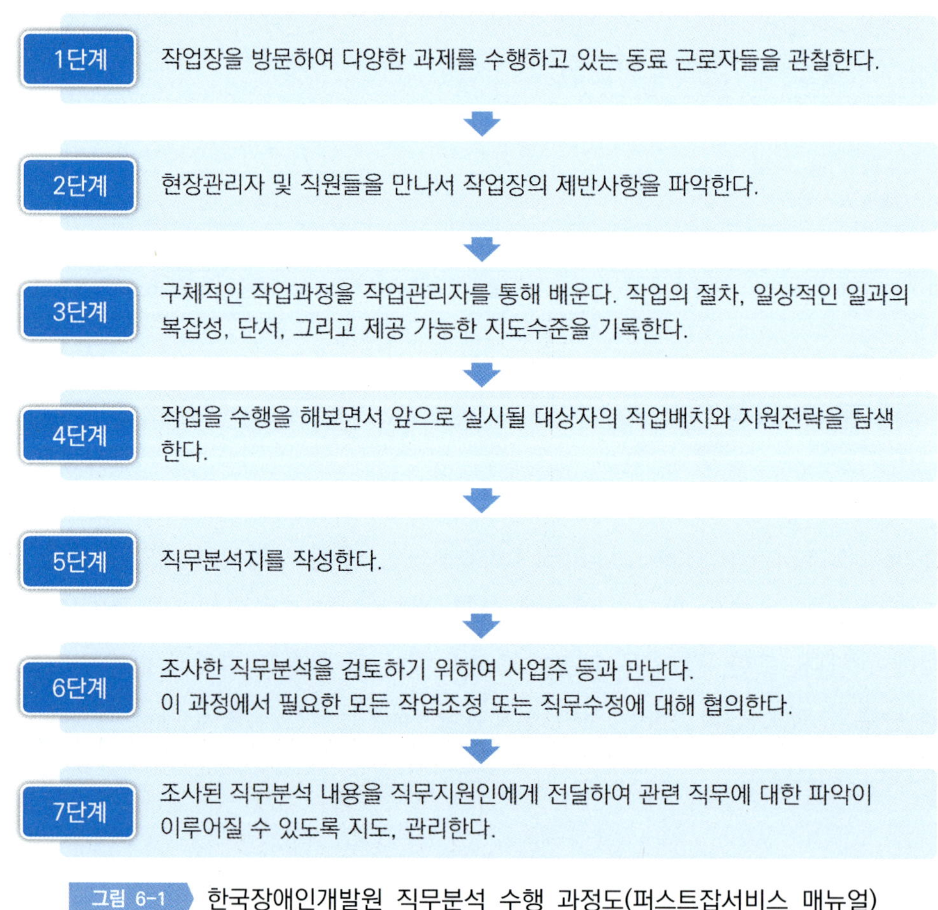

그림 6-1 한국장애인개발원 직무분석 수행 과정도(퍼스트잡서비스 매뉴얼)

2) 한국장애인고용공단

먼저 1단계로 사전준비를 한다. 기업체 인사담당자와 직무분석 진행 여부를 합의한다. 직무 내 수행과제들에 능통하고, 직무에 대한 직접적인 경험을 가지고 있는 내부 직무전문가를 정한다. 이때, 기업체에 직무분석에 대한 목적을 분명히 설명하는 것이 필요하다. 2단계는 직무 분류를 실시한다. 조직단위 혹은 유사직무를 중심으로 직무를 분류한다. [그림 6-2]는 한국장애인고용공단 기업체 직무중심 직업능력평가에서 직무분석을 수행하는 과정이다.

단계	내용
1단계 **사전준비**	• 기업체 인사담당자와 직무분석 진행여부를 합의한다. • 직무 내 수행 과제들에 능통하고, 직무에 대한 직접적인 경험을 가지고 있는 내부 직무전문가를 정한다. - 직무분석에 대한 목적을 분명히 설명한다.
2단계 **직무분류**	• 조직 단위, 혹은 유사직무를 중심으로 직무를 분류한다. • 장애인에 적합한 직무인지 여부를 판단하여 분석할 대상 직무를 정한다.
3단계 **직무조사**	• 직무조사 방법을 정한다. - 관찰, 인터뷰, 설문 등 다양한 방법이 있으며, 직무분석의 대상과 시간의 제약 등을 고려하여 적절한 방법을 선택한다. • 기본사항, 해당 직무의 목적, 주요 역할 및 책임, 직무수행 요건 등을 구성요소로 하여 직무조사 양식을 개발한다.
4단계 **직무기술서 (명세서) 작성**	• 직무조사를 통해 수집된 정보를 토대로 직무기술서(직무명세서)를 작성한다. • 직무와 직무를 수행하기 위한 요건을 함께 조사한다.
5단계 **확정**	• 실제 해당 업무에 종사하는 근로자와 함께 작성된 직무기술서를 검토한다. • 직무수행자와 내부 직무전문가와 협의 후 직무기술서 내용을 최종 확정한다.

그림 6-2 한국장애인고용공단 직무분석 절차(사례를 통해 본 기업체 직무중심 직업능력평가)

장애인에 적합한 직무인지를 판단하여 분석할 대상 직무를 정한다. 3단계는 직무조사를 실시한다. 우선 직무조사 방법을 정해야 하고 이때 관찰, 인터뷰, 설문 등 다양한 방법이 있고 직무분석의 대상과 시간의 제약 등을 고려하여 적절한 방법을 선택한다. 기본 사항, 해당 직무의 목적, 주요 역할 및 책임, 직무수행 요건 등을 구성요소로 하여 직무조사 양식을 개발한다. 4단계는 직무기술서(명세서)를 작성한다. 직무조사를 통해 수집된 정보를 토대로 직무기술서(명세서)를 작성한다. 이때, 직무와 직무를 수행하기 위한 요건을 함께 조사한다. 5단계는 확정한다. 실제 해당 업무에 종사하는 근로자와 함께 작성된 직무기술서를 검토한다. 직무수행자와 내부 직무전문가와 협의 후 직무기술서 내용을 최종 확정한다.

제3절 직무분석 예시

직무분석을 근거로 해당 직무의 수행 정도를 파악하거나 직업훈련 후 성과나 진전도 평가를 위한 직업평가를 실시할 수 있다. 직무분석 중심의 직업평가는 기존 직업평가도구를 활용하거나 직업평가도구를 만들어 활용할 수 있다. 이때 만드는 직업평가도구는 일반적으로 체크리스트인 경우가 많고, 이를 상황평가, 현장평가 체크리스트라 칭한다. 한국장애인개발원, 한국장애인고용공단, 직업재활시설 직무분석 사례를 살펴보면 다음과 같다.

1. 직무분석 및 평가서 예

직무분석 및 평가서

1. 장애인 근로자

성명	○○○	생년월일	1993. 6. 1.	장애유형 · 등급	지적 / 3급
사업체명	○○식품			연락처	010-0000-1111
담당직무	식품가공	취업일	2019. 1. 1.	서비스기간	2019. 1. 1 ~ 12. 31.

2. 직무분석 및 평가내용(재료손질)

순번	과정	직무수행능력	주요필요기능	작업도구
1	※ 무 껍질 깎기	직무수행능력 양호 작업 과정을 숙지 및 작업 속도 원활		고무장갑, 앞치마, 껍질 깎는 칼, 고무대야
	1-1. 무를 한 손으로 안정되게 잡는다.	독립적 수행 가능	신체근력 (드는 힘, 쥐는 힘)	
	1-2. 다른 한 손에 껍질 깎는 칼을 쥐고 무 껍질을 깎는다.	언어적 지시수행 가능	신체근력 (드는 힘, 쥐는 힘, 누르는 힘)	
	1-3. 껍질을 모두 깎은 무는 흙이 묻어 있지 않도록 깨끗한 물에 헹군다.	독립적 수행 가능	인지능력, 변별력, 신체근력,	
	1-4. 헹군 무를 고무대야에 차곡차곡 쌓는다.	모델링으로 지시 가능	대근육(드는 힘) 인지능력	
2	※ 무 깍뚝썰기	직무수행능력 양호 작업속도 원활		고무장갑, 앞치마, 도마, 칼, 고무대야
	2-1. 무를 도마 위에 올려놓는다.	독립적 수행 가능	신체근력 (드는 힘, 쥐는 힘)	
	2-2. 대략 1.5cm 간격의 가로 평면으로 자른다.	모델링으로 지시 가능	인지능력, 변별력, 신체근력 (미는 힘, 쥐는 힘)	
	2-3. 조각낸 무를 평행하게 썰며, 다 썬 것은 가로세로 1.5cm, 높이 2cm의 직육면체가 되도록 일정하게 썬다.	독립적 수행 가능	인지능력, 변별력, 신체근력 (미는 힘, 쥐는 힘)	
	2-4. 작업된 무우를 고무대야에 담는다.	언어적 지시수행 가능	근력(드는 힘)	

출처: 한국장애인개발원(2014). 직무지원서비스 매뉴얼.

2. 직무분석 예

- 식기세척 직무분석

직 무 분 석 지

NO.	19-1	작성자	김○○ (인)
사업체명	○○○	사업주(인사담당자)	황○○
업체방문일	2019년 1월 1일	직무분석표 작성일	2019년 1월 10일
자료 수집방법	관찰□ 면접☑ 설문지□ 과거 분석결과☑ 체험☑ 기타□( )		
담당직무명	식기세척(식기세척기를 이용한 주방보조원)		
직무 개요	1차 세척 → 2차 식기세척기 사용 → 세척된 식기 종류별로 선반에 정리		

구분	항목	요구도								중요도 (CI)
		①		②		③		④		
신체능력	배근력 (들기)	10kg 미만	□	10~20kg 미만	☑	20~40kg 미만	□	40kg 이상	□	
		세척된 접시류 등을 이동할 수 있을 정도의 들기 능력 필요. 20kg 이상 들기는 불필요								
	허리 굽히기	1시간 미만	□	1~2시간 미만	□	2~4시간 미만	☑	4~8시간	□	
		세척된 접시류를 들고 내리고 하는 정도의 허리 사용, 비교적 자주 허리 사용이 있음								
	의자 앉기	1시간 미만	☑	1~2시간 미만	□	2~4시간 미만	□	4~8시간	□	
		대부분 서서 직무를 수행하여 중요하지 않음								
	쪼그려 앉기	1시간 미만	☑	1~2시간 미만	□	2~4시간 미만	□	4~8시간	□	
		직무공간이 좁아 식기류가 바닥에 떨어졌을 때 줍는 정도의 쪼그려 앉기, 빈번하지 않음								
	서기	1시간 미만	□	1~2시간 미만	□	2~4시간 미만	□	4~8시간	☑	CI
		직무 전체가 서서하는 직무로 직무수행 시 가장 중요한 요소임. 높은 수준의 다리근력이 요구됨								
	계단 오르기	1시간 미만	☑	1~2시간 미만	□	2~4시간 미만	□	4~8시간	□	
		식기류 부족 시 가끔 창고로 이동하는 중 계단 사용을 하나 빈번하지 않음								
	보행	1시간 미만	□	1~2시간 미만	□	2~4시간 미만	☑	4~8시간	□	
		서서하는 직무이면서 짧은 거리의 보행이 빈번히 발생함								
	손가락 기민성	요구되지 않음	□	연필크기 물건집기	□	동전크기 물건집기	☑	바늘크기 물건집기	□	
		식기 외 수저 등 크기의 물건집기 가능한 정도의 손가락기민성이 요구됨								
	눈손협응	요구되지 않음	□	어느 정도 요구됨	□	중요함	☑	매우 중요함	□	
		식기류, 수저류를 종류별로 세척하면서 분류할 수 있는 협응능력 필요								
	양손협응	요구되지 않음	□	우세손만 사용	□	주: 우세손 보: 비우세손	□	양손 동시 사용	☑	CI
		양손을 동시에 사용하는 직무이며, 양손의 고른 힘이 요구되는 직무로 협응능력 중요								

구분	항목	요구도								중요도 (CI)
		①		②		③		④		
	청력	요구되지 않음	☑	보청기로 소리 · 신호 확인	□	보청기로 일상대화 가능	□	전화, 일상대화 가능	□	
		간단한 지시수행을 듣는 능력이 요구되나 대부분 동일 직무로 특별한 지시가 많지 않음								
	시력	요구되지 않음	□	표지판 등 큰 글씨 확인	☑	상품 설명 같은 작은 글씨 확인	□	전자부품 등 세밀한 부품 확인	□	
		물건을 구분할 수 있는 시력 필요								
인지	지식이해	요구되지 않음	□	언어지시, 모델링 후 견본 제시	□	언어지시와 함께 모델링	☑	언어지시만으로 이해	□	
		작업속도에 대한 지시 및 신규 직무에 대한 간략한 모델링 정도의 능력 필요								
	쓰기	요구되지 않음	□	1~2단어 받아쓰기	☑	3~4단어로 쓰기	□	편지 등 작문하기	□	
		작업지시 수행이 잦지 않으며 주 수단이 구두지시로 쓰기능력은 요구되지 않음								
	읽기	요구되지 않음	□	1~2단어 읽고 이해	☑	단문 읽고 이해하기	□	설명서 등 장면 읽고 이해하기	□	
		읽기능력 필요하지 않음								
	수 세기	요구되지 않음	□	1~10까지 세기	☑	1~100까지 세기	□	100 이상 세기	□	
		한 개의 트레이에 담을 수 있는 식기류의 최대량이 10개를 넘지 않아 수 세기 기능 필요치 않음								
	수리능력	요구되지 않음	□	수 세기	☑	덧 · 뺄셈 가능	□	사칙연산 가능	□	
		작업수행 중 수 세기 및 사칙연산 직무 없으며, 수리능력 요하지 않음								
	금전관리 기술	요구되지 않음	□	화폐종류 인지 가능	☑	거스름돈 주고받기	□	금전관리계획 실행	□	
		직무수행에 필요 없고 일상생활에서의 금전관리기술만 필요								
	시간개념	요구되지 않음	□	시계보기 가능	☑	자신이 수행할 일을 확인	□	시간을 계획하고 분배 가능	□	
		지정시간에 휴게시간을 가질 수 있도록 시간을 확인할 수 있는 능력이 요구								
작업수행	지속력	2시간 미만	□	2~3시간 미만	□	3~4시간 미만	□	4시간 이상	☑	CI
		외식업체 특성상 브레이크타임이 없으므로 4시간 이상 지속력이 중요하게 요구								
	작업속도	느린 속도 수용 가능함	□	보통의 꾸준한 작업속도가 요구됨	□	종종 빠른 작업속도가 요구됨	☑	지속적으로 빠른 작업속도가 요구됨	□	
		매장을 이용하는 손님의 수에 따라 작업량이 증감함								
	작업 주도성	요구되지 않음	□	자신의 직무를 스스로 할 수 있음	□	자발적으로 하는 것이 도움이 됨	☑	다음 과제를 지시하거나 단서를 제공할 수 있음	□	
		주방보조원의 분업화된 직무수행 중 하나이므로 다른 직무수행과의 동일한 속도가 중요								

구분	항목	요구도								중요도 (CI)
		①		②		③		④		
	업무의 순차적 수행	한 가지 업무	□	2~3가지 업무의 순차적 수행이 요구됨	☑	4~6가지 업무의 순차적 수행이 요구됨	□	7가지 이상 업무의 순차적 수행이 요구됨	□	
		2차 세척 직무수행 후 정리작업까지 순차적 직무수행 필요								
	일과상의 변화	변화 없음	□	하루에 2~3회 변화	☑	하루에 4~6회 변화	□	하루에 7회 이상 변화	□	
		직무수행 내에서 일과상의 변화 있음								
변별력	크기변별	매우 낮음	□	낮음	☑	높음	□	매우 높음	□	
		식기류를 트레이에 넣을 수 있을 정도의 크기변별 요구								
	형태변별	매우 낮음	□	낮음	☑	높음	□	매우 높음	□	
		식기류를 트레이에 넣을 수 있을 정도의 형태변별력 요구								
	색변별	매우 낮음	□	낮음	☑	높음	□	매우 높음	□	
		식기류의 색에 따라 작업에 영향되는 정도가 없음								
사회성	개인용모	중요하지 않음	□	청결만 요구	□	청결 · 단정한 복장	□	청결 · 단정한 복장 · 외모	☑	CI
		음식을 담는 식기류와 관련된 서비스업 내 직무로 청결한 외모 필요								
	표현언어	요구되지 않음	□	1단어 표현	□	2~3단어 조합의 단문 수용	☑	정확한 문장 표현	□	
		데코이, 폴리싱과 연동되는 직무로 타 직무의 사람에게 간단한 요청(말하기)이 가능해야 함								
	수용언어	요구되지 않음	□	1단어 수용	☑	직위 간 엄격한 상하관계	□	긴 문장 수용	□	
		주방 내 바쁜 작업환경에서의 짧고 간단한 의사소통능력(듣기) 요구								

담당직무 공정분석			
순번	수행 과정	사용공구 · 도구 · 자재	작업요구 수준 (필요기능 · 작업량 · 작업속도 · 무게 등)
1	작업대 위에 있는 음식물이 묻은 식기를 개수대로 옮긴다.	고무장갑, 앞치마	작업대 위에 쌓여있는 기물이 무겁고 양이 많아 적절한 근력 요구
2	개수대에 있는 식기를 물에 불려서 수세미로 1차 세척한다.	수세미, 주방세제	식기류가 쌓이지 않도록 빠른 작업 속도 요구됨
3	세척한 식기들을 렉에 차례로 꽂아 식기세척기로 세척한다.	식기세척기	식기류를 최대한 많이 적재할 수 있도록 공간 활용을 할 수 있어야 함
4	식기세척이 완료된 식기류를 종류별로 분류하여 정리한다.	-	같은 종류의 식기류끼리 분류할 수 있어야 함
5	정리된 식기류를 제자리에 정리한다.	-	식기류를 제자리에 정리할 수 있어야 함

<table>
<tr><td colspan="2">★ 직무수행 과정별 사진 첨부
 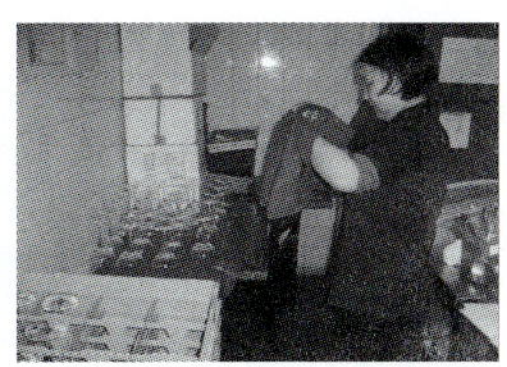</td></tr>
<tr><td>직무수행 시 유의사항</td><td>식기세척기 사용 시 화상에 주의해야 하며, 그릇이 깨지지 않도록 유의해야 함</td></tr>
<tr><td>종합 소견</td><td>• 작업공간이 좁고 바닥이 미끄러워 위험요소가 많은 편이며 식기세척기가 고온이라 화상을 입을 위험요소로 인해 이를 인지하고 위험하지 않도록 작업을 수행할 수 있는 능력이 필요함
• 식기세척 직무는 다양한 종류의 식기류가 한꺼번에 오는 부분이 있어 식기류를 변별할 수 있는 능력이 있어야 하고 식기세척 직무의 작업수행이 빠르게 진행되어야 하며, 세척이 잘 되지 않는 부분은 세밀하게 세척할 수 있는 인지능력이 있어야 함.
• 폴리싱 직무는 식기류에 물기 및 이물질, 지문이 남지 않도록 확인이 가능해야 함
• 직무는 모두 서서 5시간 이상 수행이 가능해야 하며, 인지기능, 변별능력을 요구하고 있어, 발달장애인 및 청각장애인을 대상으로 취업알선이 이루어지는 것이 바람직함
• 사업주의 장애 인식이 긍정적이고 배려하는 편이며 사업장의 분위기는 밝고 동료 간의 관계가 좋은 편임. 현재 장애인이 채용되어 있지 않으며 3~4명 정도 장애인 채용을 희망하고 있음
• 사업체는 유동인구가 많은 곳에 위치하고 있어 영업이 잘 되는 편이며, 이번 채용을 통해 추후 장애인 채용을 확대하려는 계획이 있음</td></tr>
</table>

출처: 한국장애인개발원(2015). 중증장애인의 직업재활계획에 기반한 직업적응훈련과 취업지원 매뉴얼 재구성.

3. 직무분석을 통한 직업평가 기준 및 체크리스트 작성 예

• 우체국 우편물 분류 직무분석

A 우체국

조사업체 일반현황

사 업 체 명	OO우체국	소 재 지	서울시
업 종	우편업	서비스 내용 (주요생산품)	우편물 (국내, 국외)
산 업 분 류	61100 출판, 영상, 방송통신 및 정보서비스업		
가 입 보 험	1.산재보험 2.국민연금 3.건강보험 4.고용보험 5.기타( )		
사 업 체 특 성	• 우체국은 지식경제부 산하 우정사업본부, 각 지방 체신청 산하의 정부기관이며, 독립체신체로 운영하고 있는 공기업임 • 우정사업본부는 산하의 9개 지방 체신청이 있으며, 9개 체신청 산하에 약 3,651개 우체국이 있음. 이중 우편물 구분 및 분류 작업을 수행할 수 있는 5급 이상의 우체국은 약 24개임		

분석직무 : 우편분류 직무

직 무 개 요	• 우편물 분류는 집배국 내 우편물이 도착한 후 정확한 주소지로 배송하기 위해 우편물을 종류별, 주소별로 정확히 분류해 내는 작업이다.
직무상목표 및 책임	• 주로 소형 및 대형 우편물을 구분하는 작업으로 순로구분기에 의한 기계구분과 사람의 손으로 직접 구분하는 수구분이 있다. • 우편분류작업은 주로 손으로 구분하고 분류하는 우편물 작업으로 들어오는 우편물을 구분하는 작업과 동별, 집배원별, 코스 및 순로구분의 작업으로 나뉜다.
근 무 조 건	• 10:00~18:00, 최저임금수준(시간급, 월급제)

직무분석

작 업	작 업 요 소	지식/기능 (사용도구)	작 업 요구수준
도 착 구 분	• 우편운반차를 동별로 알맞은 위치에 놓는다. • 우편물 꾸러미가 각각 어느 동인지 확인한다 • 해당 동 운반차에 우편물 꾸러미를 분류하여 넣는다. • 위와 같이 소형우편물 우편상자를 분류한다.	서기, 밀기 양손협응 문자해독 10kg이상 들기	일일 입고된 우편물 정확한 분류가 중요함 일일 물량은 처리해야 하나, 공동 작업으로 개인별 목표량은 없음
대형우편물 동별 구분	• 우편물 상자를 동별로 해당위치에 놓는다. • 우편물 꾸러미의 묶은 끈을 제거한다. • 우편물 겉면의 주소를 보고 해당하는 동의 우편물 상자에 넣는다. • 상자가 채워지면 2단의 상자를 올려놓는다. • 구분 작업이 완료되면 다음 구분 장소로 이동하기 위해 우편물 상자를 엘리베이터 앞으로 이동시킨다.	서기, 밀기 양손협응 문자해독 20kg이상 들기 (가위, 칼 등)	
집 배 원 별 분 류	• 상자운반차에서 우편상자를 내린다. • 동별로 우편상자를 분류한다. • 구분 표를 보고 우편물을 구분한다. • 구분을 마친 우편물은 우편상자에 담아 담당 집배원의 책상에 올려놓는다.	서기, 밀기 양손협응 문자해독 10kg이상 들기	
대 구 분 분 류	• 박스 안의 소형우편물의 동을 확인한다. • OO동과 OO동으로 1차 분류한다. • 우편번호 뒷자리에 맞춰 2차 분류한다. • 우편물 구분대에 부착된 번지에 맞춰 한 방향으로 넣는다. • 구분한 것을 재검사하고 오류를 확인한다.	서기, 밀기 양손협응 문자해독 수개념 10kg이상 들기	
반 송 물 구 분	• 반송도장이 찍힌 우편물을 확인한다. • 우편상자에 가지런히 담는다. • 보내는 사람의 주소, 혹은 '반송처'의 주소를 보고 구분한다.	양손협응 손가락민첩성 문자해독 수개념	일일 반송된 우편물
작업구분대 정 리 정 돈	• 작업 후 작업도구를 제자리에 놓고 작업 구분대를 정리한다. • 쓰레기는 분리수거하고, 물걸레로 작업 구분대 먼지를 제거한다.	양손협응 (물걸레)	쓰레기, 먼지가 없는 상태

작업장면

우편물 운반차

우편물을 우편상자별로 분류하기

우편물 운반차

우편물을 우편상자별로 분류하기

우편물 운반차

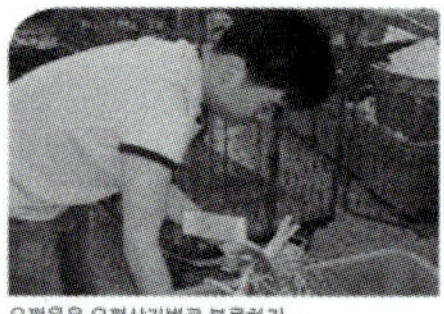
우편물을 우편상자별로 분류하기

환경분석

구 분	진 단 항 목	
환 경 분 석	작업장소	실내 ■ 실외 □ 함 □
	온도	매우 추움 □ 추움 □ 더움 □ 매우 더움 □
	온도변화	약간의 온도변화 □ 극심한 온도변화 □
	소음/진동	시끄러움/진동 □ 매우 시끄러움/심한진동 □
	습도	습함 □ 매우 습함 □
	조명	어두움 □ 매우 어두움 □
	대기조건	연무 □ 냄새 □ 분진 □ 가스 □ 환기불량 □
작 업 방 식	다른작업자와 떨어져 독립작업 □	
	타인과 공동으로 작업 □	
	타인과 같은 공간에서 독립적으로 작업 ■	
위 험 성	안전 □ 약간 주의 □ 매우 주의 □	
분 석	기계위험 □ 화학물질노출 □	
	전기위험 □ 바닥 미끄러움, 고르지 못함 □	
	화상위험 □ 날카로운 모서리 제품 취급 위험 □	
장애인에 대한 태도	고용주 매우 긍정적 □ 약간 긍정적 ■ 부정적 □ 무관심 □	
	동료 매우 긍정적 □ 약간 긍정적 □ 부정적 □ 무관심 ■	
편 의 시 설	접근 용이한 작업장 ■ 화장실 편의시설 □ 엘리베이터 ■	

직무수행 자격요건

교육수준	무관함	연령 · 성별	만 18세 이상, 성별무관
자격 · 면허	없음	숙련기간	1~3주
직무교육	1주일 교육		

핵심 직무수행능력

구분	내용
신체적 기능	• 대근육 운동 - 서기, 밀기, 들기, 굽히기 작업 자세 가능 - 운반차를 밀거나 상자를 운반하는데 필요한 이동능력 - 간혹 앉아서 작업하는 경우도 있지만, 4~5시간 서서 일할 수 있는 기본 체력 필요 • 근력 - 10~20kg 무게를 들 수 있는 근력 • 시력 - 인쇄물의 주소를 읽고 변별할 수 있는 시력
손기능	• 민첩한 손기능/ 양손협응 - 우편봉투를 잡고 주소를 확인하고 각 순로별 구분하여 놓기 위해서는 양손의 미세작업과 민첩성을 요함 • 팔뻗기/양팔협응 - 우편물 구분대에 우편물을 위치시키기 위해 양팔을 머리 위나 좌우 양옆으로 자유롭게 뻗는 것이 가능해야 함
인지적 기능	• 작업지속력(집중력) -자신의 위치를 지키며 적절한 속도로 과제에 집중할 수 있어야 함 • 정확한 문자해독과 분류 - 한글을 정확히 읽어야 하며, 한자, 알파벳 읽기도 가능해야 함 • 수개념 숫자를 알며 4자리 숫자의 연속성 이해 - 숫자를 알고 4자리 숫자의 연속성 이해(크기 이해) - 150-9번지가 150~200사이에 들어간다는 개념을 이해해야 함

직업능력평가

구분	내용
신체적 기능	• 대근육 운동 - 서기, 밀기, 들기, 굽히기 작업자세를 관찰한다. - 일상생활, 대중교통 이용, 취미 · 운동 등 개인활동과 관련된 면담 내용을 토대로 기초체력을 예측한다. - HIMS 검사로 지구력, 하지근력을 측정하여 장시간 서서 하는 작업이 가능한 수준의 기초체력이 되는지 확인 • 근력 - 드는 힘 검사도구 실시하여 10~20kg 들기가 가능한지 예측한다. • 시력 - 다양한 글자크기의 주소가 적힌 인쇄물을 읽도록 하여 확인한다.
손기능	• 민첩한 손기능/ 양손협응 - KEAD 손기능검사, KEAD 다차원 양손협응검사를 이용하여 양손가락의 민첩성과 양손협응능력을 알아봄 • 팔뻗기/양팔협응 - 양팔의 작업범위는 최대작업력, 즉 팔을 위, 아래, 앞, 뒤로 뻗을 수 있는지 확인한다.
인지적 기능	• 작업지속력(집중력) - Work sample 작업표본검사(VITAS, TAP 등)를 실시하여 작업지속력이 있는지, 집중력을 유지할 수 있는지 관찰한다. • 정확한 문자해독과 분류 - 단어, 문장을 제시했을 때, 정확한 뜻을 파악하는지 알아본다. ☞ 초등학교 1학년 학습지 이용, 기본학습능력검사(읽기, 수학) - 한글을 정확히 읽어야 하며, 한자, 알파벳 읽기도 가능해야 함 • 수개념 - 숫자읽기, 간단한 셈하기, 수 크기 비교하는 문항을 제시한다. - 주소 번지수를 정확히 분류 칸에 넣는지 샘플(분류 칸)을 마련하여 모의로 작업을 실시해 본다.

※ 표시는 평가도구를 활용할 수 있는 항목임을 표기함

우편분류 직무 수행가능여부 체크리스트

	가능	불가
☺ 서기, 밀기, 들기, 굽히기 작업자세가 가능하다.	□	□
☻ 장시간(4~5시간) 서서 활동하는 것이 가능하다.	□	□
☻ 10~20kg 들기가 가능하다.	□	□
☺ A4용지에 적힌 10pt 이상 글씨를 변별할 수 있다(시력).	□	□
☻ 미세작업이 가능하며 양손으로 작은 물품을 조작할 수 있다.	□	□
☺ 양팔을 전방, 좌우로 최대 작업범위까지 뻗어 사용할 수 있다.	□	□
☻ 주어진 과제에 대해 주의집중하여 작업을 지속할 수 있다.	□	□
☻ 한글 문자를 읽고 뜻을 알수 있다.	□	□
☺ 한자, 알파벳을 읽을 수 있다.	□	□
☺ 수개념이 있고, 4자리 숫자까지 연속성을 이해할 수 있다.	□	□

☺ 관찰, 질문, 자료 등을 활용하여 확인할 수 있다.
☻ 평가도구를 활용하여 확인할 수 있다.

정당한 편의제공

● 보조공학기기지원

- 10~20kg 들기가 어려운 경우
  ☞ 보조공학기기 중 맞춤훈련 기기를 제작하여 운반차를 이용할 수 있다.
  시력이 낮아 A4용지에 적힌 10pt 이상 글씨를 변별할 수 없는 경우
  ☞ 가능한 경우 휴대용 확대경을 사용한다.

● 작업환경 개선

- 한자, 알파벳을 모르는 경우
  ☞ 한자, 알파벳이 나온 경우 옆으로 빼서 동료작업자가 처리하도록 한다.

● 직무조정 제안

- 10~20kg 들기가 어려운 경우
  ☞ 대형우편물 분류 및 우편상자를 취급하는 업무를 제외하고, 소형우편물 주소구분하는 업무, 정리정돈하는 과제에만 배치할 수 있다.
- 한손 사용이 불편한 경우
  ☞ 대형우편물 분류 및 우편상자를 취급하는 업무를 제외하고, 우편물 주소분류만 하는 과제에만 배치할 수 있다.
- 손기능이 민첩성이 낮고 세밀한 작업이 어려운 경우
  ☞ 우편물 주소분류 업무 이외 대형우편물 분류 및 우편상자를 취급하는 업무에 배치한다.

● 취업연계프로그램

- 주어진 과제에 대해 주의집중하여 작업을 지속할 수 없는 경우
  ☞ 지원고용을 통해 주의집중하여 과제에 지속할 수 있도록 훈련한다.

핵심직무 수행요건	• 서기, 밀기, 들기, 굽히기 작업자세 • 장시간(4~5시간) 서서 활동하는 것이 가능 • 양팔을 전방, 좌우로 최대 작업범위까지 뻗어 사용가능 • 한글 문자를 읽고 뜻을 알 수 있음 • 수개념이 있고, 4자리 숫자까지 연속성 이해

출처: 한국장애인고용공단(2012). 사례를 통해 본 기업체 직무분석 직업평가.

4. 직무분석을 통한 상황평가지 및 현장평가지 예

직업재활기관에서 수행하는 직무를 직무분석하고 그 자료를 토대로 적합성 분석지, 상황평가지, 현장평가지를 작성한 예를 살펴보았다. 본 자료는 EM실천(직업재활시설) 자체 분석하고 개발한 자료이다.

1) 직무분석지

직무분석지

직무명	우편물 인입 · 봉투출력 · 주소출력	작성일	2019. 1. 10.	이용장애인	A, B, C, D, E, F, G, H, I, J, K, L, M, N
자료 수집방법	■관찰 □직접수행(체험) ■과거자료 분석결과 □체험 □기타( )				
해당부서	우편발송사업부				
직무개요(공정)	주문 → 데이터작업 → 주소출력 → 접지 → 인입 및 봉합 · 우편번호 구분 및 밴딩 → 우체국 접수				

구분	항목	요구도								비고
		①		②		③		④		
신체능력	배근력(들기)	10kg 미만	□	10~20kg 미만	■	20~40kg 미만	□	40kg 이상	□	
	허리굽히기	1시간 미만	■	1~2시간 미만	□	2~4시간 미만	□	4~8시간	□	
	의자앉기	1시간 미만	□	1~2시간 미만	□	2~4시간 미만	■	4~8시간	□	
	쪼그려 앉기	1시간 미만	■	1~2시간 미만	□	2~4시간 미만	□	4~8시간	□	
	서기	1시간 미만	■	1~2시간 미만	□	2~4시간 미만	□	4~8시간	□	
	계단오르기	1시간 미만	■	1~2시간 미만	□	2~4시간 미만	□	4~8시간	□	
	보행	1시간 미만	■	1~2시간 미만	□	2~4시간 미만	□	4~8시간	□	
	손가락기민성	요구되지 않음	□	연필크기 물건잡기	■	동전크기 물건잡기	□	바늘크기 물건잡기	□	
	눈손협응	요구되지 않음	□	어느 정도 요구됨	□	중요함	□	매우 중요함	■	
	양손협응	요구되지 않음	□	우세손만 사용	□	주: 우세손 보: 비우세손	□	양손 동시 사용	■	
	청력	요구되지 않음	□	보청기로 소리 · 신호 확인	□	보청기로 일상대화 가능	■	전화 사용 및 일상대화 가능	□	
	시력	요구되지 않음	□	표지판 등 큰 글씨 확인	□	상품설명 같은 작은 글씨 확인	■	전자부품 등 세밀한 글씨 확인	□	
인지	지식이해	요구되지 않음	□	언어지시, 모델링 후 견본 제시	□	언어지시와 함께 모델링	■	언어지시만으로 이해	□	

구분	항목	요구도								비고
		①		②		③		④		
	쓰기	요구되지 않음	□	1~2 단어 받아쓰기	□	3~4 단어 받아쓰기	■	편지 등 작문하기	□	
	읽기	요구되지 않음	□	1~2 단어 읽고 이해	□	단문 읽고 이해	■	설명서 등의 장문 읽고 이해	□	
	수 세기	요구되지 않음	□	1~10까지 세기	□	1~100까지 세기	■	100 이상 세기	□	
	수리능력	요구되지 않음	□	수 세기	□	덧셈 뺄셈 가능	■	사칙연산 가능	□	
	금전관리기술	요구되지 않음	■	화폐종류 인지 가능	□	거스름 돈 주고받기	□	금전관리계획 및 실행	□	
	시간개념	요구되지 않음	□	시계보기 가능	□	시간에 맞춰 자신이 수행할 일을 확인	□	시간계획 및 배분	■	
작업수행	지속력	2시간 미만	□	2~3시간 미만	□	3~4시간 미만	□	4시간 이상	■	
	작업속도	느린 속도 수용 가능함	□	보통의 꾸준한 작업속도가 요구됨	□	종종 빠른 작업속도가 요구됨	■	지속적으로 빠른 작업속도가 요구됨	□	
	작업주도성	요구되지 않음	□	자신의 직무를 스스로 할 수 있어야함	■	자발적으로 하는 것이 도움이 됨	□	직원이 다음과제를 지시하거나 단서를 제공할 수 있음	□	
	업무의 순차적 수행	한 가지 업무	□	2~3가지 업무의 순차적 수행이 요구됨	■	4~6가지 업무의 순차적 수행이 요구됨	□	7가지 이상 업무의 순차적 수행이 요구됨	□	
	일과상의 변화	변화 없음	□	하루에 2~3회 변화	■	하루에 4~6회 변화	□	하루에 7회 이상 변화	□	
	전산기능	컴퓨터 활용	□	컴퓨터 끄고 켜기	□	한글, 인터넷 가능	□	한글, 엑셀 기능	■	
변별력	크기변별	매우 낮음	□	낮음	■	높음	□	매우 높음	□	
	형태변별	매우 낮음	□	낮음	□	높음	■	매우 높음	□	
	색변별	매우 낮음	□	낮음	■	높음	□	매우 높음	□	
사회성	개인용모	중요하지 않음	□	청결만 요구	□	청결·단정한 복장	■	청결·단정한 복장과 외모	□	
	표현언어	요구되지 않음	□	1단어 표현	□	2~3단어 조합의 단문 표현	■	정확한 문장 표현	□	
	수용언어	요구되지 않음	□	1단어 수용	□	2~3단어 조합의 단문표현	■	긴 문장 수용	□	

담당직무 공정분석			
순번	수행 과정	사용공구 · 도구 · 자재	작업요구 수준 (필요기능 · 작업량 · 작업속도 · 무게 등)
1	주문접수	전화	고객과의 소통을 통한 견적산출(컴퓨터 사용, 한글프로그램, 메일 사용, 원자재 단가 및 견적단가 외)
2	데이터 작업	컴퓨터 · 주소변환 프로그램	주소변환기 프로그램 사용을 통한 변환과 주소변환 검수
3	주소출력	주소출력기	주소변환기 프로그램으로 변환된 프로그램 봉투 크기와 위치에 맞게 봉투 출력 및 검수
4	접지	접지기	우편발송 인쇄물 중 소봉투에 삽입되는 인쇄물 접지기를 활용해서 접지
5	인입/봉합	풀, 양면테이프	작업사양에 따라서 우편물 구분해서 인입과 우편물 봉함(검수필수)
6	우편번호 구분 및 밴딩작업	밴딩기	주소데이터에 따른 우편번호 구분과 더불어 분류 밴딩작업
7	우체국 접수	-	우편물 우체국 접수 및 결재
8	영수증 전달 및 청구	-	결재 영수증 전달 및 청구(전자세금계산서 발행 처리)

★ 직무수행 과정별 사진 첨부

1. 주문

2. 데이터 작업 /FlaxMail변환

3. 주소출력

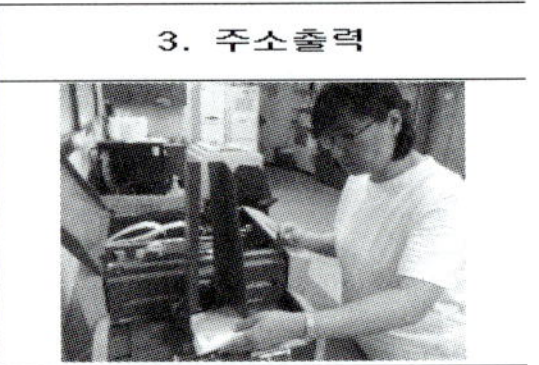

4-1 접지 (소봉투 인쇄물일 경우)

4-2 인입/봉합

5. 밴딩

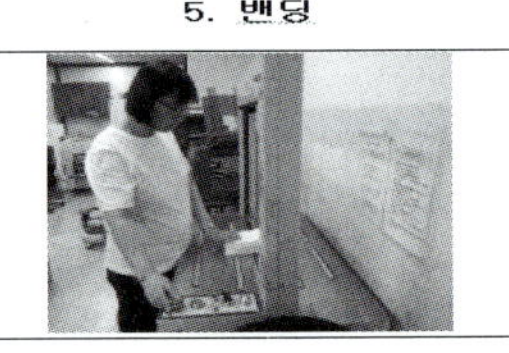

6. 우체국 접수

7. 우편영수증, 납품영수증 전달

구분	내용
직무수행 시 유의사항	• 접지기, 밴딩기 사용 시 30cm 이상의 거리를 유지하여 옷, 신분증 기계 끼임주의 • 인쇄물 적재물 이동 시 발등에 물건이 떨어지지 않도록 유의
종합소견	• 우편발송 직무공정에 대한 이해 필요 없음 • 직무수행에 따른 자발성 필요 • 우편발송 기초직무인 접지, 인입 및 봉함까지의 직무에 대한 반복교육 필요 없음 • 단계적으로 우편번호 구분, 포장 영역까지 확대 필요 없음

2) 적합성 비교 · 분석지

작업공정에 따른 적합성 비교 · 분석

- ☐ 분석일: 2019. 1. 1.
- ☐ 분석자: 박OO
- ☐ 분석직무: 우편발송
- ☐ 대상자: A, B, C, D, E, F, G, H, I, J, K, L, M, N
- ☐ 직무수행에 요구되는 조건

업무공정	내용	상	중	하
1. 주문	1) 고객과의 전화응대 • 감각 · 의사소통 (듣기, 말하기, 판단하기) • 학습조건 (읽기, 쓰기) 2) 고객과의 의사소통 후 견적대응 * 견적서 작성의 경우 작업공정에 따른 견적사항 다양 • 학습조건(계산하기) • 감각 · 의사소통(판단하기) • 컴퓨터 활용도(한글, 엑셀 등)	*견적서와 고객과의 의사소통은 작업공정에 따른 견적사항 등이 다양하고 고난도를 요구하므로* ***전담인력 담당배치***	-	-
2. 시안작업	• 봉투, 안내문 및 인쇄물 고객요청에 따른 시안작업 - 컴퓨터 활용도(PDF, 한글, 일러스트, 디자인)	*시안작업은 컴퓨터와 관련된 프로그램의 조작 및 기술력이 필요한 작업공정으로* ***전담인력 담당배치***	-	-
3. 각종 인쇄물 인쇄(봉투 인쇄)	• 제판, 인쇄, 검수(고객이 인쇄물 제공 시 생략)		*N (시안에 따른 제판의 조작과 인쇄 가능, 검수는 다소 어려움)*	*A, C (제판과 검수는 어려우나 봉투인쇄기 사용 가능)*
4. 데이터 정리(DB 출력) · 변환	• 고객주소 데이터 이상 유무 확인 · 주소변환기 프로그램으로 변환(이상 유무 확인) • 주소DB를 FLAX MAIL 프로그램으로 변환(봉투에 발신자 주소 출력하기 위한 사전작업)	*데이터 정리는 컴퓨터와 관련된 프로그램의 조작 및 기술력이 필요한 작업공정으로* ***전담인력 담당배치***		

업무공정	내용	상	중	하
5. 주소출력	• 장비활용하여 주소출력 (봉투 정리하기 → 장비에 넣기 → 봉투 주소출력사항 검수)		*C, E, F, L* *(봉투출력은 가능, 섬세한 검수 수행력은 부족)*	*B, D, E, F, G, H, I, L, K, M*
6. 접지	• 전단지용 인쇄물 접지 • 장비활용하여 자동봉함, 접지전단지 종류별 구분	*장비조작 및 기술력이 필요한 작업공정으로* ***전담인력 담당배치***		*C, E, G, N* *(인쇄물에 대한 접지작업 세팅 후 접지물 삽입 및 적재 가능)*
7. 인입 · 봉합	• 인쇄물을 봉투에 투봉 혹은 박스 포장 • 인쇄물 등을 주소출력된 봉투에 인입, 봉합 • 우편번호 구분작업 • 박스포장(택배, 소포)	*A, C, D, E, G*	*F, I, L, N*	*B, H, J, K, M*
8. 밴딩	• 완료된 우편물을 수량별로 구분하여 십자모양으로 밴딩	*A, C, D, E, G*	*F, I, L, N*	*B, H, J, K, M*
9. 우체국 접수	• 하역작업 (완료된 우편물 싣고 내리기) • 우편료 결제(고객카드, 대납결재)	*A, C* *우편료 결제는* ***전담인력 담당***	*J, N*	*B, D, E, F, G, H, I, L, K, M* *(여성은 남성에 비해 근력 등 신체적 조건이 제한적으로 직무배치 고려)*

3) 상황평가지(현장평가지)

상황평가지(현장평가지)

성 명		생년월일		장애유형 및 등급	
평가일시	년 월 일 (시간 : ~ :)	평가사	(인/서명) (인/서명)		

□ 평가기준: 1(매우부족), 2(부족), 3(보통), 4(우수), 5(매우 우수)

1. 일상생활기능: 5일간 사례담당자 관찰+평소 행동

연번	항목	점수					사례담당자	상대평가자
1	개인위생을 청결히 유지한다(머리위생, 양치, 단정한 복장 등).	1	2	3	4	5		
2	식사량을 조절하여 먹는다.	1	2	3	4	5		
3	(정신장애) 자신의 정신과 외래 일정에 대해 명확히 알고 있다. (지적장애) 건강관리가 적절히 이루어진다(감기 시 병원 진료를 위한 휴가 사용, 갑작스런 결근 등).	1	2	3	4	5		
4	(정신장애) 정신질환 관련 약물복용이 스스로 가능하다. (지적장애) 건강관리를 위한 약물복용이 가능하다.	1	2	3	4	5		
총점								

평균 [ ]

2. 직업기능: *5일간 사례담당자 관찰+평소 행동(단, 출퇴근, 지각, 결근의 경우 해당 기간 점검)*

연번	항목	점수					사례담당자	상대평가자
1	출・퇴근시간을 지킨다. 지각이나 무단결근・조퇴 없이 근태를 유지한다. * *(1~10월)* *0회: 5점, 1회: 4점, 2회: 3점, 3회: 2점, 4회 이상: 1점*	1	2	3	4	5		
2	휴가 사용 시 정해진 시간에 사용계획서를 작성하여 담당자에게 알리며, 출근을 못할 경우 사전에 담당자에게 연락을 취한다. * *휴가대장 결재시간: 매주 월요일 10시까지* * *갑작스러운 휴가: 9시 이전 사례담당자에게 연락을 취하여 알린다.*	1	2	3	4	5		
3	올바른 작업복으로 착용하고 자발적으로 갈아입는다. * *외투 벗기, 작업복 환복, 작업용 장갑 끼기 등*	1	2	3	4	5		
4	주위 환경에 신경 쓰지 않고 작업에 집중한다.	1	2	3	4	5		

연번	항목	점수					사례담당자	상대평가자
5	그룹작업 시 맡겨진 임무를 수행한다.	1	2	3	4	5		
6	작업 중 관리자의 지시 및 요구를 수용하고 따른다.	1	2	3	4	5		
7	작업시간과 휴식시간을 지킨다. * *〈휴식시간〉 매시 정각 ~ 10분*	1	2	3	4	5		
8	휴식시간 후 작업장에서 즉시 복귀하여 작업을 수행한다.	1	2	3	4	5		
9	특별한 격려가 없어도 독립적 작업수행이 가능하다.	1	2	3	4	5		
10	작업에 대한 의문사항이 있으면 질문을 한다.	1	2	3	4	5		
11	작업종료 시 재료 및 부품을 정리정돈한다. * *자발적 정리 5~4점, 지시적 정리 3~2점, 비협조적 1점*	1	2	3	4	5		
12	자기가 맡은 구역을 자발적으로 청소한다. * *업무종료 후 청소시간 관찰* *: 자발적 정리 5~4점, 지시적 정리 3~2점, 비협조적 1점*	1	2	3	4	5		
총점								

평균 [ ]

3. 직업 관련 사회행동: *5일간 사례담당자 관찰+평소 행동*

연번	항목	점수					사례담당자	상대평가자
1	출·퇴근 시 동료 및 관리자와 인사를 나눈다.	1	2	3	4	5		
2	작업장에서 관리자, 동료들과 적절한 관계를 유지한다.	1	2	3	4	5		
3	작업장에서 관리자와 적절한 관계를 유지한다.	1	2	3	4	5		
4	동료가 하는 일에 관심을 보인다.	1	2	3	4	5		
5	기본적인 욕구를 적절한 말이나 행동으로 표현한다.	1	2	3	4	5		
6	작업장의 정해진 규율을 지킨다.	1	2	3	4	5		
7	상황에 대한 정보를 언어로 전달한다.	1	2	3	4	5		
8	저속한 말이나 행동을 함부로 사용하지 않는다.	1	2	3	4	5		
9	동료에게 또는 작업장에서 어려운 일이 발생했을 경우 적절히 대처한다.	1	2	3	4	5		
10	필요한 경우 동료나 관리자에게 도움을 요청한다.	1	2	3	4	5		
11	거짓말을 하지 않는다.	1	2	3	4	5		
12	방문 손님에게 친절하게 인사를 한다.	1	2	3	4	5		
총점								

평균 [ ]

4. 직무 관련 기능

연번	항목	점수					사례담당자	상대평가자
1	스스로 도구나 재료를 갖추고 작업을 준비한다. * *'월간지 우편번호 구분작업입니다'* • 메모지, 매직, 노끈 등	1	2	3	4	5		
2	지시할 경우 도구나 재료를 찾아서 준비한다. * *2~3가지의 재료 준비요청(메모지, 풀, 노끈 등)*	1	2	3	4	5		
3	말로 지시한 방법대로 일을 수행한다. 작업내용을 명확히 알지 못할 경우 자세한 설명을 요구하거나 질문한다. * *1번: 5점, 2번: 4점, 3번: 3점, 4번: 2점, 5번 이상: 1점*	1	2	3	4	5		
4	색, 형태변별이 가능하다. * *8개: 5점 7개: 4점 6개: 3점 5개: 2점 4개 이하: 1점*	1	2	3	4	5		
5	50 미만의 물건 수량을 셀 수 있다.	1	2	3	4	5		
6	앉아서 하는 작업을 1시간 이상 수행한다.	1	2	3	4	5		
7	서서하는 작업을 1시간 이상 수행한다.	1	2	3	4	5		
8	작업지시에 따라 정확한 위치로 물건을 이동시킨다. * *평가담당자가 업무 지시하여 평가*	1	2	3	4	5		
9	가벼운 물건(10kg 미만)을 안정적으로 옮긴다.	1	2	3	4	5		
10	보통 무게의 물건(10kg 이상~20kg 미만)을 안정적으로 옮긴다.	1	2	3	4	5		
11	무거운 물건(20kg 이상)을 안정적으로 옮긴다,	1	2	3	4	5		
12	불량 없이 작업을 정확하게 수행한다. * *0개: 5점, 1개: 4점, 2개: 3점, 3개: 2점, 4개 이상: 1점*	1	2	3	4	5		
총점								

평균

5. 생산성, 지속성: *부서와 상관없이 공통 직무 제시 - 월간지 'OOOOO', 'OOO' 인입, 봉합, 라벨 부착(50개)*

연번	항목		점수					사례담당자	상대평가자
			상	중상	중하	하	중하		
1	생산성에 대한 평가(80점) *전체 평가 후* *상 20%, 중상 20%, 중하: 20% 하위: 20%, 최하위: 20% 구분하여 점수 배점*	소요시간(분)	80	60	40	20	0		
2	지속성에 대한 평가(20점) *직업평가 5일간 불시 점검(1일 3회)* *5점: 0회, 4점: 1회, 3점: 2회, 2점: 3회, 1점: 4회 이상*		20	15	10	5	0		

* *공정에 대해 공통적으로 1번 설명, 이후 추가설명 요청, 오류발생 등에 대한 상황 평가는 4번 항목에 체크*

평균

6. 담당자 평가: 1~10점

■ (점)

■ 평가결과

평가 영역	문항 수	배점	사례담당자		상대평가자	
			획득점수	최상 · 상 · 중 · 하 · 최하	획득점수	최상 · 상 · 중 · 하 · 최하
일상생활기능	4	20				
직업기능	12	60				
직업 관련 사회행동	12	60				
직무 관련 기능	12	60				
생산성(80점), 지속성(20점)	2	100				
담당자 평가	1	10				
계	42	310				

■ 종합평가

4) 현장평가지

현장평가지

□ 평가기간:
□ 평가자:
□ 대상자:

1. 영역구성

평가영역	영역배점	평가항목	1차 평가		
			평가자1	평가자2	평균점수
A. 준비단계 : 사회 · 개인 적응능력	3점	A-1 정리정돈			
	3점	A-2 근무태도(1) : 출 · 퇴근 및 개인관리			
	3점	A-3 근무태도(2) : 업무적극성, 사회적응도			
	3점	A-4 외근업무			
	3점	A-5 안전관리			
	A영역 총 15점				
B. 직업적응능력	5점	B-1 컴퓨터 일반			
	5점	B-2 데이터 정리(한글, 엑셀)			
	10점	B-3 봉투인쇄(RISO)			
	5점	B-4 주소출력1(FlaxMail)			
	5점	B-5 주소출력2(주소출력기)			
	5점	B-6 접지기			
	3점	B-7 밴딩기			
	11점	B-8-1 DM기본(신속성: 인입)			
	11점	B-8-2 DM기본(신속성: 풀칠)			
	5점	B-8-3 DM기본(정확성: 오류)			
	5점	B-8-4 DM기본(전반적 사항)			
	5점	B-9-1 임가공(신속성)			
	5점	B-9-2 임가공(정확성)			
	B영역 총 80점				
C. 담당평가	5점	종합평가			
D. 총합계	100점				

2. 세부항목

평가항목	평가지표	평가기준		평가자1	평가자2	평균점수
A-1 정리 정돈	작업장에 대한 환경관리가 적절한가?	a) 원재료 위치를 파악하고 있다.				
		b) 작업종료 시 재료 및 부품을 정리정돈한다.				
		c) 담당구역 및 기기청소가 원활이 이루어지고 있다.				
		d) 작업장 정리정돈 및 청소에 적극적으로 참여한다.				
		우수(3)	위 항목 중 4가지 항목이 해당된다.			
		양호(2)	위 항목 중 3가지 항목이 해당된다.			
		보통(1)	위 항목 중 2가지 항목이 해당된다.			
		미흡(0)	위 항목 중 1가지 이하 항목이 해당된다.			
〈해설 및 평가방법〉 a) 박스테이프, 테이프, 풀, 봉투 등의 위치(담당자가 3가지의 원재료를 제시하여 체크)						
평가자료	체크리스트, 기기점검대장 등					
평가항목	평가지표	평가기준		평가자1	평가자2	평균점수
A-2 근무 태도(1)	출퇴근 및 개인관리	a) 5개월(1~5월) 동안 지각이 없다. 지각 회(월 일)				
		b) 제공된 휴가일수를 적절히 관리한다.				
		c) 휴가대장 및 기타 업무서류 작성과 보고를 독립적으로 수행한다.				
		d) 위생관리를 적절히 한다.				
		e) 근무복장은 적절하다(조끼, 장갑 등 착용).				
		f) 휴식시간을 준수하고, 근무 중 자리를 이탈하지 않는다.				
		우수(3)	위 항목 중 6가지 항목이 해당된다.			
		양호(2)	위 항목 중 5가지 항목이 해당된다.			
		보통(1)	위 항목 중 4-3가지 항목이 해당된다.			
		미흡(0)	위 항목 중 2가지 이하 항목이 해당된다.			
〈해설 및 평가방법〉 a) 출근시간은 오전 10시(단, 신규훈련생의 경우 해당 출근시간으로 평가한다) b) 제공된 휴가일수에서 계획적으로 사용한다. c) 휴가대장은 매주 휴가 일주일 전 작성하여 담당자에게 결재를 올린다. d) 외관상 타인에게 불쾌감을 주지 않는가, 식사 후 양치질을 하며 일일샤워, 머리감기, 매일 근무복을 갈아입는 정도 e) 기관에서 제공한 조끼, 장갑 등을 착용하고 직무수행에 임하는지 확인 f) 현장평가 기간 중 5일간 실시(1일 2회 점검). 체크리스트는 작성하여 추후 제출 바랍니다. 1시간 작업 10분 휴식						
평가자료	출 · 퇴근카드, 출석부, 사례일지 확인 등					

- 중략 -

제4절 기업체 직무중심 직업평가

1. 기업체 직무중심 직업평가의 정의

해당 기업의 특정 직무를 구직장애인이 잘 수행할 수 있는지에 초점을 맞추어 실시하는 평가이다. 이것은 특정 직무에 초점을 두고 그 직무를 수행하는 데 필요한 능력과 기술 등 수행요건을 도출하고 구직장애인이 그 수행요건을 충족하는지 여부, 수행요건 충족을 위해 필요한 편의 제공을 확인하는 데 핵심이 있다. 평가방법으로는 면접조사평가, 신체능력평가, 작업평가, 심리평가, 현장평가 등의 과정은 동일하고, 단 사전에 기업체 직무조사를 한 후 해당 직무의 핵심 수행요건을 위주로 평가한다.

2. 기업체 직무중심 직업평가 활용

① 기업의 특정 직무를 수행할 수 있는지 고용 가능성 여부 판단
② 직무수행에 필요한 정당한 편의 제공방안 제공
③ 진로지도에 활용

3. 직무분석의 활용

1) 채용 및 선발

직무분석을 통해 기업체에 필요한 인력수급계획을 수립하고 직무기술서의 직무요구조건을 활용하여 해당 직무에 적절한 인재를 선발

2) 보상 · 평가체계

• 직무분석 자료를 토대로 임금항목에 반영하기 위한 상대적인 직무가치를 규명

하는 직무평가를 실시

• 해당 직무의 성과가 무엇인지 인식하게 하여 정확한 성과 측정을 가능하도록 함

3) 경력개발

각 직무의 특성 및 직무수행을 위한 요구조건(지식, 기술 등)을 명확히 하여 직무순환에 관한 자료 제공, 근로자에게 필요한 교육훈련의 방향성 제공

4) 안전관리 및 작업조건의 개선

각 직무가 지니고 있는 위험성과 정도, 작업환경의 유해성과 노동강도, 직업병 유무 등을 파악하여 사전에 관리

4. 직무분석을 통한 핵심 직무수행능력 도출 과정

단계	내용
1단계: 사전준비	• 구인상담을 통해 구인업체와 구인직무 확인 • 인사담당자와 직무분석 진행에 관해 협조를 구하고 인사담당자 외 직무전무가를 선정
2단계: 직무분석	• 구인상담을 통해 직무분석에 적합한 구인직무를 선정 • 관찰법, 면담법, 설문지법 등을 활용해 직무조사 • 직무기술서(직무명세서) 작성
3단계: 핵심 직무수행능력 도출	• 직무분석 내용을 중심으로 직무수행요건 도출 • 직무를 구성하는 각 과업에서 요구하는 지식, 기능, 태도 등을 중심으로 도출[직무수행요구 체크리스트 작성내용 기준]
4단계: 평가요소 & 평가방법 선정	• 직무수행요건에 해당하는 직업능력평가 항목 정하기 • 각 항목에 대해 도구나 비도구적인 평가방법 정하기 • 위 결과를 종합하여 체크리스트 만들기 ※ 평가항목과 평가방법, 체크리스트를 정할 때는, 평가회의나 상담원간 사례회의를 거쳐 확정
5단계: 협의 & 확정	• 사업체 인사담당자와 평가항목 및 방법에 대해 최종 협의 후 직업능력평가를 진행

5. 개인중심 직업평가와 직무중심 직업평가 비교

구분	개인중심 직업평가	직무중심 직업평가
평가목적	직업재활계획 수립	기업 특정 직무에 고용 가능성 파악
평가방법	면접조사, 신체능력평가, 작업평가, 심리평가, 현장평가 등	
평가활용	직업재활계획 진로지도, 상담	선발, 배치, 진로지도, 지원고용 훈련계획

6. 기업체 직무중심 직업평가 예시[1)]

기업체 직무중심 직업평가를 단계별로 세분화하면 사전준비, 직무분석, 핵심 직무수행능력 도출, 평가요소 도출, 직업평가 실시, 직업배치의 순서로 진행된다.

1) 1단계: 사전준비

- 직무를 담당자와 구인상담하여 선정
- 기업체(교육청)는 교무보조 직무로 지적장애, 자폐성장애인의 채용 가능성을 두고 선정하고, 그 외 직무로 시설기사보조, 사서보조 직무도 선정

2) 2단계: 직무분석

- 적합 구인직무로 교무보조 직무를 선정
- 직무분석 방법 중 관찰법과 면담법을 활용

참 고

- 관찰법: 교무보조 직무에 종사하는 근로자의 직무수행 장면을 직접 관찰하고 기록
- 면담법: 해당 직무의 종사자와 면담을 통해 직무 관련 정보를 획득하고, 사전 선정한 내부 직무전문가와 정보를 주고받음

1) 구인순 등, 2012

• 직무기술서 작성

분석직무: 학교 교무보조 직무

○ 사업체 일반 현황

<table>
<tr><td>사업체명</td><td colspan="2">OO고등학교</td><td>소재지</td><td>서울시</td></tr>
<tr><td>업종</td><td>교육서비스업</td><td rowspan="2">서비스 내용
(주요생산품)</td><td colspan="2" rowspan="2">인문교육 프로그램</td></tr>
<tr><td>산업 분류</td><td>85212
일반고등학교</td></tr>
<tr><td>가입보험</td><td colspan="4">1. 산재보험 2. 국민연금 3. 건강보험 4. 고용보험 5. 기타( )</td></tr>
<tr><td>사업체</td><td colspan="4">자율형 공립고등학교 / 32개 일반학급 / 3개 특수학급 / 1,000여 명 재학생 / 교직원으로 교장, 교감, 교사, 행정실 직원으로 구성</td></tr>
<tr><td>특성</td><td colspan="4">교실 43개 / 식당 등 부속실 11개 / 교장실 등 관리실 11개 / 도서관 등 특별실 17개</td></tr>
</table>

○ 직무개요

교무보조는 교무담당자의 관리 · 감독하에 교무실 내 사무 관련 업무를 보조하는 작업으로 몇 가지 작업 및 작업요소로 이루어짐

(1) 직무분석 주요 내용

작업	작업요소	지식 · 기능 (사용도구)	작업요구 수준
복사 하기	• 요청사항(복사용지 크기, 복사 매수 등)에 맞추어 학습자료 복사하기 - 복사기 덮개를 열고, 자료를 복사기 원고대에 놓는다. - 복사기 덮개를 닫는다. - 복사기능(용지, 매수, 농도, 확대 · 축소 등)을 설정한다. - 복사기를 실행시킨다. - 복사물을 정리한다.	읽기, 수세기, 변별력, 복사기, 조작기술(복사기, 복사용지)	복사 기능을 알고, 요청사항에 맞추어 복사한다
팩스 보내기	• 요청사항(수신자 등)에 맞추어 자료를 팩스 송부 · 수신하기 - 팩스기의 용지를 확인한다. - 팩스 수신번호를 입력한다. - 팩스를 실행시킨다. - 팩스 수신서류를 정리한다. - 수신자 · 수신부서에 문서를 전달한다.	읽기, 수세기, 변별력, 팩스, 조작기술 (팩스기, 용지)	팩스 기능을 알고 요청사항에 맞추어 팩스를 송수신한다

작업	작업요소	지식 · 기능 (사용도구)	작업요구 수준
스캔 하기	• 요청사항에 맞추어 자료를 스캔하기 - 스캐너의 덮개를 열고, 자료를 스캔 원고대 위에 놓는다. - 스캔기능을 설정(파일형태, 해상도 등)한다. - 문서, 사진을 스캔하여 파일로 저장한다. - 스캔한 파일을 요청자에게 전달한다.	읽기, 수개념, 변별력, 스캐너 및 컴퓨터 사용법(스캐너, 컴퓨터)	스캔 및 저장방법을 알고, 요청사항에 맞추어 스캔한다
한글문서 자료 정리	• 워드프로세서 자료를 입력 · 출력하기 - 입력자료를 준비한다. - 워드프로세서 프로그램을 실행한다. - 문서속성(용지 여백, 글자 속성, 문단 속성 등)을 지정한다. - 자료를 입력한 후 파일명을 정하고 저장한다. - 필요에 따라 해당 자료를 프린터로 출력한다.	읽기, 수개념, 변별력, 워드프로세서 및 컴퓨터 사용(입력할 자료, 컴퓨터)	워드프로세서 운영방법을 알고, 요청사항에 맞추어 자료를 입력 · 저장 · 출력한다
엑셀자료 정리하기	• 엑셀자료를 입력 · 출력하기 - 엑셀 작업이 필요한 입력 자료를 준비한다. - 엑셀 프로그램을 실행한다. - 작업에 필요한 셀을 지정하고 작업에 필요한 속성을 지정한다. - 자료를 입력하고 파일명을 지정하여 저장한다. - 필요에 따라 해당 자료를 프린터로 출력한다.	읽기, 수개념, 변별력, 엑셀 프로그램 및 컴퓨터 사용(입력할 자료, 컴퓨터)	엑셀 프로그램 운영방법을 알고, 요청사항에 맞추어 자료를 입력 · 저장 · 출력한다
문서 전달하기	• 해당 담당자에게 문서를 정확히 전달하기 - 전달할 문서를 가져온다. - 다른 문서가 섞이지 않도록 정확히 분류한다. - 담당자에게 문서를 전달한다.	읽기, 수세기, 변별력, 문서 분류, 전달능력(문서)	해당 담당자에게 문서를 정확히 전달한다
우편물 발송하기	• 우편물 발송하기 - 내용물의 크기와 종류에 따라 봉투나 박스에 담고 입구를 봉한다. - 발송할 우편물과 현금을 준비해서 근처 우체국으로 간다. - 우편물 발송 창구에서 우편물을 접수(일반, 빠른, 택배 선택) - 영수증을 수령하여 학교로 복귀한다.	읽기, 쓰기, 변별력, 기본적인 금전관리, 의사소통, 우편물 발송방법 이해, 우체국 이용능력(봉투, 풀, 칼, 박스, 우편물)	우체국에서 우편물을 발송한다
기타 사무업무 보조	• 문서를 정돈하여 스테이플러로 철하기 • 제침기를 이용하여 문서에 있는 철심을 제거하기 • 천공기를 이용하여 문서를 천공하기 • 클립, 집게로 문서를 고정하기	양손협응, 변별력, 도구 사용기능(스테이플러, 제침기, 천공기, 클립, 집게 등)	요청사항에 맞추어 정확하게 사무업무를 보조한다

(2) 직무수행 자격요건

해당 직무를 수행하는 데 필요한 교육수준과 자격 · 면허 현황, 직무교육 방법과 직무가 숙련되기 위해 필요한 기간 명시

• 교무보조 직무수행을 위한 직무수행 자격요건(예시)

교육 수준	고교졸업	연령 · 성별	만 18세 이상, 성별무관
자격 · 면허	없음	숙련기간	1~3주
직무교육	지원고용(3주), 인턴(3개월)		

(3) 환경분석

직무를 수행하는 데 필요한 물리적 환경, 독립작업 여부, 위험성 분석, 장애인식, 편의시설 등을 체크하여 직무를 둘러싼 환경적 요소를 알아봄

※ 교무보조는 실내 환경에서 주로 이루어지고, 타인과 같은 공간에서 독립적으로 작업하며, 위험성 측면에서는 대체로 양호한 편임

• 교무보조 직무의 환경분석(예시)

구분	진단항목	
환경분석	작업장소	실내■ 실외□ 혼합□
	온도	매우 추움□ 추움□ 더움□ 매우 더움□
	온도변화	약간의 온도변화□ 극심한 온도변화□
	소음 · 진동	시끄러움 · 진동□ 매우 시끄러움 · 심한 진동□
	습도	습함□ 매우 습함□
	조명	어두움□ 매우 어두움□
	대기조건	연무□ 냄새□ 분진□ 가스□ 환기불량□
작업방식	다른 작업자와 떨어져 독립작업□ 타인과 공동으로 작업□ 타인과 같은 공간에서 독립적으로 작업■	
위험성	안전■ 약간 주의□ 매우 주의□	
분석	기계위험□ 화학물질 노출□ 전기위험□ 바닥 미끄러움, 고르지 못함□ 화상위험□ 날카로운 모서리 제품 취급 위험□	
장애인에 대한 태도	고용주 매우 긍정적□ 약간 긍정적■ 부정적□ 무관심□	
	동료 매우 긍정적□ 약간 긍정적■ 부정적□ 무관심□	
편의시설	접근 용이한 작업장■ 화장실 편의시설□ 엘리베이터■	

3) 3단계: 직무수행능력 도출

- 면담을 통해 직무조사 과정에서 각 직무를 수행하기 위해 어떤 기능이 필요한지, 해당 전문가, 사업주, 인사담당자를 대상으로 인터뷰
- 인터뷰를 할 때는 직무에서 요구하는 능력을'신체적 기능', '손기능', '대인관계', '인지적 기능'으로 분류하여 범주화하고 다시 세부항목별로 분류
- 직무분석 내용 중, 작업요소별로 필요한 핵심 직무수행능력을 제시
- 작업요소별 핵심 직무수행능력 도출 과정(예시)

작업	작업요소	지식/기능 (*사용도구)		핵심직무 수행능력
복사 하기	• 요청사항(복사용지 크기, 복사 매수 등)에 맞추어 학습자료 복사하기 - 복사기 덮개를 열고, 자료를 복사기 원고대에 놓는다. - 복사기 덮개를 닫는다. - 복사기능(용지, 매수, 농도, 확대/축소 등)을 설정한다. - 복사기를 실행시킨다. - 복사물을 정리한다.	읽기, 수세기, 변별력, 복사기, 조작기술 (복사기, 복사용지)	▶	읽기, 수개념(수세기), 변별력, 손기능, 사무기기, 활용능력
팩스 보내기	• 요청사항(수신자 등)에 맞추어 자료를 팩스 송부·수신하기 - 팩스기의 용지를 확인한다. - 팩스 수신번호를 입력한다. - 팩스를 실행시킨다. - 팩스 수신서류를 정리한다. - 수신자·수신부서에 문서를 전달한다.	읽기, 수세기, 변별력, 팩스조작기술 (팩스기, 용지)		

- 도출된 직무수행능력(예시)

신체적 기능	• 대근육 운동: 허리 굽히기, 앉기 • 이동능력: 걷기, 계단 오르내리기 • 근력: 문서 및 우편물 운반을 위해 5kg 내외의 물품을 들 수 있어야 함 • 시력: 문서를 읽고 낱말을 비교할 수 있을 정도의 시력
손기능	• 손기능: 컴퓨터 자판 입력, 용지 다룰 수 있을 정도의 손기능
대인관계	• 자기관리, 의사소통, 협조 - 학교 교직원 및 학생, 방문객을 만났을 때 인사하기 - 방해행동하지 않기 - 교직원의 요청사항을 듣고 확인, 요청사항에 적절한 반응

인지적 기능	• 작업지시 이해 - 몇 가지 작업 환경에 대한 이해를 바탕으로 지시에 따라 적절하게 작업수행 및 전환 가능 • 변별력: 복사기, 팩스기, 스캐너 기능설정을 위한 변별력 • 듣기, 말하기: 작업 요청자의 말을 알아듣기 또는 메모하도록 전달하기 • 읽기, 쓰기 - 문서 입력 및 우편물 분류 등을 위해 단어, 숫자, 간단한 문장을 비교 · 검토할 수 있을 정도의 읽기 - 메모사항을 전달할 수 있을 정도의 낱말, 문장쓰기 • 수리력 - 문서 작성, 분류 등을 위한 수 비교, 개수 세기, 사칙연산 이해력 - 우편요금 지불 가능할 정도의 금전관리능력 • 사무기기 활용능력 - 복사기, 팩스기, 스캐너의 기능을 알고 조작하는 능력 - 컴퓨터로 워드프로세서, 엑셀 프로그램 운용능력

주: 핵심 직무수행능력은 장애인 직무수준 체크리스트를 토대로 범주화하여 작성하였고, 체크리스트의 항목을 중심으로 하되 각 직무의 특성에 맞게 세부특성을 자세히 설명함

4) 4단계: 평가요소 도출

- [핵심 직무수행능력도출] 과정을 통해 도출된 각 영역별로 필요한 기능에 대해 어떤 평가요소가 필요한지, 해당 평가요소와 평가방법을 지시
- 각각의 핵심 직무수행능력별로 평가요소를 도출할 수 있고, 각 요소별 평가방법은 가급적 상담원이 손쉽게 확인할 수 있는 관찰사항을 중심으로 기술하며, 필요시 평가도구를 활용하여 확인

예시

가. '걷기와 계단 오르내리기를 필요로 한다'면, 필요한 평가요소는 '대근육 운동'과 이동능력 중 '걷기와 계단 오르내리기'가 되고, 평가방법은 실제 시연을 통해 관찰하는 방법이 있음

나. '문서와 물품운반을 위해 5kg 내외의 물품을 들 수 있어야 한다'면, '근력'을 평가해야 하고, 평가방법으로는 '드는 힘 검사도구'를 활용하여 5kg 중량을 5m 이동할 수 있는지 평가할 수 있음

• 핵심 직무수행능력별 평가요소 도출 과정(예시)

기능	핵심 직무수행능력		평가요소 및 평가방법
신체적 기능	• 대근육 운동 - 허리굽히기, 앉기 • 이동능력 - 걷기, 계단 오르내리기 • 근력 - 문서 및 우편물 운반을 위해 5kg 내외의 물품을 들 수 있어야 함 • 시력 - 문서를 읽고 낱말을 비교할 수 있을 정도의 시력	▶	• 대근육 운동, 이동능력 - 걷기, 앉기, 구부리기 자세 취하도록 하여 행동관찰 - 일상생활 관련 면담내용으로 기초체력 예측 • 근력 - 드는 힘 검사도구로 5kg 무게의 5m 이동 여부 확인 • 시력 - 상담지 글 읽기, 작은 핀 집는 동작으로 관찰 - BGT 검사 시 그린 도형의 접합 부분 관찰
손기능	• 손기능 - 컴퓨터 자판 입력, 용지 다룰 수 있을 정도의 손기능	▶	• 손기능 - 복사카드 꺼내기, 종이 넘기기, 필기구 사용모급 관찰 - 컴퓨터 자료입력 시연 - KEAD 손기능검사로 손재능, 손가락 민첩성 판단
대인 관계	• 자기관리, 의사소통, 협조 - 학교 교직원 및 학생, 방문객을 만났을 때 인사하기 - 방해행동하지 않기 - 교직원의 요청사항을 듣고 확인, 요청사항에 적절한 반응	▶	• 자기관리 - 신체 위생상태, 적절한 계절 옷 관찰 • 의사소통 - 면담 시 의사소통 관찰, 밝게 인사할 수 있는지 여부 관찰 • 협조 - 도구정리, 응답태도 및 평가 과정 중 협동행동 관찰 - 방해행동, 충동행동 여부 관찰 - BGT검사로 정서상태(충동성, 공격성) 파악
인지적 기능	• 작업지시 이해 - 몇 가지 작업환경에 대한 이해를 바탕으로 지시에 따라 적절히 작업수행 및 전환 가능 • 변별력 - 복사기, 팩스기, 스캐너 기능설정을 위한 변별력 • 듣기, 말하기 - 작업 요청자의 말을 알아듣기 또는	▶	• 작업지시 이해 - 직업평가 실시장면 혹은 간단한 지시 이해 정도 관찰(예: 부품들을 정리해서 주머니에 넣은 후 책상 위에 올려주세요) - BGT검사로 지시이해능력 추정 • 변별력 - 복사기 기능 중 확대, 축소 복사기능 설명 후 수행 여부 관찰

기능	핵심 직무수행능력	평가요소 및 평가방법
	메모하도록 전달하기 • 읽기, 쓰기 - 문서 입력 및 우편물 분류 등을 위해 단어, 숫자, 간단한 문장을 비교, 검토할 수 있을 정도의 읽기 - 메모사항을 전달할 수 있을 정도의 낱말, 문장쓰기 • 수리력 - 문서 작성, 분류 등을 위한 수 비교, 개수 세기, 사칙연산 이해력 - 우편요금 지불 가능할 정도의 금전 관리능력 • 사무기기 활용능력 - 복사기, 팩스기, 스캐너의 기능을 알고 조작하는 능력 - 컴퓨터로 워드프로세서, 엑셀 프로그램 운용능력	• 듣기, 말하기 - 질문에 대한 적절한 응답 여부 - 식별 가능한 발음 여부 • 읽기, 쓰기, 수리력 - 기본 학습능력검사(읽기, 수학)을 통해 기초학습능력 확인 - 물건값 계산 가능 여부 확인(예, 600원짜리 메모지 7개를 사고 오천 원 내면 거스름돈 얼마? ☞ 워드문서 작성과제(제한시간) - 손기능, 의사소통, 작업지시이해, 변별력, 읽기, 쓰기, 사무기기 활용능력 등을 모두 확인할 수 있음 • 사무기기 활용능력 - 복사기, 팩스기, 스캐너 기능습득정도와 속도 확인 - 컴퓨터로 워드 프로세서, 엑셀 프로그램 운용능력 시연

• 직무수행 가능 여부 체크리스트
  - 평가요소를 토대로 교무보조 직무를 수행하는 데 필요한 기능적 수준을 상담하거나 기업체 담당자가 이해하기 쉽도록 목록화
  - 가능한 항목이 많을수록 직무에 바로 배치할 수 있는 가능성이 높아지며, 불가한 항목이 많을수록 해당 항목에 대한 사전훈련이나 편의 제공 등의 지원수단이 필요
  - 각 수행직무에서 필요한 평가요소를 간단하면서도 이해하기 쉽게 정리함으로써 상담원이 사업주나 기업체 담당자, 부모상담 시 활용 가능

• 교무보조 수행 가능 여부 체크리스트(예시)

	가능	불가
▷ 걷기, 앉기, 서기, 들기, 작업자세가 가능하다.	□	□
▶ 4~8kg 들어 옮기기를 할 수 있다.	□	□
▷ A4용지에 적힌 10pt 이상 글씨를 변별할 수 있다(시력).	□	□
▷ 청결하고, 단정한 옷차림을 할 수 있다.	□	□
▷ 컴퓨터로 자료를 입력할 수 있을 정도의 손기능이 있다.	□	□
▷ 직장 상하관계, 업무 지시에 대한 이해가 있다.	□	□
▷ 주변사람을 방해하는 행동을 보이지 않는다.	□	□
▷ 컴퓨터를 활용하여 문서를 작성할 수 있다.	□	□
▶ 한글을 읽고 쓰는 데 무리가 없다.	□	□
▶ 수 개념이 있고, 사칙연산을 할 수 있다.	□	□

주: * ▷: 관찰, 질문, 자료 등을 활용하여 확인, ▶: 평가도구를 직접 사용하여 가능 여부를 확인
** 체크리스트 결과로 편의 제공이 필요한 부분과 직무 가능 여부를 예측

5) 5단계: 상담평가 실시

• 상담과 배경정보를 통해 구직자 직업특성 전반을 파악
  - 해당 직무에 대한 구직희망자 모집 후, 보호자 혹은 기관 담당자로부터 사전에
• 직업능력평가 신청서를 받아 배경정보 확인
  - 타 기관에서 직업평가를 받은 경험이 있을 경우, 해당 결과를 활용
• 핵심 직무수행능력과 평가요소 도출결과를 토대로 평가 실시
  - 교무보조 수행 가능 여부를 알아보기 위해 앞서 제시한 각 평가요소를 상담과 관찰을 주로하고 평가도구를 활용하여 평가
  - 평가도구는 평가요소 도출에서 제시한 도구 위주로 '드는 힘 검사도구', 'KEAD 손기능검사', 'BGT', '기본 학습능력검사', 관찰 및 면담, 전반적인 평가요소를 측정할 수 있는 '장애취업 준비 체크리스트'를 활용

6) 6단계: 직업배치

① 직무에 배치하고자 하나 직무중심 직업능력평가 결과 해당 직무를 수행하는 기능적 제한이 있을 경우 다양한 편의 제공으로 직무수행이 가능하도록 함

② 각종 편의 제공은 직무중심 직업능력평가 결과 나타난 제한된 기능을 보완할 수 있어야 하고, 개인에게 필요하고 지원 가능하여야 함

③ 직업배치를 위한 편의 제공

- 보조공학기기 지원
  - 시력이 낮아 컴퓨터 화면 보기가 불편할 경우: 화면 확대 프로그램, 화면 확대기 사용
  - 손기능의 제한으로 컴퓨터 자판 사용이 불리할 경우: 손기능에 적합한 컴퓨터 입력기를 사용
- 작업환경 개선: 사무기기 활용에서 사용법을 잘 몰라 실수가 잦은 경우: 그림·사진과 함께 쉽게 설명된 사무기기 활용방법 부착
- 직무조정: 걷기, 균형감각에서 제한이 있는 경우: 우편물 발송 같은 외부활동은 동료작업자가 수행하도록 하고, 실내 작업시간이 차지하는 업무량 늘림
- 취업연계 프로그램
  - 위생상태가 불청결하고 외모가 단정하지 못한 경우, 인사하기, 직장 상하관계에 대한 이해, 직장예절이 부족한 경우: 취업성공패키지 프로그램 참여를 통해 직업생활에 대한 이해와 적응력을 높임
  - 직장 내 대인관계 부적응, 다양한 작업으로의 전환이 어려운 경우: 지원고용을 통해 대인관계훈련과 다양한 작업을 습득하고, 간단한 지시로 작업을 전환할 수 있도록 훈련

CHAPTER

07

생태학적 직업평가

제1절 생태학적 접근의 이해

1. 생태학적 접근의 개념

생태학적 접근(ecological approach)은 인간의 발달과정을 개인과 환경의 상호작용 속에서 이해하고자 하는 접근방식이다. 인간행동을 이해하기 위해서는 개인뿐 아니라 그 개인이 속한 환경도 함께 고려해야 한다는 것이다. 즉, 개인이 환경과 완전히 독립되어 발달하는 것이 아니라 개인과 개인의 발달에 영향을 주는 환경체계들이 서로 상호작용하여 발달한다는 관점(홍재영, 2009)으로 개인도 환경에 영향을 줄 수 있고 환경도 개인에게 영향을 줄 수 있음을 강조한다. Parker 외(1989)는 '생태학적'이라는 용어가 사용될 때에는 사람들이 그들의 환경과 상호작용하며, 사람과 환경 모두 상호작용에 의해 변한다는 기본 가정을 반영한다고 설명하였다.

이와 관련하여 인간행동을 개인, 가족, 학교, 직업 및 사회를 포함하는 다체계적 상호작용으로 설명하는 것을 생태체계적 접근이라고 한다(Davidson & Rappaport, 1983). 이 접근의 특성은 강점을 찾고 개발하는 것이 부적응이나 병리학적 상황에 초점을 맞추는 것보다 효과적인 극복전략으로 본다는 것이다. 생태체계적 접근에서는 다음의 문화적 관련성, 개인적 다양성, 인간-환경 적합성에 대하여 주요하게 다룬다.

첫째, 문화적 관련성 측면은 개인의 문화적 상황으로부터 보이는 개인차를 인정하고, 행동을 이해하기 위해 개인이 환경과 어떻게 상호작용하는지 관찰해야 한다.

둘째, 개인적 다양성 측면은 다른 사람의 의견, 선호, 신체적 상황에 대해 인정하며, 어떤 효과적인 중재라도 개인에게 가장 중요하고 가장 문제가 되는 체계 확인이 선행된 후에 이루어져야 한다.

셋째, 사람-환경 적합성 측면은 사함과 사회적·물리적 환경 간 최상의 적응을 도울 수 있는 핵심 변수를 확인하고, 적응문제를 유발하는 개인과 환경 간의 잘못된 상호작용은 개인뿐만 아니라 환경의 변화에 의해 수정될 수 있다.

참 고

- 생태학(生態學, ecology): 그리스어로 집을 뜻하는 'οἶκος'와 연구를 뜻하는 '-λογία'에서 온 말로 생태계를 연구하는 학문. 식물과 동물의 분포와 관계, 그리고 생물과 무생물적 환경과의 상호작용을 연구
- 생태계(生態系, ecosystem): 구성성분인 생물과 생물이 이루고 있는 군집, 그리고 주변 환경의 무생물적 부분들이 역동적으로 변하며 상호작용하는 시스템

2. 재활서비스 패러다임 변화에 따른 환경 강조

재활서비스 패러다임의 변화 과정에서도 환경체계의 상호작용과 중요성이 확대되고 있음을 확인할 수 있다. 전통적인 재활서비스 패러다임에서는 장애를 개인에 초점을 맞춰 손상을 문제로 정의하고 개인이 처한 상황을 향상시키기 위해 사회적·정치적 또는 심리적 차원을 어떻게 획득할 것인가를 강조한다. 이를 위해 치료와 서비스가 중요하게 다루어지며 개인에게 책임의 기회를 제공하는 대신 개인의 의존성을 부추기는 경향이 있었다.

이후 독립생활 패러다임과 자원·역량강화 패러다임으로의 변화는 개인을 둘러싼 환경에 초점을 맞춰 사회 참여의 장벽이 되는 정치, 경제, 사회의 부적절한 지원을 문제로 정의하였다. 임파워먼트 관점에서도 개인의 문제보다는 잠재적 자원을 보유하고 있는 환경적 자원의 활성화를 강조하면서 환경에 대한 평가의 중요성이 강조되었다. 또한 강점관점과 해결 중심 모델도 환경의 변화를 통해 장애인의 강점과 능력이 변화를 가져올 수 있다는 근거로 장애인의 목표 성취에 도움이 되는 가족, 이웃, 지역사회 자원들을 함께 발견하는 환경에 대한 평가를 강조하였다 (김연희, 2015).

진로·직업상담에서는 내담자의 특성과 해당 직업수행에 필요한 요구사항의 연결을 중시한 특성-요인 모델에서 인간과 환경 간에 발생하는 상호작용의 역동성을 강조하는 인간-환경 적합성 모델(person-environment fit model)로 발전하였다. 이는 특성-요인 모델이 현재 보이는 특성만을 중시하여 중증장애인이 적절한 보조기기와 작업환경 수정을 통해 직무수행이 충분히 가능할 수 있다는 사실을 간과한 점을 지

적하며, 장애인의 성공적인 고용에 가족, 사회, 경제, 정치들 간의 상호작용을 강조한다(송영혜, 조성재, 이달엽, 김순애, 이경하 역, 2008).

제2절 직업평가에서의 생태학적 접근

1. 전통적인 직업평가의 문제점

직업평가를 하는 과정에서도 개인을 둘러싼 환경의 역동성을 간과해서는 안 된다. 특히 복합적이며 다양한 문제체계로 둘러싸여 있는 직업재활서비스 이용자는 직업과 관련된 여러 문제를 해결하는 데 있어 환경이 매우 중요한 요인이므로 환경에 대한 정확한 평가가 필요하다(김연희. 2015).

직업평가에서 사용되는 전통적 평가방법은 실제 작업이나 직업군에서 사용되는 것과 유사하거나 동일한 과제·재료를 사용하는 작업표본평가나 직업적 심리특성을 이해하기 위한 심리검사 등 표준화된 평가도구를 주로 사용한다. 우리나라 장애인 직업평가 주요 기관에서 실시하는 평가 영역별 현황을 살펴보면 한국장애인고용공단은 신체능력 및 의료평가, 심리평가, 작업표본평가를 중심으로 평가하며, 직업능력평가센터에서도 심리평가, 작업표본평가, 신체능력 및 의료평가를 중심으로 평가하고 있다. 또한 지적장애학생 대상 특수학교에서도 심리평가 및 작업표본 평가 중심으로 직업평가가 이루어지고 있어 이러한 현황은 직업평가가 영역별로 다양하게 실시되지 못하고 있음을 보여준다(강용주, 2004; 정인실, 2009).

작업표본이나 심리검사를 이용한 전통적 평가방법에 대해 많은 문제점은 다음과 같다(김연희, 2013).

첫째, 중증장애인인의 경우 읽기와 이해 수준에 맞지 않는 검사도구의 지시문은 평가의 객관성을 저해한다. 그리고 짧은 검사시간에 실시되는 평가는 대상자의 당일 기분이나 컨디션에 영향을 주어 그들이 가지고 있는 최대한의 잠재능력을 정확하게 파악하는 데 한계가 있다. 또한 같은 도구를 반복해서 시행하는 경우 도구에 대한 학습효과로 검사결과에 신뢰성이 낮을 수 있다(강용주, 2004; 박희찬 외, 2005).

둘째, 전통적 직업평가는 규준 부족과 규준 활용의 한계로 결과 해석에 대한 타당성과 신뢰성이 부족하다. 박석돈 외(1999)는 국내에서 많이 사용되고 있는 작업표본검사 6종[1]과 심리검사 5종[2]의 규준에 대한 분석결과 심리검사도구는 규준이 부족하며, 작업표본도구는 규준 출처에 대한 정보가 불충분함을 지적하였다. Edward Grasso (2004)는 대부분의 표준화된 검사도구들이 실제 사용될 연령대보다 상당히 어린 규준 표본을 포함하고 있으며, 평가도구들이 중증장애인을 대상으로 활용될 때 중증장애인과 다른 특성을 가진 규준집단을 사용하여 표준화되었음을 지적하였다(이달엽 외, 2002; Menchetti & Flynn, 1990). 또한 외국의 평가도구를 사회·문화적 환경의 차이점을 간과한 상태에서 표준화 연구를 거치지 않고 사용하여 평가에 대한 타당성과 신뢰성에서 문제가 발생한다(박석돈 외, 1999; 박자경 외, 2005; 백은희 외, 2004; 이달엽 외, 2002; Menchetti & Flynn, 1990).

셋째, 전통적인 직업평가방법은 직업평가 결과와 후속서비스의 연계성이 낮게 나타나 직업평가 결과가 정확한 직업배치를 예측하지 못한다(안병즙 외, 1994; 유미, 2006; 이달엽 외, 2002; Edward Grasso, 2004). Menchetti와 Flynn(1990)은 직업평가 결과가 중증장애인의 고용 성공과 관련성이 있다는 증거는 불충분하다는 주장으로 검사중심의 직업평가 결과의 문제점을 언급하였다(이달엽 외, 2002). 또한 Edward 외(2004)의 생태학적 직업평가와 전통적 직업평가가 재활상담사의 인식에 미치는 연구에서 표준화된 직업평가 결과에 따라 직업재활서비스를 받은 발달장애인 중 48%만이 성공적인 직업성과를 보였다. 이는 표준화된 도구로 실시된 직업평가 결과만으로 중증장애인의 직업능력을 모두 파악하는 데는 한계가 있음을 보여준다.

넷째, 전통적 직업평가는 평가센터와 같이 인공적이고 모방된 환경에서 실시되기에 이렇게 얻어진 검사결과를 실제 직무환경에서 적용하는 것은 타당성이 낮다. 즉, 표준화된 평가는 실제 작업환경을 반영하지 않아 예측하고자 하는 개념에 적절하지 않은 기술과 능력을 측정하기도 한다(구인순 외 2012; 박자경, 2005; 안병즙 외, 1994; Edward Grasso, 2004).

1) 작업표본검사 6종: 발파, 퍼듀 펙보드, 미네소타검사, 재능평가 프로그램, 마이크로타워 시스템, 맥캐런-다이얼 직업평가 체계
2) 심리검사 5종: 인물화지능검사, 아동용 지능검사, 성인용 지능검사, 그림어휘력검사, 광역 흥미검사

다섯째, 전통적 직업평가는 개인의 일차적 생태환경 파악이나 중재계획을 세우는 데 필요한 학습스타일에 대한 정보를 제공하지 않는다(Edward 외, 2004). 이로 인해 표준화된 검사에 대한 평가결과에서 개인특성과 개인에 맞는 지시방법 등 질적인 평가내용은 평가사의 역량에 의존할 수밖에 없다. 이는 직무수행 시 개인에 적합한 작업지시 여부에 따라 직무수행능력에 차이를 가져올 수 있다.

이와 같이 전통적 직업평가는 장애인의 적응능력 평가 및 개개인에 맞는 지원방안 제시에 한계가 있으므로 장애인의 주변환경을 고려하면서 작업환경과 다양한 환경적 요소를 측정하고 조정하는 평가 접근이 필요하다. 이상진(2011)은 특히 지적장애인이 환경 속에서 평가를 통해 개인의 특성에 가장 적합하고 임금, 작업환경 등에 만족할만한 직업배치가 가능하기 때문에 환경에 대한 평가가 중요하다고 하였다.

2. 생태학적 직업평가의 특성

생태학적 접근에서 직업평가는 관계성, 다양성, 개인-환경 적합성을 평가에 결합하여 직업적 잠재능력에 대한 측정과 성공적 적응에 대한 정의를 내릴 때 단지 미리 준비된 표준화된 사정을 개인에게만 실시하는 것이 아니라 개인과 환경 양측에 대한 사정을 한다. 생태학적 직업평가는 다음과 같은 특성을 가진다.

첫째, 개인의 강점을 확인하고 자원의 최대 활용방안에 대해 추천한다.

둘째, 서비스 과정과 이후에 영향을 줄 수 있는 요인으로 개인적 측면을 넘어선 다른 체계(가족, 지역사회 및 사회, 직장환경)도 반드시 고려해야 한다.

셋째, 직무분석, 노동시장 조사, 현장평가 같은 환경적 측정방법을 고려하지 않으면 이용자와 작업환경 간 적응기회가 줄어들게 된다.

넷째, 전통적 직업평가 과정의 한계를 명확히 알고 개인능력에 관련된 부정확한 결론을 피해야 한다는 것이다.

다섯째, 고용상황(환경)의 변화에 지속적으로 적응할 수 있는 전략을 고안해야 한다.

이러한 생태학적 평가는 피검사자가 장기간에 걸쳐 일하게 될 가상 혹은 실제 직장에서 실시되며, 현시점에서 피검사자가 해당 직장에서 요구되는 생산성 기준을 충족시킬 능력을 지녔는지 또는 추가적인 직업훈련이나 현장 지원을 제공하면 가까운 미래에 그 같은 능력을 가지게 될지를 평가하는 것이다(조성재, 신태식 역, 2012). 생태학적 평가는 지원고용에서 현장평가가 대표적이며, 이때 직업평가의 초점은 예측의 목적에서 기술의 결점을 보완하고 고용을 유지하기 위해 필요한 기술을 발전시키는 훈련목적으로 옮겨간다(박자경 외, 2005).

Murphy(2009)는 효과적인 직업재활서비스를 위해서 직업에서 요구하는 세부적인 것과 직업환경, 개인의 사회환경(친한 파트너, 가족, 친구 등)에서 중요한 사람을 이해하는 데 많은 시간을 투입해야 하며, 장애인 개인과 다양한 사회적 체계에 대한 평가의 중요성을 강조하였다. 가족구성원의 배려, 직장동료나 상사의 지지와 지원, 사회복지사나 재활전문가의 격려와 도움 등은 직업재활서비스를 이용하는 장애인의 지원체계이며 이는 다양한 사회체계와 상호작용 함으로서 직업재활이 성공적으로 수행될 수 있다(이준우 외, 2010). 작업배치와 작업환경에 영향을 미치는 요인에는 장애인 당사자, 재활전문가, 고용주 및 환경과 관련된 요인(강위영, 1994), 가족의 정보 제공, 출퇴근 및 물리적 지원, 작업동료와의 상호작용, 옹호 및 지원 정도(허경아, 1999) 등이 있다.

3. 생태학적 직업평가의 내용

생태학적 평가의 내용에 대해 살펴보면 Moss와 Cemake(1983)는 생태학적 평가를 관계특질(관여, 동료결합, 상급자의 지원 등), 목표적응특질(자율, 과업적응, 작업환경 등), 체계유지와 변화특질(명확도, 통제, 혁신, 물리적 안전)로 구분하여 평가요인을 제시하였으며, 외적자극(교통수단, 가족지원, 고용주에게 긍정적인 영향을 주는 외적자극)도 평가되어야 한다고 설명하였다(박석돈, 2004).

Depoint와 Noren(1990)는 생태학적 평가를 직업분석변인(job analysis)과 고용선별변인(employment screening)으로 구분하여 제시하였다. 이때 두 변인에서 다루는 고용결정변인은 신체능력, 작업인성, 일상생활능력, 대인관계, 직무수행능력, 고용주 태도, 기초학습능력 등 그 내용은 거의 유사하다(이달엽, 노임대, 2005).

표 7-1 생태학적 평가모형에서 평가변인

변인	직업분석(job analysis)	고용선별(employment screening)
평가 내용	• 사업체의 작업스케줄 • 사업체의 교통상 위치 • 직무의 주도성 요구 • 체력(들어올리기/운반하기) 요구 • 인내력 요구 • 방향감각 요구 • 신체적 이동성 요구(물리적 환경) • 작업률 요구 • 용모 요구 • 의사소통능력 요구 • 사회적 상호관계 요구 • 행동수용 가능 범위 • 과제의 주의집중 요구 • 직무의 연속성 요구 • 과제의 변동성 • 강화의 가능성 • 고용주의 태도 • 고용주의 재정적 상황 • 요구되는 사물변별능력 • 시간에 대한 지각 • 읽기 기능의 요구 • 산수 기능의 요구 • 제공되는 임금 • 제공되는 부가급부	• 내담자의 작업 가능시간대 • 내담자의 이용 가능한 교통수단 • 내담자의 주도성 여부 • 체력(들어올리기/운반하기) 정도 • 인내력 • 방향감각 • 신체적 이동성(운동능력) • 작업률 • 용모 • 의사소통능력 • 사회적 상호관계 • 특이한 행동 여부 • 과제의 주의집중도 • 연속적 직무수행력 • 변화에의 적응력 • 강화의 필요성 • 가족의 지원 정도 • 내담자의 경제적 상황 • 사물변별능력 • 시간에 대한 지각능력 • 읽기기능 • 산수기능 • 원하는 임금 • 필요한 부가급부

출처: 이달엽, 노임대(2005). 직업평가. 학지사. 재구성.

4. 생태학적 직업평가의 단계

Schalock(1986)는 생태학적 평가에서 개인-환경 간 조화를 최대화하기 위한 단계를 소개하였다.

- 1단계: 각 개인의 행동적인 가능성(잠재력)을 진단하는 것으로 활동과 환경이 지니는 특정 요구에 관련해서 평가한다.
- 2단계: 개인의 가능성과 환경의 요구 간의 조화의 적절성(Goodness of fit)을 결정하기 위해 환경 내의 성공적인 수행을 방해하는 요인이 무엇인지 확인한다.

• 3단계: 2단계에서 지적된 방해요인을 극복하는 데 필요한 기술훈련과 지원의 제공, 활동이나 물리적 환경을 개인의 필요에 따라 수정해 주는 중재 과정을 가진다(이소현, 1998에서 재인용).

Menchetti와 Flynn(1990)도 생태학적 직업평가 모형을 측정(measurement), 분석(analysis), 결정(decision) 3단계로 제시하였다.

• 측정단계: 개인의 잠재력, 직무요건, 작업현장의 생태(ecology: 환경)까지 측정한다. 이때 개인의 잠재력에 대한 평가는 생태적 변인에 비해 상대적으로 적게 강조된다. 이 단계에서 작업장 생태를 측정하기 위해서는 ① 조직적 요건(system dimensions), ② 물리적 요건(physical dimensions), ③ 관계상황(relationships) 세 가지 차원이 고려되어야 하며, 이외에도 교통수단, 가족의 지원, 외적자극 등이 함께 평가되어야 한다(강위영, 박양신, 1997에서 재인용; 박석돈, 2004; 이달엽 외, 2005, 김연희, 2015).
• 분석단계: 측정된 환경의 적절성, 즉 개인의 욕구를 충족시킬 수 있는 환경의 수용능력을 분석한다.
• 결정단계: 개인을 그대로 수용할 것인가, 어떤 지원을 전제로 수용할 것인가, 아니면 다른 대안을 제시할 것인가 등을 결정하게 된다. 이때 개인의 수용은 선발의 개념으로 해석되므로 개인의 능력에 따른 선발 또는 개인의 능력 수정을 통한 선발의 의미가 있다(강위영 외, 1997에서 재인용). 이러한 3단계를 표로 제시하면 아래와 같다.

표 7-2 생태학적 직업평가 3단계 및 평가요소

구분	평가요소		
	측정단계	분석단계	결정단계
생태학적 직업평가	1. 능력, 적성, 개인행동, 사회정세 2. 물리적 변수 3. 사회적 변수 4. 조직적 변수 5. 관계변수 6. 목표적응 7. 체계유지와 변화변수 8. 교통수단 9. 활용할 수 있는 외적 자극	1. 개인의 요구사항 분석 2. 환경의 요구사항 분석 3. 생태학적 구성에서 상호작용의 중복을 고찰	생태학적인 상호작용에 따른 지원

출연: 김연희(2015)

5. 생태학적 평가의 활용

직업평가 분야의 생태학적 접근에 관한 국내 연구로 김연희(2015)가 보호작업장의 현장평가에서 생태학적 현장평가 척도를 개발한 바 있다. 그의 연구는 연구대상이 되는 한 보호작업장의 직무에 근거한 현장평가 척도를 개발하고자 하였다. 현장평가 하위요인 안에 작업장소, 편의시설, 작업도구와 작업장의 안전과 같은 물리적 환경요인과 직업훈련교사의 훈련 과정·계획·지원·적절한 피드백 여부, 동료나 가족의 지원, 직무 지원인 또는 근로 지원, 보조공학기기 같은 사회적 지원 등의 지원요인이 포함되어야 한다고 하였다. 즉, 현장평가 시 환경요인은 개인적 요인과 더불어 중요한 평가지표가 된다는 것이다. 생태학적 관점 현장평가척도의 하위요인은 〈표 7-3〉과 같다(김연희, 2015).

표 7-3 생태학적 관점 현장평가

<table>
<tr><th rowspan="2">구분</th><th colspan="3">평가요인</th></tr>
<tr><th>개인요인</th><th colspan="2">환경요인</th></tr>
<tr><td rowspan="5">생태학적
관점
현장평가</td><td rowspan="5">• 개인위생
• 적절한 의복 착용
• 수개념
• 색, 형태 구분
• 종이 접기(끝 맞추기)
• 종이 접기(손끝 힘)
• 출퇴근 시간관리
• 결근 시 담당자 연락
• 독립적 출퇴근
• 취업 욕구
• 수행직무에 대한 흥미
• 동료와의 적절한 상호작용
• 언어적 지시, 시범을 통한 작업수행
• 지시사항 및 주의수용
• 새로운 작업 이해 및 수행
• 집중력 있는 수행
• 좌식 근무 가능성
• 정확성
• 지속성
• 작업속도 향상</td><td>물리적
환경</td><td>• 집중할 수 있는 환경
• 편의시설
• 작업장 정돈상태
• 필요도구의 비치상태
• 도구의 안전성</td></tr>
<tr><td>직업훈련
교사
지원</td><td>• 적절한 훈련 과정 제공
• 훈련계획의 적절성
• 근로자의 의사결정 지지
• 도움 요청에 대한 적절한 지원
• 새로운 직무습득이나 지시에 개인에게 적절한 방식의 피드백 제공</td></tr>
<tr><td>동료 지원</td><td>• 동료들의 호의성</td></tr>
<tr><td>가족 지원</td><td>• 직업을 가지는 것에 대한 지지
• 작업장에서 요청하는 것에 대한 응답</td></tr>
<tr><td>사회적
지원</td><td>• 직무 지원인(근로 지원인) 지원
• 보조공학기기 지원</td></tr>
</table>

출처: 김연희(2015).

생태학적 평가방법에 대한 연구는 교육적 측면에서도 많이 사용되고 있다. 특수교육 현장에서도 장애학생과 학생을 둘러싼 환경적 맥락을 함께 파악하기 위해 생태학적 구성요소 파악, 평가목록 개발, 수업에 영향을 주는 요인을 수정하는 방법을 발전시켰다(한동기 외, 2008).

특수교육에서 대표적인 생태학적 평가방법은 교수내용, 교실규칙, 교사기대 등 교실환경 안의 요구를 파악한 후 측정을 하고 그 결과에 따라 기존의 교수를 보완·수정함으로써 학생 개개인의 능력에 적합한 교수를 제공하려는 것이다. 이 방법은 학생과 교실과의 상호작용을 충분히 고려하므로 장애학생들에게 긍정적인 영향을 미칠 수 있다고 평가받고 있다(홍재영, 한성희. 2007). 생태학적 평가는 배치와 선발 또는 선별을 목적으로 하는 평가와 구별되어 학생의 장단점을 파악하고 적절한 교육적 처치를 통해 개개인의 성장과 발달을 목적으로 실시된다(원진숙, 1999).

다음 사례는 시각손상학생의 효율적인 운동수행을 위한 생태학적 평가 모형연구(홍재영, 한성희, 2007)와 초등학교 통합체육수업 프로그램 개발연구(국립특수교육원 2011)이다. 이 연구들에서 제시된 생태학적 평가의 이론적 배경과 평가요인 및 평가 영역을 살펴보면 생태학적 평가에 관한 이해에 도움이 될 것이다.

홍재영, 한성희(2007)는 Bronfenbrenner의 이론에 근거한 생태체계를 학습자의 환경적 요소를 설명하는 데 활용하였다.

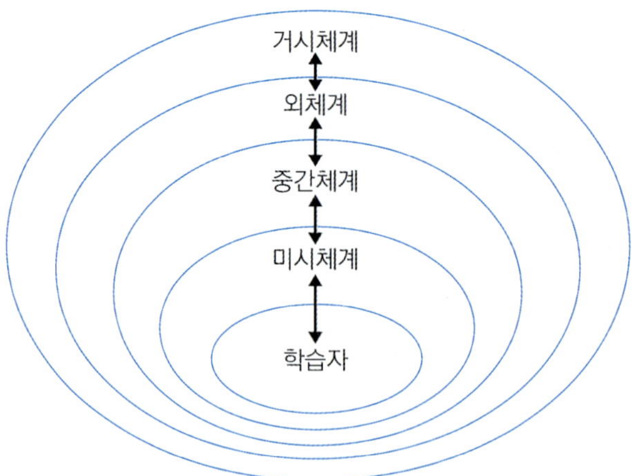

출처: 홍재영, 한성희(2007). 시각손상학생의 효율적인 운동 수행을 위한 생태학적 평가모형 고찰. 특수아동교육연구, 9(3), pp.149-169.

그림 7-1 Bronfenbrenner의 이론에 근거한 생태학적 모형

미시체계는 시각손상학생의 운동발달에 직접적으로 영향을 주는 환경적인 요소이며, 중간체계는 시각손상학생의 신체활동에 영향을 주는 두 개 이상의 환경 간의 상호관계로 이루어지는 체계로써 또래 또는 교사와 상호작용, 교사의 교수행동 등이 포함된다. 외체계는 시각손상학생의 운동수행에 있어 학생이 직접적으로 경험하지는 않으나 학생의 발달에 영향을 주는 사회적 장면으로 신체활동에 대한 학교와 가정에서의 지원, 지역사회에서의 지원 등이 포함된다. 거시체계에는 다른 체계를 둘러싸고 있는 사회문화적 관습 등이 포함된다. 이 모형을 바탕으로 체육수업의 생태학적 평가의 구성요소와 내용을 개인요인, 환경요인, 과제요인으로 나누었으며 그 내용은 〈표 7-4〉와 같다.

표 7-4 생태학적 평가의 구성요소와 내용

수업생태평가 요인		구성내용
개인요인		• 신체활동과 관련된 사전경험 • 신체활동과 관련된 움직임기술 • 신체활동에 대한 흥미 • 관련 신체활동에 참여 정도 • 신체활동 참여시간 • 관련 신체활동에 대한 인지적 개념 형성
환경 요인	교수	• 피드백, 시범, 교수형태, 강화 사용, 강화시기 • 동기유발전략, 연습기회 제공, 특수교사보조원 도움, 신체활동 촉진, 교사지원의 감소, 학생통제, 활동규칙의 수정
	교구	크기, 무게, 색, 촉각, 소리, 형태, 교재교구의 움직임, 교구의 개작
	심리사회적	또래의 지원, 교사의 지원
	물리적 환경	공간, 빛, 소음
과제 요인	과제 제시	교사의 과제수행 기대, 과제 제시 높이, 과제 설명, 과제 제시횟수
	과제수행	속도, 정확도, 수행방향, 힘, 과제 참여시간

출처: 홍재영, 한성희(2007). 시각손상학생의 효율적인 운동수행을 위한 생태학적 평가모형 고찰. 특수아동교육연구, 9(3), pp.149-169.

28m 40s
4.35
3.19
31.35

PART

부록

양식 리스트

한국장애인개발원_중증장애인직업재활지원사업 직무분석지 양식

직무분석지 양식

NO.		작성자	(서명/인)
사업체명		사업주(인사담당자)	
업체방문일	년 월 일	직무분석표 작성일	년 월 일
자료 수집방법	관찰☐ 면접☐ 설문지☐ 과거 분석결과☐ 체험☐ 기타☐( )		
담당직무명			
직무개요			

구분	항목	요구도 ①		②		③		④		중요도 (CI)
신체능력	배근력 (들기)	10㎏ 미만	☐	10~20㎏ 미만	☐	20~40㎏ 미만	☐	40㎏ 이상	☐	
		부가설명:								
	허리 굽히기	1시간 미만	☐	1~2시간 미만	☐	2~4시간 미만	☐	4~8시간	☐	
		부가설명:								
	의자 앉기	1시간 미만	☐	1~2시간 미만	☐	2~4시간 미만	☐	4~8시간	☐	
		부가설명:								
	쪼그려 앉기	1시간 미만	☐	1~2시간 미만	☐	2~4시간 미만	☐	4~8시간	☐	
		부가설명:								
	서기	1시간 미만	☐	1~2시간 미만	☐	2~4시간 미만	☐	4~8시간	☐	
		부가설명:								
	계단 오르기	1시간 미만	☐	1~2시간 미만	☐	2~4시간 미만	☐	4~8시간	☐	
		부가설명:								
	보행	1시간 미만	☐	1~2시간 미만	☐	2~4시간 미만	☐	4~8시간	☐	
		부가설명:								
	손가락 기민성	요구되지 않음	☐	연필크기 물건집기	☐	동전크기 물건집기	☐	바늘크기 물건집기	☐	
		부가설명:								
	눈손협응	요구되지 않음	☐	어느 정도 요구됨	☐	중요함	☐	매우 중요함	☐	
		부가설명:								
	양손협응	요구되지 않음	☐	우세손만 사용	☐	주: 우세손 보: 비우세손	☐	양손 동시 사용	☐	
		부가설명:								
	청력	요구되지 않음	☐	보청기로 소리·신호 확인	☐	보청기로 일상대화 가능	☐	전화 일상대화 가능	☐	
		부가설명:								

구분	항목	요구도								중요도 (CI)
		①		②		③		④		
인지	시력	요구되지 않음	□	표지판 등 큰 글씨 확인	□	상품 설명 같은 작은 글씨 확인	□	전자부품 등 세밀한 부품 확인	□	
		부가설명:								
	지식이해	요구되지 않음	□	언어지시, 모델링 후 견본 제시	□	언어지시와 함께 모델링	□	언어지시만으로 이해	□	
		부가설명:								
	쓰기	요구되지 않음	□	1~2단어 받아쓰기	□	3~4단어로 쓰기	□	편지 등 작문하기	□	
		부가설명:								
	읽기	요구되지 않음	□	1~2단어 읽고 이해	□	단문 읽고 이해하기	□	설명서 등 장면 읽고 이해하기	□	
		부가설명:								
	수 세기	요구되지 않음	□	1~10까지 세기	□	1~100까지 세기	□	100 이상 세기	□	
		부가설명:								
	수리능력	요구되지 않음	□	수 세기	□	덧셈, 뺄셈 가능	□	사칙연산 가능	□	
		부가설명:								
	금전관리 기술	요구되지 않음	□	화폐종류 인지가능	□	거스름돈 주고받기	□	금전관리 계획과 실행	□	
		부가설명:								
	시간개념	요구되지 않음	□	시계보기 가능	□	자신이 수행할 일을 확인	□	시간을 계획하고 분배 가능	□	
		부가설명:								
작업수행	지속력	2시간 미만	□	2~3시간 미만	□	3~4시간 미만	□	4시간 이상	□	
		부가설명:								
	작업속도	느린 속도 수용 가능함	□	보통의 꾸준한 작업속도가 요구됨	□	종종 빠른 작업속도가 요구됨	□	지속적으로 빠른 작업속도가 요구됨	□	
		부가설명:								
	작업주도성	요구되지 않음	□	자신의 직무를 스스로 할 수 있음	□	자발적으로 하는 것이 도움이 됨	□	직원이 다음 과제를 지시하거나 단서를 제공할 수 있음	□	
		부가설명:								
	업무의 순차적 수행	한 가지 업무	□	2~3가지 업무의 순차적 수행이 요구됨	□	4~6가지 업무를 순차적 수행이 요구됨	□	7가지 이상 업무를 순차적 수행이 요구됨	□	
		부가설명:								

구분	항목	요구도								중요도 (CI)
		①		②		③		④		
	일과상의 변화	변화 없음	□	하루에 2~3회 변화	□	하루에 4~6회 변화	□	하루에 7회 이상 변화	□	
		부가설명:								
변별력	크기변별	매우 낮음	□	낮음	□	높음	□	매우 높음	□	
		부가설명:								
	형태변별	매우 낮음	□	낮음	□	높음	□	매우 높음	□	
		부가설명:								
	색변별	매우 낮음	□	낮음	□	높음	□	매우 높음	□	
		부가설명:								
사회성	개인용모	중요하지 않음	□	청결만 요구	□	청결 · 단정한 복장	□	청결 · 단정한 복장 · 외모	□	
		부가설명:								
	표현언어	요구되지 않음	□	1단어 표현	□	2~3단어 조합의 단문 표현	□	정확한 문장표현	□	
		부가설명:								
	수용언어	요구되지 않음	□	1단어수용	□	2~3단어조합의 단문 수용	□	긴 문장 수용	□	
		부가설명:								

담당직무 공정분석			
순번	수행 과정	사용공구 · 도구 · 자재	작업요구 수준 (필요기능 · 작업량 · 작업속도 · 무게 등)
1			
2			
3			
4			
5			
6			
7			
8			

★ 직무수행 과정별 사진 첨부	
직무수행 시 유의사항	
종합소견	

고용노동부 고시_장애인취업지원업무처리규정 직무분석조사표 양식

직무분석조사표

(앞 쪽)

【사업체 일반현황】

<table>
<tr><td>사업체명</td><td colspan="4"></td><td>대 표 자</td><td colspan="2"></td></tr>
<tr><td>소 재 지</td><td colspan="4"></td><td>전화번호</td><td colspan="2"></td></tr>
<tr><td>업종</td><td></td><td colspan="2" rowspan="2">주요 생산품목</td><td colspan="4" rowspan="2"></td></tr>
<tr><td>산업분류</td><td></td></tr>
<tr><td>근무시간</td><td>: ~ :</td><td>잔업</td><td>유, 무</td><td>임 금</td><td colspan="3">월평균 만 원</td></tr>
<tr><td>근무형태</td><td>1교대, 2교대, 3교대</td><td>기숙사</td><td>유, 무</td><td>식사 제공</td><td colspan="3">유 / 무</td></tr>
<tr><td>가입보험</td><td colspan="7">1. 산재보험 2. 국민연금 3. 건강보험 4. 고용보험 5. 기타( )</td></tr>
</table>

【장애인 고용 현황】

<table>
<tr><td colspan="5">장애인근로자 현황</td></tr>
<tr><td>번호</td><td>성별</td><td>장애유형 · 등급</td><td>장애상태</td><td>담당직무</td></tr>
<tr><td></td><td></td><td></td><td></td><td></td></tr>
</table>

【훈련직무명】

<table>
<tr><td colspan="2">직무수행 내용</td></tr>
<tr><td>업무처리 절차 및 방법</td><td>육체적 활동</td></tr>
<tr><td></td><td></td></tr>
</table>

210㎜×297㎜(재활용품60g/㎡)

(뒤 쪽)

【직무수행요건】

학력		자격 · 면허		연령 · 성별	세 ~ 세 남, 여, 무관
작업형태	[ ]혼자서 작업하기 [ ]다른 사람과 같이 작업하기 [ ]다른 사람이 주위에 있는 곳에서 작업하기 [ ]기타				
읽기, 쓰기, 계산하기			환경조건		
숙련기간			숙련내용		

【현재 직무수행 중인 근로자 장애유형】

구분	장애유형	작업환경 개선 유무	개선내용
기존			
향후			

【평가(장애인 고용의 전망 등)】

분석일자: 분석자: (서명 또는 인)

210mm×297mm(재활용품60g/㎡)

직업평가 의뢰서

<table>
<tr><td></td><td></td><td></td><td>신청일</td><td colspan="3"></td></tr>
<tr><td>성 명</td><td></td><td>(남, 여)</td><td>생년월일</td><td colspan="3"></td></tr>
<tr><td>주 소</td><td colspan="2"></td><td>전 화</td><td colspan="3"></td></tr>
<tr><td>장애유형</td><td colspan="2"></td><td>장애등급</td><td colspan="3"></td></tr>
<tr><td>장애 및 의료적 정보</td><td colspan="6">※ 약물복용 유무, 장애진행정도, 수술이력, 건강상태 등</td></tr>
<tr><td>사회보장</td><td colspan="6">해당사항 없음(　) 국민기초생활보장 수급자(　) 국가유공자(　)
한부모가정(　) 차상위계층(　)</td></tr>
<tr><td>의뢰기관</td><td></td><td>담당자</td><td colspan="2"></td><td>연락처</td><td></td></tr>
<tr><td>의뢰사유
(목적)</td><td colspan="6">※예시: 진로탐색, 직업재활계획수립, 직업적응훈련 이용 등</td></tr>
<tr><td>의뢰질문</td><td colspan="6">1. ____
2. ____
3. ____
4. ____
※ 예시: 직업흥미는 무엇인가?, 사회성 기술향상을 위한 영역은?
얼마나 손을 민첩하게 사용할 수 있는가?</td></tr>
<tr><td>직업평가
이력</td><td colspan="6">※ 검사종류, 직업평가일자, 결과 등</td></tr>
<tr><td>직업훈련
및
직업경험</td><td colspan="6"></td></tr>
<tr><td>직업재활
서비스 이력</td><td colspan="6"></td></tr>
</table>

직업평가 계획서

NO.

성 명					
장애유형 및 등급		성별		소속	

이용자 욕구	

평가목적 (의뢰사유)	

의뢰질문	평가방법(도구)	평가일 (소요시간)	평가장소	평가사

본인은 해당 직업평가의 목적을 이해하였으며, 직업평가계획 수립에 참여하였습니다.

20 . . .

이용자 성명 (인/서명)
직업평가사 성명 (인/서명)

초기면접지

이름		성별	남☑ 여□	생년월일	
최종학력	무학 □ 초졸 □ 중졸 □ 고졸 □ 대졸 □ 대학원졸 □			결혼상태	미혼□ 기혼□
주소				연락처	
				이메일	
내관 욕구 및 기대				내관 경위	
				정보수신 의사	*메일 수신: yes □ no □ *SMS 수신: yes □ no □ *우편물 수신: yes □ no □

1. 장애력

장애유형 및 등급		발생원인 및 시기	원인:
			시기:
장애등록일		기타	

2. 건강상태

복용약	유☑ 무□		주이용 병원		
			진료내용		
			진료주기		
시각문제	유□ 무□		언어문제	유□ 무□	
신체질환	유□ 무□		보장구사용	유□ 무	
청각문제	유□ 무□		정신질환	유☑ 무□	
기타	없음				

3. 가정환경

이름	관계	생년월일	동거여부	장애여부	가족의 지지정도	비 고

사회보장 여부	일 반 □ 수 급 □ 한부모 □ 차상위 □ 기 타 □( )	수입원 (중복체크 가능)	본인 □ 부 □ 모 □ 형제 □ 기타 □( )
		기타	

4. 훈련 및 서비스

기관명	기간	훈련 · 서비스 내용	비고

5. 직업경력

사업체명	기간	고용형태	담당직무	퇴사사유	비고

6. 기초생활능력			
시간개념	시계보기	독립수행□ 부분도움□ 완전도움□	
	시간 지키기	독립수행□ 부분도움□ 완전도움□	
수 개념	수 읽기/쓰기	독립수행□ 부분도움□ 완전도움□	
	수 세기/이해	독립수행□ 부분도움□ 완전도움□	
	사칙연산	독립수행□ 부분도움□ 완전도움□	
쓰기/읽기 /이해	쓰기	독립수행□ 부분도움□ 완전도움□	
	읽기	독립수행□ 부분도움□ 완전도움□	
	문장이해	독립수행□ 부분도움□ 완전도움□	
색개념	색 인지	독립수행□ 부분도움□ 완전도움□	
	변별	독립수행□ 부분도움□ 완전도움□	
변별	방향	독립수행□ 부분도움□ 완전도움□	
	모양	독립수행□ 부분도움□ 완전도움□	
	공간	독립수행□ 부분도움□ 완전도움□	
	기타		
전산능력 (중복✔가능)	문서작성 □ 인터넷 □ 엑셀 □ S/W개발 □ CAD, CAM □ WEB디자인 □ 기타 □( )		
ADL	이동	독립수행□ 부분도움□ 완전도움□	
	식사	독립수행□ 부분도움□ 완전도움□	
	신변자립	독립수행□ 부분도움□ 완전도움□	
	착탈의	독립수행□ 부분도움□ 완전도움□	
	용모 단정	독립수행□ 부분도움□ 완전도움□	
	의사소통	독립수행□ 부분도움□ 완전도움□	
IADL	식사준비	독립수행□ 부분도움□ 완전도움□	
	금전관리	독립수행□ 부분도움□ 완전도움□	
	약 관리	독립수행□ 부분도움□ 완전도움□	
	전화이용	독립수행□ 부분도움□ 완전도움□	
	교통수단이용	독립수행□ 부분도움□ 완전도움□	
	지역사회시설이용	독립수행□ 부분도움□ 완전도움□	
기타			

7. 취업욕구 및 능력			
직업강점과 꿈			
흥미 분야		보유 자격증	
희망직종	직종 :		
	이유 :		
취업조건	고용형태: 정규직□ / 계약직□/ 일용직□ 시간제□/ 무관□/ 기타□( )	희망임금: 기숙희망: 유□ 무□	
	근무지역:	근무시간:	
기타 희망사항			

8. 종합소견

장애인 취업지원업무처리규칙 제652호(2020)

직업능력평가 소견서

※ 동 평가 자료는 평가 당시의 일시적인 상태를 나타낸 것이므로 평가대상자의 평상시 모습과 다른 특성이 나타날 수 있으며 평가대상자의 성장이나 환경 변화에 따라 결과가 달라질 수도 있으므로 보조자료로만 활용하시기 바랍니다.

※ 동 평가소견은 한국장애인고용공단에서 운영하는 장애인고용업무시스템에 등록되어 취업알선 등 서비스 지원시 활용되며 「개인정보 보호법」에 따라 보호됩니다.

성 명		생년월일	(연령/성별)	최종학력	
평가일		장애유형 (중증여부)		평가사	
의뢰기관		담당자		연락처	

직무수행수준 요약			
1 2 3 4 5 6 7 8 9 10 11 12 13 14 15 [ ] [ ] [ ] [ ] [ ] [ ] [ ] [ ] [ ] [ ] - [ ] [ ] - [ ] [ ] [ ]			
1. 드는 힘		9. 시력	
2. 서거나 걷기		10. 색구분	
3. 기어오르기		11. 손사용	
4. 쪼그려앉기		12. 손기능	
5. 구부리기		13. 지적능력	
6. 머리위로 손뻗기		14. 언어능력	
7. 청력		15. 수리능력	
8. 말하기			

I. 평가배경

평가목적/의뢰사유

배경정보
❍ 구직장애인의 외양, 태도, 행동 ❍ 성장과정, 학력 및 직업학력 ❍ 장애원인 및 정도, 발생시기, 약물복용사항 등 유의사항 ❍ 취업희망직종, 임금수준 등 취업조건-본인, 보호자의 의견 ❍ 일상생활(중증장애의 경우) ❍ 기타

II. 평가결과

사용한 평가도구

신체기능면
❍ 기본체격조건 ❍ 근력 및 보행 등

심리사회기능면
❍ 인지/학습 ❍ 적성 ❍ 흥미 ❍ 정서/성격 ❍ 기타 ❍ 사회발달수준(※ 정신적 장애의 경우)

작업기능면
❍ 작업생산성 ❍ 작업태도 ❍ 작업행동

III. 종합 및 제언

작업기능면
❍ 평가요약 ❍ 직업적 장점 ❍ 직업적 제한점 ❍ 제언 ❍ 직업수준 ❍ 적합직종/작업환경 혹은 작업상황 ❍ 추천프로그램 ❍ 기타

IV. 평가결과표(붙임)

「장애인 취업지원 업무처리규칙」 제82조에 따라 위와 같이 직업능력평가 결과를 통보합니다.

년　　월　　일

담당 직업능력평가사 ○○○ (인)

한국장애인고용공단 ○○○○○○○장

● 직무분석지 양식(객실 청소 · 화장실 청소 직무)

직 무 분 석 지

NO.	2019-1	작성자	임○○ (인)
사업체명	○○호텔	사업주(인사담당자)	김○○ 이사
업체방문일	2019년 1월 1일	직무분석표 작성일	2019년 1월 10일
자료수집 방법	관찰□ 면접☑ 설문지□ 과거 분석결과□ 체험☑ 기타□( )		
담당직무명	객실 청소/화장실 청소		
직무개요	객실관리(침실 청소 · 화장실 청소) → 창고관리(소모품 정리 · 리넨실 정리정돈 · 일회용품 정리) → 복도청소 → 청소도구 정리		

구분	항목	요구도 ①		요구도 ②		요구도 ③		요구도 ④		중요도 (CI)
신체능력	배근력 (들기)	10kg 미만	□	10-20kg 미만	☑	20~40kg 미만	□	40kg 이상	□	
		침대커버 교체 시 2명이 같이 시트를 들 수 있을 정도의 능력 필요								
	허리 굽히기	1시간 미만	□	1~2시간 미만	□	2~4시간 미만	☑	4~8시간	□	
		허리를 굽혀서 하는 작업이 많음								
	의자앉기	1시간 미만	☑	1~2시간 미만	□	2~4시간 미만	□	4~8시간	□	
		대부분 서서 작업하고 이동하는 작업이 많음								
	쪼그려 앉기	1시간 미만	☑	1~2시간 미만	□	2~4시간 미만	□	4~8시간	□	
		떨어진 소모품을 줍는 경우가 있고, 쪼그려 앉는 횟수는 빈번하지 않음								
	서기	1시간 미만	□	1~2시간 미만	□	2~4시간 미만	□	4~8시간	☑	CI
		서서 이동하는 작업으로 직무수행에 가장 중요한 부분임. 근력 · 체력이 요구됨								
	계단 오르기	1시간 미만	☑	1~2시간 미만	□	2~4시간 미만	□	4~8시간	□	
		14층에서만 작업하기 때문에 계단 사용 거의 없음								
	보행	1시간 미만	□	1~2시간 미만	□	2~4시간 미만	☑	4~8시간	□	
		서서하는 작업이며 짧은 거리지만 걷는 시간이 많음. 세탁물, 청소도구 운반 등								
	손가락 기민성	요구되지 않음	□	연필크기 물건집기	□	동전크기 물건집기	☑	바늘크기 물건집기	□	
		객실 소모품의 물건집기 가능한 손기능 필요								
	눈손협응	요구되지 않음	□	어느 정도 요구됨	□	중요함	□	매우 중요함	☑	CI
		객실 정해진 위치에 물품을 정리하고 머리카락, 먼지 등 이물질 처리를 위한 협응력 필요								
	양손협응	요구되지 않음	□	우세손만 사용	□	주: 우세손 보: 비우세손	□	양손 동시 사용	☑	
		양손을 동시에 사용하는 직무가 대부분으로 양손의 고른 힘이 요구								
	청력	요구되지 않음	☑	보청기로 소리 · 신호 확인	□	보청기로 일상대화 가능	□	전화, 일상대화 가능	□	
		2인 1조의 구성으로 간단한 지시수행을 들을 수 있는 기능이 필요하나 동일 직무로 특별한 지시사항이 많지 않음								

구분	항목	요구도								중요도(CI)
		①		②		③		④		
	시력	요구되지 않음	□	표지판 등 큰 글씨 확인	□	상품설명 같은 작은 글씨 확인	□	전자부품 등 세밀한 부품 확인	☑	
		물건을 구분하고 정해진 위치에 정리할 수 있고 머리카락, 먼지 등 이물질을 확인할 수 있어야 함								
인지	지식이해	요구되지 않음	□	언어지시, 모델링 후 견본제시	□	언어지시와 함께 모델링	☑	언어지시만으로 이해	□	
		직무에 대한 지시 및 새로운 직무에 대한 모델링 필요								
	쓰기	요구되지 않음	□	1~2단어 받아쓰기	☑	3~4단어로 쓰기	□	편지 등 작문하기	□	
		작업지시가 많이 없고 주로 구두로 지시하기 때문에 쓰기능력은 요구되지 않음								
	읽기	요구되지 않음	□	1~2단어 읽고 이해	☑	단문 읽고 이해하기	□	설명서 등 장면 읽고 이해하기	□	
		객실 호실 찾기, 소모품 구분 정도의 한글 읽기 기능 필요								
	수 세기	요구되지 않음	□	1~10까지 세기	☑	1~100까지 세기	□	100 이상 세기	□	
		객실에 비치되어야 할 소모품의 수 세기(타월, 칫솔, 음료 등) 필요								
	수리능력	요구되지 않음	□	수 세기	☑	덧·뺄셈 가능	□	사칙연산 가능	□	
		10까지 정도의 수 세기 기능은 필요하나 가감산, 사칙연산 직무 없음								
	금전관리 기술	요구되지 않음	□	화폐종류 인지 가능	☑	거스름돈 주고받기	□	금전관리계획 실행	□	
		직무수행에 필요 없고 일상생활에서의 금전관리기능 필요								
	시간개념	요구되지 않음	□	시계보기 가능	☑	자신이 수행할 일을 확인	□	시간을 계획하고 분배 가능	□	
		정해진 시간까지 작업을 마무리하거나 휴식시간을 확인할 수 있는 기능 필요								
작업수행	지속력	2시간 미만	□	2~3시간 미만	☑	3~4시간 미만	□	4시간 이상	□	
		한 객실 청소 직무마감까지 작업유지기능 중요. 일정 시간 휴식 후 반복되는 작업								
	작업속도	느린 속도 수용 가능함	□	보통의 꾸준한 작업속도가 요구됨	□	종종 빠른 작업속도가 요구됨	☑	지속적으로 빠른 작업속도가 요구됨	□	
		빈번하지 않지만 빈 객실이 없을 경우 빠른 속도로 작업을 해야 되는 경우가 있음								
	작업 주도성	요구되지 않음	□	자신의 직무를 스스로 할 수 있음	□	자발적으로 하는 것이 도움됨	☑	다음과제를 지시하거나 단서를 제공할 수 있음	□	
		협응하여 해야 되는 작업을 제외하고는 각자 직무수행에서 자발적으로 작업해야 함								
	업무의 순차적 수행	한 가지 업무	□	2~3가지 업무의 순차적 수행이 요구됨	☑	4~6가지 업무의 순차적 수행이 요구됨	□	7가지 이상 업무의 순차적 수행이 요구됨	□	
		객실 청소, 화장실 청소 수행 후 정리까지 순차적으로 직무수행								
	일과상의 변화	변화 없음	□	하루에 2~3회 변화	☑	하루에 4~6회 변화	□	하루에 7회 이상 변화	□	

구분	항목	요구도 ①		요구도 ②		요구도 ③		요구도 ④		중요도 (CI)
		직무가 객실 내에서 이루어지고 창고, 리넨실 작업이 있음								
변별력	크기변별	매우 낮음	☐	낮음	☑	높음	☐	매우 높음	☐	
		객실 내 정리정돈 정도의 크기변별 필요								
	형태변별	매우 낮음	☐	낮음	☐	높음	☐	매우 높음	☑	CI
		침대시트, 베개커버 등 천의 구김이 없이 반듯한 형태로 정리할 수 있는 형태변별 필요								
	색변별	매우 낮음	☐	낮음	☐	높음	☑	매우 높음	☐	
		쓰레기 분리수거 시 흰색, 노란색, 파란색 비닐봉투를 구분할 수 있을 정도의 색변별 필요								
사회성	개인용모	중요하지 않음	☐	청결만 요구	☐	청결 · 단정한 복장	☐	청결 · 단정한 복장 · 외모	☑	
		손님의 출입이 잦은 서비스업으로 친절한 태도와 청결 및 위생관리 필요								
	표현언어	요구되지 않음	☐	1단어 표현	☑	2~3단어 조합의 단문 수용	☐	정확한 문장표현	☐	
		간단한 의사소통능력(말하기) 요구								
	수용언어	요구되지 않음	☐	1단어 수용	☑	직위 간 엄격한 상하관계	☐	긴 문장 수용	☐	
		간단한 의사소통능력(듣기) 요구								

담당직무 공정분석 (객실정리)

순번	수행과정	사용공구 · 도구 · 자재	작업요구 수준 (필요기능 · 작업량 · 작업속도 · 무게 등)
1	고무장갑을 착용하고 세제, 직무도구를 준비하여 객실로 이동(직무준비)한다.	고무장갑, 청소도구	세제통에 세제를 1컵 정도 붓고 물을 섞어 준비할 수 있고 청소도구를 세탁통에 담을 정도의 기능, 10kg 미만의 무게감 들기능력 요구
2	침대시트와 이불, 베개커버를 정리한다.	-	2인 1조의 구성으로 협응력이 필요한 작업이며 지시에 따라 빠른 작업속도가 필요하며 10~20kg 정도의 매트리스를 다룰 능력 필요
3	옷장, 각종비품 및 소모품 확인(리모컨, 커피포트, 화장지, 냉장고, 일회용품 등)	-	비품 및 소모품의 사용 여부를 확인하고 정해진 숫자만큼 보충하여 제자리에 정리할 수 있는 기능 필요
4	청소기, 밀대, 걸레로 객실청소 후 쓰레기통을 비운다.	고무장갑, 청소도구	위생, 청결이 중요한 작업으로 이물질이 없도록 깨끗하게 작업할 수 있는 시각기능 필요
5	세탁물을 정리한다.	고무장갑	세탁물을 정해진 위치에 정리할 수 있는 능력 필요

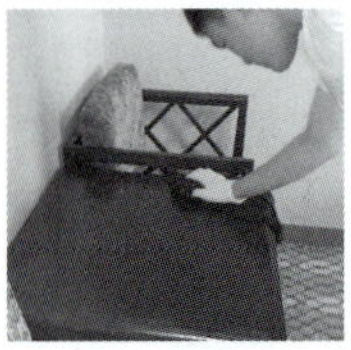

직무수행 시 유의사항	비품, 소모품이 정해진 위치에 정리가 되어야 하며 머리카락, 먼지 등의 이물질이 없도록 깨끗하게 작업하는 것이 매우 중요하다.

<table>
<tr><th rowspan="2">구분</th><th rowspan="2">항목</th><th colspan="4">요구도</th><th rowspan="2">중요도(CI)</th></tr>
<tr><th>①</th><th>②</th><th>③</th><th>④</th></tr>
<tr><td colspan="7">담당직무 공정분석 (화장실 청소 및 직무 마감)</td></tr>
<tr><td>순번</td><td colspan="2">수행과정</td><td>사용공구 · 도구 · 자재</td><td colspan="3">작업요구 수준
(필요기능 · 작업량 · 작업속도 · 무게 등)</td></tr>
<tr><td>1</td><td colspan="2">고무장갑을 착용 후 세제 묻힌 수세미로 세면대, 욕조, 변기, 거울, 바닥 등을 비누칠하여 청소한다.</td><td>고무장갑, 청소도구</td><td colspan="3">이물질이 없도록 깨끗하게 작업할 수 있는 시각기능이 요구</td></tr>
<tr><td>2</td><td colspan="2">세면대, 욕조, 변기, 거울, 바닥의 물기를 제거한다.</td><td>고무장갑, 마른수건</td><td colspan="3">마른수건으로 물기를 깨끗이 닦아야 함</td></tr>
<tr><td>3</td><td colspan="2">배수구 머리카락을 제거하고, 소모품을 보충한다(수건, 비누, 샴푸, 바디샴푸, 화장지 등).</td><td>고무장갑</td><td colspan="3">욕조, 세면대 머리카락 제거 및 소모품의 사용 여부를 확인하고 보충하여 제자리에 정리할 수 있는 능력 필요</td></tr>
<tr><td>4</td><td colspan="2">쓰레기통을 비우고 씻는다.</td><td>고무장갑</td><td colspan="3">이물질이 없도록 깨끗하게 씻어서 물기를 제거할 수 있는 시각기능 필요</td></tr>
<tr><td>5</td><td colspan="2">청소도구를 정리하고 객실에서 나온 쓰레기를 분리수거한다.</td><td>고무장갑</td><td colspan="3">직무에 사용한 청소도구를 정해진 자리에 정리하고 비닐봉투를 구분하여 분리수거를 해야 하기 때문에 색변별력 요구</td></tr>
<tr><td></td><td></td><td>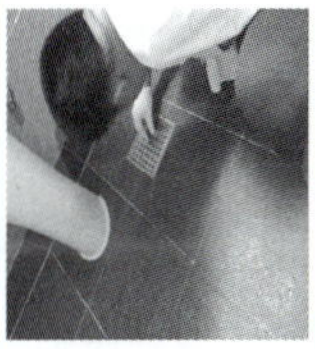</td><td></td><td></td><td colspan="2"></td></tr>
<tr><td colspan="2">직무수행 시 유의사항</td><td colspan="5">• 비품, 소모품을 정해진 자리에 정리해야 하며 머리카락, 먼지 등의 이물질이 없도록 깨끗하게 작업해야 하고 미끄러지지 않도록 물기가 전혀 없도록 깨끗이 닦아야 함
• 색깔별로 비닐봉투를 잘 구분하여 분리수거 시 섞이지 않도록 유의해야 함</td></tr>
<tr><td colspan="2">종합 소견</td><td colspan="5">• 작업공간이 협소하고 물기가 많아 미끄러운 위험요소가 많아 이를 인지하여 직무를 수행할 수 있는 정도의 기능이 필요하며 객실 곳곳 정해진 위치에 물품을 정리하고 머리카락, 먼지 등 이물질을 처리할 수 있을 정도의 시각기능이 필요함
• 위생, 청결에 대한 개념을 확실히 알고 깨끗이 청소를 잘 할 수 있어야 되며 계속 서서 작업하고 짧은 거리지만 이동이 많은 작업으로 체력이 좋고 인지기능이 양호하며 시력이 좋고 색변별이 가능한 장애인을 대상으로 취업알선을 할 수 있을 것으로 보임
• 고객의 출입이 많은 사업체로 복도 청소와 청소도구 이동 시 고객에게 친절하게 인사 · 응대하고 자기관리를 할 수 있는 장애인 채용을 희망하고 있음
• 현재 장애인 채용경험이 없는 사업체로 타 지역의 사회복지단체 등에서 단체로 숙박예약을 하는 경우가 빈번하게 있어 채용담당자가 장애에 대한 인식이 긍정적인 편임. 향후 웨딩홀, 뷔페사업에도 지속적으로 장애인의 채용을 확대할 계획이 있음</td></tr>
</table>

출처: 한국장애인개발원(2017). 퍼스트잡 서비스 매뉴얼 재구성.

● 직무분석을 통한 직무 매뉴얼 양식(대형마트 매장 및 상품관리 직무)

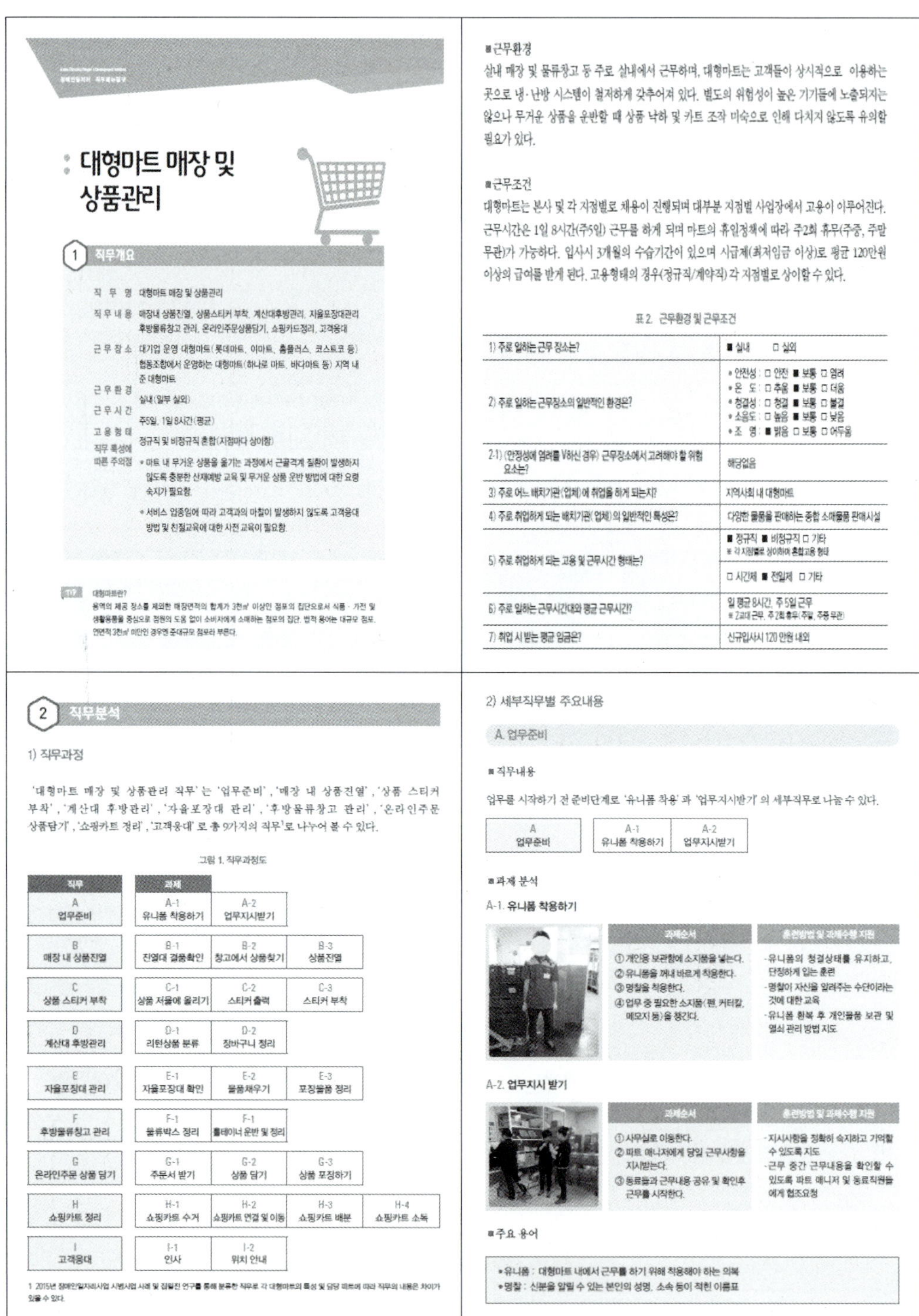

대형마트 매장 및 상품관리

1 직무개요

직 무 명	대형마트 매장 및 상품관리
직 무 내 용	매장내 상품진열, 상품스티커 부착, 계산대후방관리, 자율포장대관리 후방물류창고 관리, 온라인주문상품담기, 쇼핑카드정리, 고객응대
근 무 장 소	대기업 운영 대형마트(롯데마트, 이마트, 홈플러스, 코스트코 등) 협동조합에서 운영하는 대형마트(하나로 마트, 바다마트 등) 지역 내 준 대형마트
근 무 환 경	실내(일부 실외)
근 무 시 간	주5일, 1일 8시간(평균)
고 용 형 태	정규직 및 비정규직 혼합(지점마다 상이함)
직무 특성에 따른 주의점	* 마트 내 무거운 상품을 옮기는 과정에서 근골격계 질환이 발생하지 않도록 충분한 산재예방 교육 및 무거운 상품 운반 방법에 대한 요령 숙지가 필요함. * 서비스 업종임에 따라 고객과의 마찰이 발생하지 않도록 고객응대 방법 및 친절교육에 대한 사전 교육이 필요함.

TIP 대형마트란?
용역의 제공 장소를 제외한 매장면적의 합계가 3천㎡ 이상인 점포의 집단으로서 식품 · 가전 및 생활용품을 중심으로 점원의 도움 없이 소비자에게 소매하는 점포의 집단. 법적 용어는 대규모 점포. 연면적 3천㎡ 미만인 경우엔 준대규모 점포라 부른다.

■ 근무환경
실내 매장 및 물류창고 등 주로 실내에서 근무하며, 대형마트는 고객들이 상시적으로 이용하는 곳으로 냉·난방 시스템이 철저하게 갖추어져 있다. 별도의 위험성이 높은 기기들에 노출되지는 않으나 무거운 상품을 운반할 때 상품 낙하 및 카트 조작 미숙으로 인해 다치지 않도록 유의할 필요가 있다.

■ 근무조건
대형마트는 본사 및 각 지점별로 채용이 진행되며 대부분 지점별 사업장에서 고용이 이루어진다. 근무시간은 1일 8시간(주5일) 근무를 하게 되며 마트의 휴일정책에 따라 주2회 휴무(주중, 주말 무관)가 가능하다. 입사시 3개월의 수습기간이 있으며 시급제(최저임금 이상)로 평균 120만원 이상의 급여를 받게 된다. 고용형태의 경우(정규직/계약직) 각 지점별로 상이할 수 있다.

표 2. 근무환경 및 근무조건

1) 주로 일하는 근무 장소는?	■ 실내 □ 실외
2) 주로 일하는 근무장소의 일반적인 환경은?	• 안전성 : □ 안전 ■ 보통 □ 염려 • 온 도 : □ 추움 ■ 보통 □ 더움 • 청결성 : □ 청결 ■ 보통 □ 불결 • 소음도 : □ 높음 ■ 보통 □ 낮음 • 조 명 : ■ 밝음 □ 보통 □ 어두움
2-1) (안정성에 염려를 V하신 경우) 근무장소에서 고려해야 할 위험 요소는?	해당없음
3) 주로 어느 배치기관(업체)에 취업을 하게 되는지?	지역사회 내 대형마트
4) 주로 취업하게 되는 배치기관(업체)의 일반적인 특성은?	다양한 물품을 판매하는 종합 소매물품 판매시설
5) 주로 취업하게 되는 고용 및 근무시간 형태는?	■ 정규직 ■ 비정규직 □ 기타 ※ 각 지점별로 상이하여 혼합고용 형태
	□ 시간제 ■ 전일제 □ 기타
6) 주로 일하는 근무시간대와 평균 근무시간?	일 평균 8시간, 주 5일 근무 ※ 2교대 근무, 주 2회 휴무(주말, 주중 무관)
7) 취업 시 받는 평균 임금은?	신규입사시 120 만원 내외

2 직무분석

1) 직무과정

'대형마트 매장 및 상품관리 직무'는 '업무준비', '매장 내 상품진열', '상품 스티커 부착', '계산대 후방관리', '자율포장대 관리', '후방물류창고 관리', '온라인주문 상품담기', '쇼핑카트 정리', '고객응대'로 총 9가지의 직무[1]로 나누어 볼 수 있다.

그림 1. 직무과정도

직무	과제			
A 업무준비	A-1 유니폼 착용하기	A-2 업무지시받기		
B 매장 내 상품진열	B-1 진열대 결품확인	B-2 창고에서 상품찾기	B-3 상품진열	
C 상품 스티커 부착	C-1 상품 저울에 올리기	C-2 스티커 출력	C-3 스티커 부착	
D 계산대 후방관리	D-1 리턴상품 분류	D-2 장바구니 정리		
E 자율포장대 관리	E-1 자율포장대 확인	E-2 물품채우기	E-3 포장물품 정리	
F 후방물류창고 관리	F-1 물류박스 정리	F-1 롤테이너 운반 및 정리		
G 온라인주문 상품 담기	G-1 주문서 받기	G-2 상품 담기	G-3 상품 포장하기	
H 쇼핑카트 정리	H-1 쇼핑카트 수거	H-2 쇼핑카트 연결 및 이동	H-3 쇼핑카트 배분	H-4 쇼핑카트 소독
I 고객응대	I-1 인사	I-2 위치 안내		

1 2015년 장애인일자리사업 시범사업 사례 및 집필진 연구를 통해 분류한 직무로 각 대형마트의 특성 및 담당 파트에 따라 직무의 내용은 차이가 있을 수 있다.

2) 세부직무별 주요내용

A. 업무준비

■ 직무내용
업무를 시작하기 전 준비단계로 '유니폼 착용'과 '업무지시받기'의 세부직무로 나눌 수 있다.

A 업무준비	A-1 유니폼 착용하기	A-2 업무지시받기

■ 과제 분석

A-1. 유니폼 착용하기

과제순서	훈련방법 및 과제수행 지원
① 개인용 보관함에 소지품을 넣는다. ② 유니폼을 꺼내 바르게 착용한다. ③ 명찰을 착용한다. ④ 업무 중 필요한 소지품(펜, 커터칼, 메모지 등)을 챙긴다.	-유니폼의 청결상태를 유지하고, 단정하게 입는 훈련 -명찰이 자신을 알려주는 수단이라는 것에 대한 교육 -유니폼 환복 후 개인물품 보관 및 열쇠 관리 방법 지도

A-2. 업무지시 받기

과제순서	훈련방법 및 과제수행 지원
① 사무실로 이동한다. ② 파트 매니저에게 당일 근무사항을 지시받는다. ③ 동료들과 근무내용 공유 및 확인후 근무를 시작한다.	-지시사항을 정확히 숙지하고 기억할 수 있도록 지도 -근무 중간 근무내용을 확인할 수 있도록 파트 매니저 및 동료직원들에게 협조요청

■ 주요 용어

• 유니폼 : 대형마트 내에서 근무를 하기 위해 착용해야 하는 의복
• 명찰 : 신분을 알릴 수 있는 본인의 성명, 소속 등이 적힌 이름표

■ 주의 사항

- 대형마트는 생활용품 및 식재료들을 판매하는 곳으로 직원들의 개인위생이 중요시 되는 업종임에 따라 복장을 단정히 하고 상품과 접촉하는 신체부위의 위생상태를 청결이 유지할 수 있도록 노력하여야 함.

B. 매장 내 상품진열

■ 직무내용

고객이 상품을 불편 없이 구매할 수 있도록 상품을 진열하는 직무로서 비어있는 진열대를 확인 후 해당 상품을 채워 넣는 직무이다. 세부직무로는 '진열대 결품확인', '창고에서 상품찾기', '상품진열'로 3가지로 분류할 수 있다.

B 매장 내 상품진열	B-1 진열대 결품확인	B-2 창고에서 상품찾기	B-3 상품진열

■ 과제 분석

B-1. 진열대 결품확인

과제순서	훈련방법 및 과제수행 지원
① 담당 구역 진열대를 둘러본다. ② 상품의 결품상태를 확인한다. ③ 교체나 추가진열이 필요한 상품내역을 기억 또는 메모한다.	- 상품의 온전한 상태와 결품상태를 구별할 수 있도록 훈련 및 지도 - 담당 구역을 구별할 수 있도록 지도

B-2. 창고에서 상품찾기

과제순서	훈련방법 및 과제수행 지원
① 상품이 적재된 창고로 이동한다. ② 해당 상품의 재고를 찾는다. ③ 찾은 상품은 카트 및 롤테이너에 실어 매장으로 옮긴다.	- 진열이 필요한 상품의 재고 보관 위치와 수량을 파악할 수 있는 훈련 - 카트 및 롤테이너를 안전하게 사용할 수 있도록 사용법 훈련

B-3. 상품진열

과제순서	훈련방법 및 과제수행 지원
① 진열방법, 상품의 유통기한 등을 확인한다. ② 진열대의 진열방법에 따라 상품을 진열한다. ③ 진열 후 진열대 주변을 정리한다.	- 상품 각각의 다양한 진열방법을 숙지할 수 있도록 훈련 - 식품류 등 상할 수 있는 상품의 유통기한 확인 훈련 - 고객들과 부딪히지 않도록 행동의 주의훈련 지도

■ 주요 용어

- 진열 : 상품이나 물건을 여러 사람에게 보이기 위해 벌여 놓음
- 매장 : 상품을 놓고 파는 장소
- 재고 : 점포나 기업이 보유하고 있는 창고에 보관되어 있는 상품(반제품, 원자재 등)
- 결품 : 진열된 상품의 날짜가 지나거나 포장상태가 불량인 상품
- 카트 : 물건을 실어 나를 수 있도록 만든 작은 손수레
- 롤테이너 : 물건이 떨어지지 않도록 보호하는 걸림장치가 있는 이동수레
- 후방물류창고 : 매장 뒤쪽으로 재고 상품을 쌓아 놓는 곳

■ 주의사항

- 고객이 있는 진열대는 고객이 떠난 후 상품정리 함.
- 진열상품을 구입하려는 고객이 있을 경우 옆에서 기다리지 않고 잠시 다른 장소에서 기다림.
- 상품 운반시 상품이 손상되지 않도록 하며 고객들과 부딪히지 않도록 조심하여 이동함.
- 상품별 유통기한 확인을 철저히 하며, 상품별 진열방법이 달라지지 않도록 유의함.

TIP 상품진열의 기본원칙

- 상품을 보기 쉽게 진열하라.
- 상품의 가격과 용량을 알기 쉽게 진열하라.
- 쉽고 편하게 손이 닿을 수 있도록 하라.
- 상품진열은 무너지지 않게 안정감을 줘라.
- 상품의 전면이 바로 보이게 하라.
- 상품의 브랜드가 정면에 보이게 하라.
- 상품의 범주와 품종을 구분하여 진열하라.
- 큰 사이즈와 무게가 나가는 상품은 밑으로 진열하라.
- 주력상품이나 이벤트 상품은 대량으로 진열하라.
- 고가제품이나 저회전 상품은 최소 수량으로 진열하라.
- 각 상품별 색채 대비가 조화를 이루게 하라.
- 깨끗하고 깔끔하게 진열하라.

C. 상품 스티커 부착

■ 직무내용

무게에 따라 가격이 달라지는 상품의 가격정보를 담은 스티커를 상품에 부착하여 고객에게 상품정보를 알려주는 직무이다. 세부직무로 '상품 저울에 올리기', '스티커 출력', '스티커 부착' 3가지로 분류할 수 있다.

C 상품 스티커 부착	C-1 상품 저울에 올리기	C-2 스티커 출력	C-3 스티커 부착

■ 과제 분석

C-1. 상품 저울에 올리기

과제순서	훈련방법 및 과제수행 지원
① 고객이 담아온 상품의 품명을 확인한다. ② 전자저울이 0g 상태인지 확인한다. ③ 상품을 저울에 올린다.	- 전자저울 표시부의 숫자를 바르게 읽을 수 있도록 훈련 - 고객이 담아온 상품이 정확히 무엇인지 인지할 수 있도록 훈련

C-2. 스티커 출력

과제순서	훈련방법 및 과제수행 지원
① 해당상품의 품명이 입력된 버튼을 누른다. ② 출력된 스티커의 바코드 인쇄상태를 확인한다.	- 문자로 표기된 전자저울의 버튼을 읽을 수 있도록 훈련 - 올바른 바코드 상태 확인 훈련

C-3. 스티커 부착

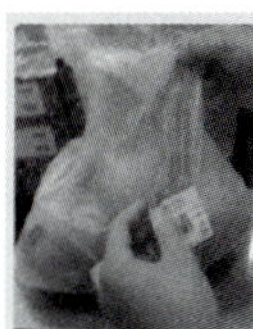

과제순서	훈련방법 및 과제수행 지원
① 바코드가 구겨지지 않도록 스티커를 컷팅한다. ② 스티커가 떨어지지 않도록 바르게 부착한다. ③ 비닐봉지 안의 상품이 흘러나오지 않도록 밀봉하여 고객에게 전달한다.	- 컷팅 중 스티커가 훼손되지 않도록 훈련 - 상품을 깔끔하게 넣고 비닐봉지를 꼼꼼히 묶을 수 있도록 훈련 - 고객과 상품을 주고받을 때 상품이 훼손되지 않도록 주의

■ 주요용어

- 스티커 : 상품의 가격 및 정보가 입력된 바코드가 인쇄되어 있는 가격표
- 바코드 : 영 · 숫자나 특수글자를 기계가 읽을 수 있는 형태로 표현하기 위해 굵기가 다른 수직 막대들의 조합으로 나타내어, 광학적으로 판독이 가능하도록 한 코드로, 상품의 포장에 인쇄되어 가격을 표시하거나 물품을 구분하기 위한 다양한 용도로 사용되는 인식 코드
- 전자저울 : 상품의 무게를 재는 상업용 저울로 상품의 양과 가격을 계산하고, 양과 가격을 나타내 줌

■ 주의사항

- 0g 상태의 저울에 상품을 올릴 수 있도록 확인함.
- 저울의 상품 버튼을 누르기 전 고객이 가져온 상품과 일치하는지 확인함.
- 바코드의 인쇄상태 확인 및 스티커가 고객의 이동 중 떨어지지 않도록 바르게 부착함.
- 비닐팩에 담긴 상품이 흘러내리지 않도록 단단히 밀봉할 수 있도록 함.
- 문제가 생기거나 고객의 항의가 있을 시 당황하지 않고 동료 및 매니저에게 도움을 청할 수 있도록 함.

D. 계산대 후방관리

■ 직무내용

계산대에서 고객의 변심 또는 상품의 결품상태로 구매가 이루어지지 않은 상품 정리하는 직무로, 리턴상품을 분류대로 운반하는 '리턴상품 분류'와 계산대에 쌓인 장바구니를 정리하는 '장바구니 정리' 2가지 세부 직무로 이루어진다.

D 계산대 후방관리	D-1 리턴상품 분류	D-2 장바구니 정리

■ 과제 분석

D-1. 리턴상품 분류

과제순서	훈련방법 및 과제수행 지원
① 빈 카트를 가지고 계산대 뒤쪽으로 이동한다. ② 구매의사가 없는 상품인지 계산원에게 확인한다. ③ 확인된 상품을 카트에 싣는다. ④ 상품을 리턴상품 분류대에 옮겨 상품별로 분류한다.	- 상품을 종류별로 분류하고, 훼손되지 않도록 카트에 싣는 훈련 - 상품운반시 고객과 부딪히지 않고 안전하게 카트 사용하도록 훈련

D-2. 장바구니 정리

과제순서	훈련방법 및 과제수행 지원
① 계산대에 고객이 두고 간 장바구니를 수거한다. ② 매장입구 등 마트에 지정된 장소에 장바구니를 모아둔다.	- 장바구니 이동시 파손되지 않도록 유의하여 운반할 수 있도록 훈련 - 오염된 장바구니는 깨끗하게 닦아 정리할 수 있도록 훈련

■ 주요 용어

- 계산대 : 상점에서 물품에 대해 돈을 지급하고 물건을 포장하기 위해 마련한 대
- 리턴상품 : 고객이 구매를 하기 위해 계산대로 가져온 상품 중 변심 및 결품으로 인해 계산을 취소한 상품

■ 주의사항

- 리턴상품 중 냉동식품이 있을 시 다른 상품보다 우선적으로 먼저 분류하여야 함.
- 상품 운반시 상품이 손상되지 않도록 하며 고객들과 부딪히지 않도록 조심하여 이동함.

E. 자율포장대 관리

■ 직무내용

계산이 완료된 상품을 고객이 스스로 운반하기 쉽게 포장할 수 있도록 도와주는 직무이다. 자율포장대에 포장물품이 떨어지지 않도록 '자율포장대 확인', '물품채우기', '포장물품 정리' 3가지 세부직무로 수행할 수 있다.

E 자율포장대 관리	E-1 자율포장대 확인	E-2 물품채우기	E-3 포장물품 정리

■ 과제 분석

E-1. 자율포장대 확인

과제순서	훈련방법 및 과제수행 지원
① 매장 내 또는 외부에 위치한 자율포장대로 이동한다. ② 자율포장대 내 박스 및 포장보조물품 등을 확인한다.	- 매장 곳곳의 자율포장대 위치를 언제든지 찾아갈 수 있도록 훈련

E-2. 물품채우기

과제순서	훈련방법 및 과제수행 지원
① 노끈, 박스테이프 등 떨어지기 전에 새것으로 교체해 놓는다. ② 물류창고 등 박스를 모아둔 곳에서 깨끗한 박스를 골라 자율포장대에 채워 놓는다.	- 물품들이 보관된 곳을 확인하고 적절한 물품의 수를 체크할 수 있도록 훈련 - 포장하기에 적절한 박스의 청결상태를 구별할 수 있도록 훈련

E-3. 포장물품 정리

과제순서	훈련방법 및 과제수행 지원
① 보관대 속 박스를 크기별로 가지런히 정리한다. ② 가위, 노끈, 박스테이프 등 흩어져 있는 물품들을 제자리에 정리한다. ③ 포장대 주변 쓰레기 등 오염물질을 제거한다.	- 자율포장대가 비어있는 시간을 활용하여 정리할 수 있도록 상황훈련 - 자율포장대 정리시 가위, 테이프 컷팅기 등에 다치지 않도록 안전훈련

■ 주요 용어

- 자율포장대 : 마트 이용 고객 스스로 필요에 의해서 계산이 완료된 상품을 포장하는 곳

■ 주의사항

- 박스 및 테이프 컷팅기에 손을 다치지 않도록 주의함.
- 고객들이 자율포장대를 이용하지 않을 때 작업할 수 있도록 함.

F. 후방물류창고 관리

■ 직무내용

판매되기 전 상품들을 보관하는 창고를 정리하고 상품의 검수를 보조하는 직무로 '물류박스 정리', '롤테이너 운반 및 정리' 2가지 직무로 나눌 수 있다.

F 후방물류창고 관리	F-1 물류박스 정리	F-2 롤테이너 운반 및 정리

■ 과제 분석

F-1. 물류박스 정리

과제순서	훈련방법 및 과제수행 지원
① 후방물류창고로 이동한다. ② 물류박스에 담긴 상품을 확인한다. ③ 롤테이너의 바퀴를 잠근 후 물류박스를 롤테이너에 옮겨 싣는다. ④ 물류박스가 넘어지지 않도록 정리한다.	- 물류박스를 안전하게 실을 수 있도록 안전훈련 - 롤테이너 1개에 적정량의 물류박스를 실을 수 있도록 지도

F-2. 롤테이너 운반 및 정리

과제순서	훈련방법 및 과제수행 지원
① 롤테이너의 적재된 상품을 확인한다. ② 롤테이너 바퀴의 안전장치를 풀고 천천히 밀면서 검품장으로 이동한다. ③ 적재된 상품별로 구분하여 롤테이너를 검품장에 정리해 넣는다.	- 운반 중 상품이 쏟아지지 않도록 전방주시 및 팔의 힘 조절 훈련 - 상품별 롤테이너가 섞이지 않도록 주의하여 정리할 수 있도록 훈련

G. 온라인 주문 상품담기

■ 직무내용

고객이 인터넷으로 주문한 상품을 찾아 고객에서 발송하는 직무로 '주문서 받기', '상품담기', '상품포장하기' 3가지 세부직무로 나뉜다. 이 직무를 수행하는 사람을 온라인피커(Online picker)라고 부른다.

G 온라인주문 상품 담기	G-1 주문서 받기	G-2 상품 담기	G-3 상품 포장하기

■ 과제 분석

G-1. 주문서 받기

과제순서	훈련방법 및 과제수행 지원
① 온라인을 통해 주문된 상품 주문서를 받는다. ② 주문서를 받아 장을 볼 상품의 종류를 확인한다.	- 주문된 상품리스트 숙지훈련 - 담기 편리한 매장 내 이동 동선을 미리 생각할 수 있도록 훈련

G-2. 상품담기

과제순서	훈련방법 및 과제수행 지원
① 카트를 끌고 매장으로 이동한다. ② 주문서에 따라 상품을 카트에 담는다. ③ 상품을 다 담은 후 상품배송 장소로 이동한다.	- 품목별 정확한 상품구분 훈련 - 매장 내 상품의 위치 숙지훈련 - 안전한 카트 이동훈련

G-3. 상품 포장하기

과제순서	훈련방법 및 과제수행 지원
① 동료 또는 파트 매니저와 상품을 교차로 확인한다. ② 확인이 완료된 상품은 개별포장 및 박스포장 한다. ③ 포장이 완료된 박스는 운송장을 붙여 발송대기 장소에 놓는다.	- 배송시 상품이 훼손되지 않도록 주의하여 포장할 수 있도록 훈련

■ 주요 용어

- 온라인피커 : 온라인 쇼핑몰 배송담당 직원
- 주문서 : 물품 따위를 주문하는 데 관한 여러 가지 내용을 적은 글이나 문서

■ 주의 사항

- 고객이 주문한 물품이 훼손되지 않도록 유의하여 작업함.
- 담아온 상품은 동료 또는 파트 매니저를 통해 2차 확인 작업을 거쳐 빠지거나 잘못 배송되는 물품이 없도록 철저히 확인함.

H. 쇼핑카트 정리

■ 직무내용

고객들이 쇼핑할 때 사용하는 카트를 관리하는 직무로, 적절한 시기에 카트를 정해진 장소에 보충하여 고객들이 불편 없이 이용할 수 있도록 돕는 직무이다. '쇼핑카트 정리'는 '쇼핑카트 수거', '쇼핑카트 연결 및 이동', '쇼핑카트 배분', '쇼핑카트 소독' 이렇게 4가지 직무로 나누어 볼 수 있다.

H 쇼핑카트 정리	H-1 쇼핑카트 수거	H-2 쇼핑카트 연결 및 이동	H-3 쇼핑카트 배분	H-4 쇼핑카트 소독

■ 과제 분석

H-1. 쇼핑카트 수거

과제순서	훈련방법 및 과제수행 지원
① 2명~3명씩 조를 이루어 카트가 흩어져 있는 장소로 이동한다. (주차장, 매장 내 · 외부 등) ② 집결장소가 아닌 곳에 흩어져 있는 카트를 모은다. ③ 카트를 모으면서 카트 안 쓰레기 및 오염물질을 제거한다.	- 카트 이동시 카트가 훼손되거나 사람과 부딪히지 않도록 훈련 - 카트 안 쓰레기 및 오염 물질을 꼼꼼히 확인할 수 있도록 훈련

H-2. 쇼핑카트 연결 및 이동

과제순서	훈련방법 및 과제수행 지원
① 모아진 카트들은 코인락 부분을 연결한다. ② 수거한 장소에서 필요한 수만큼 연결된 카트를 남겨 놓는다. ③ 다른 장소로 배분이 필요한 카트는 20개~30개 단위로 연결한다. ④ 연결된 카트는 배분이 필요한 장소로 에스컬레이터를 이용하여 이동시킨다.	- 카트 이동시 2~3명이 한조가 되어 1명은 카트 앞부분에서 방향을 조절하고 1명은 중간에서 카트가 휘지 않도록 잡아주며 1명은 카트 뒷부분에서 밀어주는 역할을 하도록 훈련 - 에스컬레이터를 이용하여 이동시 카트를 한쪽으로 밀착시켜 고객들이 이동할 수 있는 통로를 만들어 주도록 함

H-3. 쇼핑카트 배분

과제순서	훈련방법 및 과제수행 지원
① 매장 내 입구, 층별 보관장소 등 보충이 필요한 곳을 파악한다. ② 연결된 카트를 보관 장소에 표시된 라인을 넘기지 않는 선에서 카트를 배분하여 갖다 놓는다. ③ 연결된 카트의 분리가 필요한 경우 카트 분리용 와이퍼를 이용하여 카트를 분리시킨다.	- 카트 이동시 고객들과의 접촉을 최소한으로 할 수 있도록 훈련 - 카트 연결시 소음을 최소화하여 고객들이 불편을 느끼지 못하도록 주의훈련

H-4. 쇼핑카트 소독

과제순서	훈련방법 및 과제수행 지원
① 영업이 끝난 후 각 장소에 배분되었던 카트를 코인락을 이용하여 연결시킨 후 한 곳으로 모은다. ② 모은 카트 내부 쓰레기를 치우고 오염물질들을 닦아 낸다. ③ 1차 청소가 끝난 카트를 살균소독기 앞에 정렬시킨다. ④ 살균소독기의 전원 버튼을 눌러 소독을 실시한다.	- 영업이 끝난 시점이라고 카트를 무리하여 과하게 연결시켜 이동시키지 않도록 주의 - 카트를 연결하고 이동하는 동안 신체부위(특히 손)가 끼는 등 상해를 입지 않도록 안전교육 필요 - 살균소독기 작동법을 반복적으로 훈련

■ 주의 사항

- 카트 이동시 꼭 2~3명이 함께 이동하여 무거운 카트로 인한 산업재해를 예방하여야 함.
- 카트 이동시 고객과 부딪히지 않도록 신중하고 안전하게 이동시키는 훈련이 필요함.
- 카트 수거 중 고장이 의심되는 카트는 바로 분리하여 수리할 수 있도록 함.

I. 고객응대

■ 직무내용

고객의 마트이용의 편리를 위하여 제공하는 서비스로 '인사', '위치안내' 2가지 세부직무를 수행할 수 있다. 주로 고객응대는 매장의 판매직원들이 수행하지만 매장을 지나다니거나 상품을 진열할 때 고객들이 불특정 다수의 직원에게 문의를 함에 따라 필수적으로 훈련하고 수행해야 하는 직무이다.

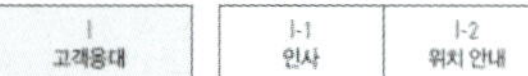

■ 과제 분석

I-1. 인사

과제순서	훈련방법 및 과제수행 지원
① 허리는 45도로 숙이고 양손을 가지런히 모은다. ② 고객을 향해 '감사합니다', '어서오십시오', '무엇을 도와드릴까요?' 등 마트별 인사법에 따라 인사한다.	- 단정한 옷차림과 청결한 외모를 유지할 수 있도록 훈련 - 친절한 말투와 웃는 얼굴로 인사할 수 있도록 훈련

I-2. 위치 안내

과제순서	훈련방법 및 과제수행 지원
① 고객이 원하는 상품명 및 가고자 하는 장소를 주의 깊게 듣는다. ② 원하는 상품명과 장소를 확인받는다. ③ 손바닥을 위로 펴고 고객이 가야 할 방향대로 가리켜 위치를 설명한다.	- 매장 내 상품위치 숙지 훈련 - 위치를 정확히 설명하기 힘들 때에는 빠르게 다른 동료들에게 고객의 상황을 설명하도록 지시

표 4. 근무자 선정평가 체크리스트 예시

성명		평가일자	
		장애유형 및 등급	
항목		평가	필요지원
적성	언어력(상황에 맞는 언어를 사용하는 능력)	①②③④⑤	
	공간력(공간적인 물체의 상을 생각하는 능력)	①②③④⑤	
	형태지각력(형태나 명암의 차를 감지하는 능력)	①②③④⑤	
	사회성(대인관계 및 사회적 적응력)	①②③④⑤	
	색분별력(색상의 유사 및 유의도를 판별·배합하는 능력)	①②③④⑤	
	①소계		
인지 정서 성격	이해력(어떤 사물의 의미를 파악하는 능력)	①②③④⑤	
	판단력(적합한 결론에 도달하는 능력)	①②③④⑤	
	기억력(기억하거나 주의력을 집중시켜 분별하는 능력)	①②③④⑤	
	표현력(생각하는 정보를 정확하게 언어로 표현하는 능력)	①②③④⑤	
	협조성(동료나 상사와 사이좋게 일을 진행해 나가는 능력)	①②③④⑤	
	인내성(좋지 않아도 참고 견디는 능력)	①②③④⑤	
	민첩성(힘이 빠르고, 민첩한 행동으로 처리하는 능력)	①②③④⑤	
	②소계		
신체	배근력	①②③④⑤	
	허리굽히기	①②③④⑤	
	의자 앉기	①②③④⑤	
	쪼그려앉기	①②③④⑤	
	서기	①②③④⑤	
	계단오르기	①②③④⑤	
	보행	①②③④⑤	
	손가락기민성	①②③④⑤	
	눈손협응	①②③④⑤	
	양손협응	①②③④⑤	
	눈,손,발 조정기능력	①②③④⑤	
	청력	①②③④⑤	
	시력	①②③④⑤	
	자유로운 이동가능 여부	①②③④⑤	
	③소계		
직무 기능	매장 내 종류별 상품 구분하기	①②③④⑤	
	카트 안전하게 사용하게	①②③④⑤	
	업무지시를 이해하고 수행하기	①②③④⑤	
	독립적인 개인위생 및 복장관리하기	①②③④⑤	
	고객에서 친절하게 응대하기	①②③④⑤	
	* 필요시 평가항목 추가	①②③④⑤	
	④소계		
총점(①+②+③+④)			
행동특성(특이행동 기술)			
평가자 종합의견			

평가기준 〉① 매우미흡 ② 미흡 ③ 보통 ④ 우수 ⑤ 매우우수

3 직무평가

1) 선정평가

가. 목적

대형마트 매장 및 상품관리 직무를 수행하는데 적합한 장애인을 선정하기 위해서 실시되는 평가로 해당 직무에서 필요시 되는 직·간접적인 직무 기능을 고려하여 배치와 훈련이 가능한 장애인을 선정하고 필요한 지원 방안을 마련하여 효과적인 배치를 하는데 목적이 있다.

나. 평가내용 및 방법

'대형마트 매장 및 상품관리' 직무에서 필요시 되는 기본적인 직무기능을 내용으로 체크리스트를 고안하여 평가를 실시할 수 있다.

구체적인 내용으로는 직무를 수행하기 위해 필요한 인지, 적성, 신체 측면에서 필요한 기본적인 기능과 직무수행에 직접적으로 필요한 기술적 기능이 포함될 수 있다. 또한 이러한 구체적인 직무기능을 중심으로 평가 외에 신체능력평가, 작업표본평가 또는 심리평가를 실시하여 직무 수행에 필요한 신체 및 심리 및 정서, 직무 기능 등을 심층적으로 평가할 수 있다.

그러나 본 매뉴얼에서는 직무수행에 직접적으로 필요한 기술적 기능만을 예시로 제시하였음을 밝힌다. 선정평가 결과는 직무수행에서 필요시 되는 직무요인과 장애인의 직업능력 간 적합여부를 고려하고, 필요한 지원방안을 마련하여 성공적인 직무배치를 유도하는데 활용할 수 있다.

본 매뉴얼에서는 앞서 살펴 본 직무분석 결과를 기반으로 '대형마트 매장 및 상품관리' 근무자 선정평가 시 활용할 수 있는 체크리스트를 다음과 같이 예시로 제시하였다.

2) 직무능력 향상도 평가

가. 목적

직무배치 후 직무수행 능력의 향상정도를 평가하기 위해 실시되는 평가로 직무범위를 확대 가능성을 파악하고 지속적인 근로를 유지하는데 필요한 지원방안을 마련하기 위해 실시한다.

나. 평가내용 및 방법

장애인이 담당하고 있는 세부직무와 배치기관에서 요구하는 기능 등의 수행정도를 평가하는 것을 주요 내용으로 하여 전반적인 직무능력의 향상정도를 파악한다.

평가는 직무배치 후 평가계획에 따라 정기적으로 실시되며, 근로 장애인의 직무지도를 담당하는 기관 담당자 또는 배치기관 담당자가 실제 직무를 수행하는 과정을 관찰하는 등 현장 평가의 방법으로 진행된다.

기관은 평가결과를 기반으로 근로 장애인의 직무지도 및 조정 등 필요한 지원 시항을 파악하고 평가 결과를 장애인 당사자, 가족, 배치기관 담당자에게 안내하여 지속적인 지원을 위해 협의 할 수 있다. 아래 [표4]는 '대형마트 매장 및 상품관리' 직무분석을 기반으로 한 직무능력 향상도 체크리스트의 예시이다.

표 4. 직무능력 향상도 체크리스트 예시

성명		담당직무	

번호	세부과제	평가일자		
		/	/	/
1	매장 내 상품의 위치를 정확하게 안다.			
2	상품 및 카트를 안전하게 운반한다.			
3	상품을 고유의 진열방법에 따라 진열한다.			
4	업무지시를 이해하고 성실히 수행한다.			
5	고객에게 신속하고 친절하게 응대한다.			
7	* 필요시 평가항목 추가			
총점				

평가점수	1	2	3	4	5
평가 기준	직접적인 언어적 지시와 전반적인 신체지원을 통한 수행	직접적인 언어적 지시와 모델링을 통한 수행	직접적인 언어적 지시를 통한 수행	간접적인 언어적 단서를 통한 수행	독립수행

출처: 장애인일자리 직무매뉴얼 VI(2015). 한국장애인개발원.

● 직무분석을 통한 직무매뉴얼 양식(교육청 시설기사보조 직무)

B 교육청

■ 조사업체 일반현황[1]

사업체명	OO고등학교		소재지	서울시
업종	교육서비스업	서비스 내용 (주요생산품)	인문 교육 프로그램	
산업분류	85212 일반 고등학교			
가입보험	1.산재보험 2.국민연금 3.건강보험 4.고용보험 5.기타( )			
사업체 특성	• 자율형 공립 고등학교이며, 32개 일반학급, 3개 특수학급으로 편성 되어 있음(1000여명의 학생이 재학), 교직원은 교장, 교감, 교사 66명, 행정실 직원 18명으로 구성됨. • 교실 43개, 식당 등 부속실 11개, 교장실 등 관리실 11개, 도서관 등 특별실 17개로 일상적인 관리가 필요한 시설이 다수를 차지함.			

■ 분석직무 : 학교 시설기사보조 직무

직무개요	• 시설기사 보조는 학교 시설기사의 지도감독에 따라 학교 시설물 및 환경 관리를 수행하는 작업이다.
직무상목표 및 책임	• 학교 내 · 외 환경관리(학교 주변 청소, 쓰레기 분리 수거, 화단 관리, 식당 바닥 청소 등)를 보조한다. • 교내 시설물(책상, 의자, 사물함, 형광등 등) 수리 및 점검을 보조한다.
근무조건	• 800~12:00 또는 8:00~17:00, 최저임금수준 (시간급, 월급제)

작업	작업요소	지식/기능 (사용도구)	작업 요구수준
화단관리	• 물주기 – 관리자의 지시를 통해 작업범위와 방법을 확인한다. – 호스를 준비하고, 분무기에 물을 채운다. – 호스와 분무기를 이용하여 화단에 물을 준다. – 작업 후 호스와 분무기를 정리한다. • 잡초 제거하기 – 관리자의 지시를 통해 잡초 구분방법을 익힌다. – 호미와 손으로 잡초의 뿌리부분까지 뽑는다. – 잡초뿌리의 흙을 털어내고, 뽑아낸 잡초를 한 곳으로 모아둔다. – 뽑은 잡초를 포대에 담아 버린다. – 제초기 작업의 경우에는, 제초기 작동 전에 화단의 돌을 치우고, 작업 후 잘린 풀을 포대에 모아 담은 뒤 버린다. – 작업 후에 사용 도구를 보관함에 보관한다.	걷기, 들기, 허리 숙이기, 양손 사용, 분무기 및 호스 사용법, 안전을 위한 주의, 규칙에 따른 분류 (장화, 모자, 장갑, 호스, 호미, 삽, 집게, 분무기 등)	• 계절 및 식물 상태에 따라 적절하게 물을 준다. • 잡초와 화초를 구분하여 잡초만 제거한다 • 동료의 제초기 작업시 특히 안전에 주의 한다.
시설물 관리	• 책상, 의자 수리 – 결합 부분이 느슨해진 책상과 의자의 나사를 드라이버(필요에 따라 수동 또는 전동 드라이버 선택 사용)로 적절하게 조인다. • 사물함 수리 – 열쇠 분실로 사용하지 못하는 사물함의 열쇠 거는 부분을 니퍼를 사용하여 제거한다. – 드라이버와 나사를 사용해서 사물함에 열쇠 거는 부분을 고정시킨다. • 형광등 교체 – 직관 형광등 : 스프링 타입은 소켓부분과 핀을 정확히 맞추어 부드럽게 밀어서 설치한다 / 돌리는 타입은 핀을 일단 수직으로 밀어 넣은 후 부드럽게 90˚ 돌린다. – 꽂아 쓰는 형광등 : 수평 혹은 수직으로 똑바로 끼운다.	걷기, 들기, 허리 숙이기, 양손 사용, 드라이버사용법, 안전을 위한 주의,상황에 따른 작업방식 선택 (수동/전동) 드라이버, 니퍼 등 공구	• 수리 요청에 따라 적절한 방법으로 책상, 의자, 사물함을 수리한다 • 정기적인 점검(월1회)을 통해 필요한 사항을 확인하고 교체 또는 수리 한다

※사용도구: 사용공구, 도구, 자재 등

■ 직무분석

작업	작업요소	지식/기능 (사용도구)	작업 요구수준
식당 바닥 청소	• 청소도구함에서 빗자루, 쓰레받기, 마대걸레와 물통 등 청소용구를 꺼내어 식당으로 옮긴다. • 빗자루로 바닥을 쓸고 쓰레기를 모아 버린다. • 마대걸레로 식당 바닥을 닦는다. (물기를 남기지 않도록 하여 미끄러짐 주의) • 청소용구를 제자리로 옮긴다. • 세제를 사용하여 마대걸레를 깨끗하씻고, 세워 말려둔다.	걷기, 들기, 허리숙이기, 양손 사용, 청결상태 판단력 (장갑, 빗자루, 쓰레받기, 마대걸레, 물통)	• 식당바닥을 깨끗하게 쓸고닦으며, 물기를 남기지 않는다. • 청소 후 사용한 도구를 제 위치에 정리한다.
실외 청소	• 건물 외부 주변을 다니면서 눈에 띄는 쓰레기를 청소용 집게로 주워 쓰레기 봉투에 담는다. • 쓰레기 봉투가 가득차면 봉투 입구를 묶어 지정된 장소에 버린다.	걷기, 들기, 허리 숙이기, 양손 사용, 청결상태 판단력(장갑, 청소용 집게, 쓰레기 봉투)	• 건물외부에 쓰레기가 보이지 않도록 청소한다.
분리수거	• 재활용품을 분리수거하여 지정된 분류함에 담는다. – 신문, 헌책, 박스, 포장지, 우유팩, 음료수팩은 종이류로 분류한다. – 음료수캔, 통조림캔, 부탄가스 용기 등은 캔류로 분류한다. – 청색병, 갈색병, 무색병은 병류로 분류한다. – 식료품통이나 요구르트병은 플라스틱류로 분류한다.	서기, 걷기 허리숙이기, 양손사용, 규칙에 따른 분류 (분리수거 통, 장갑)	• 분리규칙에 따라 재활용품을 분류하여 함에담는다.
주차관리	• 주차된 차량 번호와 교직원 차량목록을 비교하여 외부차량을 확인한다. • 외부차량의 연락처를 확인하고, 연락하여 이동하도록 조치한다. • 주차장 주변을 청소한다.	걷기, 읽기, 비교, 의사소통 (교직원 차량 목록)	• 외부차량이 장시간 주차하지 않도록 조치한다.

■ 직무분석

식당 바닥청소

실외 청소

쓰레기 분리수거

주차관리

조경관리

시설물 관리-의자 수리

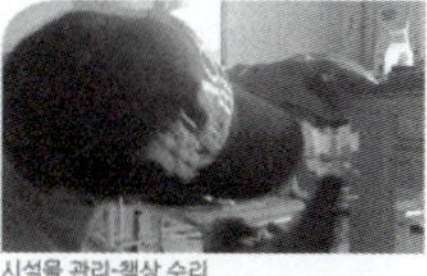

시설물 관리-책상 수리

시설물 관리-사물함 수리

시설물 관리-형광등 교체

환경분석

구 분	진 단 항 목	
환 경 분 석	작 업 장 소	실내☐ 실외☐ 혼합■
	온 도	매우 추움☐ 추움☐ 더 움☐ 매우 더움☐
	온 도 변 화	약간의 온도변화☐ 극심한 온도변화☐
	소 음 / 진 동	시끄러움/진동☐ 매우 시끄러움/심한진동☐
	습 도	습함☐ 매우 습함☐
	조 명	어두움☐ 매우 어두움☐
	대 기 조 건	연무☐ 냄새☐ 분진☐ 가스☐ 환기불량☐
작 업 방 식	다른작업자와 떨어져 독립작업☐ 타인과 공동으로 작업■ 타인과 같은 공간에서 독립적으로 작업☐	
위 험 성	안전☐ 약간 주의■ 매우 주의☐	
분 석	기계위험☐ 화학물질노출☐ 전기위험☐ 바닥 미끄러움, 고르지 못함☐ 화상위험☐ 날카로운 모서리 제품 취급 위험☐	
장애인에 대한 태 도	고용주 매우 긍정적☐ 약간 긍정적■ 부정적☐ 무관심☐ 동료 매우 긍정적☐ 약간 긍정적■ 부정적☐ 무관심☐	
편 의 시 설	접근 용이한 작업장■ 화장실 편의시설☐ 엘리베이터■	

직무수행 자격요건

교 육 수 준	고교 졸업	연령 · 성별	만 18세 이상, 성별무관
자격 · 면허	없음	숙련기간	1~3주
직 무 교 육	지원고용(3주), 인턴(3개월)		

핵심 직무수행능력

신 체 적 기 능	• 대근육 운동, 이동능력 - 물건 운반을 위한 서기, 밀기, 들기, 굽히기 작업 자세 가능 - 작업 도구를 든 상태에서 안정감 있게 이동하는 능력 - 계단 오르내리기 - 4~5시간 서서 일할 수 있는 체력 필요 • 근력 - 10~20kg 무게를 들 수 있는 근력 • 시력 - 나사의 홈, 형광등 핀 끼우는 위치 확인할 수 있을 정도의 시력
손 기 능	• 섬세한 손기능(우세손) - 형광등 교체 등 비교적 세밀한 작업을 위한 조준 능력과 손가락 협응 • 양손협응/양팔협응 - 빗자루, 청소용 집게, 봉투, 호미, 드라이버 등 도구를 한 손으로 쥐고 다른 손으로 보조하는 정도의 양손 협응 능력
대 인 관 계	• 협동능력 - 기사의 간헐적 지시에 따라 주어진 일을 하거나, 긴밀할 지도감독 하에 협동하면서 작업할 수 있는 능력을 요함 • 협동능력 - 학교 교직원 및 학생, 방문객을 만났을 때 인사하기 - 방해 행동 하지 않기

인 지 적 기 능	• 작업지시 이해 - 몇 가지 작업 환경에 대한 이해를 바탕으로 지시에 따라 적절하게 3단계 수준의 작업 수행 및 전환 가능 • 분류와 변별력 - 도구 선택, 청결상태 확인, 잡초와 화초 구별, 외부 차량 확인 등의 과정에서 비교 후 분류하고 변별하는 능력 • 듣기, 말하기 - 넓은 학교 환경에서 100m 이상 떨어져 있는 기사의 큰 목소리를 들을 수 있을 정도의 듣기 - 주차관리에서 외부차량 운전자와의 전화연락이 가능할 정도의 듣기, 말하기 • 읽기, 쓰기 - 시설물 상태 기록을 위한 간단한 수준의 읽기, 쓰기 • 수리 - 개수 확인을 위한 수 비교, 개수 세기(50이내), 두 자리 수 더하기, 빼기

직업능력평가

신 체 적 기 능	• 대근육 운동, 이동능력 - 걷기, 앉기, 물건 건네기 등 자연스러운 행동을 관찰한다. - 일상생활, 대중교통 이용, 취미 · 운동 등 개인 활동과 관련된 면담 내용을 토대로 기초체력을 예측한다. - 팔 뻗기, 쭈그려 앉기, 직선 위로 걸어보기 등 작업에 필요한 동작을 따라해보게 한다. • 근력 - 드는 힘 검사도구를 실시하여 10kg을 들고 10m를 이동할 수 있는지 확인한다. • 시력 - 검사지 글자 읽기, 작은 핀 집기 동작 등 행동을 관찰한다. - BGT 검사 실시 과정에서 도형 따라 그리기의 접합 부분을 살펴본다.
손 기 능	• 섬세한 손기능(우세손) - 복지카드 꺼내기, 종이 넘기기, 필기구 사용 등을 관찰한다. - KEAD 손기능검사를 이용하여 우세손의 손가락 민첩성을 알아본다. • 양손협응/양팔협응 - KEAD 다차원 양손협응검사를 이용하여 양손협응/양팔협응 능력을 알아본다.
대 인 관 계	• 협동 능력 - 부모 또는 교사를 통해 협동능력에 대한 정보를 얻는다. - 종교활동, 동아리, 친구관계 등에 대한 면담 내용을 토대로 협동 능력을 예측한다. - 도구 정리, 질문에 응답하는 태도, 동행자와의 상호작용 등 직업평가 과정 협동 관련 행동을 관찰한다. • 고객 서비스 능력 - 옷을 단정하게, 계절에 맞게 입었는지 관찰한다. - 방해 행동, 충동적인 행동 등 고객 서비스에 제한을 주는 행동이 있는지 관찰한다. - 가상의 상황에서 어떻게 반응할지에 대한 질문(예: 학교복도에서 아는/모르는 사람을 만났을 때 어떻게 해야 할까요?)을 통해 고객 서비스 이해 정도를 파악한다.

인지적 기능	• 작업지시 이해 – 직업평가 지시에 대한 이해 정도를 관찰한다. – 간단한 지시를 통해 지시 이해 정도를 확인한다. (예: 부품들을 정리해서 주머니에 넣은 후 책상 위로 옮겨주세요) – 지적, 자폐성 장애인 – BGT실시를 통한 지시이해능력 추정 • 분류와 변별력 – 지시(예: KEAD 다차원 양손협응 검사 종료 후 "도구를 분해한 후 같은 종류끼리 모아 주세요.") 수행 정도를 관찰한다. • 듣기, 말하기 – 상담시 질문 내용에 적절한 내용으로 대답하는지 관찰한다. – 발음을 알아들을 수 있는 정도를 관찰한다. • 읽기, 쓰기, 수리 – 검사지에 개인 신상과 날짜 등을 적절하게 기록할 수 있는지 살펴본다. – KEAD 손기능 검사에서 완성한 핀의 개수를 올바르게 셀 수 있는지 확인한다. – 기본학습능력검사(읽기, 수학)를 실시하여 기초학습능력을 확인한다.

※ 표시는 평가도구를 활용할 수 있는 항목임을 표기함

■ 학교 시설기사 보조직무 수행가능여부 체크리스트

	가능	불가
☺ 걷기, 앉기, 서기, 밀기, 들기, 굽히기 작업자세가 가능하다	□	□
☺ 장시간(4~5시간) 서서 활동하는 것이 가능하다	□	□
☻ 10~20kg 들어 옮기기를 할 수 있다	□	□
☺ A4용지에 적힌 10pt 이상 글씨를 변별할 수 있다(시력)	□	□
☺ 큰 목소리로 이야기하면 알아들을 수 있다(청력)	□	□
☻ 우세손으로 미세작업을, 비우세손으로 보조작업을 할 수 있다	□	□
☺ 주변사람을 방해하는 행동을 보이지 않는다.	□	□
☻ 3단계 수준의 작업지시를 듣고 따를 수 있다	□	□
☻ 한글 낱말을 읽고 뜻을 알 수 있다.	□	□
☺수개념이 있고, 2자리 수 덧셈과 뺄셈을 할 수 있다	□	□

☺ 관찰, 질문, 자료 등을 활용하여 확인할 수 있다.
☻ 평가도구를 활용하여 확인할 수 있다.

■ 정당한 편의제공

● 보조공학기기지원

– 10~20kg 들고 계단을 오르내리기가 어려운 경우

☞ 계단 이용이 가능한 맞춤용 보조공학기기를 제작하여 지원할 수 있다

● 작업환경 개선

– 초기 대인관계 형성에서 많은 시간이 소요되는 경우(예: 자폐성장애)

☞ 1명의 기사가 전담하여 지도하며 작업한다

● 직무조정 제안

– 손기능이 민첩성이 낮고 세밀한 작업이 어려운 경우

☞ 근무시간을 줄이고(4시간), 대근육 활동 중심의 작업(예: 청소, 분리수거, 주차관리) 만을 수행한다

● 취업연계프로그램

– 다양한 작업으로의 전환이 어려운 경우

☞ 지원고용을 통해 다양한 작업을 습득하고, 간단한 지시로 작업을 전환할 수 있도록 훈련한다

핵심직무 수행요건	• 서기, 밀기, 들기, 굽히기 작업자세 가능 • 장시간(4~5시간) 서서 활동하는 것이 가능 • 물건을 들고 안정감 있게 보행 가능 • 초등학교 1~2학년 수준의 읽기, 쓰기, 수학 학습능력 • 방해 행동 및 충동적인 행동이 없음

출처: 한국장애인고용공단(2012). 사례를 통해 본 기업체 직무중심 직업능력평가.

● 직무분석을 통한 직무매뉴얼 작성 양식(커피전문점 바리스타 직무)

F 커피전문점

■ 조사업체 일반현황

사업체명	○○○○커피		소 재 지	서 울 시
업 종	서비스	서비스 내용 (주요생산품)	커피 등 식음료 판매	
산업분류	562 주점 및 비알콜음료점업			
가입보험	1.산재보험 2.국민연금 3.건강보험 4.고용보험 5.기타( )			
사 업 체 특 성	• 국내 커피수요의 증가와 다양한 커피 메뉴의 개발에 따라 국내에 커피 전문점이 증가하면서 전국에 500여개의 체인 매장을 보유함. • 사업체에서 자체적으로 바리스타 교육을 실시하며, 바리스타, 수퍼바이저, 부점장, 점장 등의 직급이 있음. • 2012년 6월 장애인고용증진 협약을 맺고, 장애인 바리스타 채용에 적극적임.			

■ 분석직무 : 바리스타 직무

직 무 개 요	• 커피를 만드는 전문가이며, 좋은 원두를 선택하고, 커피 기계를 활용하여 고객이 원하는 커피를 만들어 서비스하는 일을 담당한다.
직무상목표 및 책임	• 좋은 원두를 가려내고 구입하며, 저장, 재고관리를 한다. • 고객의 주문에 맞게 추출된 에스프레소에 물, 우유, 각종 시럽 등을 첨가하여 커피 메뉴를 만든다. • 기계의 성능 유지를 위해 확인하고 식기류의 청결 등을 점검한다.
근 무 조 건	• 운영시간(8:00~22:00) 내에서 근무시간은 점장과 상의 후 조정 가능 • 시급 최저임금 수준(진급 후 재조정)

■ 직무분석

작 업	작업요소	지식/기능 (*사용도구)	작업 요구수준
머그컵 세척	• 매장(홀) 분리 수거대에 놓여 있는 머그컵 및 고객이 테이블에 두고 간 컵을 수거하여 주방으로 옮기기 • 개수대에 머그컵을 올려놓고 수돗물로 한 번 헹궈서 남은 이물질 제거하기 • 헹궈낸 머그컵을 플라스틱 트레이에 담기 • 머그컵이 담긴 트레이를 식기세척기에 넣기 • 식기세척기 시작버튼 누르기 • 세척이 끝나면, 트레이를 꺼내어 이물질 육안 검사하기 • 커피제조대 옆 컵 놓아두는 위치에 정리하기 • 작업 후 개수대, 싱크대 선반 등 정리하기	식기세척기 사용법/ 서기, 양손협응, 5kg이상 든 상태에서 보행 안정선 (트레이, 식기세척기)	• 머그컵의 청결상태 유지
테이블 정리	• 고객이 나간 후 테이블 확인, 반납하지 않은 컵 수거하기 • 테이블의 이물질이 있을 경우 물걸레로 닦기 • 의자를 테이블 쪽으로 밀어 정리하기	서기, 걷기, 밀기, 걸레 사용 (물걸레)	• 테이블 청결 유지
선반 정리	• 스트로우, 시럽, 우유 등의 내용물이 떨어지지 않았는지 확인하고, 부족분이 있을 경우 채워 두기 • 선반위에 떨어진 이물질이 있을 경우, 물걸레로 제거하기 • 커피, 컵 등을 판매하는 진열대 정리하기	서기, 걷기, 머리 위로 손 뻗기, 구부리기 (물걸레)	• 재료가 부족하지 않도록 함 • 선반 청결 유지
분리수거	• 홀의 선반에 있는 분리 수거함 꺼내기 • 창고로 이동하여 잘못 분리되어있는 내용물 골라내기 • 분리된 쓰레기를 정해진 자리에 적재해두기	쓰레기 분류법/ 서기, 걷기, 구부리기, 들기 (분리수거함)	• 홀 청결 유지 • 규칙에 따른 쓰레기 분리

작 업	작업요소	지식/기능 (*사용도구)	작업 요구수준
에스프레소 추출	• 그라인더의 원두 통에 원두를 공급한다. • 그라인더 스위치를 작동시켜 원두를 분쇄하여 도저의 칸을 채워준다. • 한 손으로 필터홀더를 잡고 그룹에서 뺀다. 다른 손으로는 에스프레소 기계의 측면을 잡아 필터 홀더를 잡은 손을 도와준다. • 행주로 닦아 필터 홀더의 찌꺼기와 물기를 완전히 제거해 준다. • 필터홀더에 분쇄 커피를 담고, 태핑(옆에 묻은 커피 정리)과 탬핑(눌러 다지기)을 하고, 필터홀더 가장자리를 깨끗이 털어 준다 . • 필터홀더를 잡고 에스프레소 기계의 그룹에 장착한 후, 추출 버튼을 누른 후에 잔을 놓는다. • 추출된 에스프레소를 옮긴다. • 필터홀더를 분리한 다음 커피 찌꺼기를 버리고, 사용한 도구를 정리한다.	에스프레소 기계 작동법, 그라인더 작동법/ 시각 변별, 양손 협응, 10~20kg으로 누르는 힘 (그라인더, 에스프레소 기계, 필터 홀더, 탬퍼, 잔, 행주)	• 고객의 주문에 따라 신속하게 작업 수행 • 청결상태 유지 • 스팀, 고열에 노출되므로 안전에 유의
우유거품 만들기	• 스팀 피처에 차가운 우유를 1/3 정도 담는다. • 행주로 스팀 노즐을 감싸고 스팀 밸브를 1~2초 열어줘 남아있는 물을 뺀다. • 스팀 노즐과 기계가 직각이 되게, 그리고 우유 표면과 노즐이 직각이 되게 스팀 노즐의 각도를 잡은 후, 스팀노즐을 용기 안으로 넣고, 스팀밸브를 열어 증기를 방출시킨다. (노즐을 처음에는 깊게 담그고, 서서히 노즐을 표면으로 끌어올려 공기를 포함하게 한다). • 스팀밸브를 닫아 증기를 멈춘다. • 잔여 거품을 없애고, 우유와 거품을 잘 섞는다(스팀피처를 바닥에 2~3회 두드리기, 크게 1~2회 회전시키기). • 노즐을 청소한다(스팀밸브를 1~2초 열어 준 다음 깨끗한 행주로 노즐을 닦아준다). • 우유거품을 컵에 따른다.	스팀 기계 작동법/ 시각 변별, 양손 협응, 손으로 열기 감지 (스팀 기계, 스팀 피처, 행주)	

※사용도구 : 사용공구, 도구, 자재 등

■ 작업장면

포터 필터 닦기

원두 필터에 담기

탬핑

포터 필터 장착

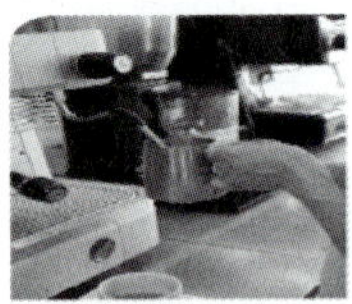
우유 거품 만들기

우유 거품 붓기

■ 환경분석

구 분	진단 항목	
환경분석	작업장소	실내■ 실외□ 혼합□
	온도	매우 추움□ 추움□ 더움□ 매우 더움□
	온도변화	약간의 온도변화□ 극심한 온도변화□
	소음/진동	시끄러움/진동■ 매우 시끄러움/심한진동□
	습도	습함□ 매우 습함□
	조명	어두움□ 매우 어두움□
	대기조건	연무□ 냄새□ 분진□ 가스□ 환기불량□
작업방식	다른작업자와 떨어져 독립작업□ 타인과 공동으로 작업□ 타인과 같은 공간에서 독립적으로 작업■	
위험성 분석	안전□ 약간 주의□ 매우 주의□	
	기계위험□ 화학물질노출□ 전기위험□ 바닥 미끄러움, 고르지 못함□ 화상위험■ 날카로운 모서리 제품 취급 위험□	
장애인에 대한 태도	고용주 매우 긍정적■ 약간 긍정적□ 부정적□ 무관심□ 동료 매우 긍정적□ 약간 긍정적■ 부정적□ 무관심□	
편의시설	접근 용이한 작업장□ 화장실 편의시설□ 엘리베이터□	

■ 직무수행 자격요건

교육수준	학력 제한 없음	연령·성별	만 18세 이상, 성별무관
자격·면허	없음	숙련기간	1개월~3개월
직무교육	사업체 별도의 직무교육 실시		

■ 핵심 직무수행능력

신체적 기능	• 대근육 운동 – 서기, 들기, 구부리기, 머리위로 손 뻗기 작업 자세 가능 – 여러 개의 커피 잔을 서빙 트레이에 담아 양손으로 들고 운반할 수 있는 이동능력 – 4~8시간 서서 일할 수 있는 기본체력 필요 • 근력 – 4~10kg 무게를 들 수 있는 근력/10~20kg으로 탬퍼를 누르는 힘 • 시력 – 머그컵의 오염물 확인, 우유 거품 상태 확인 가능한 시력
손기능	• 손기능/양손협응 – 홀 정리(테이블 정리, 선반 정리, 분리 수거 등) 작업에서는 컵을 취급하는 정도의 손기능 및 양손 협응 요함 – 에스프레소 추출의 경우 손 기능의 정교성에 의해 맛에 영향을 줄 수 있으므로 섬세한 손 기능 및 양손 협응 요함 • 팔뻗기/양팔협응 – 커피 제조 과정에서 다양한 재료를 손으로 쥐고 조작하기 위하여 팔 뻗기, 양팔협응 요함
대인관계	• 협동능력 – 고객과 동료의 요청에 따라 협조적인 태도로 작업을 할 수 있음
인지적 기능	• 지시이해 – 커피 메뉴 제조 방법을 숙지한 상태에서 고객의 주문에 맞추어 여러 가지 커피 메뉴 제조 작업을 수행할 수 있어야 함 • 언어능력 – 메뉴 레시피를 읽고 이해할 수 있음

■ 직업능력평가

신체적 기능	• 대근육 운동 – 서기, 들기, 구부리기, 머리 위로 손 뻗기 작업 자세를 관찰한다. – 일상생활, 대중교통 이용, 취미·운동 등 개인 활동과 관련된 면담 내용을 토대로 기초체력을 예측한다. – HIMS 검사로 지구력, 하지근력을 측정하여 장시간 서서 하는 작업이 가능한 수준의 기초체력이 되는지 확인한다. • 근력/균형감 – 드는 힘 검사도구를 실시하여 10kg을 들고 10m를 이동할 수 있는지 확인한다. • 시력 – 다양한 글자크기의 메뉴가 적힌 인쇄물을 읽도록 하여 확인한다.
손기능	• 손기능/양손협응 – KEAD 손기능검사를 이용하여 양손가락의 민첩성과 양손협응능력을 알아본다. • 팔뻗기/양팔협응 – 팔을 위, 아래, 앞, 뒤로 뻗을 수 있는지 확인한다. – KEAD 다차원 양손협응검사를 이용하여 양손협응/양팔협응 능력을 알아본다.
대인관계	• 협동능력 – 도구 정리, 질문 응답, 동행자와의 상호작용 등 협동관련 행동을 관찰한다.
인지적 기능	• 지시이해 – 구두지시검사를 통해 지시이해 능력을 파악한다. – 상담 및 직업평가를 통해 지시 이해 정도를 관찰한다. • 언어능력 – 낱말, 문장을 제시했을 때, 정확한 뜻을 파악하는지 알아본다(한글을 정확히 읽을 수 있고, 알파벳 읽기도 가능해야 함).

※ 표시는 평가도구를 활용할 수 있는 항목임을 표기함

■ 바리스타 직무 수행가능여부 체크리스트

	가능	불가
◎ 서기, 들기, 구부리기, 팔 뻗기 자세가 가능하다.	□	□
● 장시간(4~8시간) 서서 활동하는 것이 가능하다.	□	□
● 10kg을 들고 10m를 이동할 수 있다.	□	□
◎ A4용지에 적힌 10pt 이상 글씨를 변별할 수 있다(시력).	□	□
● 미세작업이 가능하며 양손으로 작은 물품을 조작할 수 있다.	□	□
◎ 양팔을 전방, 좌우로 최대 작업범위까지 뻗어 사용할 수 있다.	□	□
◎ 동료(5명 이내)와 지속적으로 상호교류를 할 수 있다.	□	□
● 문장으로 된 지시 사항을 듣고 따를 수 있다.	□	□
◎ 한글 문자를 읽고 뜻을 알 수 있다.	□	□
◎ 알파벳을 읽을 수 있다.	□	□

◎ 관찰, 질문, 자료 등을 활용하여 확인할 수 있다.
● 평가도구를 활용하여 확인할 수 있다.

출처: 한국장애인고용공단(2012). 사례를 통해 본 기업체 직무중심 직업능력평가.

● 현장평가지 양식

현장평가지

□ 평가기간:
□ 평가자:
□ 대상자:

1. 영역구성

평가영역	영역배점	평가항목	1차 평가		
			평가자1	평가자2	평균점수
A. 준비단계 : 사회 · 개인 적응능력	3점	A-1 정리정돈			
	3점	A-2 근무태도(1) : 출 · 퇴근 및 개인관리			
	3점	A-3 근무태도(2) : 업무적극성, 사회적응도			
	3점	A-4 외근업무			
	3점	A-5 안전관리			
	A영역 총 15점				
B. 직업적응능력	5점	B-1 컴퓨터 일반			
	5점	B-2 데이터 정리(한글, 엑셀)			
	10점	B-3 봉투인쇄(RISO)			
	5점	B-4 주소출력1(FlaxMail)			
	5점	B-5 주소출력2(주소출력기)			
	5점	B-6 접지기			
	3점	B-7 밴딩기			
	11점	B-8-1 DM기본(신속성: 인입)			
	11점	B-8-2 DM기본(신속성: 품칠)			
	5점	B-8-3 DM기본(정확성: 오류)			
	5점	B-8-4 DM기본(전반적 사항)			
	5점	B-9-1 임가공(신속성)			
	5점	B-9-2 임가공(정확성)			
	B영역 총 80점				
C. 담당평가	5점	종합평가			
D. 총합계	100점				

2. 세부항목

평가항목	평가지표	평가기준		평가자1	평가자2	평균점수
A-1 정리 정돈	작업장에 대한 환경관리가 적절한가?	a) 원재료 위치를 파악하고 있다.				
		b) 작업종료 시 재료 및 부품을 정리정돈한다.				
		c) 담당구역 및 기기청소가 원활이 이루어지고 있다.				
		d) 작업장 정리정돈 및 청소에 적극적으로 참여한다.				
		우수(3)	위 항목 중 4가지 항목이 해당된다.			
		양호(2)	위 항목 중 3가지 항목이 해당된다.			
		보통(1)	위 항목 중 2가지 항목이 해당된다.			
		미흡(0)	위 항목 중 1가지 이하 항목이 해당된다.			
〈해설 및 평가방법〉 a) 박스테이프, 테이프, 풀, 봉투 등의 위치(담당자가 3가지의 원재료를 제시하여 체크)						
평가자료	체크리스트, 기기점검대장 등					
평가항목	평가지표	평가기준		평가자1	평가자2	평균점수
A-2 근무 태도(1)	출퇴근 및 개인관리	a) 5개월(1~5월) 동안 지각이 없다. 지각 회(월 일)				
		b) 제공된 휴가일수를 적절히 관리한다.				
		c) 휴가대장 및 기타 업무서류 작성과 보고를 독립적으로 수행한다.				
		d) 위생관리를 적절히 한다.				
		e) 근무복장은 적절하다(조끼, 장갑 등 착용).				
		f) 휴식시간을 준수하고, 근무 중 자리를 이탈하지 않는다.				
		우수(3)	위 항목 중 6가지 항목이 해당된다.			
		양호(2)	위 항목 중 5가지 항목이 해당된다.			
		보통(1)	위 항목 중 4-3가지 항목이 해당된다.			
		미흡(0)	위 항목 중 2가지 이하 항목이 해당된다.			
〈해설 및 평가방법〉 a) 출근시간은 오전 10시(단, 신규훈련생의 경우 해당 출근시간으로 평가한다) b) 제공된 휴가일수에서 계획적으로 사용한다. c) 휴가대장은 매주 휴가 일주일 전 작성하여 담당자에게 결재를 올린다. d) 외관상 타인에게 불쾌감을 주지 않는가, 식사 후 양치질을 하며 일일샤워, 머리감기, 매일 근무복을 갈아입는 정도 e) 기관에서 제공한 조끼, 장갑 등을 착용하고 직무수행에 임하는지 확인 f) 현장평가 기간 중 5일간 실시(1일 2회 점검). 체크리스트는 작성하여 추후 제출 바랍니다. 1시간 작업 10분 휴식						
평가자료	출·퇴근카드, 출석부, 사례일지 확인 등					

평가항목	평가지표	평가기준		평가자1	평가자2	평균점수
A-3 근무 태도(2)	업무적극성, 사회적응도	a) 대인관계가 원만하다.				
		b) 기본적인 욕구와, 상황에 대한 정보를 적절한 언어와 행동으로 전달이 가능하다.				
		c) 언행 사용에 있어 타인을 배려한다.				
		d) 프로그램 및 직무수행 시 능동적으로 참여한다.				
		e) 문제 발생 시 담당자에게 상담이나 보고한다.				
		우수(3)	위 항목 중 5가지 항목이 해당된다.			
		양호(2)	위 항목 중 4가지 항목이 해당된다.			
		보통(1)	위 항목 중 3가지 항목이 해당된다.			
		미흡(0)	위 항목 중 2가지 이하 항목이 해당된다.			

〈해설 및 평가방법〉
a) 동료, 사례담당자 등과의 관계

평가항목	평가지표	평가기준		평가자1	평가자2	평균점수
A-4 외근 업무	외근업무를 원활하게 진행할 수 있는가?	a) 담당자가 제공하는 지도를 활용하여 거래처를 방문할 수 있다.				
		b) 직접 거래처를 인터넷에서 검색할 수 있고 지도출력이 가능하다.				
		c) 위치 및 교통편을 알고 있는 거래처가 5개 이상이다.				
		d) 담당자의 지시 없이 관외훈련대장을 작성하고 외근결과를 보고한다.				
		e) 담당자가 제시한 업무를 파악하고 의사소통 및 전달이 가능하다.				
		f) 카드단말기 사용이 가능하다.				
		우수(3)	위 항목 중 6가지 항목이 해당된다.			
		양호(2)	위 항목 중 5~4가지 항목이 해당된다.			
		보통(1)	위 항목 중 3가지 항목이 해당된다.			
		미흡(0)	위 항목 중 2가지 이하 항목이 해당된다.			

〈해설 및 평가방법〉
b) 지도는 직접 컴퓨터, 인터넷을 활용하여 찾을 수 있을 정도이며 출력까지 가능한 경우
c) 위치, 교통편, 거래처 수기로 작성하도록 하며, 작성된 서류는 제출할 것

평가항목	평가지표	평가기준		평가자1	평가자2	배점
A-5 안전관리	안전규칙 준수	a) 화재 시 개인에게 부여된 안전직책에 대해 숙지하고 있다.				
		b) 안전수칙에 대해 숙지하고 있다.				
		c) 사업부서의 안전 위험요인에 대해 3가지 이상 파악하고 있다.				
		d) 업무수행 시 안전장비 혹은 올바른 자세로 업무를 수행한다.				
		e) 작업장의 환기를 적절히 실시한다.				
		우수(3)	위 항목 중 5가지 항목이 해당된다.			
		양호(2)	위 항목 중 4가지 항목이 해당된다.			

평가항목	평가지표	평가기준		평가자1	평가자2	평균점수
		보통(1)	위 항목 중 3가지 항목이 해당된다.			
		미흡(0)	위 항목 중 2가지 이하 항목이 해당된다.			

〈해설 및 평가방법〉
a) 통보연락팀, 피난유도팀, 응급구조팀, 소화팀 인지 정도
b) 안전수칙에 대해 질문하여 답변할 수 있는지 여부(화재 시 대처방법, 옥외소화기 위치, 소화기 사용방법 등)
c) 사업부서별 안전 위험요인(DM: 넘어짐, 요통, 충돌 / 현수막: 화상, 낙상 등 / 인쇄·복사: 요통, 화학물질 등)
d) 장갑 미착용, 높은 굽의 신발, 앉아 있거나 서 있는 자세가 올바른지 여부 등

평가항목	평가지표	평가기준		평가자1	평가자2	평균점수
B-1 컴퓨터 일반	행정업무 능력	a) 우편발송 작업일지를 작성할 수 있다.				
		b) 안전점검표를 작성할 수 있다.				
		c) 작업데이터 폴더에서 해당 엑셀데이터를 찾을 수 있다.				
		d) 인터넷에서 우편번호 검색이 가능하다.				
		e) 주소출력 및 봉투인쇄 후 사용대장을 작성한다.				
		매우 우수(5)	위 항목 중 5가지 항목이 해당된다.			
		우수(4)	위 항목 중 3~4가지 항목이 해당된다.			
		보통(2)	위 항목 중 1~2가지 항목이 해당된다.			
		미흡(0)	위 항목 중 해당되는 사항이 없다			

〈해설 및 평가방법〉
a), b) 아이디와 비밀번호를 숙지하고 있는 경우 해당함
f) 웹하드에 공문 인쇄 등을 업로드 한 후 복사, 인쇄 담당자에게 수량, 종류 등을 말할 수 있어야 함

평가항목	평가지표	평가기준		평가자1	평가자2	평균점수
B-2 데이터 정리	한글, 엑셀 활용	a) 타자속도가 100타(1분) 이상이다.(타/정확도 %)				
		b) 엑셀에서 셀 삽입, 삭제 및 순번 입력이 가능하다.				
		c) 업체에서 제공받은 주소데이터에서 필요한 정보와 불필요한 정보를 구분할 수 있다.				
		d) 매크로를 통하여 우편번호 마법사 실행이 가능하다.				
		e) 주소리스트의 수량파악이 가능하다.				
		f) 'Excel 97-2003 통합문서'로 변환하여 저장이 가능하다.				
		매우 우수(5)	위 항목 중 6~5가지 항목이 해당된다.			
		우수(4)	위 항목 중 4~3가지 항목이 해당된다.			
		보통(2)	위 항목 중 2~1가지 항목이 해당된다.			
		미흡(0)	위 항목 중 해당되는 사항이 없다.			

〈해설 및 평가방법〉
a) 한글과컴퓨터 타자연습 - 긴글연습 '메밀꽃 필 무렵 첫 페이지' 기준
c) 엑셀 주소리스트를 거래업체에서 받았을 경우 필요한 정보(주소, 우편번호, 담당자명, 업체명 등)와 불필요한 정보(주민번호, 사업장규모, 교육참여수 등)를 구분할 줄 안다.
e) 엑셀 주소리스트에서 수량 파악 후 담당자에게 보고가 가능하다.
f) FlaxMail 사용을 위해서는 'Excel 92-2003 통합문서'로 변환이 가능하여야 한다.

평가항목	평가지표	평가기준		평가자1	평가자2	평균점수
B-3. 봉투인쇄	봉투인쇄기 (RISO)	a) 봉투 종류에 따라 사이즈 설정이 가능하다.				
		b) 봉투시안을 스캔하여 올바른 위치에 제판이 가능하다.				
		c) 제판 후 드럼 인쇄 테두리에 스카치테이프로 테이핑한다.				
		d) 인쇄 위치 조정이 가능하다.				
		e) 인쇄 시작(Start), 인쇄 중지(Stop), 시험인쇄(Prof)의 버튼 조작의 기능을 인지하며, 사용 가능하다.				
		f) 매뉴얼을 보지 않고 순서에 맞게 실행이 가능하다.				
		매우 우수(10)	위 항목 중 6가지 항목이 해당된다.			
		우수(8)	위 항목 중 5~4가지 항목이 해당된다.			
		양호(6)	위 항목 중 3가지 항목이 해당된다.			
		보통(4)	위 항목 중 2가지 항목이 해당된다.			
		미흡(2)	위 항목 중 1가지 항목이 해당된다.			
		매우 부족(0)	위 항목 중 1가지 이하 항목이 해당된다.			

〈해설 및 평가방법〉
a) 봉투 사이즈에 따른 용지 설정이 가능한가
b) 주소가 정확한 봉투 위치에 출력 되었는지 확인(규격)

평가항목	평가지표	평가기준		평가자1	평가자2	평균점수
B-4 주소출력 1	FlaxMail 실행	a) 봉투 종류에 따라 페이지 설정이 가능하다.				
		b) 담당자 요청에 따라 텍스트 편집 및 디자인이 가능하다.				
		c) 샘플출력(ctrl+Shift+P), 전체 출력(Ctrl+P)이 가능하다.				
		d) 주소출력 시 위치 조정이 능숙하게 가능하다.				
		e) 오류가 나왔을 경우 해당 번호를 찾아 출력이 가능하다.				
		f) 매뉴얼을 보지 않고 순서에 맞게 FlaxMail 실행이 가능하다.				
		매우 우수(5)	위 항목 중 6가지 항목이 해당된다.			
		우수(4)	위 항목 중 5~4가지 항목이 해당된다.			
		양호(3)	위 항목 중 3가지 항목이 해당된다.			
		미흡(2)	위 항목 중 2가지 항목이 해당된다.			
		매우(1)	위 항목 중 1가지 항목이 해당된다.			
		매우 부족(0)	위 항목 중 1가지 이하 항목이 해당된다.			

〈해설 및 평가방법〉
- 주소출력된 봉투 확인
  b) 편집(순번, 주소, 업체명, 성함, 우편번호), 디자인(글씨크기, 자간, 정렬 등)
  d) 주소가 정확한 봉투 위치에 출력되었는지 확인(규격)

<table>
<tr><th>평가항목</th><th>평가지표</th><th colspan="2">평가기준</th><th>평가자1</th><th>평가자2</th><th>평균점수</th></tr>
<tr><td rowspan="14">B-5
주소출력
2</td><td rowspan="14">주소출력기</td><td colspan="2">a) 주소출력기 on/off가 가능하다.</td><td></td><td></td><td rowspan="14"></td></tr>
<tr><td colspan="2">b) 잉크를 올바르게 끼울 수 있다.</td><td></td><td></td></tr>
<tr><td colspan="2">c) 샘플과 마지막 번호 출력 후 점검차원에서 담당자에게 보여준다.</td><td></td><td></td></tr>
<tr><td colspan="2">d) 봉투추림이 능숙하게 가능하다(봉투 간 간격 일정).</td><td></td><td></td></tr>
<tr><td colspan="2">e) 봉투의 상하 좌우 사이즈 조절을 자유자재로 조절할 수 있다.</td><td></td><td></td></tr>
<tr><td colspan="2">f) 주소 출력 시 봉투 걸림을 도움 없이 스스로 처리할 수 있다.</td><td></td><td></td></tr>
<tr><td colspan="2">g) 주소출력 속도조절이 가능하다.</td><td></td><td></td></tr>
<tr><td colspan="2">h) 주소출력 후 뒷정리가 가능하다.</td><td></td><td></td></tr>
<tr><td>매우우수(5)</td><td colspan="3">위 항목 중 8가지 항목이 해당된다.</td></tr>
<tr><td>우수(4)</td><td colspan="3">위 항목 중 7-6가지 항목이 해당된다.</td></tr>
<tr><td>양호(3)</td><td colspan="3">위 항목 중 5-4가지 항목이 해당된다.</td></tr>
<tr><td>보통(2)</td><td colspan="3">위 항목 중 3가지 항목이 해당된다.</td></tr>
<tr><td>미흡(1)</td><td colspan="3">위 항목 중 2가지 항목이 해당된다.</td></tr>
<tr><td>매우부족(0)</td><td colspan="3">위 항목 중 1가지 이하 항목이 해당된다.</td></tr>
<tr><td colspan="7">〈해설 및 평가방법〉
• 주소 출력 된 봉투 확인 등
c) 전체 주소를 출력 전 샘플과 마지막 번호를 담당자에게 점검차원에서 보여줌
g) 주소출력기 메뉴 2. print Quality ① Executive ② Letter ③ Draft ④ Super Draft
h) 잉크 빼기, 주소출력기 전원 끄기, 주소출력 후 남은 봉투 처리 여부</td></tr>
</table>

<table>
<tr><th>평가항목</th><th>평가지표</th><th colspan="2">평가기준</th><th>평가자1</th><th>평가자2</th><th>평균점수</th></tr>
<tr><td rowspan="12">B-6
접지기
(실링기+
봉함기)</td><td rowspan="12">공문,
안내문 등
접지</td><td colspan="2">a) 접지기 on/off가 가능하다.
(장비 오른쪽 파란색 버튼을 돌려서 당긴다)</td><td></td><td></td><td rowspan="12"></td></tr>
<tr><td colspan="2">b) 인쇄물을 급지함에 올바르게 넣을 수 있다.</td><td></td><td></td></tr>
<tr><td colspan="2">c) 접지 종류의 선택이 가능하다.</td><td></td><td></td></tr>
<tr><td colspan="2">d) 샘플접지가 가능하다.</td><td></td><td></td></tr>
<tr><td colspan="2">e) 접지를 시작하고 중단할 수 있다.</td><td></td><td></td></tr>
<tr><td colspan="2">f) 용지가 걸렸을 경우 스스로 해결 가능하다.</td><td></td><td></td></tr>
<tr><td>매우 우수(5)</td><td colspan="3">위 항목 중 6가지 항목이 해당된다.</td></tr>
<tr><td>우수(4)</td><td colspan="3">위 항목 중 5가지 항목이 해당된다.</td></tr>
<tr><td>양호(3)</td><td colspan="3">위 항목 중 4가지 항목이 해당된다.</td></tr>
<tr><td>보통(2)</td><td colspan="3">위 항목 중 3가지 항목이 해당된다.</td></tr>
<tr><td>미흡(1)</td><td colspan="3">위 항목 중 2가지 항목이 해당된다.</td></tr>
<tr><td>매우 부족(0)</td><td colspan="3">위 항목 중 1가지 이하 항목이 해당된다.</td></tr>
<tr><td colspan="7">〈해설 및 평가방법〉
b) 공문 제목이 위로 향하도록 급지함에 인쇄물은 인입한다.
c) 메뉴에서 담당자가 지시한 접지 종류를 선택할 수 있다.
d) 샘플접지: Trial Piece 버튼</td></tr>
</table>

평가항목	평가지표	평가기준	평가자1	평가자2	평균점수
B-7 밴딩기	밴딩기 사용방법을 알고 사용할 수 있다.	a) 전원 on/off가 가능하다.			
		b) 끈 강도조절이 가능하다.			
		c) 끈 교체가 가능하다.			
		d) 밴딩할 때 물품이 손상되지 않게 포장할 수 있다.			
		e) 끈 삽입이 가능하다.			
		우수(3) 위 항목 중 5가지 항목이 해당된다.			
		양호(2) 위 항목 중 4~3가지 항목이 해당된다.			
		보통(1) 위 항목 중 2가지 항목이 해당된다.			
		미흡(0) 위 항목 중 1가지 이하 항목이 해당된다.			

〈해설 및 평가방법〉
- 밴딩된 물품확인

c) 밴딩기 끈을 모두 소모하였을 경우 끈 교체 가능 여부
d) 우편물(물품)이 손상되지 않게 포장 가능 여부(십자가 모양으로 밴딩)

평가항목	평가지표	평가기준	평가자1	평가자2	평균점수
B-8-1 기본작업 (DM)	신속성 (접지, 인입) _______분	a) 50개의 인입작업을 15분 이내에 완료할 수 있다.			
		b) 50개의 인입작업을 17분 이내에 완료할 수 있다.			
		c) 50개의 인입작업을 19분 이내에 완료할 수 있다.			
		d) 50개의 인입작업을 21분 이내에 완료할 수 있다.			
		e) 50개의 인입작업을 23분 이상이 소요된다.			
		f) 50개의 인입작업을 25분 이상이 소요된다.			
		매우 우수(11) 위 항목 중 a 항목에 해당된다.			
		우수(9) 위 항목 중 b 항목이 해당된다.			
		양호(7) 위 항목 중 c 항목이 해당된다.			
		보통(5) 위 항목 중 d 항목이 해당된다.			
		미흡(3) 위 항목 중 e 이하 항목이 해당된다.			
		매우 미흡(2) 위 항목 중 f 이하 항목이 해당된다.			

〈해설 및 평가방법〉
- 소봉투, 공문 1장 인입기준

평가항목	평가지표	평가기준	평가자1	평가자2	평균점수
B-8-2 기본작업 (DM)	신속성 (풀칠) _______분	a) 50개의 풀칠작업을 5분 이내에 완료할 수 있다.			
		b) 50개의 풀칠작업을 8분 이내에 완료할 수 있다.			
		c) 50개의 풀칠작업을 11분 이내에 완료할 수 있다.			
		d) 50개의 풀칠작업을 14분 이내에 완료할 수 있다.			
		e) 50개의 풀칠작업이 16분 이내에 완료할 수 있다.			
		f) 50개의 풀칠작업이 16분 이상 소요된다.			
		매우 우수(11) 위 항목 중 a 항목에 해당된다.			
		우수(9) 위 항목 중 b 항목이 해당된다.			

평가항목	평가지표	평가기준		평가자1	평가자2	평균점수
		양호(7)	위 항목 중 c 항목이 해당된다.			
		보통(5)	위 항목 중 d 항목이 해당된다.			
		미흡(3)	위 항목 중 e 항목이 해당된다.			
		매우 미흡(2)	위 항목 중 f 이하 항목이 해당된다.			

〈해설 및 평가방법〉
- 소봉투 기준
- 동일하게 50개의 봉투를 제공한 후 풀칠을 완성하는 시간을 체크한다.

평가항목	평가지표	평가기준		평가자1	평가자2	평균점수
B-8-3 기본작업 (DM)	정확성 오류: ___개	a) 50개 작업 중 오류가 없다.				
		b) 50개 작업 중 오류가 1개이다.				
		c) 50개 작업 중 오류가 2개이다.				
		d) 50개 작업 중 오류가 3개이다.				
		e) 50개 작업 중 오류가 4개 이상이다.				
		매우 우수(5)	위 항목 중 a 항목에 해당된다.			
		우수(4)	위 항목 중 b 항목이 해당된다.			
		양호(3)	위 항목 중 c 항목이 해당된다.			
		보통(2)	위 항목 중 d 항목이 해당된다.			
		미흡(1)	위 항목 중 e 항목이 해당된다.			

〈해설 및 평가방법〉
- 소봉투 기준
- 앞 평가에서 풀칠한 봉투를 확인하여 오류 유무를 확인한다.
- 풀칠의 양이 많아 봉투끼리의 접착 여부 확인

평가항목	평가지표	평가기준		평가자1	평가자2	평균점수
B-8-4 기본작업 (DM)	전반적인 사항	a) 1~100까지 수 세기가 가능하다.				
		b) 글씨를 읽고 작성할 수 있다.				
		c) 우편번호 앞 세 자리 구분 및 분류가 가능하다.				
		d) 우편번호 앞 세 자리 구분 시 10분 이하 소요된다. - 16칸 라벨 6장 구분(96개소)				
		e) DM 거래업체를 5군데 이상 알고 있다.				
		f) DM 공정 순서를 알고 있다.(인입-풀칠-수 세기-밴딩-우체국)				
		g) 우체국에 방문하여 우편물 접수가 가능하다.				
		매우 우수(5)	위 항목 중 6~5가지 항목에 해당된다.			
		우수(4)	위 항목 중 4가지 항목이 해당된다.			
		양호(3)	위 항목 중 3가지 항목이 해당된다.			
		보통(2)	위 항목 중 2가지 항목이 해당된다.			
		미흡(1)	위 항목 중 1가지 이하 항목이 해당된다.			

<table>
<tr><td colspan="3">〈해설 및 평가방법〉
• a) 우편물 수량 파악을 위해 필요한 사항
• b) DM업체 5가지 이상 작성 혹은 이야기하시오
• c) DM 작업의 공정 순서를 작성 혹은 이야기하시오
• g) 우체국에서 우편물 접수방법에 대해서 이야기하시오</td></tr>
<tr><td colspan="2">C. 담당평가
(5점)
▸ 점</td><td rowspan="3"></td></tr>
<tr><td></td><td>점</td></tr>
<tr><td></td><td>점</td></tr>
<tr><td rowspan="3">총평</td><td>A항목</td><td></td></tr>
<tr><td>B항목</td><td></td></tr>
<tr><td>총평</td><td></td></tr>
</table>

참고문헌

강용주(2004). 장애인 직업재활기관간의 직업능력 평가체계 통합을 위한 실태조사. 한국장애인고용공단.

강위영(1994). 중증장애인의 독립생활을 위한 직업배치와 작업환경에 영향을 미치는 관련변인. 직업재활연구, 4, 5-17.

강위영, 나운환, 박경순, 류정진, 김동주, 정승원, 강윤주(2019). 직업재활개론. 정민사.

강위영, 나운환, 박경순, 류정진, 정명현, 김동주, 정승원, 강윤주(2009). 나눔의집.

강위영, 이상진(1999). 직업 및 직능평가. 학지사.

강위영, 조인수, 구대회 역(1993). 재활과학론. 성원사.

고용노동부(2015). 고용노동부 고시(2015-41호), 장애인취업지원업무처리규정.

고용노동부(2018). 제5차 장애인고용촉진 및 직업재활 기본계획(2018~2022). 고용노동부 보도자료(2018.4.19.).

광주광역시교육청(2017). 시각 및 청각장애 거점 특수교육지원센터 운영가이드북.

구인순 외(2012). 취업알선 상담원을 위한 직업평가. 한국장애인고용공단.

구인순 외(2014). 사례를 통해 본 기업체 직무중심 직업능력평가. 한국장애인고용공단.

국립특수교육원(2017). 장애학생 부모 양육지원가이드북.

국시연구회(2017). 작업치료학: 해부생리학. 퍼시픽북.

근로복지공단(2021). 경영공시 자료(임직원 수 현황 2021년 4/4분기).

김동일 외(2017). 특수교육 · 심리진단과 평가. 학지사.

김성회, 조은상, 최국환(2005). 직업능력평가사 역할개발을 위한 직무분석연구. 직업재활연구, 15(2), 45-69.

김승국(1998). 사회성숙도검사. 중앙적성출판사.

김승국, 김옥기(1998). 사회성숙도검사. 중앙적성출판사.

김연희(2015). 생태학적 관점 현장평가 척도개발에 관한 연구: 보호작업장을 중심으로. 우석대학교 대학원 석사학위논문.

김영수(2007). 체육과학연구원 체력측정 및 평가매뉴얼: 경기력진단프로그램 측정 항목을 중심으로. 국민체육진흥공단 체육과학연구원.

김윤태 외(1994). 연령에 따른 장악력과 손의 기민성 평가. 대한재활의학회지, 18(4), 780-788.

김윤태, 강세윤, 김형신, 신병순(1994). 연령에 따른 장악력과 손의 기민성 평가. 대한재활의학회지.

김정일(2017). ERS직업준비검사 전문가 지침서. 인싸이트심리검사연구소,

나운환(2000). 직업재활 전문요원 양성방안에 관한 연구. 직업재활연구, 10(2), 61-80.

박석돈(1993). 직업재활상담 · 평가서비스체계. 장애인 직업평가. 장애와 고용, 한국장애인고용촉진공단.

박석돈, 이달엽, 김윤봉, 정상훈(1999). 장애인의 직업평가에 이용되는 측정도구들이 규준에 관한 일 연구. 직업재활연구, 9, 197-216.

박자경, 김종진, 이승복 역(2005). 직업평가개론 제3판. 시그마프레스.

박희찬 외(2017). CISA-2 지역사회적응검사. 인싸이트심리검사연구소.

박희찬, 오길승, 신현욱, 정현주, 김명지(2009). 직업평가와 직업정보 체제·DB 매칭시스템 개발을 위한 기초연구. 한국장애인고용공단 고용개발원.

박희찬, 이상진, 이은정, 박은영(2008). 직업능력평가사 양성과정 개발 용역연구. 한국장애인고용촉진공단.

박희찬, 이상진, 이은정, 박은영(2010). 직업평가사 자격구분과 교유 및 양성 교육과정. 장애와고용, 20(4), 47-68.

박희찬, 이종남(1997). MDS의 구성과 사용법. 서부장애인종합복지관.

발달장애인 권리보장 및 지원에 관한 법률.

보건복지부(2014). 장애인실태조사.

보건복지부고시 제2018-151호.

부천시장애인종합복지관(2017). 기초직업평가 교육.

송영혜, 조성재, 이달엽, 김순애, 이경하 역(2008). (재활전문가를 위한) 장애인상담의 이론과 실제. 시스마프레스.

신민섭 외(2007). 그림을 통한 아동의 진단과 이해: HTP와 KFD를 중심으로. 학지사.

원진숙(1999). 쓰기 영역 평가의 생태학적 접근. 한국어학회.

이달엽(1997). 직업평가사 양성방안에 관한 연구. 재활복지, 1(2). 28-50.

이달엽(2001). TAP직업평가체계. 대구장애인종합복지관.

이달엽, 노임대(2005). 직업평가. 학지사.

이상진(2011). 우리나라 산재장애인 직장복귀정책 강화방안. 직업재활연구, 20(3), 1-34.

이상진(2018). 재활평가. 학지사.

이우경, 이혜원(2012). 심리평가의 최신 흐름. 학지사.

이정원 외 역(2015). Trombly's 작업치료학. 한미의학.

이철수 외(2009). 사회복지학사전. 블루피쉬.

이혜경, 이수용, 지은숙, 김원호, 김민정, 이루리(2018). 복지·교육·고용 연계를 통한 장애인 취업지원 전달체계 구축방안 연구. 한국장애인개발원.

장애인 등에 대한 특수교육법.

장애인 취업지원업무처리규칙 제652호(2020).

장애인복지법.

장애인직업재활시설 샘물자리(2021). 직무태도평가서. 샘물자리 내부자료.

전진수, 김완석(2000). 직업상담을 위한 심리검사. 학지사.

정석, 이석용 역(2006). PERRY의 보행분석. 영문출판사.

정승원(2015). 직업능력평가사의 역할과 자격제도를 위한 과제. 직업재활연구, 25(2), 5-39.

정철영 외(1998). 직업기초능력에 관한 국민공통 기본교육과정 분석. 한국직업능력개발원. p.184.

정철영, 서우석, 나승일, 송병국, 강경종(2000). 직업기초능력 강화방안. 교육부 정책과제연구 보고서.

조경은(2012). 직업평가사의 기능과 자격요인에 관한 연구. 대구대학교 대학원 석사학위논문.

조은상, 김성회, 김현국, 나동준, 송민영, 유병주, 윤성현, 이지아, 정광희, 최국환(2004). 장애인 직업능력평가사 직무분석. 한국직업능력개발원.

조주현, 서지은(2007). 직업재활과정에서의 직업평가사의 역할과 기능에 관한 연구. 중복지체부자유아교육, 49, 225-242.

최재욱 외(2008). KEPAD 작업표본검사 2종 개발. 한국장애인고용촉진공단 고용개발원.

한국보건사회연구원(2007). 장애인복지 인프라 개선방안.

한국장애인개발원(2010). 중증장애인직업재활지원사업 운영 매뉴얼 Ⅰ, Ⅱ.

한국장애인개발원(2014). 직무지원서비스 매뉴얼.

한국장애인개발원(2015). 장애인일자리 직무매뉴얼 Ⅵ.

한국장애인개발원(2015a). 직업상담 및 직업평가 매뉴얼

한국장애인개발원(2015b). 중증장애인의 직업재활계획에 기반한 직업적응훈련과 취업지원 매뉴얼.

한국장애인개발원(2017). 퍼스트잡(중증장애인 직업훈련 및 고용연계 사업) 서비스 매뉴얼.

한국장애인고용공단(2008). KEPAD 작업표본검사 2종 실시요강. 한국장애인고용촉진공단 고용개발원.

한국장애인고용공단(2009). 장애인 직업능력평가 매뉴얼.

한국장애인고용공단(2011). 취업알선 상담인을 위한 직업평가. 한국장애인고용공단 고용개발원.

한국장애인고용공단(2012). 사례를 통해 본 기업체 직무중심 직업능력평가.

한국장애인고용공단(2015). 한국장애인고용공단의 직업평가체계 및 평가의 종류. 한국장애인고용공단 내부자료.

한국장애인고용공단(2021). 경영공시자료(2021년 4/4분기).

한국장애인고용촉진공단(2004). 퍼듀 펙보드 '#32020' 실시 및 해석.

한국장애인고용촉진공단(2005). VITAS 실시설명서.

한국직업재활사협회(2017). 심화과정 장애인재활상담사. 정민사.

한국직업재활사협회(2018). 장애인재활상담사 전문가 양성 워크숍. 정민사.

한동기, 이범진, 양한나, 강유석(2011). 초등학교 통합체육 프로그램 개발연구. 국립특수교육원.

홍재영, 한성희(2007). 시각손상학생의 효율적인 운동 수행을 위한 생태학적 평가모형 고찰. 특수아동교육연구, 9(3), 149-169.

근로복지공단(2015). http://www.kcomwel.or.kr/reha/jobs/back2_idx.jsp

한국고용정보원 고용보험 www.ei.go.kr

한국고용정보원 워크넷 www.work.go.kr

한국고용정보원 직업훈련포털 www.hrd.go.kr

한국장애인고용공단 www.kead.or.kr

한국장애인복지관협회(2021). http://www.hinet.or.kr

한국직업능력개발원 커리어넷 www.career.go.kr

한국직업재활학회 www.ksvr.or.kr

American Psychiatric Association(2013). *Diagnostic and Statistical Manual of Mental Disorders*(DSM-V).

Anastasi, A.(1988). *Psychological testing*(6th ed.). New York: Macmillan.

Bolton, B.(1979). *Rehabilitation counseling research*. Baltimore: University Park Press.

Botterbusch, K. F.(2005). Work samples. In D. F. Roberts(ed.), *The review manual for vocational evaluation*(pp. 286-298). Athens, GA: Elliott & Fitzpatrick.

Brubaker, D.(1979). Guest editorial: a dialogue on certification of vocational evaluators and adjustment services (work adjustment specialists). The appraisal of one rehabilitation counselor leader. *Vocational Evaluation and Work Adjustment Bulletin, 12*(1), 2-3.

CARF(1987). *Standards Manual*. The Commission on Accreditation of Rehabilitation Facilities.

CCWVES(2008). Commission on Certification of Work Adjustment and Vocational Evaluation Specialists. The standards and procedures manual for certification in vocational evaluation.

Coffey, D. D.(1978). Vocational evaluator competencies and their relative importance as perceived by practitioners and educators in vocational evaluation. *Dissertation Abstracts International Section A: Humanities and Social Sciences, 39*(6-A), 3364-3365.

Cohen, L. G., & Loraine, J.(2007). *Spenciner*. Assessment of children and Youth With Special Needs.

Cohen, R. J., Swerdlik, M. E., & Phillips, S. M.(1996). *Psychological testing and assessment: An introduction to tests and measurement* (3rd ed.). Mayfield Publishing Co.

CRCC, Commision on Rehabilitation Counselor Certification(2008). Key Components of CVE Code of Ethics.

Cronbach, L. J.(1990). *Essentials of Psychological Testing*. New York, NY: Harper Collins Publishers.

Davidison, W., & Rappaport, J.(1983). Advocacy and community psychology. In G. Web G. McCall(Eds.), *Social scientists as advocates*. Beverly Hills, CA: Sage.

Edward, G., Asha. K. J., Jitendra, D., Broweder, M., & Thomas, H.(2004). Effect of Ecological Standardized Vocational Assessment on Office of Vocational Rehabilitation Counselor's Perceptions Regarding Individuals with Developmental disabilities, 16(1), 310-311.

Fourteenth Institute on Rehabilitation Issues(1987). The use of vocational evaluation in VR. Menomonie: University of Wisconsin-Stout, Stout Vocational Rehabilitation Institute, Research and Training Center.

Freeman, H. E., & Simmons, O. Z.(1963). *The Mental Patient Comes Home*. London and New York: John Wiley and Sons.

Goldman L.(1971). *Using tests in Counseling*(2nd ed.). Santa Monica, CA: Goodyear.

Grasso, E., Jitendra, A. K., Browder, D. M., & Thoma, H.(2004). Effects of Ecological and Standardized Vocational Assessments on Office of Vocational Rehabilitation Counselor's Perceptions Regarding Individuals Developmental Disabilities. *Journal of Developmental and Physiacl Disabilities, 16*, 17-31.

Gullickson, A. R.(2008). Joint Committee on Standards for Educational Evaluation (2003). The student evaluation standards: How to improve evaluations of students.

Hamilton. M., & Shumate, S.(2005). The Role and Function of Certified Vocational Evaluation Specialists. *Journal of Rehabilitation, 7*(1), 5-19.

Hursh, N. C., & Kern., A. F.(1988). *Vocational Evaluation in Special Education*. Little Brown.

Hursh, N. C., Roters, E. S., & Anthony, W. A.(1988). Vocational Evaluation with people who are psychiatrically disabled: Results of a national survey. *Vocational Evaluation & Work Adjustment Bulletin, 21*(4), 149-155.

International Labour Organization(2008). ILO Working Paper: Vocational Assessment. Retrieved November 28, 2008, from http://www.ilo.org.

Kitchener, K. S.(1984). Intuition, critical evaluation and ethical principles: The foundation for ethical decisions in counseling psychology. *The Counseling Psychologist, 12*(3), 43-55.

Leahy, M. J., & Wright, G. N.(1988). Professional competencies of the vocational evaluator. *Vocational Evaluation & Work Adjustment Bulletin, 21*(4), 127-132.

Lee, D. Y., Taylor, D. W., & Rubin, S. E.(1994). Rehabilitation Counselor's Perceived Value of Vocational Evaluation Information. *Vocational Evaluation Counseling Bulletin, 18*(4), 264-271.

Lichtenberger, E., Mather, N., Kaufman, N., & Kaufman, A.(2004). *Essentials of assessment reporting writing*. New York: Wiley.

Mary Vining Radomski, Catherine A., & Trombly Latham(2015). *Occupational therapy for physical dysfunction*(7th ed.). Wolters Kluwer.

McCarron, L., & Ludlow, G.(1981). Sensori-neural deafness and neuromuscular dysfunctions: Considerations for vocational evaluation and job placement. *Journal of Rehabilitation, 47*(1), 59-79.

McCray, P. M.(1979). *Learning assessment in vocational evaluation*. Menomonie, WI: Materials Development Center, University of Wisconsin-Stout.

Menchetti, B. M., & Flynn, C. C. (1990). Vocational evaluation. In F. R. Rusch (Ed.), *Supported employment: Models, methods, and issues*(pp.111-130). Sycamore Publishing Company.

Nadolsky, J. M.(1974). Guidlines for the classification and utilization of vocational evaluation Personnel.

Nadolsky, J. M.(1984). Vocational evaluation: An experimental trend in vocational assessment. In C. Smith & R. Fry(Eds.), *National forum on issues in vocational assessment; The issues PAPERS*(pp.1-9). Menomonie, WI: Materias Development Center, University or Wisconsin-Stout.

Nadolsky, J. M.(1984). Vocational evaluation: An experimental trend in vocational assessment. In C. Smith & R. Fry(Eds.), *The issues PAPERS: National forum on issues in vocational assessment*(pp.1-9). Menomonie, WI: Materials Development Center, University or Wisconsin-Stout.

Ownby, R. L.(1997). *Psychological reports; A guide to report writing in professional psychology* (3rd ed.). New York: Wiley.

Parsons, F.(1909). *Choosing a vocation*. Boston: Houghton Mifflin.

Parsons. F.(1909). Choosing a Vocation. Houghton Miffin company.

Power, P. W.(1984). *A guide to vocational assessment*. Baltimore, MD: University Park Press.

Power, P. W.(1991). *A guide to vocational assessment*(2nd Ed.). Auwtin, TX: PROED.

Power, P. W.(2000). *A guide to vocational assessment*(3rd Ed). Austin-Texas: Pro-ed.

Pruitt, W. A.(1972). *Task k analysis of vocational rehabilitation graduate major with an emphasis in work evaluation: A comparative study of two groups of work evaluators*.

Menomonie, WI. Graduate College, University of Wisconsin-Stout

Pruitt, W. A.(1986). *Vocational evaluation*(2nd ed.). Menomonie, WI: Walter Pruitt Associates.

Robert, R.(1973). *Vocational Evaluation and Planning*. Handbook of Head Trauma. pp.371-397.

Roessler, R. T. & Greenwood, R.(1987). Vocational evaluation. In B. Bolton(Ed.), *Handbook of measurement and evaluation in rehabilitation*(2nd ed.). pp.151-168. Baltimore, MD: Paul Brookes.

Rosenberg, B.(1973). Work sample approach to vocational evaluation. In R. E. Hardy & J. G. Cull(Eds.), *Vocational evaluation for rehabilitation services*. Springfield, IL: Charles C. Thomas.

Rubin , S. E. & Roessler, R. T.(2001). *Foundation of the vocational rehabilitation process*(5th Ed). Austin, TX:Pro-ed.

Salvia, J., & Ysseldyke, J. E.(2007). *Assessment in Special and inclusive education*(10th ed.). Boston: Houghton Mifflin.

Scattler, J. M.(2001). *Assessment of children: Cognitive applications*. San diego, CA: J. M. Sattler Publication.

Sink, J. M., & Porter, T. L.(1978). Convergence and divergence in rehabilitation counseling and vocational evaluation. *The Journal of Applied Rehabilitation Counseling, 9*(1) 9-10.

Tenth Institute on Rehabilitation Services(1972). *Vocational Evaluation and Work Adjustment Services in Vocational Rehabilitation*. Washington, DC: Rehabilitation Services Administration.

Thirtieth Institute on Rehabilitation Issues(2003). A new paradigm for vocational evaluation: Empowering the VR consumer through vocational information (30th Institute on Rehabilitation Issues). Washington, DC: Rehabilitation Services Administration, US Department of Education.

Vocational Evaluation and Work Adjustment Association(1975). *Vocational evaluation project final report*. Menomonie, WI: University of Wisconsin-stout.

Vocational Evaluation and Work Adjustment Association(1988). *VEWAA Glossary*. Menomonie, WI: Materials Development Center, University of Wisconsin-Stout.

Vocational Research Institute(1980). *VITAS administration manual*. Philadelphia, PA: Jewish Employment and Vocational Service.

Wheeler, J. D.(1996). *Goodness of fit-A guide to conducting and using functional assessments*. Menomonie: University of Wisconsin-Stout.

찾아보기

숫자 및 영문

저자약력

정승원(鄭丞媛)

(현) 우석대학교 재활상담학과 교수
한국직업재활학회 부회장(자격관리 및 검정위원장)
한국재활상담학회 이사, 한국장애인평생교육복지학회 이사
한국장애인고용공단 장애인직업능력평가사 자격관리위원, 경영혁신자문위원
근로복지공단 윤리경영국민참여단(前 이사회운영위원)
한국장애인재활협회 RI Korea 직업분과 위원
[학력] 대구대학교 재활과학과(직업재활전공) 박사
[저서 및 논문] 직업재활개론(정민사, 2019), 알기 쉬운 연구방법론(범문에듀케이션, 2014), 직업능력평가사의 역할과 자격제도를 위한 과제(직업재활연구 25(2), 2015)

박주영(朴珠映)

(현) 전주대학교 재활학과 교수
국무총리실 장애인정책조정위원회 위원
보건복지부 중증장애인생산품우선구매촉진위원회 위원
한국직업재활학회 이사
한국장애인개발원 정책연구실 선임연구원
중증장애인직업재활지원사업 직업평가센터 직업평가사
[학력] 가톨릭대학교 사회복지학과(장애인복지 전공) 박사
[저서 및 논문] 장애인근로자 작업능력평가 개선 연구

전미리(全美利)

(현) 한국장애인고용공단 전임직업평가사
대구사이버대학교 재활상담학과 외래교수
Ri Korea 직업분과 위원
[학력] 대구대학교 재활과학과(직업재활전공) 박사
[저서 및 논문] 척수손상장애인 직업능력평가도구(VCAT-SCI) 개발 및 표준화(국립재활원, 2021), 장애등급제 개편에 따른 중증장애인 고용서비스 대상자 재고: 지원고용 서비스를 중심으로(재활복지, 2019)

정현주(鄭賢珠)

(현) 장애인 직업재활시설 샘물자리 원장
부천시장애인종합복지관 센터장
가톨릭대학교 특수교육과 직업평가 강사
하상장애인종합복지관 직업평가 자문위원
[학력] 단국대학교 사회복지 석사
[저서 및 논문] 신경근육운동발달검사 K-MAND(2005), 손가락 기민성 검사(2011), 느린 혁명(학지사, 2020)

⁚⁚ 직업평가

1판 1쇄 인쇄 2022년 2월 25일
1판 1쇄 발행 2022년 3월 1일

저 자 한국장애인재활상담사협회(편), 정승원 박주영 전미리 정현주
발 행 인 회장 박철용 · 대표 박세인
발 행 처 정민사
출 판 등 록 1979년 1월 22일 No. 406-2004-000130호
주 소 경기도 파주시 직지길 522 파주출판도시
전 화 031-955-8030
팩 스 031-955-8025
홈 페 이 지 http://www.jmpub.co.kr
이 메 일 yswgroup@naver.com

I S B N 978-89-5809-958-1
정 가 **25,000원**